七十年

SEVENTY
YEARS

杜厦 · 著

人民东方出版传媒
People's Oriental Publishing & Media
东方出版社
The Oriental Press

图书在版编目（CIP）数据

七十年 / 杜厦 著 . — 北京：东方出版社，2023.6
ISBN 978-7-5207-3358-8

Ⅰ.①七…　Ⅱ.①杜…　Ⅲ.①杜厦—传记　Ⅳ.① K825.38

中国国家版本馆 CIP 数据核字（2023）第 040191 号

七十年

（QISHI NIAN）

作　　　者：杜　厦
责任编辑：李　烨
出　　版：东方出版社
发　　行：人民东方出版传媒有限公司
地　　址：北京市东城区朝阳门内大街 166 号
邮　　编：100010
印　　刷：北京汇瑞嘉合文化发展有限公司
版　　次：2023 年 6 月第 1 版
印　　次：2023 年 6 月第 1 次印刷
开　　本：660 毫米 ×960 毫米　1/16
印　　张：32.25
字　　数：420 千字
书　　号：ISBN 978-7-5207-3358-8
定　　价：88.00 元
发行电话：（010）85924663　85924644　85924641

历史冰河上那厚重的冰层，在呼啸而过的春风面前，还是迅速地崩裂和消融了。在冰层下面的黑暗里，被苦苦压抑了整整一冬天的清清河水，终见天日。它们狂涌而出，不可阻挡。这喷涌而出的激流，迅速汇成汹涌澎湃的大潮，向着下游奔腾而去，喷薄出一片无比灿烂的春天。

前 言

今年我将要七十五岁，这可是个不太小的年纪了。 这七十五年过得真快，昨天还好像青春似火，豪情万丈；今日竟已是年逾古稀，垂垂老矣。尽管不情愿，我还是变成了年轻人眼中的老爷爷。说是夕阳西下，已经是大大的褒奖了。

还没来得及仔细品味，人生竟已奏响了最后一个乐章。

到了这个年龄，蓦然回首，才突然发现，我们这一代人的人生，竟然是如此的跌宕起伏。在共和国历史上，这一代人生活经历之丰富，命运变迁之剧烈，既前无古人，也后无来者。

人的一生，都会经历许许多多的幸运与不幸，相信每个人都是如此，我也一样，这无从选择。

我是共和国的同龄人，又恰好出生在北京。正因如此，发生在我们身边的许多耳熟能详的事情，我都成了那个最接近的目睹者。新中国早期的各种运动，我还是个孩子，基本没有什么切身的感觉，例如"土改""镇反""三反五反""反右"等。

稍大一点儿后，我们就渐渐成了各种运动的亲历者。例如"大跃进"，我们也曾兴高采烈地砸烂自家的铁锅，投进胡同里的小高炉。也曾爬上四层楼的楼顶，疯狂敲着脸盆，把成群累死的麻雀串成一串，交到老师那里去领取奖励。最恶心的是，由于打不到足够数量的苍蝇，我步行两小时，去农村的粪坑里，捞出上百条拼命扭动着的活蛆，装到瓶子里，拿到班里交给老师，竟获得了在全班面前的表扬。

那时参与的运动，有些尽管在今天看来荒诞不经，而我们却十分开心。

不幸的是，我出生在一个"历史反革命"家庭。不仅爷爷是大地主，姥爷是大资本家，一个舅舅是被判过死刑的"反革命"，另一个舅舅是逃往台湾的国民党军官。最要命的，父亲不仅是国民党高官，还是一名被新政府无比痛恨的国民党中统特务。

尽管父亲曾和傅作义一起，在北平和平解放的协议上签字，但解放军进城以后，父亲仍被定为"反革命"，并被投进监狱。

父亲在镇反运动中的"潜逃"，更使得我和我的家庭跌入万劫不复的深渊。

本书的第一部分，真实再现了父亲从日本回国参加抗战，父母之间凄美的爱情，以及父母直至二十世纪六十年代的悲惨经历。当然，我童年的诸多遭遇，也有着许多让人动容的故事。

父亲和我们全家的政治处境，决定了我一生在很长一段时间之内，一直生存在无比的屈辱之中。家庭的悲剧命运，险恶的生存环境，无处不在的歧视与压力，将我的人生紧紧裹住，令我窒息……

本书第二部分呈现给读者的，是我和我的伙伴们，在内蒙古草原上激情的青春，奏响了我生命中一首雄浑激越的交响曲。每每回忆起来，那段深沉的交响，始终使我骄傲。正是由于在我的人生中，有了这些用血肉写成的故事，我的生命变得色彩斑斓。

1976年"文化大革命"的结束，不仅给全体中国人民的命运带来了一个全新的改变，也使我的人生发生了翻天覆地的变化。

1977年，在地方招生办因政审不合格而剥夺了我的高考权利以后，我直接上书国家高考招生的领导机关，获得及时回复。于是，我戏剧性地考上了大学，接着又考上了南京大学研究生。从此，我和我的家庭踏上了一条全新的人生道路。

在此后的十年中，作为一名年轻的经济学理论学者，我有幸参与了诸多改革开放的理论研究工作。这期间，在我身边，发生了许多有趣的故事。我既感恩那个伟大时代给我的机会，又自豪于我成为那场伟大变革的直接参与者。

本书的第三部分，从一个侧面详细描述了二十世纪八十年代中国改革开放的壮丽画卷。

1989 年后，我毅然投入商海。没想到，在这段时间里，我始终处在汹涌大潮的风口浪尖之上。应该肯定，我下海经商是成功的。2004年，我已经位列中国福布斯富人榜的第八。我拥有的家世界集团，成为改革开放中天津最优秀的民营企业之一。

但又有多少人知道，在那些令人炫目的成功背后，创业者本人又承受着多少不可言喻的苦难，和多少死去活来的挣扎！

本书第四和第五部分，与读者分享了我经商二十年中，那些惊心动魄的故事。

本书和读者们分享的这些故事，比起我的大多数同龄人来，似乎要奇特得多，悲怆得多，激烈得多，也要典型得多。好多熟悉我的朋友说，把杜厦这些故事攒在一起，就成了共和国的一部微缩历史。

其实，岂止是我一个人，全中国绝大多数家庭，都不可能在历史的浪潮中独善其身。我的人生际遇，是所有中国人，在那个时代的一个缩影。

这就使得我的这些故事有了一些代表性。

与共和国同龄的这一代人，有着非常鲜明的时代特点。即使家庭情况各异，个人境遇千差万别，但我们这一代人的信仰、价值观和道德标准，却惊人地相似。

我们这一代人，从小没有受过任何儒家传统道德的教育，这就使我们的价值观，和以前各代人有了很大的不同。另一面，我们这一代人也没有任何机会，去接触西方"普世价值观"，于是，"共产主义"就成了我们的唯一信仰。因此，从世界观上讲，我们是中国历史上最特殊的一代人。

另外，从小到大，在我们人生的很长时间里，我们都是用"阶级斗争"的眼光来分析社会和观察世界。这也决定了，我们的许多经历，在历史上绝无仅有。

我们这一代的主体，是所谓的"老三届"。"老三届"身上所突出体现的时代印记：共产主义情怀、爱国激情、理想主义等，都曾深深地镌刻在我们的灵魂深处。

注意到这三点，也许就能够解释，我们这一代所经历的故事，为什么那么千奇百怪，那么不可思议。

甜蜜也好，苦涩也罢，不管你同意不同意，我们都将带着自己人生的这些千滋百味，离开这个世界。于是，我们留给了这个世界太多的人生谜团。

也许，直到离开这个世界，我们仍然不知道，我们这一代人，为什么会经历如此曲折的人生？我们也无从知晓，那些精彩的故事，会给我们的第二代、第三代带来什么样的启迪？但是，我们确实有必要把这些真实的故事写出来，留给历史，留给后人。

我觉得，这是我们这一代人的责任。

于是，就有了我们眼前的这本《七十年》。

修改于 2022 年秋

目 录

推荐序一 狼的传记   001

推荐序二 成王败寇企业家   007

自序   016

一、少年时光

  1. 寄人篱下   020

  2. 孤独少年   025

二、我的父亲母亲

  3. 邂逅   032

  4. 赴重庆抗战   036

  5. 晴天霹雳   040

  6. 北平解放   046

  7. 清河监狱   050

  8. 上街乞讨   053

  9. 侥幸出狱   057

  10. 父亲潜逃   060

三、株连无辜

11. 飞来横祸　　　　　　　　　　066

12. 毁掉姐姐一生　　　　　　　　070

13. 悲情十年　　　　　　　　　　075

14. 四十七中　　　　　　　　　　081

四、美丽的乌珠穆沁

15. 出路在哪里?　　　　　　　　088

16. 寻觅新的人生　　　　　　　　091

17. 落户锡林郭勒　　　　　　　　094

18. 马，草原之魂　　　　　　　　098

19. 游牧生活　　　　　　　　　　103

20. 分裂　　　　　　　　　　　　108

五、一场六年的梦

21. 兵团来了　　　　　　　　　　116

22. 我的牧马生涯　　　　　　　　119

23. 一场摔跤较量　　　　　　　　122

24. 痛打王连泓　　　　　　　　　125

25. 一封情书　　　　　　　　　　128

26. 撞到了枪口上　　　　　　　　131

六、草原暮歌

27. 调到十连　　　　　　　　　　140

28. 十连食堂　　　　　　　　　　144

29. 不打不相识　　　　　　　　　147

30. 我爱上了她　　　　　　　　　151

31. 她上了大学　　　　　　　　　156

32. 我们决定在一起　　　　　　　161

33. 夜访刘华　　　　　　　　　　166

34. 兵团撤销　　　　　　　　　　171

七、迎来时代变迁

35. 结婚与主席逝世　　　　　　　176

36. 头上有青天　　　　　　　　　183

37. 柳暗花明又一村　　　　　　　190

38. 恩师吴可杰　　　　　　　　　196

八、激情燃烧的八十年代

39. 迟到的正义　　　　　　　　　202

40. 给天津惹了大祸　　　　　　　208

41. 初识李瑞环　　　　　　　　　212

42. 走向改革前沿　　　　　　　　217

43. 他支持了我　　　　　　　　　224

44. 临危受命　　　　　　　　　　227

45. 国务院赴美工作组　　　　　　232

46.《第五代》　　　　　　　　　236

九、风云突变

47. 访英受阻　　　　　　　　　　242

48. 离开天津　　　　　　　　　　245

49. 创建深港分所　　　　　　　　249

十、商海起航

50. 重新选择人生　　　　　　　　254

51. 我必须帮她一把　　　　　　　260

52. 倒卖香烟　　　　　　　　　　263

53. 空手套白狼　　　　　　　　　267

54. 引进麦当劳　　　　　　　　　271

55. 路见不平拔刀相助　　　　　　277

十一、惊涛骇浪

56. 掉进旋涡　　　　　　　　　　288

57. 只能自己救自己　　　　　　　294

58. 莫斯科的较量　　　　　　　　299

59. 看谁挺得住　　　　　　　　　304

60. 我赢了　　　　　　　　　　　309

61. 空前绝后的奇迹　　　　　　　314

十二、寻觅新业态

62. 退一步海阔天空　　　　　　　320

63. 重新开始创业　　　　　　　　325

64. 伯尼·马科斯和家得宝　　　　330

65. 吉姆·英格利斯　　　　　　　337

66. 谈判桌上的生死　　　　　　　341

67. 签约，我将血赚十四亿　　　　347

68. 煮熟的鸭子飞了　　　　　　　352

十三、凤凰涅槃

69. 我们自己干　　　　　　　　　358

70. "中国家得宝"横空出世　　362

71. "家居"火爆津城　　367

72. "家世界"诞生　　370

73. 踏进成功之门　　374

十四、铸造辉煌

74. 确定主业，振翅腾飞　　380

75. 走向辉煌　　384

76. 儿子杜宇村　　388

77. 他值得我骄傲　　392

78. 零售业"国家队"　　396

十五、我的情感世界

79. 事业与家庭　　402

80. 遇到了她　　407

81. 感情出轨　　411

82. 爱的煎熬　　417

83. 既然爱，就去爱了　　421

十六、功败垂成

84. 追赶家乐福　　430

85. 改造家世界　　434

86. 香港上市万事俱备　　438

87. 香港上市出现变数　　442

十七、奏响最后乐章

88. 上市出现转机　　446

89. 怎么会这样?   449

90. 我仍在尽力挽回   454

91. 他们狠狠捅了我一刀   458

92. 政府审计,驱散谣言   463

93. 成功出售"家居"   467

94. 悬崖上的独舞   471

十八、尾声

95. 友谊与感恩   480

96. 相逢一笑泯恩仇   486

97. 感悟人生六十年   491

跋   497

附录 个人与时代   500

推荐序一　狼的传记

王志明

　　《七十年》究竟是一部怎么样的自传？居然用了这样一个狂妄而又令人捉摸不透的书名。这是想说一个人影响了这个时代，还是时代造就了一个伟人？其实都不是。杜厦的自传写下了近七十年的个人经历，他的命运在浪中搏击，每一次浮沉都出现在风口浪尖上。他以自己传奇般的经历反映着那个时代的波折，叙述着个人的心路历程。于是，当我们读到这部自传的时候，似乎也听到渐去渐远的涛声，感受到我们自己在那个年代的辛酸、疑惑和欢乐。

　　一个身影从时代的烟尘中走来，他瞪着双眼，袒露着胸膛，滔滔不绝地讲述着那些近乎离奇的故事。这些故事中似乎包含着正与邪、善与恶、是与非、功与过，那些丝毫不加掩饰的叙述，甚至让人感到疑惑。我作为杜厦的同学和好友，在他写作伊始就接触到他这部自传。我们常常在一起交流，我曾经对他如此直白的描述和写法持不同意见。但是，他坚持说："不"。他似乎要拼命用双手撕开自己的胸膛，把自己的内心袒露在世人的面前，无论是自私、缺陷、智慧、高尚，只求真实和坦荡。似乎只有这样，才能让人真正了解自己，并且了解那个时代。

　　书中，从时代的帷幕中首先亮相的是杜厦的父母。二十世纪四十年代，这一对有着靓丽外貌的年轻人，堪称一代精英。他们有着自己的理想和激情。1941 年，杜厦的父亲从日本留学回国，为了实现爱国抗日的理想去了重庆，母亲是当时北平中国大学的进步学生。1948 年，他父亲随同傅作义的部队参加了北平的和平解放。他们曾经和地下党有过接触，地下党劝说他留下，他也曾对今后的生活和前途有过美好的憧憬。但是，新中国成立后他父亲被定为"历史反革命"投入监狱。父母被迫离异、家庭破碎。母亲最终离开北京，放弃了财政部的工作去了东北。杜厦和他姐姐从小学开始，各自住校留在了北京。在历史洪流中，一个人不管你多么无辜、多么善良、多有学问、多有能力，终究无法躲避时代的旋涡。芸芸众生，有多少人只能成为历史的尘埃。二十世纪八十年代，当组织上正式为杜厦的父亲"平反"的时候，除了痛惜，还有多少实际意义呢？

　　这个"历史反革命"的"阶级烙印"在杜厦出生之初就深深烙在他的人生历程上。他幼年时就品尝到缺乏亲人呵护的孤独和冷落，在他作为一名懵懂少年成长的过程中，卑微和歧视就如影随形。他曾经无数次地想："我要找到一个国家权威部门，说明我的特殊情况：虽然我父亲是所谓的'历史反革命'，但是我从来没有见过他，更谈不上有任何影响。母亲一直是国家机关干部，我从小随母亲的姓。"但是，在那个人人都背负着阶级印记的时代里，他的愿望和申诉是无济于事的。在经历了"文革"中"血统论"的冲击和心灵上的屡次挫折以后，命运居然在这样的环境下造就了一个叛逆者。他开始抗争，开始不顾一切地去争取自己的人格平等和尊严。"文革"中，他在"血统论"的包围中，大胆贴出了一份"狗崽子"的宣言《这堵墙必须推倒》，批判荒谬的唯成分论。他在困境中突出重围求得自己的生路。他的种种行为看似匪夷所思，却使我们看到了一个倔强个性的形成。我心中突然响起那曲高亢浑厚却又无比苍凉的歌声："我是一只雪域苍狼，孤独地走在草原山岗。我，也是母亲的儿子，和世间的，万千生命一样，有爱有恨凝结的泪水，有生命轮回，轮回的沧桑……"这歌词似乎是为他而写的。他，就是一匹狼。一匹在高压下为了生存和尊严而觉醒的狼，一匹在抗争中寻求生命轮回的狼。

　　带着野性和狡黠，带着生命燃烧的火焰和淌血的梦想，寻求自己的出路。我们许多人的人生，往往都屈从于命运的安排，无论是出人头地，或是平凡，抑或是低微，都是在等待机遇和幸运的过程中，规划着自己的人生。唯有他，几乎在人生所有的关键节点上，都用自己的努力和抗争，改变着命运的轨迹。1968年，当学校将按照家庭出身分配这一批学生上山下乡或进入工矿企业的去向时，他同几位同学，去了内蒙古的锡林郭勒，成为那里第一批北京知青。1975年，他在不符合返城条件的情况下，竟然闯进佳木斯市市长的家门，说服市长，从内蒙古返城回到佳木斯母亲的身边。

1977年，因为政审不合格，他被拒绝报名参加高考。他直接给中央有关部门写信申诉，重新获得了高考资格。1980年，在大多数人都觉得不可能的情况下，他以南京大学研究生考试总分第一的成绩，成为我国恢复高考以后的第一批数量经济学研究生。在后来的商场博弈中，他屡次奇迹般地登上创业的顶峰，又数次跌落谷底几乎陷入绝境，最后依靠自己的坚持和创造涅槃重生。凡此种种，不胜枚举。他的人生充满了传奇色彩却无人可以模仿和复制。这使我想起杜厦与我交流时说过的话，他的自传就要像《红与黑》中的于连那样写出自己。其实于连和杜厦是完全不一样的人。但是确实都是那种在时代的潮流中折射着异样光彩的人。

"有爱有恨凝结的泪水。""我想要摊开纵横雪域的手掌，轻轻地抚摸爱我所爱的胸膛。"这几句出自《苍狼》歌词的自白，似乎也是杜厦的心声。杜厦以最真诚的爱，奉献给曾经给予他恩情和友爱的过去。1997年2月13日，当他获悉邓小平去世的时候，特意从外地赶回北京，2月14日凌晨四点就冒着寒风在长安街等待，默默为这位有恩于他的伟人送行。在他经商获得成功以后，捐资数百万元，为曾经下乡工作过的高日罕牧场打了一百三十多口深水井，平均每二至三户牧民一口井，从根本上帮助牧民解决了因地下水资源日益枯竭而造成的吃水难的问题。当他获悉当年一心为公、清正廉洁的农场连队指导员生活困难时，就把他接到天津，找最好的医院、最好的医生为他治病，同时，把指导员的三个孩子介绍到天津工作，还分别为他们购买了三套住房。2006年，他捐资数千万元为母校南京大学新建了一座图书馆，如今命名为"杜厦图书馆"。爱恨情仇交织在一个鲜明的形象上，不能不使人感慨万分。

一匹来自草原的狼，似乎在任何环境下都不愿放弃他的野性。虽然他不是林中的狮或虎，但是，他总愿意站立在高高的山岗之上，扬起自己的头颅把目光望向远方。翻开杜厦的自传，大多数人会有这样的疑问：为什么在能安心做学问的时候也要走入政界？为什么在仕途充满希望的时候他却跨入了商界？为什么在经商之路上他要不断地大幅度改变经营方向和策略，并且几乎每次都能创造出意想不到的业绩？也许，每个人都有可能在书中找到不同的答案。但是，我总觉得这和他的本性相关。他永远都保持着自己敏锐的嗅觉，似乎放弃了这种本性他就无法在这个世界上生存。他始终保持着那种不屈不挠的意志，否则，他也不可能在商场上多次绝境逢生。

二十世纪八十年代中期，他研究生毕业以后，在学识上和实践中表现出来的杰出才能，使他迅速成为我国改革开放后第一批知名青年经济学家。当时在他面前有许多路可以选择，每一条路都前程似锦，而每一条路也都荆棘丛生，危机四伏。他可以走仕途，而且完全可以从一个高起点上走向政界，但是他放弃了，他是聪明的，也是现实的。

跨入商界同样也面临着不同的选择。是不择手段唯利是图，还是坚持人格，坚守道德底线？杜厦是改革开放以后和政府接触最早的人。他在天津的时候深得市领导赏识。并且建立起很好的互信关系。他的自传告诉我们，尽管他和政府关系良好，但他宁肯不做，也绝不接受寻租与任何索贿行为。这是他正直性格的体现。和他同时代或稍晚一些起来的那批大商人中，有多少跌倒在官商勾结的歧路上。 2004 年，杜厦在中国福布斯排行榜上名列第八，而那个时候福布斯排行榜已被人称为"杀人榜"，因为上榜的中国富豪有很多都"进去"了。当时福布斯的总裁邀请杜厦去演讲，杜厦宣称："我的每一分钱都是在阳光下挣来的。"他敢这样去公开演讲，也正是因为他真的没有事。杜厦走的是经商之路，不是官商之路。在那个年代能从商场中冲杀出来并且独善其身的能有几人？从自传中不能不读出杜厦的一个"牛"字。

但是，杜厦的经商之路也从来就没有平坦过。有人说：狼的态度实际上很单纯，那就是对成功具有坚定不移的向往、坚韧不拔的意志。杜厦自己说，他是一个理想主义者，想做什么就要做得最好。他不是单纯为了挣钱，所以，有许多事情他是不屑去做的。这里似乎存在着一个矛盾，不是为了挣钱又为什么要去经商，为什么要挣成百亿富翁。这可能是教授商人的哲学思路。他曾经在二十世纪八十年代末，开创了我国第一次以民营企业家的身份和国外文艺团体合作的先例，把苏联大马戏团引进中国举行巡回演出并取得巨大成功。九十年代初，他是第一个把麦当劳引进中国的人。九十年代中期，他又成为我国引进美国仓储式大型超市的第一人。如今，在古稀之年的岁月中，他怀着理想和他的梦，正在创建遍布全球的世界高尔夫太平洋联盟的经营模式。当我们在高尔夫俱乐部里看到他意气风发的身影时，不能不感叹他龙章凤姿、气度出众，怪不得会有那么多年轻的粉丝。这一匹狼还没有老。

如今，我们一代人已经开始走向老年，但是，我们的人生还在继续，这个时代也在继续。发生在这个时代的一切波涛和曲折，也许，我们还没有能力去全面准确地评价它、认识它，但是我们见证了它们的过往，我们有权利去反思这一切，尤其有权利去反思自己在时代大潮中的选择和作为。

杜厦认为，若干年以后，许多历史的创伤可以被遗忘，但是，任何遗忘都不可能抚平由这些创伤所造成的精神空白和文明的缺失。杜厦的自传是投向奔流而去的历史长河的一块石子，那涟漪也许是微弱的，但是他是一抹亮光、一种反思、一声理性的呼唤。所以有一位朋友对杜厦说："你这本书写成了，就是你一生中最大的成就。"

承蒙杜厦的错爱，希望我为这本书写下几句话。拙笔愚见，不胜惶恐。杜厦的自传发乎心声，动之以情，文风质朴，坦坦荡荡。我很担心

我的文章难以把自传的浩荡之气淋漓尽致地表达出来。所以，只能在此
先向大家表示歉意，还是请大家自己去品味杜厦的真意吧。

推荐序二　成王败寇企业家

张维迎

　　在我二十世纪八十年代结交的朋友中，杜厦是一位天生具有领袖气质的人。从小到大，无论做什么，他身边总是有一批追随者。他是"文革"后中国第一个数量经济学专业研究生，是参加 1984 年"莫干山会议"的一百二十四位代表之一，本有希望成为一位杰出的经济学家，也有潜力在仕途上飞黄腾达，但他最终选择弃学去政，经商办企业。事实证明，他确实是一个天生的企业家！他的选择不仅适应了时代，而且改变了时代！如果没有众多像杜厦这样的企业家，我们生活的环境会与现在完全不同。

　　什么是企业家？依我的理解，企业家就是那种靠自己丰富的想象力和坚定的信念、杰出的组织才能和钢铁般的意志，以及大胆的冒险精神，把假设的事情变成现实的人。对生活中的绝大多数人来说，假设是假设，现实是现实，但对真正的企业家而言，假设就是他们想象的现实，把假设变成现实，就是他们的使命。

　　在标准的经济学理论中，所谓"决策"，就是给定约束条件下最大化目标。这样的决策模式或许符合大部分人的行为方式，但与真正的企业家决策相去甚远。对企业家来说，约束条件不是给定的，而是可以改变的。他们不仅试图改变资源和技术约束，甚至试图改变人们的偏好。正因为如此，他们才成为经济增长的真正推动力。

　　或许，我们可以用"巧妇难为无米之炊"这句古语诠释企业家与常人的不同。对常人而言，米是做饭的先决条件，没有米，确实做不出饭来。由此，"巧妇难为无米之炊"也为常人的不作为提供了正当性理由。但对企业家来说，无米不是做不成饭的借口；只要想做饭，就一定能够找到米——即使找不到现成的米，也可以说服人们种稻子，只要后者相信他能支付足够高价钱。事实上，正因为大部分人认为没有米就做不成饭，因而放弃了做饭的念头，企业家做的饭才能卖出个好价钱，赚上一大笔钱。

　　当然，假设能否变成现实受到许多因素的影响，再伟大的企业家也不可能控制所有这些因素。这就是生意上的不确定性。不确定性意味着企业家的计划可能成功，也可能失败。所以在常人看来，当企业家的计划还没有付诸实施的时候，他们是"空想家"，甚至是"疯子"；当企业家的设想变成现实的时候，他们就成为万众敬仰的"英雄"；但如果企业家的计划失败了，他们就是地地道道的"骗子"。套用炊米的比喻，如果他们确实找到了米，也做出了可口的饭，借给他们米的人（或在他们的诱惑下才播种稻子的人）得到了自己的收入，酒足饭饱的顾客们心满意足，拿到工资的雇员笑逐颜开。但如果他们找米失败了，想来吃饭的顾客会说他们是"牛皮大王"。或者，即使找到了米，但由于断水、断电或别的什么原因，没有按计划做出可口的饭，因而没有收入支付当初许诺的米钱，借给他们米的人会指控他们欺诈，他们就成为众矢之的。因而，企业家就是"成者为王，败者为寇"之类的人。与骗子不同的是，骗子从始到终就是想方设法把别人的财富据为己有，而企业家想的是如何利用自己的智慧创造出新的财富来。

　　作为企业家，杜厦是成功的，是"王者"。但在这本书讲的故事中，他也多次差点落为"败寇"。让我用其中的一个故事说明这一点。

　　杜厦是1989年"下海"的。不久，靠咨询和组织"李宁告别体坛晚会"，他的"克瑞思公司"已积累了三百万元人民币的资金。此时，他决定投入两百万元在香港市场做外汇交易，想成为一位金融家。开始的时候，一帆风顺，不到三个月的时间，就净赚两百万元，这在当时是一笔大钱。这让他变得过于自信（这是人类的通病），野心越来越大，开始托朋友担保从银行借钱炒外汇。他赌的是日元升值，但他没有预料到的是，由于日本政局动荡不安，在不到三个月的时间里换了三位首相，加上其他要素，日元对美元的比价一路下跌，到6月份，他不得不"斩仓"，总共亏损了一千八百万港元，把自己原来赚的钱都搭进去，还留下一千四百万港元的债务。

如果就此躺倒，他就会成为一个十足的"骗子"，不仅会连累朋友，失去友谊，变成孤家寡人，甚至可能遭受牢狱之灾。他也确实曾有过从办公楼所在地深圳国贸大厦五十层的天台上跳下去，一了百了的念头。但杜厦就是杜厦，像许多优秀的企业家一样，他不是一个容易被失败击垮的人。他想的是，如何在十个月的时间内赚到足够的钱，把所欠的一千四百万港元债务还清。

这不是一件容易的事！但他很快有了一个奇思妙想。

在苏联领导人戈尔巴乔夫1989年5月访华后，中苏关系实现了正常化。他断定，随着两国关系的正常化，两国间各种交流活动即将全面开始，而首先解冻的，一定是文化交流活动。他对1957年在北京看过的苏联国家大马戏团的精彩演出，仍然记忆犹新。如果趁着中苏解冻的机会，把精彩纷呈的苏联大马戏团节目，请到中国来做商业巡演，一定会获得成功。如果这个"奇思妙想"能够实现，说不定可以一举还掉所有欠债。

为了把这个梦想变成现实，他首先得说服文化部。当时中外文化交流活动都是由政府出钱、官方承办。要说服文化部同意把中苏文化交流这样的大事交给他这个个体户承办，不啻是个近乎天方夜谭的疯狂想法。何况，他和文化部八竿子也搭不上关系。但他还是做到了。

他找到了让文化部主管官员心动的理由。他说，由他来承办商业化演出，既给文化部提供了一个创新中外文化交流形式的机会，又开创了对外文化交流活动的崭新形式，还给文化部节约了大量的预算经费。对于文化部来说，这是一举三得的好事情。

他的提议确实让文化部的主管官员动心，但后者还是担心，如果商业巡演赔钱，半途干不下去了，你杜厦可以撂挑子走人，但文化部就要被迫再重新把项目接过来，加倍地花钱，继续完成巡演任务。"你有什么可以让我们放心的保障措施吗？"

为了打消文化部主管官员的担忧，杜厦承诺给文化部一份五十万美元的不可撤销担保函，该担保函由国家官方金融机构提供。有了这一担保，主管官员和文化部便不会有任何财务风险。文化部的事情就这样搞定了！

这是真真切切的空手套白狼。如果文化部的主管官员知道杜厦当时不仅身无分文，而且负债累累，他们绝不可能把这个中苏文化交流项目授权给他。但如果真能让金融机构开出五十万美元的担保函，文化部又何必在乎他现在是否有钱呢！

他去哪里找五十万美元呢？其实，在大年初二去北京的火车上，他就盘算好了这步棋。他深圳居所隔壁的邻居，是中国租赁总公司总经理李西元，他决定说服李西元与自己合作。回到深圳后，他向李西元建议：在这场势必轰动全国的商业巡演中，我在全程近百场的体育馆大型演出中，给你一块重要的广告位置，放置中国租赁总公司的横幅场地广告。李问需要支付多少广告费？杜厦回答：一分也不要。如果中国租赁总公司愿意出具五十万美元的担保函，广告全程免费。李觉得捡到一个大便宜。五十万美元的担保函就这样搞到了。

接下来的问题是如何邀请到苏联马戏团，那才是真正的"米"，没有这"米"，"饭"是做不成的。但直到此时，杜厦本人还没有去过苏联，与苏联马戏团没有任何联系。要邀请到马戏团，必须亲自去苏联谈判，而且必须由文化部官方出面，因为当时的苏联还是计划体制，对外演出都是政府主管部门统一安排，苏联文化部门不可能接待一个中国个体户。

组团去苏联谈判需要经费，杜厦没有钱，中华人民共和国文化部也不可能出钱。他说服李西元出钱，并随团去苏联参加谈判。李西元答应了，因为那毕竟是一笔小钱。

到了莫斯科后，杜厦才知道，苏联有八十多个马戏团，个个有精彩的节目，但由于演出场次少，连工资也发不出来，所以组成马戏团不是问题，问题是演出费用。谈判对手是苏联文化部对外演出总公司总经理马克西莫夫，他拥有决定苏联对外演出一切事宜的权力。马克西莫夫傲慢、蛮横且决不妥协。他开出的价是每场演出五千美元。他说，这是充分考虑了中国市场的实际情况后，给出的最优惠报价。杜厦自己判断，五千美元一场确实不贵，但还是立即回绝了，给出的还价是一万元人民币一场。对方回复"这是不可能的"。协议没有达成。

五天之后，中国代表团从列宁格勒回到莫斯科，谈判继续进行，但双方各自坚持自己提出的价格，毫不妥协，谈判陷入僵局。在中国代表团离开莫斯科的当天上午，马克西莫夫把每场演出的报价降到三千五百美元，杜厦还是拒绝了，仍然坚持一万元人民币，一分也不能多。

就这样，在没有达成协议的情况下，中国代表团离开莫斯科回国。代表团的其他成员个个情绪低落，为这次出访没有达成最终成果而感到遗憾。他们都认为，三千五百美元，甚至五千美元的价格也是可以接受的。他们不明白杜厦为什么要把这件事搞砸。

但杜厦本人并没有像其他成员那样沮丧。他有自己的判断。根据他对苏联演出市场的分析，他坚信对方最后会接受自己的报价。所以告别时，他给对方留下话：如果一周内改变了主意，同意一万元人民币的报价，可以用传真告诉中华人民共和国文化部。

商业谈判确实是一场心理战。回国后，是坐立不安的等待，但杜厦赢了！在约定期限的最后一天，离莫斯科下班时间不到十五分钟的时候，马克西莫夫发来了传真，接受了一万元人民币的报价。

几个月之后，由八十三位苏联演员和一群老虎、狮子、骆驼、大象组成"苏联国家大马戏团"浩浩荡荡从满洲里进入中国，转战七个城市，为期三个月，演出上百场，场场爆满。最后一场在北京工人体育场的演出，中共中央政治局全体常委出席观看。

苏联马戏团在中国的巡回演出，也创造了商业奇迹。扣除所有成本和费用，杜厦净赚了一千五百万元人民币。这样，在到期之前，他还上了欠银行的一千四百万港元债务。他兑现了自己作出的每一个承诺。

这个故事说明，企业家要把想象的事情变成现实，需要许多条件，这些条件并不是现成存在的，而是需要他们自己创造。而且，这些条件是相互依赖的：条件 A 依赖于条件 B，条件 B 依赖于条件 C，条件 C 又依赖于条件 A。它们中任何一个如果不能实现，都会使得整个计划流产。正因为如此，失败的企业家很容易落个"骗子"的名声。可以设想，如果杜厦不能成功说服中国租赁总公司总经理开具五十万美元的信用担保，在文化部主管官员的心目中，他就是一位骗子；如果苏联演出公司总经理在最后一刻坚持不妥协，甚至中国租赁总公司总经理也会把他当作骗子；如果演出没有赚到足够的钱，原来借钱给他炒外汇的银行也会认为他是骗子。幸运的是，他把每一个条件都做成了。当然，他的成功靠的主要不是运气，而是他的企业家精神。

杜厦在这个故事中表现出的企业家精神具有普遍性。

美国企业家塞勒斯·韦斯特·菲尔德因铺设第一条跨大西洋的海底电缆而名垂青史。但他也曾因为最初的失败被认为是个大骗子。当他于 1854 年提出铺设大西洋海底电缆的设想时，学者们都激烈反对，认为这不可能，甚至连电报发明家莫尔斯都觉得这是不可思议的冒险举动。尽管跨英吉利海峡的海底电缆早已于 1850 年成功铺设，但连接美洲和欧洲的跨大西洋海底电缆则是完全不同的事情，各种因素尚不为人知。海洋的深度还没有测出，海底的地质结构也只有大概的了解，电缆能否承受住海水的压力还没有进行过试验。还有：从哪里弄到巨船来运载两千海里长的电缆？又从哪里弄到大功率的发动机来这么长距离地不间断传送电流？绝缘材料是否可靠？大洋深处的磁场是否会影响电流？如此等等，人们有很多理由怀疑他的想法。尽管如此，凭着他过去积累的良好信誉和坚定的信念，菲尔德还是说服了大西洋两岸的一些有钱人投资他的事业，他的股东名单上有英国著名小说家萨克雷和拜伦夫人的名字。

1857 年 8 月的第一次铺设从爱尔兰开始，到第六天的时候，铺设了三百三十五海里，但第六天晚上，电缆从放缆车上断裂了。要找到那扯断的一头是不可能的。1858 年 6 月的第二次铺设也因为天气原因失败了。两次失败已消耗掉资本金的一半，可是什么结果都没有。股东不干了，董事长主张把剩下的资产卖掉，副董事长附议，并且辞职，以此表示他不愿再同这件荒唐的事有任何瓜葛。

但菲尔德坚定的信念并没有因此动摇。他解释说，什么也没有损失，经过这样的考验，证明电缆本身的性能非常好。在他的坚持下，第三次铺设启动了。1858 年 7 月 28 日，两艘铺设船在大西洋中间预定的地点会合，然后同时向两个不同的方向出发。到 8 月 5 日，向西的"尼亚加拉号"报告说，它在铺完一千零三十海里后，现在已到了纽芬兰的特里尼蒂海湾，并已看到美洲的海岸；向东行使的"阿伽门农号"也报告说，在铺设完一千多海里之后，它看到了爱尔兰海岸。

成功了！8 月 16 日，维多利亚女王的贺电传到了纽约，美国总统布坎南也向维多利亚女王回了电报。人类有史以来，第一次能把一个想法瞬时飞越大西洋！全球轰动了！8 月 17 日，报纸用特大号的醒目标题欢呼这次胜利。8 月 31 日，纽约全城进行了盛大的庆祝活动，菲尔德成为大英雄，坐在游行队伍的第一辆马车上，美国总统坐着第三辆马车参加了庆典。但此时，电缆突然不工作了。9 月 1 日之后，不再有电报信号传来！这个坏消息不胫而走，菲尔德成了罪人，人们说他是个大骗子，欺骗了一个城市、一个国家、一个世界。有谣传说，越过大西洋的电报从来就没有传来过，那份英国女王的电报完全是菲尔德自己捏造的。还有人说他早就知道电报失灵，但为了自己的私利而隐瞒事实，并利用这段时间把自己的股票高价脱手。这个昨天还被当作民族英雄的人，现在却不得不像一个罪犯一样躲避自己昔日的朋友和崇拜者。

在背着沉重的十字架沉寂了六年之后，菲尔德又重新站起来了。当时美国处于内战期，他从英国曼彻斯特、伦敦、利物浦筹集到了六十万英镑，获得原来的经营权，两天之内就买下了当时最大的船——伟大的"东方人号"，并且为远航进行了必要的准备。伟大的"东方人号"吃水2.2万吨，能负载全部电缆，1865年7月23日，这艘船装载着重达九千多吨的新电缆，离开泰晤士河。没想到，第一次试验又失败了——在铺到目的地以前两天，电缆断裂，损失六十万英镑。菲尔德重整旗鼓，1866年7月13日，伟大的"东方人号"第二次出航，终获成功！从大西洋彼岸传来的电报信号十分清晰。1866年7月29日，维多利亚女王和约翰逊总统交换了正式的电报信息。更巧的是，数天后，原先那条失踪的旧电缆也被找到了。这样，两条电缆终于把旧大陆和新大陆连成一个世界！电缆运营服务的第一天就赚了一千英镑。菲尔德也洗刷了自己背负的"骗子"名声，再一次成为大英雄！

　　埃隆·马斯克也是一个活生生的例子。这位从南非移民到美国的企业家，最近因为SPACE-X（太空探索技术公司）成功发射猎鹰号重型火箭而名声大振，有人甚至认为他是比斯蒂芬·乔布斯还要伟大的当代企业家。但埃隆·马斯克的特斯拉电动汽车公司和SPACE-X公司都曾多次处于破产的边沿。SPACE-X的"猎鹰9号"火箭发射曾连续三次失败，到第四次发射成功的时候，公司已不得不为支付员工的工资苦苦挣扎。特斯拉公司曾有超过一千两百份订单，从顾客手里拿到几千万美元的资金，钱很快花完了，但只能交出不到五十辆的车。马斯克曾不得不冒着坐牢的风险挪用他人的财产。2008年5月，"汽车真相"网站开设了一个"特拉斯之死倒计时"的专栏，有一天甚至同时出现了五十篇谈论特斯拉会如何灭亡的文章。2008年10月，特斯拉的一位员工甚至写公开信，谴责公司对顾客的欺骗行为。看了特斯拉的财务状况，马斯克自己也怀疑汽车做不下去了，他的夫人也开始把他的人生看成一出莎士比亚悲剧。此时，原来的投资人也失去了信心，不愿再把钱投进这个无底洞，有的投资人甚至想把马斯克驱逐出特斯拉公司。为了说服投资人改变主意，马斯克不得不虚张声势，谎称他可以再从SPACE-X借

4000 万美元完成这轮融资，而事实上，当时 SPACE-X 的财务状况也岌岌可危。当经过一波三折，SPACE-X 公司终于于 2008 年 12 月 23 日收到 NASA(美国宇航局) 的十六亿美元的款项时，马斯克激动地流下了眼泪。这笔钱是 SPACE-X 为国际空间站提供十二次运输的预付费，没有这笔钱，公司在几小时内就要宣布破产，马斯克必将以骗子的名声载入史册，而不是以杰出企业家的形象受人崇拜。

企业家要把想象的事情变成现实，需要一种改变他人信念、说服他人做自己所希望的事情的能力。在斯蒂芬·乔布斯身上，这种能力被概括为"现实扭曲场"(Reality Distortion Field)。事实上，就我的观察，所有优秀的企业家都必须具有这样的"现实扭曲场"，尽管程度有差别。在我与杜厦的交往中，我就切实感受到了他的"现实扭曲场"。记得 2004 年的时候，我曾给自己立下规矩，不担任任何公司的独立董事，也确实拒绝了几家大公司和金融机构的邀请。但有一天，已有几年不见面的杜厦突然闯入我的办公室，他一坐下，就说要我加入他的董事会，我说这不可能，我不能破坏自己立的规矩。他要我先不急于拒绝，然后就打开笔记本电脑跟我谈他的公司，没谈多久，我就鬼使神差地破了戒，接受了他的邀请。我一直觉得自己是一位敢说"NO"的人，但他的"现实扭曲场"实在是太强大了。

当然，骗子也有一种"现实扭曲场"。不同的是，骗子让你相信的是他自己都不相信的东西，企业家让你相信的是他自己坚信不疑的东西。

《七十年》是杜厦用十年时间酝酿写成的自传，如书名所示，这是他一个人的故事，也是一个时代的故事。他要我为他的书作序，尽管我是一个不愿意给别人的书写序的人，但这一次，我还是没有办法拒绝他。

好在这本自传确实精彩，能给此书作序，也是我的荣幸！

自序

本书的第一版,取名《一个人和他的时代》,于2018年4月在中国香港出版。两个月以后,《一个人和他的时代》参加第二十九届香港书展,被《经济观察报》评为该届书展"十大好书"之一。尽管被评为"十大好书",我仍然对这本书存有许多遗憾。

这七十多年的人生中,总还会有一些时刻是无法绕过去的。由于这些内容未能呈现,这成为这本自传的一大遗憾。

这本书的另一大遗憾是,《一个人和他的时代》在中国香港出版以后,非常多的朋友给予这本书好评,他们希望能够把我的这些人生故事分享给自己的朋友,而我却做不到这点。因为中国香港出书不仅印数太少,而且无法在内地的书店买到。这就更加倍了我的遗憾程度。

《一个人和他的时代》给我带来的第三个遗憾是,2016年,为了赶在我七十岁生日之前出版,撰写工作进行得十分仓促。绝大部分段落是利用工作间隙、飞机场候机,以及其他有限的闲暇时间完成的。即使如此,我也仅用了一年多点的时间,就完成了长达五十五万字的书稿。我不是专业作家,这个速度好像有点快。因此这本书的故事取舍、整体结构、遣词造句和文字表达,都欠仔细推敲,更谈不上准确拿捏。因此,我一直认为这本书不能算完美。日后自己再翻开来看,也确实觉得许多地方令我不可忍受。于是我下决心大幅修改、重写。

现在呈现在大家面前的这本自传,前后改写了四遍,故事脉络更加清晰,遣词造句和文字表达都经过了仔细推敲,比上一版更加精练和准确。自我感觉,这本书的质量要比第一版好了很多。

　　我这一生确实经历了太多的事情，如果不嫌俗气，用跌宕起伏、九死一生来形容，一点儿也不过分。在这本书中，我把这些故事都写了出来，内容已经足够丰富。我相信本书能够忠实地把我们整整一代人共同经历的全貌，奉献给读者，不仅能够使我们的同代人读到它，而且要让我们的后辈们读到它。最终，这些真实的故事，会永久地留在历史的记忆之中。

　　我们这代人，生于二十世纪四十年代末和五十年代初，属于共和国的同龄人。我们的人生可分为截然不同的前后两段。它们分别属于毛泽东时代和邓小平时代，各占了约三十年。在这两个截然不同的社会环境中，我们都不幸地或有幸地参与了各种运动，经历了许多重大历史事件。因此，这代人的人生轨迹就颇具传奇色彩。了解了这代人诡谲奇特的真实经历，也就基本上读懂了中华人民共和国成立后的现代史。

　　当然，对于本书所记载的这些故事，每一个读者都会有自己的理解、分析和评价。对于我来说，只要这些故事不被隐藏和湮没，能够真实地留在历史中，就可以满足了。

一、少年时光

1. 寄人篱下

我生于 1948 年 11 月 19 日的北京，是在家里出生的。

我们家住在北京西城，在白塔寺南一条叫牛八宝的胡同里。听妈妈说，那是一条幽静而狭窄的胡同，长了很多垂柳和国槐。

虽然生在北京，但从一岁开始，我就去了天津，直到七岁，一直住在姥爷家，并在那里长大。

姥爷家有姥爷、姥姥、三个姨姨和大舅。虽然和其他孩子一样，我也有过一些童年的美好回忆，但由于没有父亲，母亲也不在身边，大舅和四姨又经常说，我是被他们从街上捡回来的，因此，我从小没有感受过父爱和母爱，更没有什么童年幸福可言。现在想起来，由于没有父母而产生的羞愧感和屈辱感，远远大于我能感受到的快乐。

大约五岁时，母亲来姥爷家看我。我才渐渐明白，母亲和姐姐是生活在北京的。从那以后，母亲每年来天津两到三次，虽然每次都给我带来一些礼物和好吃的，但对她，我还是有很强的陌生感。一见到母亲，我就会紧紧搂住姥姥的大腿，藏在她的身后。不过，印象最深的是母亲非常漂亮，比我那三个姨姨都漂亮得多。她的发型和穿着，比她们更优雅，更有文化气息。因此，每次母亲来，我内心都会感觉挺骄傲。

母亲工作太忙，每次来姥爷家很少超过两天。有时，她会带着姐姐一起来。母亲返回北京后，姐姐仍留在天津过暑假或寒假，陪着我一起玩，这是我最高兴的时候。

最让我惊讶的是，姐姐说的不是天津话，而是和母亲一样，说一口北京话。听她们说话总使我感到好奇。我觉得把"嘛"说成"什么"，要好听很多。因为收音机里的人，也是说"什么"，不说"嘛"，这让我很佩服姐姐。于是，姐姐一回来，我就经常学着姐姐说话的腔调，也骄傲地感觉自己像北京人一样。

姐姐比我大三岁，最小的姨姨也只比我大六岁，因此我们三个可以玩在一起。

一次和街上的小孩儿打架，我被人家揍了一顿以后，哭着鼻子回家了。母亲只是劝我不哭，姐姐却不一样，拉着我出去帮我打架。找到那两个欺负我的小孩儿以后，姐姐问也不问，上去就打了那个大一点儿的男孩儿一拳，正打在眼睛上。那孩子比姐姐还高，顿时号啕大哭。另一个稍矮一点儿的男孩儿，撒腿就跑，姐姐大获全胜。那天她穿着一件海蓝色的背带裙，系着红领巾，威风凛凛。从小我就觉得，姐姐身上有种女侠风范，这一直让我对她崇拜不已。

1955 年我快七岁了，到了该上学的年龄。五姨和姥姥带着我去报考天津著名的鞍山道小学。

考场是在一个大房子里，一长串桌子摆成一个"L"形。家长们带着孩子，要逐一地面见不同的老师，接受不同的询问。

考试老师问我的第一个问题是：

"你爸爸叫什么名字呀？"

我分别拽着姥姥和五姨的手，躲在她们之间，羞涩地回答："不知道。"

考试老师态度很温和，我却低着头，满脸通红。我真不知道父亲叫什么名字，从来没人告诉过我。长大一点才知道，父亲的话题是这个家里最大的禁忌，没有人敢提起他。

这个回答令考试老师脸上的和蔼顿时消失，"一个孩子，怎么连自己父亲叫什么都不知道呢？"这完全不符合鞍山道小学的入学标准，于是我被淘汰出局。那一年，因为不知父亲叫什么而没考上小学，是我一生无法忘怀的几个耻辱之一。

直到第二年我才考上小学，但不是鞍山道。

1956 年，在财政部工作了六年的母亲终于分到一套住房，她总算可以把我接到北京去了。记得那次见到我，她蹲下来，拉住我的双手："我把你接回北京，以后你、姐姐和我，咱们全家就可以住在一起了。"她眼睛里全是泪水，声音充满从未有过的温柔，我羞怯地不敢靠前。那次，她送给我一双刻着"爱学习、有进步"两行字的筷子。那双筷子我一直珍藏到"文化大革命"。

刚上小学不久，我便转学到了北京。北京给我的最初印象不怎么样。那时天安门前是一大片贫民窟，东西长安街还是石子路，一点也不宽阔。有些公交汽车屁股后面还背个锅炉，一路嘟嘟乱响，冒着浓浓的黑烟。这种汽车一开过，扬起一片黄土，遮天蔽日，灌得鼻子眼睛里都是土。

我的新学校是琉璃寺小学，后来由于搬家，又转到了东黄城根小学。学校不大，我大约是学校里唯一一个说天津话的学生。天津话的奇怪腔调，引起所有北京同学的讥笑，这摧毁了我的自信。我几次和妈妈哭闹，要转学回天津去。其实语言对小孩儿并不是问题，一两个月以后，我就能操一口纯正的北京腔了，这使我迅速重拾自信，渐渐喜欢上了北京。

1958 年，我们家从赵府街搬到了北池子，那是个大四合院，有两个大套院。一位姓段的领导住在西侧的四合院，据说他是《财政》编辑部的主任，是妈妈单位最大的领导。他家有一个很帅气的小伙子，记得叫段胜利。很多人说他在"追"我姐姐，但后来的发展证明，好像没有这么回事儿。

我们住在东面那个四合院的西厢房，一共有三间屋。门前有棵紫藤萝，枝繁叶茂地遮盖着我们家的屋檐，即使在盛夏，家里也凉爽无比。

我们姐弟和妈妈在一起的生活，给我留下了很多美好回忆。那时，每周从学校回家，都可以吃到妈妈做的饭菜。妈妈做的很多菜，都是我最喜欢的，特别是一道叫"肉末蛋羹"的菜，我百吃不厌。那是把鸡蛋和肉末搅匀，上锅蒸熟后，再撒上一点香油，拌着米饭吃，真是异常美味。

　　夏天晚上，妈妈和姐姐常坐在门前的藤萝架下聊天，我很少插得上话。但听她们聊天，知道了许多有趣的事，也是我的一大享受。

　　我学习成绩一直很好，始终在班上名列前茅。因此，每当拿着漂亮的成绩单回家，得到妈妈的表扬时，我都会快乐好几天。但同时，我也是个极调皮的孩子，经常被学校老师向妈妈告状。每到这时，挨母亲一顿臭骂是跑不了的。这一切，都给我留下许多有趣的童年回忆。

图1-1　二十世纪五十年代，母亲在《财政》编辑部任编辑，这是在我家院里读书的照片。

妈妈曾带我去先农坛体育馆，看苏联大马戏团的演出，那是 1957 年。有老虎跳火圈、空中飞人，还有两层楼高的小丑，咿咿呀呀地说着什么。当时我非常奇怪，这个苏联人怎么会长这么高？原来在他的裤子里面，藏着一对很高的高跷。

记得散场时挤得太厉害，我的红领巾被挤丢了。回家后妈妈把我狠狠训了一顿，甚至打了我几巴掌。虽然打得不疼，还是让我很委屈。妈妈情绪激动地说，红领巾是五星红旗的一角，丢了红领巾就是丢掉了为共产主义奋斗的理想。现在想起来，妈妈这次发火确实"小题大做"。但这些回忆我一辈子也忘不了，尽管挨了打，还是觉得挺温暖。

那时的许多回忆是温馨和甜蜜的，它们大多五彩缤纷，让人难以忘怀。尽管在我这一辈子里，和妈妈一起享受这样幸福而充满亲情的生活，充其量只有短短三年时间，但还是给我留下了永生难忘的记忆。

2. 孤独少年

1960 年年初，母亲去黑龙江参加大庆石油会战以后，浸润着我少年时代的那些幸福与甜蜜，像是被妈妈一同带走了，再也没有回到我的身边。

妈妈去大庆后，姐姐在西郊的四十七中住校，我在西城的成方街小学住校，我们一家人天各一方。周末回家的期待、妈妈的"肉末蛋羹"、藤萝架下的絮语、马戏团里的小丑、轮番出现的批评与表扬等，都从我的生活里永久地消失了。

那年我才刚满十一岁。

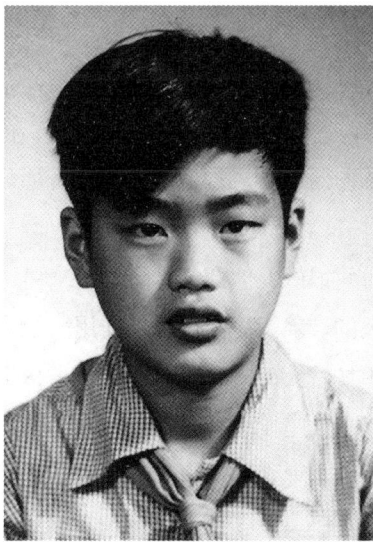

图 1-2　十一岁开始，我便一个人在北京独立生活。从眼神里，能看出内心的孤独与恐惧。

成方街小学是财政部子弟小学。五年级时，财政部给我们盖了新大楼，学校从成方街搬到了广电部大楼后面，改名叫育民小学。直到现在，育民小学仍然是北京最好的小学之一。

我是育民小学的创始学生。

这座新建的四层大楼很有气势。刚搬进去的时候，一、二层是教室，三层是男女生宿舍，四层是校长、主任、各科老师的办公室。四层中间是一个放着乒乓球台的宽阔大厅。大楼外面还有一个独立的大餐厅和一个很大的礼堂。

育民小学的很多事都令我终生难忘。

每个周末，都是我在小学时最为难过的日子。

到了周末，所有学生都会被自己的家长接回家。每到这时，被遗弃的痛苦感就会在我内心油然而生。我往往会趴在教室的窗台上，目送着同学们一个接一个地被家长接走，蹦蹦跳跳、吵吵闹闹地回家了。最后，偌大的学校只剩下我一个，四周寂静无声。我知道，无论等到什么时候，也不会有家长来接我回家的。

那时，还不懂"孤独"这个词，但我幼小的心灵，已经充分体验了孤独带来的痛苦滋味。

全校同学都走了以后，这座大楼里空空荡荡，有些可怕。我不想一个人待在那座大楼里，往往会跑到大街上，四处游荡。直到晚上睡觉前，我会在街上的各种橱窗前，看看这儿，看看那儿。真不敢回到那个黑暗、阴森的大楼里去，我的内心充满恐惧。

看门的老大爷对我很好，他会一直等我回来再下班。每次他要回家时，我都要站在巨大的玻璃门里面，看着他用一根大粗铁链，哗啦哗啦地锁上大门。我双手扶着大门，脸紧贴在玻璃上，看着他一步一步地远去。之后，我就被锁在这座大楼里，孤身一人，形影相吊。

走廊很黑，每次我都要拿着手电筒，照亮楼道的每个角落，生怕哪里藏着坏人。有时走在楼道里，总觉得后面有人跟着我，恐惧感使我浑身发抖。于是，我会突然闪进一个房间，蹲在黑暗角落里，观察后面的动静。等确认后面没有人时，我再悄悄溜进我的宿舍。我认为，这样可以甩掉跟着我的"尾巴"。

睡觉之前，我还会再拿起手电筒，把宿舍床底下的每个角落，最少照两遍。等确认所有床下都没有人时，我才敢爬上床。不管我的床在哪里，我都要爬到离门最远的那张床上去睡觉。还要盖上四五床被子，把头藏在被子里面，关上灯，一声也不敢吭。

星期天没地方可去，往往闲极无聊。夏天，我常会步行去什刹海游泳，边走边看路边的各类橱窗，一路踢着小石子，溜溜达达。到什刹海游泳，是消磨星期天的最好办法。我游泳游得不错，但到了什刹海我却游得不多，更多是趴在水池边，看泳池里无数父母和孩子，在池水里嬉笑打闹，我也会随之兴奋。我喜欢这温馨场面，羡慕他们其乐融融。

星期天晚上是学生返校的时候。每逢此时，我都会藏在传达室玻璃窗的后面，看着同学们一个一个地走进校门。待我们班最后一个同学进校以后，我才会回到热热闹闹的宿舍里去。那时，同学们都会大声地聊天，交流着自己在家里的所闻所见。同学们争着抢话说，声震屋顶，笑声一片。此时，我只能静静地听着，心里既好奇，又沮丧。因为我没有任何新闻和趣事可以大声讲出来和同学们分享。

有时，同学会拿出家长特意准备的小食品，分享给关系较好的朋友。当然，如果能得到同学的礼物，我会很高兴。但由于我始终没有东西可以回赠给同学，我便会特别想家，想念远在黑龙江的妈妈。

记得有几个同学，星期天时曾请我到他们家里做客，我一直心存感激，到现在也忘不了。

一位叫任冉齐，是班上功课最好的同学之一，也是我在学校乒乓球队的队友。他五年级时从沈阳转学过来，家住在中央高级党校。他们家对我这个小客人十分重视，他妈妈亲自下厨。他爸爸是个领导，正在中央党校学习，也陪着我们一起吃饭，这令我感动不已。

饭后，任冉齐给我看他爸爸在战争年代的许多纪念品，例如望远镜和各种奖章之类，让我羡慕极了。

还有一位同学叫郝连生。这家伙非同一般，他大约是我们班上学习最差的人，很少有功课能够及格，但他很能打架，除了一个叫曾平平的，我们班所有同学，没有一个是他的对手。我们俩也是好朋友。

去他家做客和去任冉齐家做客完全不同。

郝连生有个后妈，他和哥哥恨透了这个后妈。一天，为了报复后妈以前的虐待，兄弟俩趁爸爸不在，联手把后妈狠狠揍了一顿。据说打得后妈跪在地上，向两兄弟求饶，才被这两个小子放过。

他爸爸回家后气得七窍生烟，立即把俩儿子叫回家暴揍一顿，撵出家门，从此再不相认。

从此，兄弟俩相依为命，借了间小屋共同生活。那顿饭我们狼吞虎咽地吃了两只烧鸡和一堆烧饼。真不知在如此困难的1961年，他们从哪儿弄来的这两只烧鸡。饭后，他们又一如既往地练习拳击，让一旁观战的我，看得心惊肉跳。

小学时期另一件使我印象深刻的事，是每个星期天吃饭。

妈妈是个小职员，工资不高，每月只有七十元的收入。她每月给姐姐寄十八元，给我寄十五元，自己留下三十几元。交完房费、水电费，留下三口人购置四季衣服和鞋帽的费用，妈妈便所剩无几。为了每年都能来北京看望我们，她还要节衣缩食，省出买火车票的钱。她真的非常困难。

但妈妈说，能把我们姐弟留在北京接受教育，无论多么困难，她觉得都是值得的。

其实无论怎么算，每月十五元钱的生活费都是不够的。但家里实在太穷，我们必须共同分担困难，从小我就懂得这个道理。在给学校交完伙食费、住宿费、学期开始的学杂费后，我每个星期天的饭钱，就只剩下了五毛钱。

因此，每个星期天的早饭不能超过一毛钱，午饭不能超过一毛五分钱，晚饭不能超过两毛五分钱。而且我还要去什刹海游泳，那还要一毛钱。在很多个星期天，我只花两毛五分钱买五个烧饼，分三顿吃掉，对着水龙头喝点凉水就行了。小学的几年中，我没有一次额外向妈妈要过钱。

小学时正赶上三年困难时期。每个星期天，学校都会退给我一斤粮票，凭这一斤粮票，才能买那五个烧饼。但星期天学校退给我的半斤蔬菜票，我就没钱去买了。退一步讲，即使有钱买，到哪里去炒这半斤蔬菜呢？

我的班主任姓金，叫金羽仪。是个高高的、很文静的女老师。每次她都让我把这半斤蔬菜票放在她那里保存。每过一个来月，她都会在星期天来学校找我。有次已经上午十点多了，我还把脑袋埋在被子里不敢出来，她就进来叫我起床，然后带我坐上公交车去她家。

她家住在西郊的装甲兵司令部。进屋后，金老师让我坐下，给我倒一杯热水，然后进了厨房。不一会儿，她从厨房里端出一大盘炒菠菜，放到我的面前。

"杜厦，这是用你的那些蔬菜票买的。菠菜有营养，多吃一点对你身体发育有好处。你尝尝咸淡是否合适？"金老师语气平淡，但话语里透着她的体贴。我当时太小，不知道感动，也没有想哭，只是狼吞虎咽地把那盘炒菠菜吃得精光。

那是最为艰难的时期，中国人普遍处在严重的饥饿之中。金老师是自己花钱买菜，并把我带去她家，再用自己少得可怜的定量供应的食油给我炒那盘菠菜。随着年龄增长，我越来越懂得了那盘炒菠菜的分量！

1981 年，我正在南京大学攻读研究生。为撰写毕业论文，来北京图书馆查资料，于是就有机会在北京待一段时间。此时，距离在金老师家吃那盘炒菠菜，已经过去了二十年。我萌生了去寻找金老师的想法，陆续打听了三所学校，最终才得到金老师的电话和地址。

她还住在装甲兵大院。一见到她，我便泣不成声地抱住她。她还记得这件事，只是简单地告诉我，"真的不用谢，那是我应该做的。"

她一定要留我吃饭。此时，她已经罹患癌症，第二年我再去看她时，她已经驾鹤西去。

在那个特殊时代，金老师让我看到了善良，得到了爱护，也明白了责任。这件事对我一生影响很大，我一辈子也不会忘记这位金老师和那盘炒菠菜。

图 1-3　十二岁，小学六年级时和同学合影，站在后排的是我。

二、我的父亲母亲

3. 邂逅

从懂事开始，我就从没见过自己的父亲，也没有任何人和我谈起过他。无论小时候在天津姥爷家，还是到北京后在自己家里，父亲的一切，都是这个家最大的禁忌，谁也不敢触碰这个话题。甚至父亲长什么样，我连照片都没见过。在我幼小的心灵里，这是个非常大的谜团，但我一直不敢问大人们：为什么我没有父亲？他到底是谁？

大舅和四姨常说的"你爸爸不要你们了"，不管是真的还是玩笑，都给我幼小的心灵造成很大伤害。我一直恨他们俩。长大以后，每次回天津过暑假，我都会故意找碴儿，设计很多恶作剧来整蛊他们，算是孩子气的报复。

其实，爸爸和妈妈有着一段很凄美的爱情故事。

1942 年初春，北平笼罩在一片青灰色的雾霾中。前门和正阳门显得混沌而破败不堪。北平，这个被日军蹂躏着的城市，在凛冽的寒风中瑟瑟发抖。

前门火车站拥挤嘈杂的人群中，一位年轻女士正在排队买回天津的火车票。她身着海蓝色洋布长衫，围一条乳白色长长的毛线围巾。这身装束朴素、优雅。寒风打在身上，使她纤细而修长的体态，尽显无遗。比起四周灰黑色的人群来，她显得格外隽秀。（母亲一直珍藏着那件海蓝色长衫，直到她离开这个世界的那一刻。）

这位年轻女性叫杜惠芳，六年以后，她成了我的母亲。

妈妈生于 1924 年，中学时就读于天津著名的私立女中，与以后红遍中国的黄宗英是同班同学。她们是学校最引人瞩目的两大才女。黄宗英比妈妈小一岁，中学时就文采飞扬，时常在作文课上声情并茂地朗诵自己刚刚完成的作文，就像在舞台上表演一样。她的才华和风度，令人惊叹。妈妈则是学校毫无争议的京剧皇后。课余，她曾和天津名伶丁至云一起学戏，并经常在学校舞台上彩唱。她兼学梅、荀两派，既攻青衣，又习花旦。她演出的《贵妃醉酒》《霸王别姬》颇有梅先生韵味。而她最喜欢荀派的《红娘》《拾玉镯》等剧目，演来俏皮活泼，令人喜爱。她和黄宗英都是同学崇拜的偶像。晚年聊起她的人生，妈妈说，如果不是追随父亲去重庆参加抗战，而是和丁至云一样选择"下海"，说不定她也会成为著名的京剧表演艺术家。

1941年秋，妈妈考入北平中国大学，就读于商科。这时，她已经有了自己的人生理想。

妈妈一生憎恨日本人。少年时期，在奉天到天津的火车上，她曾目睹自己的父亲受到日本人的欺辱。一个二十岁左右的日本兵，竟肆无忌惮地抽了她父亲几个大嘴巴。这在妈妈幼小的心灵里，种下了一生无法磨灭的仇恨，直到晚年，这种仇恨也未曾消除。

当时，日军在太平洋地区不断取得胜利，使一部分中国知识分子感到绝望。但在妈妈心中，仍保留着对日本人的仇恨，这是她日后去重庆参加抗战最重要的原因。

之所以投考中国大学，也和她对日本人的这份憎恨密不可分。

北平中国大学由孙中山先生一手创办，宋教仁、黄兴曾分别担任过校长。这所大学始终不渝培育学生的民族气节，延聘爱国学者执教。尽管学校运营极其艰难，但仍拒绝日伪政权资助，也不接受日伪的奴化教育。抗战十四年，中国大学培养了许多抗战英雄和仁人志士，今天后辈们耳熟能详的许多抗战人物，都毕业于这所著名的抗战大学。

这是妈妈在中国大学的第一个寒假，排队买火车票的人越来越多，队越排越长。此时，一位身材高大、帅气挺拔的年轻人，出现在站前广场上，他叫赵怀麟，是我未来的父亲。

他刚从日本大学商科毕业，回国后就职于伪满洲国奉天税务稽查局。在日本留学期间，父亲结识了许多中国留学生。在日本的几年中，他充分体会了日本人对中国的蔑视，也体会了日本吞并中国的野心。他心中的愤懑与日俱增，和许多留日同学一样，他们都渴望尽快回国参加抗战，为把日本人赶出中国，尽自己一份力量。

父亲此次来北平，就是为了寻找去重庆的门路和联络办法。之后，他还要回辽宁老家，筹措经费并告别家人。

排队买票的人实在太多。在拥挤的人群中，父亲发现了排在最前面的那位蓝衣少女。在凛冽的寒风中，她竟是那样地与众不同。

他鼓起勇气，上前搭讪：

"请问小姐，代我买张火车票可以吗？这队排得太长了，只怕等我排到，这班车也开走了。如果那样，就耽误了去东北要办的急事，请务必帮我这个忙。"他说得诚恳，并伴以一个深深的鞠躬。

据妈妈讲，父亲一米八的魁梧身材，剪裁得体的西装和一条黑色的毛线围巾，使他在车站广场上鹤立鸡群。尤其父亲那棱角分明的脸庞，青春洒脱的谈吐，彬彬有礼的话语，都使她瞬间被吸引。尽管是在请求，但这位男士眼中喷涌出来的炽热火焰，似已无法掩饰。母亲这一瞥，已被这位潇洒的年轻才俊征服，她无法抗拒。

我相信，此时此刻，这对萍水相逢的青年内心的撞击，犹如流星划破夜空的击闪，电光石火间，一见钟情！母亲忙不迭答应下来，帮他买了到锦州的火车票，而这两张票的座位号，理所当然是挨在一起的。

火车开得很慢，车厢内拥挤、嘈杂而恶臭冲天。窗外还是一片冬天的衰败，灰黄而满目荒凉。火车有节奏地颤抖和轰响，就像被这钢铁车轮碾压着的大地，发出的艰难呻吟。呼啸而过的寒风灌进窗口，在车厢里肆虐，呼喊着撕心裂肺的悲鸣。

除这两位青年男女之外，车内乘客几乎都是衣衫褴褛的。他们大多目光呆滞，脸色蜡黄，一言不发。不时传出的婴儿啼哭和家长的叫骂，似乎嘶喊着这个国家的无穷苦难。这番景象，凸显了这个五千年文明古国此刻的悲哀。

　　北平到天津近三个小时的旅途不算太长，但两位年轻人已经坠入爱河。在这对青年的内心中，灰暗的天空已经变得阳光明媚，火车有节奏的铿锵声，竟变成了他们心中的欢快乐章。尽管他们的人生经历各有不同，但相似的家庭背景，一样的报国理想，加上互相倾心、互相爱慕，使这三个小时就像是三天、三个月、三年，甚至一辈子。两个年轻人的心，已经紧紧连在一起，也许一生再也不会分开。

4. 赴重庆抗战

令父亲没想到的是，听完他的计划，母亲竟说出了让他震惊的话：她决定立即辍学，追随他一起去重庆参加抗战，哪怕马革裹尸，战死疆场！

此时，母亲未满十八岁，大学才刚刚上了半年！

火车在黄昏中，艰难地抵达天津。两人在站台上依依惜别。

在母亲的羞涩和期待中，父亲拥抱了她。这是她人生中第一次被一个男人拥抱。此时，她战栗不已。仅仅三小时，她已经想明白，眼前这个男人，就是自己心中的白马王子，他将是自己一生的依靠和归宿！

迅速燃起的爱情烈火，让父亲突然决定改变行程，他要在天津提前下车。他跑回车厢，拿下自己的提箱。母亲惊愕地看着他。

"我打算再陪你一会儿，直到把你送回家为止。"父亲的这番话，使初恋中的母亲品尝到了被爱的滋味，也享受到了被爱人呵护的幸福感。

父亲一直把她送到西开天主堂后面的拉萨道。姥爷的家和工厂，都在这条街道上。

到了家门口两人站住后，母亲劝他："赶快回去把该办的事办完，我在天津等你。"父亲的回答，却让她又大吃一惊："今天我就去见令尊大人，为自己提亲。如果他答应，一到重庆，我就立即和你完婚。"

我想，很少有比这更典型的一见钟情了。他们从相识到决定自己的终身大事，只用了短短六个小时。

姥爷和姥姥看到乖巧的大女儿事先未作通知，就把准女婿带上门来，惊得说不出话来。

虽然与准女婿的见面来得太过突然，但我姥爷毕竟是天津商界一位见多识广的人物。他心中既有对女儿的慈爱，也有商人的锐利眼光。在迅速地判断了这位未来女婿的出身、学识和人生经历之后，姥爷又用同样短的时间，评判了他的性格、谈吐和人品，觉得这是位可以让女儿托付终身的人。他心里的天平立即有了倾斜，得出了结论。

他同意了这门婚事。

当晚，姥爷家举行了一场具有特殊意义的家庭晚宴。这位突然造访的不速之客，令我舅舅和姨姨们惊愕不已。从那时起，随着父亲在事业上的不断成功，在天津拉萨道这个资本家的家庭里，大女婿成了全家人崇拜的偶像，母亲也因此获得家里的特殊尊重。这种状况，一直持续到1949年，父亲被抓进清河监狱。

母亲并没有告诉姥爷，他们要去重庆抗战。只是表示如果父母同意，他们就决定尽快结婚，并在北平寻找工作。姥爷本来就对女儿上大学兴趣不大，面对从天而降的乘龙快婿，当然愿意他们尽快成婚。母亲则以安家的名义，从姥爷那里得到了他们的第一笔"抗战经费"。

回到辽宁北镇老家后，父亲告诉我的奶奶，在伪满洲国给日本人当差不是长久之计。他已决定弃政从商。这半个月去北平，就是去寻找生意门路。希望她能借给自己一笔本钱，帮助他开创生意。奶奶对大儿子从来言听计从，深信不疑。遂把自己积攒了一辈子的首饰和私

图 2-1　与父亲一起赴重庆参加抗战之前，妈妈在天津的最后一张肖像照，那时她只有十八岁。

房钱都给了他。

在北镇家里只住了三天，父亲就拿着奶奶的私房钱回到天津。随即带上意中人，闯过四道封锁线，历经无数艰险，到达了抗战陪都重庆。

到了日思夜想的抗战大本营，两个年轻人终于打开了全新的生活画卷。无限光明的前途，使他们亢奋和难以平静。他们哪里知道，自己正在走进一场充满悲怆、屈辱、奔淌血泪的人生悲剧。

妈妈讲述当年她和父亲的邂逅，以及之后这段凄美的爱情故事，是在1959年那个安静的秋夜。那几天，我完全像是在听一部美丽而悲怆的长篇小说。时而无限的幸福，洋溢在妈妈娓娓道来的诉说里；时而撕心裂肺的痛苦，又让她泪流满面。他们悲惨而离奇的故事，很像那个年代，许多传奇小说上的内容。然而，这些都是真真切切发生在他们身上的故事。

1942年到达重庆后，父母如约举行了战时婚礼。由于人生地不熟，

图2-2　1942年，父母到达重庆后，立即举行了婚礼。满满的幸福感，洋溢在这张照片中。

图2-3　母亲的婚纱照

又没有任何朋友，他们只是照了一组结婚照，就算成了家，连顿像样的婚宴也没有安排。（"文革"开始后，母亲从箱子底下拿出她一直珍藏的这张婚纱照，郑重地交我保存。我深知这几张照片在母亲心中的位置，把它们一直保存到今天。）

同年，太平洋战争爆发，日本把战争的矛头指向整个东南亚和太平洋诸岛，致使中国战场上日本兵力严重不足，抗战形势相持不下。

这样的战场形势，使一腔热血到重庆参加抗战的两位年轻人根本没有上前线的机会。于是，直至抗战结束，父亲和母亲从没有真正地参加过一次对日作战，这是他们人生的一大遗憾。

5. 晴天霹雳

　　父亲有留学日本的经历，精通日语，并且有"东北流亡青年"的特殊身份，这样的背景，在抗战时期的大后方非常难得，加上他所学专业又是税收，因此在战时的重庆就更加吃香。很快，父亲就在国民政府财政部找到工作。从 1942 年起，父亲担任财政部次长秘书，同时兼任中央调查统计局经济调查处特别专员，即所谓"中统专员"。父亲的这一职务，日后成为他一生的梦魇。

　　此时，未满二十三周岁的他，觉得自己前途一片光明。

　　战时国民政府的工作极为繁忙，父亲主张母亲放弃工作机会，专心操持家务，母亲欣然扮演起了贤内助的角色。

　　结婚后，两人在沙坪坝租了间民房，房屋一明两暗，和一对来自河南的夫妇，共用中间的堂屋。这堂屋既是两家的客厅、厨房，又是两家共用的餐厅。抗战时期的重庆工资微薄，且条件异常艰苦。母亲是富家千金，当时只有十九岁，对这样的新婚生活，她不但没有抱怨，反倒感觉无比新鲜甚至是刺激。国家正处危难之际，既然投身抗战，便早已将自己的一切置之度外。能够在国家生死存亡的时刻，给抗战尽些微薄之力，已使她感觉无比自豪。母亲觉得自己的每一天，都生活在从未有过的幸福之中，她享受着重庆给她的这一切。

　　父亲上班地点在九龙坡华岩寺，从沙坪坝要步行一个小时山路。这个从小没吃过苦的留学生，现在每天要披星戴月，早起晚归。但他兴奋不已，充满激情。此时的重庆正在遭受日军的疯狂轰炸，是抗战中最难熬的一段时间。但陪都是全国抗战的中心，这里的每个中国人都同仇敌忾，他们都在用自己的努力，去争取抗战的最后胜利。父亲和母亲喜欢重庆这种抗战氛围，无论多累、多穷、多苦，他们都乐在其中。

1945 年 8 月 15 日，日本宣布无条件投降。和所有参加抗战的人一样，父母也疯狂地跑上街头，欢呼、庆祝，尽情抒发胜利的喜悦。

图 2-4　1945 年初春的重庆，抗战即将胜利，母亲怀着姐姐，期待着胜利的一天。

抗战胜利一个月后，国民政府任命父亲为"收复区全国性事业接收委员会"成员，命令他立即飞赴长春，参与接收东北的工作。他将负责接收伪满财产和其他需要接收的物资。

10 月 7 日，作为先遣人员，父亲乘第一架东北接收委员会的专机，从重庆经停南京飞抵长春。随后不久，母亲带着三个月大的姐姐，也转道南京飞抵长春。

抗战胜利后，国民政府对敌伪控制区的接收工作混乱无比。一方面，蒋介石急于要理顺全国的接收工作；另一方面，由于苏联红军占据东北全境，对国民政府的东北接收机构多有抵制，使得国民政府在东北接收问题上进退两难。

和苏联红军谈判破裂后，11 月 17 日，"东北接收委员会"主任熊式辉决定将负责接收工作的"东北行营"撤返北平。随后父亲带着母亲和姐姐，也随东北行营从长春回到北平。

回到北平之后，父亲请了假，决定带着妻子和女儿回趟辽宁老家。既看望阔别多年的父母，也让自己的妻女和家族的人见个面。

此时的东北，已经冰天雪地，滴水成冰。

爷爷派了两挂大马车，来沟帮子火车站，接父亲一家三口。从沟帮子到北镇要走十八里路，正值大雪天，北风呼啸，冰冷刺骨，大马车行进艰难。

母亲抱着褓褓中的姐姐，坐在缓慢行进的大马车上。马上就要见到从未谋面的公公婆婆，还会见到父亲的一家人，这些人既熟悉又陌生。像任何即将过门的新媳妇一样，她激动不已却又忐忑不安。

途中路过一家小店，父亲让风雪中的大马车停下休息。

"歇歇脚，暖和暖和。"父亲搀扶着母亲下了车。母亲抱着姐姐进屋，在烧得暖暖的火炕上坐下。父亲帮母亲脱下大氅和毡靴，让她倚在炕头的被垛上休息。他让家里的伙计们去另外一间屋休息，自己从房东屋里端来一碗滚热的姜糖水，递给母亲。

母亲既惊喜又诧异。自从到重庆以后，丈夫从早到晚紧张工作，还从未像现在这样体贴呵护。她心中满满的温暖，洋溢着几分得意。

东北的冬夜来得特别早，下午四点刚过，天空已经暗了下来。父亲点上一盏小马灯，放到窗台上。室内温暖而湿润，四周很静。

灯光照在母亲已经暖和过来的脸庞上，在红润中透着喜悦。此时的母亲是幸福的：抗战已经胜利，女儿刚刚降生，全家又从重庆辗转搬回北平。丈夫事业一帆风顺，对自己又疼爱有加，她对自己和这个家的未来充满憧憬。

父亲背着马灯的灯光，坐在母亲对面，整个脸处在灯光的阴影里。他脸上闪过一丝抽搐，好像有话要对母亲说，显得有些紧张。

父亲终于开口："到重庆后的第二年，一次你对我说，做了个奇怪的梦，梦见一个穿黑色旗袍的女人来找我，记得吗？"

"记得，那个穿黑色旗袍的女人，还领着两个孩子。"母亲顿时脸色绯红，神情一下紧张起来。

父亲有些哽咽，低下脸不敢正视母亲的眼睛："有些事还没来得及对你讲。确实像你梦到的那样，在老家我还有一房原配妻子，和一儿一女两个孩子。"

小马灯的灯光很暗，父亲的脸藏在这昏暗的灯光里，让人看不清。

父亲这寥寥数语，是母亲一万年也想不到的。她只觉得"嗡"的一下，眼前发黑，大脑一片空白，竟一句话也说不出来，只是瞪大眼睛，呆呆地看着丈夫，好像从来也不认识这个人一样。刚才红润润的脸，瞬间变得惨白，像一尊雪白的大理石雕像。

此时，她觉得头皮炸裂，天旋地转，整个人坠入一个不见底的深渊，消失在无底的黑暗里。她好像忘记了自己在哪里，也不知该说些什么，她的精神已经完全崩溃。

屋里静极了，连呼吸的声音也没有。

父亲小心翼翼地解释。

"那是父母包办的婚姻，结婚时我只有十六岁，甚至和谁结婚我都不知道。我们之间从来没有过爱情，也完全没有感情基础。其实，我和她都是这场婚姻的受害者。"父亲继续解释道，"这次回北镇，我就去办离婚手续，请你相信，我只爱你一个人。"

母亲脸上仍没有任何表情，一句话也没说，眼睛直直地盯着灰黑色的地面，两行热泪扑嗒扑嗒地顺着面颊滚下。

姐姐醒了，一声啼哭，赶走了屋里死一般的寂静。

女儿让这位可怜的母亲的神魂又重新回到了人间。她穿上大氅和毡靴，哄了哄孩子并抱起她，依然没说一句话。她推开门，顶着凛冽的寒风，走进夜色的黑暗中去。刚刚滚落的泪水，在寒风中已经冻结在她的脸颊上。

抵达北镇家的老宅，已是深夜。

父亲一直守着母亲，一步也不敢离开。

"今晚你到她那屋去睡吧，她期盼你回来，应该已经好多年了。"这是那天晚上，母亲对父亲讲的唯一一句话。

父亲不敢相信自己的耳朵。他怎么也没有想到，在这样一个时刻，母亲会让自己去原配妻子的屋里过夜。母亲的眼睛，并没有看着自己的丈夫，她脸冲着墙，说出了那句话。

父亲被母亲这句话震住了，他不知所措，不知道该如何回答。感激？赞美？在母亲面前，这些都显得浅薄且毫无价值。母亲这句话，浸透着她无尽的宽容、善良，以及真挚的爱。在这样的时刻，说出这句话的女人，值得所有人给予尊敬。

北镇那个风雪之夜，母亲和父亲之间的爱和婚姻，遭遇了难以想象的危机，两人的关系几乎被摧毁。尽管在北镇的老宅里，母亲给足了父亲面子，但在他们貌似平和地离开北镇后，这场危机还是像火山一样地爆发了。

母亲不能原谅父亲的是，他让自己客观上成了一个男人的二房。但这还不是问题的关键，母亲最无法原谅的是，这个男人竟然如此长时间地隐瞒并欺骗了她。

她痛苦得无以复加。现在她感觉自己一生被毁掉了，毁在了这个自己曾经深爱的骗子手里。她无法吞下与人为妾的屈辱之果。以后，如何向家人交代？如何向自己的女儿交代？如果走向社会，又如何向同事们交代？

她决定结束这场婚姻。

到了锦州以后，她没作停留，抱着女儿登上了南下的火车，不辞而别。

父亲深爱着母亲，知道她还是爱着他的，他相信自己有能力挽回这一切。他知道妻子已经回到天津。他没有立即追去，而是转身星夜赶回了北镇。

在传统的东北农村，离婚是一件令人不齿的事，而且，一旦双方都是远近闻名的大户，就变得难上加难。

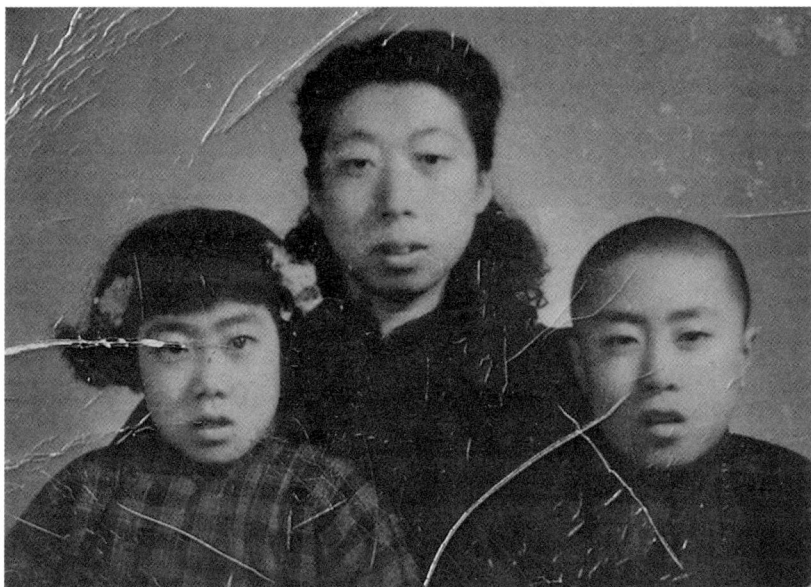

图 2-5　父亲前妻关淑怡和她的两个孩子，我的大哥赵克强和大姐赵立君。

　　父亲绞尽脑汁，想尽一切办法，只用了两周时间，居然办好了和结发妻子关淑怡的离婚手续。之后他日夜兼程，赶到了天津。

6. 北平解放

父亲赶到天津时，姥爷正遭遇一场生意上的灾难。

伪满时期，姥爷在沈阳的工厂被当地合伙人强占。官司打了六年，法院收了被告的贿赂，判姥爷败诉。抗战胜利后，姥爷向国民政府重提诉讼，却仍石沉大海。尽管抢姥爷工厂的那个恶霸已被定为汉奸而遭枪决，但工厂却被认定为汉奸资产，被国民政府没收。

此时父亲仍是国民政府派驻东北的接收大员，帮助姥爷追回工厂，对他来说不会太难。姥爷到底是个商人，这一点看得清清楚楚。见到父亲的离婚书后，姥爷决计帮助他挽回婚姻。父亲则投桃报李，承诺亲自去沈阳一趟，帮老丈人要回工厂。

两人一拍即合，最后，翁婿俩都如愿以偿。

到天津两周之后，父亲把母亲和姐姐成功带回了北平。他们相信还都深爱着对方，也都认为对方是自己一辈子的唯一。他们希望，时间可以弥合伤口，尽管那伤口撕裂得很深。

1945年11月，熊式辉把"东北行营"后撤到北平以后，父亲就留在北平没再回东北任职。其实，熊式辉真对得起他这个手下，任命父亲担任松江省政府秘书长兼肇东县（今肇东市）县长。但由于松江省和肇东县实际控制在东北民主联军手里，父亲一直顶着两个空衔，始终没有到任。

在北平安顿下来后，父亲又找了一份工作。从1946年开始，父亲一直在北平财政局，担任市辖区的税务稽查局局长，直到北平和平解放。

1948 年秋，辽沈战役打响。为逃避战乱，爷爷带着全家十来口人来北平投奔大儿子，住进了牛八宝胡同。父亲刚刚平静的家里，又掀起了一大阵波澜。

这年的 11 月 19 日，我在牛八宝乙二十二号降生。此时，辽沈战役刚刚结束，卫立煌和杜聿明的四十七万国民党军队，被林彪的东北野战军杀得片甲不存。毛泽东和中共中央正在酝酿平津战役。我出生的几天后，林彪东野八十万大军，隐蔽开进北平、天津周围。华野聂荣臻的二十万大军，也枕戈待旦。国共两党的华北大决战，一触即发。显然，我是在一个混乱无比的时间，于一个战云密布的地点，来到这个世界上的。我真真切切地属于生于乱世。

我出生十天后，平津战役正式打响。华北乃至全中国的国民党政权已成秋风落叶，即将被共产党扫平。

父亲是国民政府里一个不算太小的官；爷爷是东北大地主兼富商，姥爷又是天津的大资本家；还有一个二舅，已随国民党军队撤退到了台湾。从哪方面看，我们家都是专政的对象。看到辽沈和平津两大决战，解放军都以摧枯拉朽之势获得胜利，爷爷和父亲更是惶惶不可终日。

他俩几百遍地商量，到底是变卖所有值钱的东西，买机票逃往台湾？还是留下来面对福祸难卜的未来？

爷爷主张逃往台湾，无论如何也不能被抓起来。而父亲却主张留在北京，他相信共产党也需要专家型人才，来治理这个刚刚成立的国家。

父亲有他的道理。他认为台湾不过弹丸小岛，没有任何像样的工业及经济基础，日本人五十年的侵占和第二次世界大战期间美军飞机的疯狂轰炸，已经使这个小岛凋敝穷困，民不聊生。几百万人突然逃到那里，吃什么？住哪里？爸爸凭什么来养活这一大家子人？况且儿子刚刚出生，怎么经得起旅途的艰辛与磨难？

尽管爷爷有钱，但充其量不过是个没文化的土地主而已。而父亲则从日本著名大学毕业，在国民政府里也是个不小的官，自然见多识广。

因此，在这场争论中，爷爷始终处于下风。很明显，在这样生死存亡的时刻，父亲是最后拿主意的那个人。

此时，北平的地下党组织，不断地往我家门缝底下塞信，每封信都是讲解形势和道理，劝父亲参加北平和平起义，并留下来为新中国建设服务。有几封信甚至直接点明，你从日本留学回来，年轻有为，在新中国的建设中，会有远大前途，等等。

战局也出人意料，刘亚楼二十九小时拿下天津，北平几十万国军及傅作义本人，已成为解放军的瓮中之鳖。

父亲参加了傅作义召集的北平高层军政会议。会上傅作义申明，自己已经决定响应解放军号召，进行和平改编，将政权交给共产党。傅作义还讲，凡不愿意和平解放的，可以自行离开，绝不干涉。

地下党组织的信件起了重大作用，父亲决定留下来与新政府合作。

终于，在傅作义的带领之下，父亲和绝大多数国民党高官一起，在北平和平解放的协议上签了字。之后，他把母亲和我们姐弟俩，从天津接回到北平。自己则准备在新政府中一展宏图。

1949年1月的最后一天，北平举行了隆重的解放军入城式。

其实，父亲和全城百姓一样，也是满怀激动，盼望着这一天的到来。从现在起，战争在这个城市将永远结束，和平已经实现。他心里没有任何恐惧。他知道，他是在北平和平解放协议上签字的四百个国民党高官之一。

他还坚信，是地下党组织劝他留下来的。以他的学识、能力和年纪，以及他对大多数共产党干部的了解，他应该很容易在新政府得到一个不错的位置，对此他深信不疑。因此，他完全不像他的同事那样逃之夭夭。他甚至嘲笑他们的判断力。为了国家的长期建设，共产党需要像他这样的经济领域专门人才，他的踌躇满志溢于言表。

事情的发展和父亲估计的不大一样。财政局开了一个全体大会，作完形势报告后，交代了解放军对旧人员的留用政策。父亲被告知，暂时不必来上班，等候进一步通知。这令他摸不着头脑。

　　直到 6 月中旬他得到通知，要求他自带行李，到北新桥炮局胡同的清河训练大队报到，接受北平市军管会的专门培训。

　　这个清河训练大队是个什么机构呢?

　　过去两个多月他所看到的一切，已经令他迷惑不解。一方面，北平在军管会的治理下，发生了难以想象的变化。全城堆积多年，布满大街小巷的垃圾，被迅速清理干净；致使全城恶臭难当的几十处大粪池被彻底填埋；十万人之众的乞丐和流浪汉，被收容安置；八大胡同的上万娼妓，被培训成为自食其力的劳动者；北平的赌博业也迅速绝迹；市场供应大幅改善，物价趋于稳定；军管会让新旧警察合作一处，使北平的治安状况迅速好转。这一切都令他赞叹不已。

　　但另一方面，随着不断出现的反革命破坏事件，军管会对起义人员和各类国民党旧官员的态度，开始发生变化。此前的友善与宽容，很快退去，紧张气氛不断升高。

　　母亲雇了两辆三轮车，带着行李，送丈夫到了炮局胡同十七号的清河训练大队。

　　一到清河训练大队门前的小广场，看到荷枪实弹的警卫、紧闭的大门和戒备森严的气氛，夫妇俩立刻明白：这是一所监狱! 而且是让他们自己把自己送进这座监狱。

　　事后才知道，清河训练大队是北平军管会设置的特殊监狱，是专门用来关押那些最具破坏力的特务群体的。军管会知道，这些国民党特务是最不安定且最具反抗意识的一伙敌对分子。

　　解放军刚进城时，曾要求旧政府的党、政、警、特各类官员进行登记，那时父亲的中统特派专员身份，已经得到军管会的核实和确认。

　　清河训练大队与普通监狱还是不太一样。这里没有手铐、脚镣。犯人没有固定刑期，没有繁重劳动，也没有单独的囚室。监狱管理方对犯人的训练内容，主要是讲解《独裁者蒋介石》《蒋宋孔陈四大家族》《新民主主义论》《只有共产党，才能救中国》等书籍，以及解放军节节胜利的消息：渡过长江，解放上海，解放武汉，解放广州，解放大西南，等等。除此之外，都是犯人们的讨论、批判、反省和检举揭发。

　　随着军管会调查的不断深入，加上群众的检举揭发，不少特务暴露出令人民政府无法容忍的过去。于是，几乎每天都有在押的特务被抓起来，押上警车拉走，再也没能回来。无数由鲜血铸成的仇恨，当然要由鲜血来偿还。

　　但父亲的情况却完全不同。从1942年去重庆到1945年抗战结束，他一直在重庆的中央财政部工作。国共内战开始后，他始终在北平从事税收工作，直到和平解放。这两段历史清晰、简单，经得起调查。

　　现在他有了一个家，家里有十几口人需要他供养，于是，父亲成为监狱里表现最好的囚犯之一，这得益于两点：

　　一是无论在重庆、沈阳和北平，他从未真正在中统局工作过。作为中统局的经济调查专员，他没干过任何实际工作。他这个中统特务的名号，有名无实。这是他与其他两千名清河囚犯的明显区别。

二是他文笔不错，口才又好。听完报告或学完教材后，他的"谈心得""表态度"均深刻无比，时常得到教官的表扬。在清河大队，他属于表现最好的囚犯之一。

其实，父亲的内心是极度痛苦的。他真心想把自己的热情与才华，奉献给这个新社会。但今天，他却成为一名"反革命"，在死亡线上挣扎。

在死亡面前，他是怯懦的。他必须努力接受改造，以赢得新政府的宽容。

从1949年6月父亲被关进清河监狱开始，牛八宝赵家大院的天就彻底塌了下来。爷爷从老家逃出时带的细软，大多变卖购置了牛八宝房产。这个大家庭，完全靠父亲的薪俸过日子。现在父亲的收入没有了，十余口人连吃饭都成了问题。很快，家里连买棒子面的钱也没有了。爷爷又悔又怕，不久也病倒了。

他老泪纵横，把两个女儿和媳妇叫到床前。吩咐女儿和小儿子，立即出去寻找活计，打工挣钱度日。让我母亲带着一双儿女，投奔大津姥爷家。爷爷说，大难当头，大家都各奔东西，寻找活路去吧。牛八宝胡同这个赵家大院，笼罩在一片愁云惨雾之中。

母亲知道，投奔姥爷是她的唯一选择。只有回天津，她才能带着两个孩子活下去。走之前，她去清河监狱探视了父亲并和他告别。

那天父亲哭了，哭得特别伤心。这是他一生中第一次对着妻子掉泪。他知道这个家彻底完了。骨子里的自傲，使他觉得妻子去天津投靠姥爷，是他的奇耻大辱。但他毫无办法，苦不堪言。作为一个身陷囹圄的男人，不能给父母尽孝，不能对爱妻尽责，他感到无地自容。

眼前这个女人，为了他抛弃学业，离别家庭，放弃前途，全心全意跟着他，扶持他，顺从他。甚至连隐瞒家中已有家室这样的事，都给予他超乎寻常的宽容。可他给了她什么呢？想到这里，他怎能不哭，怎能不痛彻心扉？他在自己最心爱的女人面前近乎崩溃。

母亲一滴眼泪也没掉，此时她已经豁出去了，做好了应付一切最坏结果的准备。她攥着丈夫的手说："怀麟，我们都不知道将来会发生什么，也无法知道你最后会怎么样。但放心，不管会发生什么，我已做好了面对一切的思想准备。不管遇到什么情况，我们都会活下去，等着你出来和我们团聚。我们都还年轻，一切还可以重新开始。"

往往在这样生离死别的场合，女人反倒比男人坚强得多！

8. 上街乞讨

1949 年 1 月 15 日天津解放。姥爷也和其他资本家一样，对共产党有许多顾虑，有时甚至寝食难安。国共内战以来，国统区的富裕家庭，都听说了解放区农村对待地主的政策。他们也怕自己的财产被没收充公。姥爷甚至梦见解放军进驻了他的工厂，全家人被赶出大门，流落街头。

四五月间，刘少奇受毛泽东的委派到天津考察。在参加了刘少奇主持的几场座谈会后，姥爷悬着的心终于放下了。

姥爷是穷苦工人出身，老家又是雇农家庭，因此，他觉得自己和其他资本家不一样。他恍惚感觉自己也是个工人，只不过刚当上资本家而已。于是，听完刘少奇的报告，姥爷一下变得十分积极，他甚至提出把自己的工厂无偿交给政府，这令其他资本家同行惊讶不已。姥爷如愿当上了天津工商联的委员。

正当姥爷积极表现，努力靠近共产党的时候，大女儿叩响了他家的大门。

姥爷犯难了！他喜欢和疼爱这个大女儿。在所有的六个孩子中，大女儿既漂亮，又乖巧，不仅功课好，还最听他的话。大女儿这两个孩子，又是他头两个隔辈人，他自然疼爱有加。但赵怀麟却让他害怕，尤其他那个中统特务头衔，更令姥爷如芒在背，头皮发麻。

现在，赵怀麟已被军管会定性为"反革命"，关进了清河监狱。这再清楚不过地说明，他必须和这个女婿划清界限。否则，军管会就会把他和赵怀麟看成一伙人。

姥爷的害怕有他的道理。他现在是进步资本家，刚刚如沐春风。他无论如何不能让赵怀麟毁了他的工厂和全家。

因此，他奉劝女儿和赵怀麟马上离婚，带着两个孩子离开这个清河囚犯。

"现在是新社会了。你这么年轻，何必非要和赵怀麟绑在一起呢？和这个中统特务一起过一辈子，无论如何不会有好下场。将来你怎么办？你的孩子怎么办？你的工作怎么办？凭你的条件，什么样的男人找不到？你可以不在乎，但你不能不替孩子着想呀。"姥爷态度坚决，劝母亲立即离婚。

听完姥爷这话，母亲沉默多时，脸色惨白。她万万没想到，父亲能说出这番话来。姥爷这番话，给她已经千疮百孔的心，又狠狠地割上了一刀。对她来说，这比听闻丈夫被送进监狱所受到的冲击还大。

母亲静静地低声回答："爸，和谁结婚，和谁过一辈子，是我自己的事，这您不用管。不过，现在我们娘仨有困难，想在您这儿暂住一段时间，只要怀麟出来，我们就立即搬走。"

"现在我不能让你们住在这儿。"姥爷脸色不太好看。

"我不能让咱家和中统特务挂上钩，成为反革命家属。他会把这个家毁掉。如果不和赵怀麟离婚，你还是回你公公那里去吧。我建议你再好好想想，将来想通了，和他办完离婚手续，你再回来。"

姥爷昨晚一夜没睡，他和姥姥已经商量好了这个答复，语气里没给母亲留下任何讨论的余地。

其实，就在不久前，赵怀麟还帮姥爷打赢沈阳官司，要回他的工厂。那时，姥爷对这个女婿千恩万谢。

有趣的是，那次是母亲执意要离婚，姥爷在劝说她不要离婚。这回却完全反了过来。

无论政治还是生活，都充满了各种戏剧性，真让人感慨万千。

母亲一夜没合眼，她根本睡不着。一方面她理解父母这个近乎无情的决定，因为它有一定道理。另一方面她也打心底里瞧不起这对势利眼，痛恨他们的见死不救。

她感到走投无路。

回北京去是不可能的。丈夫是牛八宝所有人遭受苦难的根源。此时，她原本该替丈夫承担起养活这个家庭的责任，但她却没有这个能力。既然如此，那就更不能给这个风雨飘摇的家再增加麻烦，因此，回北京的路决然不通。

她哭了，是捂着被子哭的，她不想让父母听见自己的哭声。

她想过去死，但看着四岁的女儿和襁褓中的儿子，她又不舍得让这对可爱的儿女成为孤儿。她知道，把孩子抚养成人，是自己一生最大的责任。而且，在丈夫出狱时，她要把这一对儿女安全健康地送到他面前。

因此，她不能自杀。哪怕上街要饭，也要让孩子们活下去，直到见到他们的父亲为止。

第二天一早，姥爷上班走后，母亲告别了姥姥，谎称回北京爷爷家，便领着姐姐，抱着怀里的我，离开姥爷家，加入天津街头的乞丐大军之中。

街上的人们，都对这一家三口投来好奇的目光。看着母亲的服装与举止，怎么也和乞丐的形象联系不起来。因此，人们都看得出来，这又是一个因政权更迭而产生的落难家庭。其实，这正是我们一家的真实写照。因此，更多的同情，更多的施舍，使我们度过了最初三周的乞讨生活。

晚上，我们住在火车站候车室里。白天行乞的主要区域，是天津著名的商业中心劝业场一带。

两个姨姨先后在劝业场发现了我们母子三人。即便如此，姥爷也没有让姨姨把我们接回家。

得知这个消息的太姥姥（我妈妈的姥姥）愤怒至极，她清楚地告诉姥爷，要是不把外孙女一家接回来，明天她就和他们一起出去要饭。

　　其实，尽管姥爷胆小、势利、懦弱，但听说自己最心爱的女儿在大街乞讨，他的心也像被撕裂一样疼痛。他终于同意把我们一家三口接回拉萨道家中。

　　历时三周的乞丐生涯，宣告结束。

9. 侥幸出狱

回到家里的母亲，一句话也没有。全家所有的人，包括姥爷、姥姥，都像刚犯过重罪的犯人一样，在母亲面前诚惶诚恐，等待着她的原谅。但母亲只是用无语来表达对这个家庭的失望。落井下石固然可憎，见死不救也同样不可原谅。母亲已经下定决心，不能靠姥爷养活自己和两个孩子，也不可以长期寄人篱下。她要出去找工作，靠自己的力量寻找一条生路。

三天后的一个早晨，五姨惊慌失措地跑进姥爷姥姥的房间，怀里抱着在襁褓中酣睡的我。

"爹！娘！不得了了，大姐不见了！"

五姨声音战栗，手里握着一个硕大的信封。从信封上的红色字体判断，这是母亲的诀别信，这使她魂飞魄散，大惊失色。

那确实是母亲留给姥爷姥姥的诀别信。这封红笔写成的诀别信，用很显眼的方式，插在包裹着我的襁褓褶缝里。

尊敬的父亲、母亲大人：

我们不能永远住在您们家里。这样下去，确实可能给您们带来伤害。另外，我——您们不孝的女儿，要去完成丈夫交给我的责任。我要出去工作，以养活这两个孩子，这是他留在这个世界上的血脉和希望。

在出去找工作期间，确实没办法把两个孩子都带在自己身边。女儿稍大一些，我就带走了。儿子太小，思考再三，只能把他暂时留给您们。待生活稍微稳定以后，我会立即把他接走。给您们添麻烦了。

我给您们跪下磕头了！

从今天开始，直到我回来把他领走的那一天。如果这个孩子发生了任何意外，包括死亡、重伤、残疾、丢失以及其他任何不测，您们可以凭这封信，向孩子的爷爷交代，没有您们的任何责任。

求求您们，帮帮我和我的孩子，给我们一个在这个世界上生存下去的机会。

您们的不孝女儿 惠芳

这封信让所有人都感到震撼，全家均惊愕不已。姥姥捧着这封信痛哭不止。但这并没有让姥爷改变想法，他还是无法接受母亲硬把我留在他家的既成事实。他不想承担由此产生的后果和责任，他的第一反应是，必须把这孩子送回去。

他吩咐五姨抱上襁褓中的我，追到北京。姥爷判定母亲一定是回到了爷爷家，所以，让五姨把我抱到牛八宝，亲手交到母亲手上。

五姨到了牛八宝爷爷家，家里一片混乱，人人惊恐万状——母亲根本没回牛八宝，这里谁也没有她的消息。五姨一片茫然，抱着我，哭着返回了天津。

这样，我才被强留在姥爷家，直到1957年。

离开天津以后，母亲考入了财政部培养干部的专门学校。自此以后，母亲一直没有给姥爷家任何信息。直到在新的工作岗位上站住了脚，母亲才趁出差天津的机会，回天津看望了我，这已是两三年以后的事了。

1950年初秋，父亲从清河监狱被释放回家。

父亲是1950年9月末获得释放的。他出狱后不到十天，新中国成立后两个重大的事件相继发生：1950年10月8日，中国政府正式宣布派志愿军入朝作战，仅仅两天以后，镇压反革命运动，又如火如荼地在全国展开。连同稍早前在农村开展的土改运动，新中国成立初期著名的

"三大运动"同时在全中国展开。

据父亲讲，自1949年6月进清河监狱，到他1950年9月被释放，他所在的那个大队，只有他和另一个人获得释放，能够逃过这次"镇反运动"，是父亲一生中仅有的一次幸运。

得到丈夫出狱的通知，母亲欣喜若狂。她刻意打扮了一下，领着姐姐去清河监狱接父亲出狱。

没想到刚刚获得释放，又看到了自己亲人的父亲，竟看不出有任何的兴奋与喜悦。通常犯人获释时的那种喜极而泣的神情，在他脸上未曾出现。

清河监狱里面的解放军干部，都穿着列宁装。妈妈身上的这身列宁装，让刚刚踏出监狱大门的父亲，心中五味杂陈。

母亲特意穿上这件刚刚发给她的列宁装，是想让丈夫知道，她已经有了份工作。穿上这套列宁装，母亲觉得骄傲和自豪，只有在政府里工作的人，才有这样的列宁装。

但在父亲眼里，这件列宁装让他感到自己和妻子，已经分别待在两个对立的阵营里。

截然不同的感受，预示着这对共同经历过惨痛折磨的恩爱夫妻，已经走上了两条完全不同的道路。

10. 父亲潜逃

父亲没回牛八宝的家，也不打算到母亲的集体宿舍去借宿。他带着母亲和姐姐，到了西单大木仓，临时住在了我七爷家。

晚上，母亲哄姐姐睡着以后，沉默了一天的父亲，终于开口说话。

他把这一年来埋藏在心底的所有委屈与愤怒，毫不掩饰地对妻子全部倾诉。他觉得，无论如何努力，在这块土地上，他不会再有任何出路了。

他告诉妻子，他无法继续以"反革命"的身份，一辈子生活在屈辱之中。他和她商量："咱们带着孩子去日本吧，在那里我还有很多朋友，他们可以帮助我们。今后我们远离政治，做生意养家糊口。在这里，一辈子也不会有我们的出头之日。"父亲痛苦而沉重，期待着母亲的回应。

母亲不太情愿回应父亲的提议。首先，她极端厌恶日本和日本人，这一点父亲是知道的。其次，此时的母亲已经和十五个月前的她，有了天壤之别。

在财政部干部学校将近一年的学习，使这个一直生活在男人影子下的女人，在思想、性格、视野和人生观上，都发生了巨大变化。现在围绕在她身边的，已经不只是丈夫和孩子。她眼中的世界，已不像过去那样单调，而是五彩斑斓，绚丽无比。

现在每天出现在她生活中的，是简朴可爱的学校，平易近人的老师，火热的学习环境，友善的同学关系，崭新的学习方式，发人深省的教学和讨论，以及从未接触过的革命思想。这些，都已经深深打动了这个女人。她为成为革命队伍中的一员而欣喜，她已经开始憧憬人生的崭新未来。

她的美丽、修养，以及无人可比的京剧天赋，使她迅速成为学校红得发紫的人物。所有老师和同学，都对她崇拜不已，这让她品尝到了当明星的感觉。最重要的是，她现在被大家尊重，这是她人生中第一次有这种体验。这彻底激活了她内心深处对美好生活的向往。

过去两年她所经历的苦难，已经奇迹般地平复。不得不说，共产党的队伍是神奇的。无论是谁，只要进入这个大熔炉，就会迅速被冶炼并被重新锻造。这些被重新锻造过的人，会彻底融入一个巨大无比的洪流中去，为它献身，为它绽放自己的全部热情与青春。

所有这一切，使母亲的人生，展开了一幅全新的生活画卷。她感到家庭以外的社会居然这么精彩，这令她振奋。母亲已经喜欢上了这个新环境，对她来说，这是不可逆的转变。

此时的父亲和母亲，恰似水火不容。

母亲不想去日本。她和自己最要好的同学，聊了丈夫想去日本的想法。同学告诉她："惠芳，你们老赵哪里是想去日本呀，日本早已是一片焦土。他这是借口说去日本，其实是绕道去台湾呀。"母亲大惊失色。

晚上散步时，母亲装作是自己猜出来的，告诉父亲："我知道你的心思，你哪里是要去日本呀，日本已是一片焦土，哪里有生意可做。最终你是要带我和孩子，经日本去台湾呀。"母亲既揭穿了父亲的心思，又不失时机地表现了她的聪敏。她想让丈夫知道，现在的她已不是那个只知道柴米油盐的家庭主妇，她已经有了全新的视野。

她平静地依偎在丈夫的身旁，缓缓地散步前行。现在的她，心里很满足。动荡的日子已经过去，丈夫的问题已经解决。她要和丈夫一起，培养两个孩子，建设这个家。使全家过上体面的生活，仅此而已。她的人生要求一点也不高。

"我们的学校非常好，毕业后很可能留在财政部工作。你在日本学的是税收，在重庆干的又是财政，是不是可以来财政部干部学校？我可以和校长说说。如果将来咱们能在一起工作，那真是最理想的结果。"母亲劝丈夫接受现实，尽快找到一份工作。

她哪里知道，当她点出丈夫是想"经日本去台湾"时，已经令刚从牢狱中脱身的赵怀麟，脸色苍白，浑身战栗，吓出一身冷汗。

父亲非常清楚，"经日本去台湾"这个判断，绝不是妻子能够得出的结论。这肯定是学校里某个人对他的判断，父亲吓得魂不附体。他刚刚离开清河监狱，深知逃往台湾会有怎样的后果。妻子这番直白，确实令他魂飞魄散！

父亲和母亲从两个不同方向，走到了人生一个新的十字路口。

几天以后的一个晚上，应父亲建议，两人来到西单北大街一间不起眼的小饭馆吃饭。

饭馆很冷清，几乎没有其他人。父亲叫了四碟小菜，烫了一小壶酒。酒过半酣，父亲的眼睛有些湿润。他对母亲说："现在'镇反运动'正在全国展开，势头很猛。因为抗美援朝的关系，这次镇反可能比上一次更加严厉。以我这样的职务，和那个中统特务的身份，很可能被再次抓进去，你思想上要有准备。"

接着，父亲平静地问："如果哪天我突然被抓走，或者突然就活不见人，死不见尸，你怎么办？"

"我会找你，带着孩子等你回家。"说着，母亲哭了。

"如果你永远找不到我了，你会不会改嫁？"

母亲低下头，实在不愿意面对这样的问题。

"只有两种情况下我会再嫁：一、我知道你已经死了，我要养活两个孩子，我会再嫁；二、我知道你又娶了，不要我们了，我会再嫁。除了这两条，我会一直等你回来，直等到离开这个世界为止。"

父亲听罢，终于没能忍住，眼泪顿时挂满脸颊。他隔着餐桌，紧紧地攥住母亲的双手，失声痛哭。母亲劝他，他们在一起哭了很长时间。

第二天清晨，父亲失踪了。

没有人知道他去了哪里，全家上下乱作一团。从此时开始的很多年，他都毫无消息，从人间彻底蒸发。他离开了妻子，离开了孩子，也离开了父亲、母亲和弟弟妹妹。他没有告别，没有嘱托，从此杳无音信。

他怎么会失踪？他会在哪里？他是死是活？所有关心他的人都没有答案，他们心急如焚。母亲表现得非常坚强，她甚至没有哭，也没有去找。因为她知道，任何人再也不可能找到他了。昨晚父亲那番"是否会再嫁"的话题，就已经向她作了最后的道别。西单饭馆的那壶小酒，就是丈夫给她安排的离别酒。父亲问母亲的那个令她痛苦的问题，其实就是他唯一的期盼与嘱托。

西单饭馆那顿离别酒，母亲一生都刻骨铭心，从未忘怀。

三、株连无辜

11. 飞来横祸

父亲的中统特务身份，使他的潜逃事件变得十分严重，遂成为北京镇反运动中的一件大案。公安局下定决心要查个水落石出，并发誓将他缉拿归案。

他究竟逃去了哪里？是谁帮助他潜逃成功的？镇反运动领导部门和公安局急于找出答案，于是和赵怀麟有关系的人，都被牵扯了进去。

受牵连最大的，是大姑赵怀玉一家。

爷爷一家刚逃到北京时，曾在大木仓胡同租了两间房暂住。当时大姑已经二十六岁，到了谈婚论嫁的年龄。经七爷介绍，同院的杨家二公子杨树森，成了我的大姑父。

大姑父和父亲同龄，在一家百货公司当经理。父亲从东北行营撤回北京后，他就成了父亲的莫逆好友。父亲在北平税务稽查局当局长，大姑父时常得到他的一些关照，这使他们的关系更为紧密。

父亲潜逃后，大姑父与父亲的特殊关系，成了公安局追查的关键线索。其实，他们猜得没错，大姑父的确介绍了一位包头的好友给父亲，以便父亲逃到包头后，在需要时候好有个朋友照应。

公安局将大姑父抓来审讯。大姑父开始装糊涂，说自己什么都不知道，但最多挺了十来分钟，就痛哭流涕并供出了所有细节，包括这个朋友的姓名、工作地点等。全部交代完毕后，大姑父被关进了公安局的看守所。

北京市公安局立即派人赶到包头，找到大姑父说的这个朋友，但这个朋友却一头雾水。他根本没见过北京潜逃来包头的这个人。更奇怪的是，这个朋友到西安出差已经两月有余，从未回过包头。这次公安局追查此事，公司才把他从西安召回。显然，父亲根本没去找他，而这位朋友和父亲潜逃包头，也没有任何关联。

其实，父亲的确是逃到了包头，但和大姑父没有任何关系。潜逃得以成功，完全得益于他的一位老朋友。

原傅作义手下的一位王姓军官，曾是父亲在日本留学时的同学，两人过从甚密。北平和平解放时，他随董其武的绥远部队，经过和平改编，成为解放军的一部分，现驻扎在包头。王姓军官当时在包头市军管会任职。镇反运动开始后，这位王姓军官多次写信给父亲，建议他赶快逃离北京。父亲接受了劝告，下决心逃到包头去投奔他。

王将军帮助父亲在包头成功落户并更改了姓名。其后，父亲便以赵吉安的名字，在包头藏匿起来。这确实和大姑父没有半点关系。

北京市公安局的人哪里知道这些，他们实在找不到这位潜逃犯，从包头空手而归。此后，公安局认定大姑父是解开赵怀麟人间蒸发的唯一钥匙，但可怜的大姑父，的确是一无所知。

四个月后，大姑父患了严重的精神分裂症。最终公安局的人也明白，这个疯子和那个潜逃的中统特务，大概确实没有什么关系。于是，大姑父被释放回家。不过，公安局给大姑父戴上了一顶"坏分子"的帽子，直到1957年甄别时，才给他摘帽。

"文化大革命"时，大姑父一家早已搬回东北四平。但大姑父还是被重新戴上了"坏分子"帽子，接受监督和劳动改造。大姑父的精神分裂症时好时坏，直到去世也没痊愈。我相信，他肯定是怀着一生的愤懑和冤屈离开这个世界的。

父亲的潜逃，毁了大姑赵怀玉一家。

另一个被父亲潜逃案严重牵连的，是大舅杜学甫。

父亲潜逃以后，除北京的各种线索之外，北京市公安局的人也来天津追查。尽管没有找到父亲的踪影，却在调查中得到群众举报，说赵怀麟的妻弟杜学甫，也是个暗藏的中统特务。大舅立即被天津镇反办公室逮捕。很快，"中统特务杜学甫在天津被抓获"的消息见诸各大报端。没过几天，大舅就被判处死刑，稀里糊涂地砸上脚镣，关进了死牢，等待执行死刑。

姥爷先是惊愕不已，随后便六神无主，五内俱焚。他知道肯定是搞错了，立即四处奔走，抢救儿子。他想，一定是有人把自己儿子和赵怀麟搞混了。杜学甫才23岁，整天在院子里练摔跤，什么工作也没出去干过，哪里有机会成为中统特务呢？

幸亏姥爷是天津工商联委员，他找了进驻天津工商联的军管代表，帮忙了解情况，代为申诉，总算获得了镇反办"刀下留人"的通融。

事后才知道杜学甫被群众举报的原委。

年轻时的大舅，是天津西开地区远近闻名的摔跤高手。十七八岁时，在法国教堂一带已难逢对手，加上家里又有钱，出手阔绰，于是结交了一大批游荡街头的少年，成为他们的"大哥"。这些人在大舅的带领下，经常在社会上约跤、约架，有时也会替人出头，打抱不平。在西开一带，有很多人佩服他，也有很多人憎恨他。

大舅特别崇拜姐夫赵怀麟，经常把姐夫挂在嘴边，吹嘘他是国民党大官和中统特派专员。这也确实吓唬住了不少人，让他可以在人前背后耀武扬威。这次检举他的，就是他在这帮街头少年中的仇人。

由于姥爷的拼死努力，镇反办公室还真把杜学甫的案子又翻出来查了一遍。一查就太清楚了，这个中统特务案件一点儿都不靠谱，杜学甫和赵怀麟潜逃案也没有丝毫关系。于是大舅在死牢里关了半年后改判无期徒刑，一年后又被改判为十五年有期徒刑。最后在监狱总共关了四年后，被稀里糊涂地释放。

"文化大革命"时，这事又被重新翻了出来。街道和工厂里的红卫兵，以"漏网反革命分子"的名义，对大舅施行无产阶级专政。他不服，仗着一身好功夫，没把厂里那些红卫兵放在眼里，出手打了试图抓他的人。那些红卫兵哪是他的对手，被他打得落花流水。这下惹了大祸，引发了严重后果。

红卫兵借助公安局的力量，把这个"向无产阶级反攻倒算"的老反革命抓了起来，打个半死。打完之后，为了进一步报复和羞辱他，把他关在一个底不到一米见方，高不及他的身高的特制木笼子里，放到姥爷家所在的拉萨道上"展览"，这是 1966 年夏天的事。

此时的他，已经被打得奄奄一息。

这期间，大舅妈忍受不了街坊邻居的嘲笑侮辱，办理了离婚手续，把儿子也带走了。

大舅一生有太多莫名其妙的不幸，而且都是灾难性的。他遭遇的每一个苦难，几乎都发端于赵怀麟。好在他一直艰难而委屈地活着，直到七十多岁，他才离开这个世界。

父亲和母亲两个家族的几乎所有成员，都受到父亲那些历史罪名的牵连，没人能够幸免。在几十年的各类政治运动中，这两家的几代人，都翻来覆去地经历了各种磨难，生活在各式各样的打击和屈辱之中。父亲历史罪名造成的影响，从二十世纪五十年代初到八十年代中期，持续了大约三十五年。

12. 毁掉姐姐一生

另一个受到父亲历史反革命身份牵连的，是姐姐杜立。

为使姐姐受到更好的教育，妈妈花了很大心思。姐姐念的小学，是著名的香山慈幼院，那是北京最为尊贵的寄宿制小学。雷洁琼是这间学校的理事长，林巧稚、冰心、李德全、康克清等都是学校理事。

中学时姐姐就更幸运了。她所在的景山学校是一所实验性学校，由毛泽东亲自提议成立，是全国第一所九年一贯制学校。在这所学校里，从小学一年级读到高中毕业，一共只需九年时间，学制比一般学校缩短了三年。

因此，姐姐从小就沐浴在北京最好的教育环境中。

1960年妈妈调去大庆后，姐姐就被迫离开心爱的景山学校，转学到了可以全年住宿的四十七中，这让她心里老大不情愿。

比起崇尚变革的景山学校，四十七中是个相当传统的老派学校。姐姐是个新派女孩，不大喜欢这里的保守氛围。因此，每个周末，姐姐还是会进城，去找景山学校的同学玩。对于四十七中，她始终建立不起感情。

姐姐绝对是个美人坯子。虽然没钱打扮，但正值青春年华的她，即使穿件普通的运动衫，也能散发出少女的特殊魅力。1961年，王府井北京照相馆的大橱窗里，一直陈列着一张姐姐的硕大照片。那张照片姐姐笑得灿烂、淳朴、自然，常吸引路人驻足观看。这让四十七中的同学们非常好奇。于是这个新来的高二女生，就成了学校的名人。（当时王府井大街有两家照相馆，一家是东侧的"中国照相馆"，一家是西侧的"北京照相馆"，姐姐的照片是陈列在王府井大街西侧的"北京照相馆"。）

四十七中地处郊区，老师们都喜欢那些刻苦学习、听话老实的朴实学生。姐姐不是这样的学生，她的打扮常常与众不同，加上天生丽质又特立独行，学校里对这个新来女生的舆论并不太好。在他们看来，姐姐好出风头、贪图享乐，缺少革命青年应有的气质。于是，姐姐和学校领导及老师之间，很快就产生了矛盾和心理隔阂。

1962 年，正上高二的姐姐竟偷偷跑去报考了北京军区战友话剧团，并被该团录取，这成了轰动四十七中的特大新闻。

姐姐考上战友话剧团的经历颇为传奇。

几乎每个周六下午，姐姐都要去城里找她景山学校的朋友们，共同度过一个有趣的星期天。

1962 年初春的一个周六下午，姐姐照常去城里。从 46 路始发站一上车，姐姐就发现有个男人刻意坐在她的对面，不时盯着她看。

那两年，姐姐总是男生们的目光焦点。在食堂和操场上，许多男同学会向姐姐投过来热情的眼神。对这些她已经习惯了，不会感觉不自在。但今天，让一个四十来岁的男人死死盯着看，姐姐心里有些发毛。

她尽量回避这男人的目光，不去和他对视。可越是躲开这双眼睛，她心里就越觉得好奇，便不时回过头去，偷偷观察这个男人的举动。但只要她扭回头去，就会发现那个男人依然目不转睛地看着她，这使她有了几分恐惧。

到颐和园换乘了 332 路车，总算有了解脱。可上车后姐姐大惊失色，那个男人竟又坐在她对面。此时，姐姐已经汗毛倒竖，如坐针毡。

令姐姐魂飞魄散的是，那个男人居然一路紧跟，她换乘哪辆公共汽车，那个男人也跟着上那辆公共汽车。总之，他好像下定决心，无论姐姐到哪里去，他都要紧跟着她，一步不离。

最后，这个令人生惧的奇怪男人，竟然紧跟姐姐到了北池子三十三

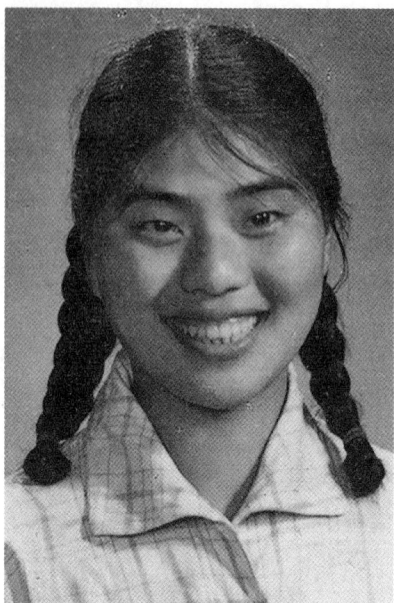

图 3-1 高一时姐姐摄于王府井北京照相馆。这张照片陈列于该照相馆橱窗里很长时间。

号，我们原来所住的院门口。姐姐本想去看望邻居女孩儿宋友明，但由于这男人紧跟着她，使她不敢贸然跨进院门。此时，她浑身上下已被冷汗湿透。

正当她在恐惧中犹豫时，尾随一路的那个男人说话了。

"别怕，小同学。"那人一张口，居然显得和蔼可亲。

"我就住在你们隔壁，北池子三十五号。那是我们战友话剧团驻地。"姐姐从不知道，隔壁就是大名鼎鼎的战友话剧团。

"我姓石，是战友话剧团的导演。这一年在北安河体验生活。因此今天进城，咱们正好走了一路。"姐姐这才恍然大悟，心里一块石头落了地。

石导演接着说："如果你愿意，我想请你明天到战友话剧团来玩。"受妈妈影响，姐姐本来就爱好表演，这个邀请对她当然充满诱惑，姐姐爽快地答应了石导演的提议。

第二天一早，姐姐到隔壁战友话剧团石导演家做客。石导演夫妇说出了昨天跟姐姐一路同行的原委。

原来，最初是石导演夫人看上了姐姐。每个周末从北安河进城回家，她几乎都要和这个漂亮姑娘共走一路。这个女孩儿的容貌、形体、声音及身上焕发出来的勃勃生气，都感染了导演夫人。她判定，这是块演话剧的好材料，遂推荐给了丈夫石导演。石导演从北安河一路尾随观察，也判定姐姐可以成长为一个不可多得的话剧演员。

他们夫妇极力主张姐姐报考战友话剧团，姐姐感觉喜从天降。从此，每个周末，姐姐都要到战友话剧团见石导演，学习朗诵、表演、形体、声音等。在石导演的精心辅导下，仅仅两个月以后，姐姐从来自全国的三百多位考生中脱颖而出，成为战友话剧团 1962 年在全国录取的唯一一名话剧演员。

暑假一结束，北京军区战友话剧团来到四十七中，替姐姐办理入伍手续，却遭到四十七中学校领导的强烈反对。他们认为：

1. 杜立出身历史反革命家庭，父亲是个潜逃的国民党中统特务，本人也没有进行很好的思想改造，不适合参军；

2. 杜立在学校不追求进步，资产阶级思想严重，好出风头，作风不好；

3. 杜立正在读书，尚未毕业，不可以提前参军；

4. 如果同意杜立去战友话剧团，无异于在四十七中开了一个反面先例，不利于为广大青年学生树立正确的人生导向。

这些理由，颇为冠冕堂皇。尤其第一条，战友话剧团的人很难反驳，随即认输并收回成命。姐姐的录取资格被取消，已经发下的军装被收回。她人生中最闪亮的一次机会，被父亲的历史反革命身份和潜逃中统特务的名号，撕得粉碎。

转年姐姐高中毕业。由于历史反革命家庭出身，加上和校方的关系不够融洽，她背着一大堆颇具政治性的负面评语，离开了四十七中。此后，姐姐接连报考了四个专业演出团体，尽管专业考试全都合格，但无一录取。原因都只有一条：历史反革命的家庭出身和父亲是潜逃的国民党中统特务。

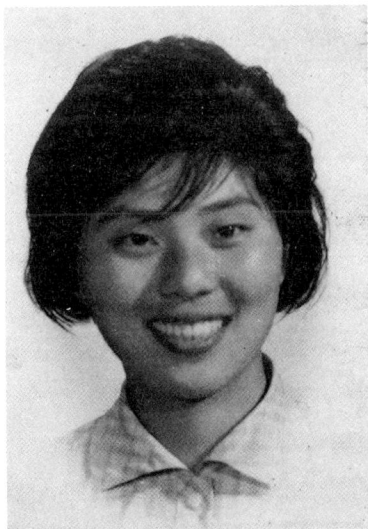

图 3-2　姐姐是有条件做一名好演员的，但由于家庭出身问题，这一理想始终未能实现。

　　最终，姐姐到北京维尼纶厂当了一名学徒工。

　　我相信，如果姐姐 1962 年去了战友话剧团，说不定在著名话剧《槐树庄》里，能够看到她的身影。也许她会追随丁里、胡朋等著名表演艺术家，开创出属于自己的辉煌事业。但是，父亲的历史反革命身份，以及畏罪潜逃的记录，彻底改变了这个花季少女的人生。

13. 悲情十年

　　父亲的潜逃毁灭了母亲的生活。对于这个二十六岁的女人来说，这意味着她彻底失去了人生的支柱和依靠。除了煎熬和挣扎以外，她的生活几乎失去了任何意义。

　　她确实有过一段时间近乎绝望，想结束自己的生命。但为了两个孩子，也为了等待失踪丈夫的回归，她必须坚强地活下去。

　　幸运的是，财政部干部学校毕业后，她被留在财政部工作，由于她在京剧上的特殊天赋，很快便成为部里红得发紫的人物。其实，干部学校大部分毕业生的分配去向是全国各地，而财政部领导一致认为，应该把这个杜惠芳留在机关，将来她会成为财政部文艺会演中"挑大梁"的人物。

　　父亲潜逃后，母亲成为法律上的单身女人。二十六岁的年纪，正是一生中最光彩照人的年龄。这个年龄段，不仅是一个人生命中最绚丽的时光，也是性的欲望最炽烈的时光。无数人给她介绍对象，从大学教授到社会贤达，从横刀立马的将军到政府机关的要员，甚至财政部的某位领导，也托人要和母亲交往。确实，在财政部机关，母亲的美丽和才华出类拔萃、鹤立鸡群。

　　但母亲从来没有动心。西单小饭馆那次痛彻心扉的离别，一直还在她的眼前萦绕。那天，她曾对丈夫有过庄严的承诺。母亲一生信守承诺，更何况是对自己最爱的人呢？

　　其实，信守承诺的过程，也是她背负荆杖，痛苦地屈身前行的过程。她白天在单位里拼命工作，晚上下班回家之后，就陷入对丈夫的无限思念之中，直至深夜。将近十年的时间，说她每天度日如年，并不过分。什么叫煎熬？朝思暮想的等待就是煎熬。尤其当时间告诉你，你所朝思暮想的人，可能一辈子也无法回到你的身边，这种煎熬的残酷程度，就会剧增几十倍。这就叫刻骨铭心，这就叫肝肠寸断！

母亲拒绝一切诱惑，甘愿在情感的囚笼里孤独地生活。从这个意义上说，你不得不敬佩她对这份感情是多么忠贞不渝。她那份至深的爱，可昭日月。

十年中，京剧成了她唯一的精神慰藉。

母亲毫无争议地成为中央各部委联合成立的北京京剧团的头牌青衣。几乎每周都有一两天，母亲要去天桥剧场演出，很晚才回到家里。大凡这样的时候，母亲会保持几天的快乐。

记得1959年国庆十周年之际，在北京举行了声势浩大的全国文艺会演。母亲所在的北京京剧团，在刚建成的人民大会堂压轴演出，取得非凡成功。那天，许多国家领导人观看了她主演的全本京剧《四郎探母》。我和姐姐分别坐在二楼和三楼，看了她这一生中最为辉煌，也是最后一次的京剧演出。

图3-3 母亲饰演荀派名剧《拾玉镯》中的孙玉姣。

1959年10月的一

天，财政部政治处通知母亲到部保卫处来一趟。

"你的前夫赵怀麟回到北京了。"

这像一声轰然炸响的惊雷，把母亲震得呆若木鸡。兴奋、紧张、难以置信等情绪，一齐在她的大脑中以雷霆万钧之势四处冲撞。母亲脸色苍白，浑身发抖，牙齿一个劲地打战，竟然一句话也说不出来。

"惠芳同志，你不要紧张。"看到妈妈脸色惨白，浑身发抖，政治处的干部以为她害怕这个潜逃特务归来，会给自己招来横祸，便赶忙安慰她。

"赵怀麟同志现在是包头缝纫机厂厂长。他是参加全国缝纫机工作会议到北京来的。我们已经看过他的介绍信，并到轻工业部保卫处了解过他的情况，你不用担心。"保卫处和政治处的人友善而和蔼，这让母亲的紧张程度大大减轻。

"是否同意见他，由你自己决定，我们没有意见。"政治处的人接过话茬儿，"他已改名叫赵吉安。他的历史问题已经由有关部门甄别过了，虽然仍定性为历史反革命，但按人民内部矛盾处理。因此，你和他见面，在政治上不会有问题。"

为了消除母亲的紧张，保卫处和政治处特别派了两位女同志，来和她进行这次谈话。

"为了在政治上保护你，我们还是会派人和你一起见他。"

母亲点点头，表示希望见到让她朝思暮想了十年的丈夫。她有太多的情感要向他表达，有太多的话语要对他倾诉，她有一肚子的苦水和委屈，要倾倒给自己最爱的那个人。她满眼是泪，感激地对两位同事频频点头，千恩万谢。

母亲在部里十分出名，两位和她谈话的干部，都认识她并清楚她的家事。她们都知道，母亲一直未再婚，就是在等她心中的这个"他"回来。现在她的反应，更证明了这一点。

"不过，惠芳同志，有个情况我们有责任告诉你。根据我们调查，赵怀麟1950年到包头后又结了婚。他现在又有了四个子女，一家六口都生活在包头。"

这几句话犹如一声霹雳，在母亲头顶炸响，她不敢相信自己的耳朵。刚刚还兴奋得无以名状的她，此时像突然遭受五雷轰顶！那颗刚刚还火热的心，瞬间变得比冰还冷，像是一块冻透了的石头。

母亲差点昏过去。

将近三千六百个日夜的等待，将近十年滴血的思念，现在全部化作一缕青烟，飘散四去。

政治处和保卫处的两位大姐对母亲无限同情，她们站起来走到她的身边，安慰她。

母亲刚刚几乎夺眶而出的泪，刹那间消失得无影无踪。她的眼神完全凝滞，脸上毫无血色，浑身僵硬。但她没有哭。也许她此时根本没有眼泪，有的只是绝望！

第二天，母亲和父亲在财政部如约见面，但场面尴尬无比。

两人几乎都没说话。母亲昨晚一夜没睡，她已经想清楚了，还是想见赵怀麟最后一面。不过，母亲冷冷地拒绝了父亲要见两个孩子的要求，理由是："你在他们成长过程中，从未尽到过做父亲的责任。你早已不是他们的父亲。我也不知道你这十年都在干什么，我不会让孩子和你这样不清不楚、不明不白的人在一起。我要保证他们的清白。不仅今天，以后我也不会让孩子和你有任何接触。"

和父亲见面一周后，妈妈把我和姐姐从各自学校接回北池子家中。她平静地告诉了我们这次的见面，以及她为什么拒绝父亲要见我们的要求。接下来，母亲把她和父亲十七年间发生的所有事情，都一一告诉了我们。

那几天，母亲是在撕心裂肺的痛苦中度过的。这是很多年后我才能体会到的。当时我还不到十一岁，没能够给妈妈任何安慰，这成了我一生的遗憾。

1960年是三年困难时期中最为困难的一年。很多中国人都在饥饿中痛苦煎熬。那年的春节是在一月份，这个春节是在饥饿之中度过的。

由于长期饥饿，母亲患了严重的浮肿病，两条小腿肿得很粗，用手一按一个大坑。尽管是小学生，我也吃不饱，每天都在饥饿中挣扎。出乎预料的是，大年初一妈妈竟让我们吃上了一顿饺子，这是我们万万想不到的。

吃完饺子，妈妈郑重地告诉我们，她要响应中央号召，到黑龙江去建设大庆油田，过了春节就走。今后，我们就要在学校里自己照顾自己了。

她把我们新学期该带的衣服、文具、被褥、鞋袜，以及信封、信纸都准备得妥妥当当，要求我们以后每周给她写一封信。

两天以后，我和姐姐一起到新建的北京火车站，送妈妈上了开往东北的专列。姐姐哭得很厉害。我没有哭，反倒觉得这下可自由了，没人盯着我的学习成绩了，老师想请学生家长，也请不着了。

那时十一岁的我，真是没心没肺。

从那天开始，原本相依为命的一家三口，就此天南地北。准确地说，从那时开始，我们三个都变得孑然一身，无家可归。

几个月以后，妈妈来信，说她结婚了。自此，她实现了1950年秋天，在西单小饭馆里给父亲的承诺。

我相信并且明白，她迅速地离开北京，并迅速地再次结婚，都是给她心上那个既爱得死去活来，又恨得死去活来的人看的。

其实妈妈真的很傻。从1950年秋天开始，她就有着无数的选择。那时，她年轻漂亮，万人瞩目。她的人生本可千姿百态，甚至会一片光明。但她不打算做其他选择，她

图3-4　二十世纪五十年代对父亲近十年的等待与煎熬，让她老了不止二十岁。

深爱着自己的丈夫，可以为他牺牲一切，乃至整个人生。从这个意义上说，妈妈太傻，只不过傻得让人同情，傻得让人尊敬而已。

我和姐姐，既是这场惨烈的爱情悲剧的当事人，也是这场爱情悲剧的受害者。但是，我们理解她，并尊重她的决定。

14. 四十七中

从 1962 年上初中，到 1968 年上山下乡去内蒙古，我在北京四十七中待了整整六年。那六年中的每一天，都令我终生难忘。

四十七中地处北京西郊鹫峰山下。每年九月新学期开学时，鹫峰已是层林尽染，苍翠欲滴。主峰正下方，一座巨大陡峭的山峰突兀而起，像一只极目远眺、振翅欲飞的雄鹰，虎视眈眈地注视着远处的北京城，这就是著名的鹫峰。不知是谁，也不知何年何月，在接近峰顶的半山腰，建了一座红柱青瓦的小亭，为鹫峰浩瀚跌宕的苍绿，平添了几分情趣与激情。

四十七中紧紧依偎在鹫峰脚下，占地三百余亩，古称环谷园。据说，这里曾是清康熙帝的鹿苑。学校由两米多高的巨大虎皮石墙围起。地势西高东低，蜿蜒起伏，从鹫峰山脚开始，沿山东麓缓缓向下，伸向平原地带的北安河村。

环谷园内，苍松、翠柏、银杏、红枫，处处蔚然挺拔，尽显潇洒；丁香、玉兰、樱桃、海棠，四季色彩斑斓，斗艳争香——四十七中校园一年四季美不胜收！

除高中部两座教学楼外，园内校舍均是平房，一律青砖墨瓦，散落在三百余亩的巨大校园之内。毫无疑问，四十七中是北京最美的中学之一。

1962 年我考进四十七中初中部时，姐姐正在这里读高三。我完全不是为了寻求姐姐的照顾才考这所中学的。

原本我想考北京最著名的男四中或育才中学，金老师坚决不让我考。其实她知道我学习成绩很好，考男四中或育才中学不是问题，但她仍然不让我考这两所学校。

我不高兴，非要考不可。

她找我谈话："杜厦，那两所中学确实是北京最好的学校。但那不是你能考的学校。不是你的成绩不行，而是其他方面的原因，使你没法上这样的学校。"

后来才明白，育才中学是从延安迁到北京来的学校，而男四中也是公立的重点中学，这两所学校招收的大多是干部子弟，我这个历史反革命家庭的孩子，当然不应该有这样的奢望，可我当时怎么可能明白这些呢？

那是我第一次领悟到，生在不同家庭的孩子命运是不一样的。这也使我朦朦胧胧地感到，原来人世间的许多事，天生就是不公平的。

听从金老师的劝告，我报考了北京四十七中。

考进四十七中时我十三岁。因为长期饥饿、营养不

图3-5 刚考上四十七中的我们，像四个饥饿的小乞丐。左起：郏之雷、我、武山根、张农生。

良，我不仅瘦弱，身高也只有一米四八，看上去像是不满十岁的样子。相比之下，班上许多从军队子弟学校来的孩子，要比我们这些平民子弟高大和强壮很多。因此，和其他许多瘦弱孩子一样，我们经常受这些强壮的孩子的欺负。每次打架，我们都会被人家打得鼻青脸肿。

四十七中的生活完全不同于育民小学。小学时拆洗、缝补衣服都由专门的生活老师负责。到了四十七中，其他同学可以把需要换洗的衣服周末带回家交给家长处理，返校时再带上家里准备好的干净衣服回到学校。而对我来说，一切都要自己干：洗衣服、拆被子、洗床褥、补衣服、缝袜子，都是自己动手。十三岁的我，被迫在自主、自立方面早熟起来。

四十七中有许多城里学校没有的特色。

首先，学校到处都是果树：核桃、栗子、黑枣、柿子、红杏、海棠、桑葚、蟠桃应有尽有。最令我们感兴趣的是，一出校门，漫山遍野都是带着尖锐小刺的酸枣树。每到秋天，我们几乎天天上山采酸枣。两个小时下来，往往可以采上一大脸盆酸枣。回到宿舍后，同学们一起边吃边聊，好不惬意。

其次，四十七中有极好的体育锻炼风气。每年北京市中学生运动会，四十七中总是名列前茅。尤其投掷和中长跑项目，更是四十七中的长项。每天下午，整个学校沉浸在各种体育活动的热烈氛围中。我在六年的中学生活里，练习过游泳、体操、乒乓球、篮球、摔跤、拳击等运动，无论心灵还是体魄，都得到了极大锻炼。我一生热爱体育运动，得益于四十七中的传统。在四十七中的六年，给了我壮硕的身体和克服困难的勇气。

四十七中还有一项令我难以忘怀的传统。每天上午第四节课一结束，全校就奏响了"食堂进行曲"。无论初一还是高三，每个班都要在教室门口整齐列队，一路唱着各种进行曲，整齐划一、情绪亢奋地走向食堂。到了食堂以后，各班带队喊号的体育委员都要进行颇具仪式感的队列操练，以展现各个班级的独特风采。此时，各班之间必定暗自较劲，一较长短。这些传统，给四十七中学生培养了强烈的团队意识和集体荣誉感。只有听到体育委员喊的那声"解散",我们才能饥肠辘辘地冲进食堂。

食堂的饭菜,对学生也颇具吸引力。中午、晚上都是两菜一汤。菜是一个大菜,一个小菜。大菜大多是炒白菜、炒菠菜、炖萝卜、炖土豆之类,而小菜却是精心烧制的肉片烧茄子、土豆烧牛肉和红烧带鱼等,无不令人涎水直流。我们对食堂印象极好,谁要是能摊上帮厨,就感觉是落得一个让人羡慕的肥差,美得不得了。

由于学生全部住校,吃住都在一起,同学关系一般非常好,大家都像兄弟姐妹一样,相互之间有着数不尽的欢乐。

相比清华附中、北大附中和一零一中的学生,四十七中的学生要朴实很多。在那几所学校里,攀比家庭背景的风气很盛。尽管学校也想极力扭转这种不良风气,但学生的家庭背景往往是学校领导、老师和同学们非常在意的一件事情。这决定着学生在学校里的不同地位。四十七中没有这样的风气,学校也极力反对任何这样的攀比。

由于学校地处郊区,离北京城里很远,老师也就都住在学校的家属区里。因此,四十七中和其他学校的另一个不同是学生和老师的关系非常亲密。除了上课时你可以分辨出老师和同学以外,一下课,老师们几乎全部融入了学生体育锻炼的大队伍之中。在篮球场、足球场、乒乓球馆和室外的田径场,你很难分辨出哪个是老师,哪个是学生。这也是我经常怀念四十七中的地方。

虽然"文化大革命"改变了以上所有这些,但我还是把这些美好回忆爱惜地珍藏在内心深处,一生不会忘怀。

四十七中,我爱你!

……

我从小就不是个老实听话的孩子,加上即使不去上课,学习成绩也能名列前茅,因此我在任何一个班级里都是既让老师喜欢,又让老师头疼的角色。现在,妈妈去了黑龙江大庆,北京已经没有可以约束我的家长,"状告家长"对我完全没用,因此,班主任陈文博把我送进了专门为整治坏学生而特殊成立的初一七班。由此，我便成了学校里最调皮的二十二个坏学生之一。

初一的恶劣表现，大概是一种故意，这既是对孤独感的一种宣泄，也是内心痛苦的外在反映。到了初二，我就开始懂事了。几乎是在一夜之间，我变成了一个学习成绩无可挑剔，又懂得积极向上的好学生。

一路顺利，我以优异成绩在四十七中初中毕业，并继续在四十七中上了高中。

我的目标是考上一所好大学，将来依靠自己的努力，给我和我那个千疮百孔的家庭带来一个不一样的未来。

四十七中的六年，使我从一个淘气而纤瘦的孩童，浴火重生地变成一个意志坚强的青年。这段时间里我享受过诸多的快乐，得到了一生难忘的友谊。但同时，我也曾在这里淌过鲜血，洒过热泪，数次与死亡擦身而过。

尽管如此，我仍然无比珍惜四十七中的这段经历。每每想起这段用热血和激情写就的历史，我还是会激动不已。

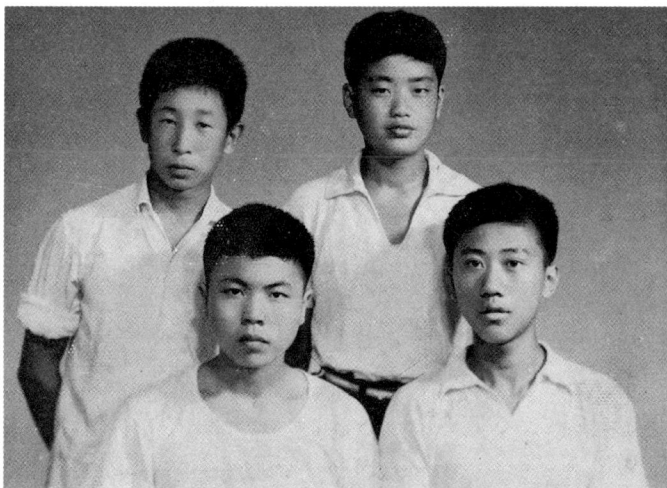

图 3-6　初二，我已经变成一个好学生。后排左起：邓明、我；前排左起：闫安、张农生。

图3-7 "文革"前我们的学习和生活充满快乐。左起：孙元峰、梁志平、张农生、段伟钢。

　　高一快结束时，"文化大革命"骤然开始。我们这些十六七岁的中学生，像一片片被狂风吹起的落叶，卷入这场波涛汹涌的运动之中……

四、美丽的乌珠穆沁

15. 出路在哪里？

　　1968 年夏季，无论学生还是家长，都以为"文革"快结束了，该是考虑今后出路的时候了。

　　早在 1966 年高考就已经停止，既然上大学的路已被堵死，当兵就成了最好的选择。有一定地位的干部和军人，纷纷想方设法让孩子去当兵。这是让他们脱离"文革"岁月的最好办法。

　　为什么当兵成了人生的最好选择了呢？这要从当时的实际情况谈起。

　　自古以来，送子从军一直是件值得称道的事。当兵不仅能够赢得社会的普遍尊重，也基本保证了一生的饭碗。由于解放军承担着保卫国家的责任，随时都要准备打仗。因此，解放军各部队，是全国唯一能够吃得饱的地方。

　　如果一个百姓家的孩子，能够被选中应征入伍，那真比家里出了个状元还要幸运和荣耀得多。

　　据粗略统计，从 1967 年年初到 1968 年年底，四十七中学生中入伍参军的，达到惊人的四百人之多，占学生总数的百分之三十以上。

　　1968 年年底，毛泽东发出了"知识青年到农村去，接受贫下中农的再教育"的号召，上山下乡运动在全国大规模展开。

　　在这样的环境下，我也开始考虑毕业后的去向。

　　据说我们高一年级全体留在北京分配工作。当时，能分配到什么样的工作，基本由两条标准决定——"家庭出身"和"现实表现"。

　　我的家庭出身不用评价，无论有多少人按家庭出身排队，我也会排在最后一名。我不仅是历史反革命家庭出身，爸爸还是国民党中统特务；爷爷、姥爷又分别是地主和资本家；大舅被判过死刑；二舅是逃到台湾的国民党军人。因此，绝不会有人比我的家庭出身更烂。

　　现实表现一项，我也糟糕透顶。对家庭出身不好的人来说，第一条就是要承认自己是个"可以教育好的子女"，然后再老老实实地接受改造，一般要付出比出身好的人多很多倍的努力，组织才有可能给你出路。

　　而我从来没有老实过，更不接受"可以教育好的子女"这个带有"血统论"意味的侮辱性称谓，没有任何党组织或单位领导人会认为杜厦是个在"文革"中表现好的学生。因此，从现实表现来看，我也笃定要排在最后一名。

　　如果在北京分配工作，不会有任何单位想要我。绝大多数单位负责人都害怕像我这样家庭出身的人来到他的单位。因此基本可以断定，在北京我不可能找到体面的工作，甚至可能连工作机会都没有。

　　北京不会欢迎这样的我。

　　因此，我下定决心远远地离开北京，去一个可以找到尊严、可以有我喜欢的生活、可以自由自在、周围还有一群志同道合朋友的地方。我要去寻找心中那个"诺亚方舟"。

　　苦思冥想了很长时间，又查阅了一些书籍，我选择了三个符合这样条件的地方。

　　黑龙江乌苏里江沿岸，那里是赫哲族人打猎和捕鱼的地方。郭颂的《乌苏里船歌》，把那里描绘得令人向往。那里肯定民风淳朴，没有压迫和歧视，不用每天八小时上班，而且天高皇帝远，大概能够给予我更多的自由。

　　新疆的阿尔泰山区，那里有高耸的雪山、高大的松树林和白桦林，给了人太多的美感和视觉享受。电影《冰山上的来客》对于我们这代中学生影响深远。哈萨克冬不拉音律优美，塔吉克小伙的骑马叼羊，维吾尔姑娘的曼妙舞姿，都使我对那个地方充满无限的浪漫遐想。

浩瀚无际的内蒙古大草原，那里有耳熟能详的"蓝蓝的天上白云飘，白云下面马儿跑"；有蒙古族人的彪悍、豪爽；有摔跤、喝酒、骑马、射箭等蒙古族人的生活；也有"风吹草低见牛羊"的绝色美景。这一切，在很小时，就植入了我们的心灵之中。内蒙古大草原的壮美与辽阔，早就成为我内心深处的向往，对我有着无穷吸引力。

我把目标按顺序定为：内蒙古锡林郭勒盟、新疆阿尔泰山区、黑龙江抚远地区。我的原则是：离边境越近越好，越是少数民族地区越好，越是地广人稀的地方越好。

我找了马青波、武山根，郑重地和他们商量此事，他俩一致同意我的分析和方案。他们也想尽快离开北京，寻找属于自己的乐土。

16. 寻觅新的人生

11 月 17 日是周日，我、马青波、武山根、冯祥、艾援、陈刚六人各自背了一个硕大的行李包，晚六点准时在西直门火车站集合，没有人缺席，也没有人迟到。

我们的行动是严格保密的。张农生到车站给我们送行。只有他和段伟钢知道我们这次的行动计划。因为他们承诺，一旦我们在锡林郭勒落脚，他们随后赶到。

西直门火车站没有围墙，火车站台在一个工字钢焊成的天棚下面，冰冷、阴沉。时已初冬，北风裹着落叶，卷进站台，使站台显得更加萧瑟和冷清。

火车喘着粗气进站了。在西直门上车的只有我们几个。车站里没有鲜花，也没有欢笑。随着火车进站，大家越发神色凝重。我们都知道，此次出发，是准备把今后的人生，交给一个完全未知的陌生世界。这场面好像一场没有送行者的生离死别，悲怆而凄凉。在这种悲怆的气氛下，我们和生养我们的北京城做了最后的诀别。我们对北京的全部感情，好像都在那一刻凝结，永远留存在我们的记忆之中。

我们终于登上了前往张家口的火车。

一声凄厉的汽笛声，火车艰难地启动了。它载着六个充满理想、向往自由的北京中学生，奔向祖国的北方。火车越开越快，飞速旋转的火车轮猛烈撞击着稳固在大地上的钢铁轨道，二者之间的激烈碰撞，奏响一场有节奏的轰鸣。听起来，那声音好像是在吼叫：向北、向北……那声音持续不断，划破了北京死一般寂静的夜空。

火车开动后，大家都眼望着窗外，没人讲话，每个人心里都五味杂陈。离开北京是个艰难的决定，但我们不想听凭命运摆布。在那样一个时代，想要自己决定未来，当然是非常艰难的，但我们想闯一闯，而且只能成功，不能失败。

第二天凌晨，火车抵达张家口，我们下了火车。

十一月下旬的张家口，比北京的十冬腊月还冷。凛冽的寒风，像是不断舞动的利刃，割着我们的脸。我们背着行李，从火车站走出来。整个张家口还在睡梦之中，寂静而空旷，街上看不到行人。

我们决定从张家口步行到锡林浩特，全程八百五十华里，计划用十五天走完。这是想用"步行千里"的举动，感动当地政府，使我们能够顺利在锡林郭勒盟插队落户。相信任何人都会被几个弱不禁风的中学生冒着凛冽寒风，背着巨大行李，步行到锡林浩特的壮举所感动。

第一个目标是张北县，一百华里路程，计划用两天走完。但由于行李太重，最多只走了五华里，艾援和陈刚就已经受不了了，我们只好停下来休息。难题是，剩下的八百四十五华里怎么办？马青波还要坚持步行，我不同意。实践证明，我们根本走不下来。经过表决，我们决定改步行为"拦车"，以节省体力，尽快到达目的地。

从张家口去张北的车辆很多，汽车、拖拉机、大马车什么都有。大路上人声鼎沸，播土扬尘，汽车喇叭声此起彼伏，倒是十分热闹。但是没有哪辆车肯为我们停下来，大家都很焦虑。

既然没有车肯搭载我们，只能给这些司机上点"邪招"了。

我让大家把行李都摆在路中间，横着排成一排。在腾起的扬尘中，六个巨大的行李，形成了一道奇怪的路障。六人分别站在各自行李的后面，摆开架势强行拦车。我下定决心，无论哪辆车，只要车厢里还有地方，那么拉也得拉，不拉也得拉，否则就别想过去。

我们拦车的形式非常霸道，被拦下的司机们恼怒异常。我负责和这些愤怒的司机交涉。我们拦车的形式虽然强悍、粗暴，但我的话语却温柔有加。我晓之以理，动之以情，希望感动他们，哪怕拉上一人，我也千恩万谢。

挨了无数次臭骂之后，老天不负有心人，终于有几位好心司机同意搭载我们。当天，我们六人先后搭乘三辆大卡车，到达目的地张北县。

张北县的大车店条件很差，屋里充满汗臭、尿臊、羊膻和烟草的味道。即使这样的大车店，也要出示介绍信才能入住。武山根的"北京第四十七中革命委员会"介绍信派上了用场。

第二个目标是两百华里外的宝昌镇。求司机拉短程，要好谈得多。下午四五点钟，我们就陆续抵达宝昌。那天是 1968 年 11 月 19 日，是我二十周岁的生日。

二十周岁生日是个大日子。我们晚上没在大车店吃饭，出去找了个饭馆，要了六张白面大饼和六大碗羊肉汤，还叫了几瓶啤酒、几碟花生米和酱牛肉。弟兄们给我过了个相当奢侈的生日。

11 月 19 日出生的我，是地道的"天蝎座"。很长时间以后才在书上看到，全世界对"天蝎座"男人的性格描写，几乎都是这样的：

天蝎座的人深谋远虑、恩怨分明。个性强悍而从不妥协，也非常好胜。天蝎座的人，在心中总定有一个目标，非常有毅力，以不屈不挠的斗志和坚强的战斗力，深思熟虑地朝目标前进。天蝎座的人的一个优点，就是他们一旦定了目标，就会不达目标心不死，永不退缩！天蝎座的人不畏挫折、坚持到底、对朋友讲义气、坚持追求事情的真相。

太像了，这真的好像在说我。总之，"文化大革命"中经历了那么多的凶险，我却安然无恙，上天确实给了我一条好命！

17. 落户锡林郭勒

11月20日，我们抵达锡林郭勒盟盟府锡林浩特。

在锡盟中学，我们找了个空旷教室，把课桌一拼，弄出来六张床，就算安营扎寨了。

第二天，换上整齐的衣服，我们六人一起来到锡盟"知识青年安置办公室"。我郑重其事地向接待人员呈上了"北京第四十七中革命委员会"介绍信：

内蒙古锡林郭勒盟知青办：

　　兹介绍我校杜厦、马青波、武山根、冯群、艾援、陈刚等六位同学，前去联系到锡盟插队落户事宜，敬请协助为盼。

北京市第四十七中学革命委员会

1968 年 11 月 12 日

盟知青办主任亲自接待了我们。他热情、友善，但坚决拒绝了我们的落户请求。

"我们已经安置了四千多名插队知青，这已远远超过锡盟实际的安置能力。而且国家下拨的安置经费也已用完，我们真的无能为力。"他态度友好，但听得出来，继续谈下去也没有任何突破的可能。于是，我非常客气地表示理解，带着大家离开了锡盟知青办。

马青波埋怨我为什么这么快就放弃，我没有过多解释，只是告诉他："你再磨十天也没用。我们需要另寻门路。"

在盟中食堂吃饭时，认识了当地的高一学生庄珠扎布。他是住校生，热情、好客。一天下来，扎布就成了我们的好朋友。他是我此生结识的第一个蒙古族朋友，直到今天，关系仍然十分亲密，我们的友谊已经持续了五十多年。

我问扎布，锡盟最大的官是谁？谁在锡盟说话算数？

扎布对于锡盟情况了如指掌。他告诉我，是锡盟军区司令员兼锡盟革委会主任赵德荣，他在锡盟一言九鼎。扎布还告诉我，他儿子赵刚也在盟中，现在还没分配，在等着当兵呢。

扎布最后这句话，帮我找到了解决问题的途径。

我请扎布带我们去结识赵刚，找机会让马青波教他摔跤，再教他擒拿术，使他成为我们的拥趸和朋友，然后我再和他说明我们来锡盟的目的，调动他的同情心，请求他带我们去见他父亲，以寻求他父亲的支持和帮助。

计划进行得完美而有效，仅三天时间，赵刚就成了我们的铁杆朋友。赵刚告诉我，他已把我们立志建设边疆的决心和他爸讲了，他爸表示会全力支持。赵刚代表他爸，请我们 24 日到他家吃饭，赵司令会亲自宴请我们六个北京知青。

我知道离成功很近了，还需要再加上点更感人的东西。我们六个人共同写了一份血书，表明我们扎根边疆的勇气和决心。相信老司令一定会被这份血书感动，我们落户锡盟的事自然水到渠成。

1968 年 11 月 24 日，在赵司令家的晚宴上，我代表六名北京知识青年，向赵司令呈上了我们的血书：

扎根边疆、建设边疆、保卫边疆。

血书的最后，六个人分别用鲜血签上了自己的名字。

接过血书以后，赵司令庄重地站了起来，热泪盈眶。他连连点头，嘴里不停地念叨："我们一定支持，我们一定支持。"

转天，锡盟知青办那位主任一早就来到盟中，说锡盟革委会主任赵德荣昨晚打来电话，要求他立即办理此事，争取让这六个北京中学生，月底前就办好全部手续，完成在锡盟插队落户的工作。

他问我们，想到哪个旗插队落户？我告诉他："我们希望成为真正的蒙古牧民，因此到边远的纯牧区去最好。"知青办主任又和赵司令请示，把我们安排到了条件最好的西乌旗高日罕国营牧场。

此刻已经可以判定，我那些天马行空的想法，马上就要实现了。

这是个非凡的成功，为此我们激动不已。没有国家的分配计划，完全靠自己的努力，实现自主选择人生道路，这在当时的中国是难以想象的，但我们做到了。从此，我们将按自己的意愿去安排未来，从某种意义上说，我们已经把自己的命运重新夺回自己手中。

第二天一早，西乌旗知青办的汽车如约来到。那是辆解放牌大卡车，专门为接我们而来。这是第一次坐上接我们的专车，大家既兴奋又满足，沉浸在成功的喜悦里。

我们让年龄最小的艾援和陈刚挤进了驾驶室，我和马青波、武山根、冯群四个人，迎着草原上凛冽的寒风，并排站在车厢前面。十一月底的锡盟草原，气温已经低于零下二十摄氏度。站在汽车上不到两分钟，从北京穿来的棉衣裤已被呼啸的寒风打透，变得像一层薄纸。犀利而强劲的冷风，直透肌肤，灌进胸膛，使我们不住地发抖。没过一会儿，我周身已经冻僵，感觉这样下去可能会被冻死在车上，于是我告诉大家，赶快打开行李，取出棉被，把自己裹上。

我们四人哆哆嗦嗦打开行李，取出棉被裹在身上。汽车在草原的土路上一直颠簸，像在跳舞。我们把棉被裹得紧紧的，像四颗大肉粽子，被这辆略带狂暴的卡车，尽情地颠来颠去。傍晚我们才抵达西乌旗。当我们从棉被里伸出脑袋时，个个都面色发青，已经没有了人样。

西乌旗知青办主任姓董，能讲一口流利的汉语，我们都叫他老董，他热情地接待了我们。晚饭由旗知青办招待，我们第一次喝了奶茶，吃了好多的手扒肉，每个人还吃了一大碗蒙古面条。由于突然一下子吃了太多的羊肉，肚子里消化不了，到了半夜大家都开始折腾。几个人你来我往，捂着肚子爬起来，龇牙咧嘴地顶着寒风冲出去如厕。

厕所就是个四面透风的墙围子，没有顶，也没有灯。蹲坑也只是几根细长的厚木板，架在一个巨大无比的粪池上。那些木板都已结了厚厚的冰，黑灯瞎火地蹲上去，无不战战兢兢。好在粪池早被冻得梆硬，即使掉下去也不会淹死在里面。

由于夜里奇冷无比，老董告诉我们，半夜出去小便时，手里一定要拿根小棍，要一直扒拉，否则一尿出来就可能把下体和地面冻在一起，那可就麻烦了。我们吓得够呛，一再嘱咐出去如厕的家伙，注意用手捂着点下面，小心不要真的把那东西给冻掉了。

第二天早上，我们来到西乌旗知青办，老董给我们办理了去高日罕牧场的手续。按照北京和内蒙古达成的协议，每个到内蒙古插队落户的北京知青，会领到当地政府拨给的四百五十元等值的安家物资。于是，我们每人领到了十一张一等羊皮、六块羊毛大毡和一双毡靴。

安家物资装了满满一大卡车，有了这一车皮子和大毡，我们心里就有底了。我脑中不禁浮现出赵司令接过我们的血书后，激动地喃喃自语"我们一定支持，我们一定支持"的画面。看着这些羊皮和大毡，我打心眼里感激这位老军人。

18.马，草原之魂

11月28日是个大晴天，浩瀚无垠的草原已被大雪覆盖，天地间一片洁白。送我们的汽车，装满了一车的行李和安家物资，开赴高日罕牧场。有了上次差点被冻死的教训，大家都钻进皮子堆里，只把脑袋露在外面。浑身围满暖融融的羊皮，既温暖又舒适，大家竟都睡着了，不知不觉抵达了高日罕。

高日罕牧场革委会负责人是名现役军人，大家都叫他额主任。他是地道的锡盟人，也是个老骑兵。额主任建议我们去第三生产队，那里是牧场唯一的农业生产队，离场部很近，交通方便；而且农业队里汉人多，没有语言障碍。但我们坚持要去纯牧业队，放牧、骑马、住蒙古包，大家都想成为真正的蒙古牧民。额主任对我们的想法表示理解，把我们分到了额仁淖尔生产队，官称高日罕国营牧场第七生产队。

锡林郭勒草原面积巨大，相当于两个台湾省的面积。这是一片温带草原，气候温和并广袤无垠。而乌珠穆沁草原，是这片草原中最富饶，最壮美的一块。我们要去的额仁淖尔，恰恰是乌珠穆沁草原中最肥美的地段。

1968年11月的最后一天，额仁淖尔派了两辆胶轮大车来场部接我们。在车把式老姬头的指导下，我们先绑好安家物资和行李，然后每人留了一张整羊皮裹住脑袋，就趴在满登登的安家物资上，上了路。

天空依然晴朗，蓝天如洗。我们被路上的草原冬季美景惊呆了。此时，一场暴风雪刚刚过去，草原静静的，几乎没有风。四处已被白雪凝结，到处晶莹剔透。整个大地只剩下琼雕的草、玉琢的树和微风吹起的雪花。小河像是覆盖了厚厚的白丝绒被，柔软而温馨。树枝上挂满了沉甸甸、蓬松松的雪球。额仁淖尔银装素裹，变成了纯白的世界。

到额仁淖尔后，我们被安排住在冬营盘。冬营盘地处高日罕河边，对面就是东乌珠穆沁旗的乌拉盖牧场，向北几十公里，就是中蒙边境。

我们的安家物资中，有足够的大毡。牧民帮我们搭起一个硕大的蒙古包。生产队送来炉子、烟筒和两车牛粪，以及一辆木轱辘的勒勒车。

贫协主席图尔巴吐把我们带来的羊皮分发给几户牧民，几天以后，我们便每人收到一件羊皮大德勒、一条皮裤和一顶草原帽。新做的大德勒，被牧民熏成了橙黄色，全部配上了黑缎饰边和银纽扣，精致漂亮。队里还送每人一条丝绸腰带，草原帽也被缀上了海蓝色的布面。全部穿上以后，我们立即变成了地道的蒙古牧人。有了这些装备，再加上从西乌旗带来的毡靴，度过乌珠穆沁严酷的冬天，应该不会有任何问题了。

解决了御寒问题后，图尔巴吐又带着几个马倌，给我们送来了六匹马。偌大草原，马就是腿，没有马在草原上寸步难行。

如何分配这些马成了难题，谁不想要一匹好马呢？

六匹马中，一匹小青马身形矫健，前胸肌肉发达，耳朵永远机灵灵地直立着，双目炯炯有神，一看就是一匹好马。最烂的是一匹叫"沙里棒子"，是匹大花马，灰不溜秋，无精打采，双眼布满眼屎。它一直伸着瘦瘦的脖子，把头埋进两条前腿之间，躲避着吹来的寒风。

马青波一眼就盯上了那匹小青马。他谁也没问，过去解开缰绳，就把小青马牵在自己手里。这突如其来的行动，使其他人不知所措。显然，不和大家商量，擅自抢走小青马，马青波明显破坏了我们六人有事商量的规矩，冯群、艾援心里不悦，武山根也回头用目光在询问我：他怎么能这么干？

我心里十分恼怒，当然不能同意马青波的霸道做法。他不但破坏了我们的传统和相互平等的原则，还凸显了他的自私自利和以大欺小。但他是和我一起策划来内蒙古的人，又曾和我共患难。我不想因为一匹马和他翻脸，也不想看到我们六人之间出现矛盾和冲突。况且，我也不想在六人中充当仲裁者。

该怎么办呢？不可能说服马青波把小青马送回来，这样他太没面子。但我又无法容忍马青波的行为。两难之下，我只能选择自己作出牺牲，来平衡大家的情绪。我对大家说，马由你们大家先挑，剩下的最后一匹算我的，然后一转身就进了蒙古包。我想用这样的态度，来表达对马青波的不满。十几分钟过去，大家陆续回到了蒙古包，每人都一声不吭。我推开蒙古包的门，看见马桩上只剩下最后一匹，就是那匹满脸眼屎的劣马"沙里棒子"。

强抢小青马，埋下了马青波和我们其他五个人之间矛盾的种子，这事尽管不大，但在每人心里都刻得挺深。

几天以后，大家便和自己的马建立起了感情，也越来越喜欢自己的马了。此时再也没人眼馋那匹小青马了。小青马尽管总是精神抖擞，可只要马青波一骑上去，就一定是六匹马中跑得最慢的一个。因此，连马青波本人都怀疑，或许他抢走的不是一匹好马？

看着大家对于自己的马爱不释手，我心里很不是滋味。我当然梦寐以求想得到一匹好马。草原上马就是牧民的命，有一匹上好的马，不仅别人羡慕，自己也会在周围几十里范围内扬名立万。我一直琢磨怎么能把"沙里棒子"换出去，换回一匹真正的好马来。我终于找到一位叫曹格吉拉的大喇嘛，愿意和我换马，于是我和曹格吉拉迅速成交。

我换回了他那匹枣红马，就叫它"曹格吉拉"。曹格吉拉前额有个月牙形的白点，周身毛发通亮，永远抬着头，短途跑得极快。三里地以内的赛马，所有知青的马，均不是曹格吉拉的对手。每个知青都说我占了大便宜，我大喜过望！可是两天之后上场部采买，我差点被曹格吉拉踢死，才知道自己上了大当。

那天到场部供销社买砖茶、固体酱油等日用品。我把曹格吉拉拴在供销社门前的马桩上。同一个马桩上，正拴着一匹留着长长马鬃的黑色"儿马"（种公马）。曹格吉拉对那匹黑色儿马充满敌意，它们互相嗅着，紧张地打着响鼻，前蹄都在使劲刨着地面。两匹马浑身肌肉都在颤抖，脖子像弓一样拱了起来，激烈地警告着对方。

我不懂发生了什么事，拴好马缰刚要离开，曹格吉拉和那匹黑色儿马突然发作。它们同时扬起后蹄，飞速踢向对方，我恰恰夹在中间。只见四只强劲后蹄和粗壮马腿在我脸前交叉飞起，几个碗大的马蹄擦着我的头皮飞过，我的脑袋差点被它们踢碎。幸运的是，在马腿下落的一刹那，我已经跑到了安全距离以外。

图 4-1　这匹马就是"曹格吉拉"，它跟了我六年，短途赛马极快，永远威风凛凛。

我被吓出一身冷汗，看着两匹马不依不饶地殊死搏斗，我还呆呆地愣在那里，处在魂飞魄散之中。原来曹格吉拉是个隐睾的半儿马，骟它的时候没骟好，遗留下一颗睾丸藏在肚子里。

我和曹格吉拉大喇嘛都骗了对方，但谁也没占到便宜。

十二月中旬，我已经和场部马倌斯楞成了好朋友。我得到一个重要信息，场部马群里有匹大白马，绰号"快步神驹"，据说能夜行八百里，昼行一千里。曾经获得过西乌旗"颠马"（快步）比赛第一名，是高日罕远近闻名的宝马。这匹马原属场部秦书记，但秦书记已被打倒，快步神驹就安安逸逸地待在马群里，无人敢骑。

我决定抢走这匹宝马。

我送给了斯楞十枚金光灿灿的毛主席大像章，这是当时最珍贵的礼物，他喜欢得要命。我告诉斯楞，反正这匹马不属于任何人，干脆我把它骑走。如果革委会向他索要这匹马，我一定当天奉还。斯楞既是我的朋友，又得到那么多毛主席像章，只好睁一只眼，闭一只眼。反正所有

图4-2 我的套马技术不输当地牧民，又能说一口流利的蒙古语，很快便成为所有牧民的好朋友。

的马都属于牧场，谁也不能把它变成私有财产。于是我胆大妄为，私自骑走了这匹大白马。

快步神驹身形高大，比一般马要高将近十厘米，头尾要长出半尺有余，浑身雪白，没有任何杂毛。乌珠穆沁马名满天下，其最纯粹的代表，就是一根杂毛都没有的白马。相传东汉末，曹操的坐骑就是这种乌珠穆沁大白马。

我成了快步神驹的新主人。因为这匹马，无数牧民和知青慕名前来挑战。骑着这匹大白马和任何挑战者比"快步"，我从未输过一场。

19. 游牧生活

　　两三天后，又有两位北京知青也来到了额仁淖尔。一位是钢院附中的徐本华，一位是十九中学的刘浩颖。至此，额仁淖尔的插队知青已达二十一人。这些二十岁上下的热血青年，带着不同的人生经历来到这里。从他们到来开始，这片古老的草原，一改千年未变的宁静，焕发了更多的青春活力。

　　一切看上去都那么完美。短短不到一个月，我们享受着草原上的点点滴滴，从一个北京中学生，迅速变成了新的草原牧民。我们每天拖着套马杆，跟着牧民出入羊群和马群，一切都应对自如。我们喜欢这里的和谐与友爱，喜欢这里的朴实和豪迈，喜欢这里的浩瀚无垠，甚至喜欢这里漫无边际的大雪和呼啸的白毛风。

　　这一个多月里，我们和牧民已经成为好朋友。加上我们的吃、穿、住、行都获得了圆满解决，知青们在额仁淖尔的新生活过得十分快乐。

　　几件事使知青在牧民中威信大增。

　　马青波的摔跤特长，使我们交了很多牧民朋友。他们非常惊讶北京学生还会摔跤，而且没有一个牧民可以战胜这个姓马的小伙子。这使得牧民对知青刮目相看。

　　艾援也给我们带来许多牧民朋友。艾援的二胡水平一流，这引来牧民的羡慕。蒙古人酷爱马头琴，但真正拉得好的很少，大多只是初级水平。听到艾援能把《江河水》《二泉映月》拉得如泣如诉，牧民们万分惊讶。我们每到一个蒙古包，牧民都会把舍不得吃的"奶皮子"拿出来招待我们，目的就是让艾援多拉两段二胡。

另外，布伦吉力嘎拉、白依拉以及新华，都是锡盟蒙中的高中生，不仅知识丰富，而且精通蒙文。这给许多牧民孩子，带来了知识和希望。在他们的带领下，知青和牧民之间相互学习，相互提高。牧民和知青之间的气氛迅速变得非常融洽。

我们每天三三两两地骑上马，到牧民家去喝茶，聊天，还跟着牧民去马群、羊群和牛群学习放牧。学习蒙古语也是我们最大的兴趣之一。我们商量，与其天天往蒙古包跑，不如干脆住到牧民家里去。只有真正到牧民家里去，才能学会放牧，学会至关重要的蒙古语。

过了几天，牧民纷纷赶着勒勒车，来东河接我们下包。我住到了金山家，刘浩颖住到了额仁花家，陈刚住到浩特劳家。除马青波外，二十个知青都住到牧民家去了。

我们的草原生活随即拉开了序幕。

其实我们对放牧知识还一无所知，帮不上牧民什么忙。即使是草原上的生活，我们也还需要一个适应过程。必须尽快适应草原生活的方方面面，只有这样，才能在牧民中建立最基本的信任，才可能真正融入牧民的生活中去。

草原上的吃、穿、住、行，都和北京有着天壤之别。经过一个冬季的努力适应，我们都已经变得像个纯牧民了。

（1）草原上的吃

内蒙古牧民的食物只有四种，千年未变。

奶茶：草原的茶都是砖茶。煮奶茶时，先倒满一锅水，再从茶砖上砸下一大捧茶叶碎屑，扔进锅里，用大火烧沸。把煮好的热茶倒出备用后，再用牛油把粟米翻炒一下，趁热把煮好的茶水重新倒入锅中，等茶香四溢时，再扔进一把盐和一大勺鲜奶，一锅奶茶便烧好了。

男主人放牧归来，主妇从暖水瓶里倒出一碗热腾腾的奶茶，双手捧着递到男人手上。随手就把放着手扒肉、奶豆腐和锋利折叠刀的小盆推到面前。男人挑出一大块手扒肉，削几片泡在热茶里，再泡进几块奶豆腐，一顿标准的牧民喝茶程序就完成了。

一般来讲，只要你端起这碗奶茶，不喝个七八碗是不会结束的。在草原，这是蒙古族牧民上千年不变的主要饮食方式。

手扒肉：牛羊肉是牧民主要的蛋白质来源。每过一段时间，牧民家就要杀几只羊，来补充肉食储备。倘若有客人来，或有个婚丧嫁娶，那一定要现场宰杀牛羊，以大快朵颐。

杀羊一般由男人动手，妇女则负责制作血肠，收拾头蹄下水。男人杀羊时，女人会把水烧好。杀羊结束时，一大锅手扒肉已经煮得快要出锅了。煮好手扒肉，女主人会把"胸叉子"递给最尊贵的客人，由客人第一个动手削肉。一顿热腾腾的手扒肉，辅以奶豆腐、炸果子，是草原最棒的食物了。

奶豆腐：每户牧民都会有十来头奶牛。每天早晨，女人们会给饱吃了一夜的奶牛挤奶，这是草原上最具浪漫气息的时刻。

女人们会把一桶桶的鲜奶，倒进一米来高的艾日根（酸奶发酵桶）里，等牛奶发酵后，女人们手握艾日根的木柄，上下搅动几千次，完成牛奶的分离工作。之后，便提取最上层的奶油，用来熬制黄油。中间的奶水加入莜面用来喂狗。最底下的奶渣挤压出水分后，晾成奶豆腐。其实，草原上的奶豆腐和西方的奶酪是一回事。

奶豆腐是牧民们日常蛋白质的另一重要来源。

蒙古面条：蒙古面条是草原牧民每晚必吃的正餐。草原所有的饭食，既没有煎炒烹炸，也没有其他调料。每天黄昏，主妇们都会烧上一锅热水，先把羊肉切成大块扔进锅里；再从锅里舀出温水来和面；然后，把擀好的面片切成手指般大小的面条扔进锅里，撒上一把盐，就等着开锅吃面了。

说来也奇怪，这蒙古面条，除了盐和羊肉以外，没有任何调料，吃起来却鲜美无比，在牧区七年，我百吃不厌。

（2）草原上的穿

草原上的穿也值得向读者作一番介绍。

德勒：草原牧民最少有三套薄厚不同的德勒（蒙古袍），分别在夏季、秋季和冬季穿用。家里殷实的牧人，每个季节的德勒都会有好几件，分别在不同的场合换穿。

不管在任何季节，不同颜色的德勒都要配几条颜色艳丽的腰带。腰带是一幅一丈多长的绸缎或上好的棉布，不做任何加工，缠在腰上，宽宽地把德勒分成上下两个部分。腰以上部分要宽大，显得洒脱、威武。腰以下要紧凑、短小，显得干练。牧民会把从商店买来的东西，全部塞进腰带上部的德勒里，因此德勒也具有了挎包的功能。甚至有时，德勒里揣个羊羔子、狗崽子也是常有的事。

棉被：草原上的蒙古族人睡觉不用棉被。白天穿的德勒，到晚上就成了棉被。这是千年以来形成的生活习惯。尤其在冬天，裹着德勒睡觉有无比的优越性。

冬天蒙古包熄火后，温度和室外毫无差别，一般要到零下二三十摄氏度。晚上睡觉时，牧民把巨大的皮裤褪下一半，把裤脚折叠压好，然后用皮德勒裹紧身体躺下，全身上下密不透风，冷风一点也进不去。即使在零下二三十摄氏度的严寒里，也可以睡个好觉。

当然，这要一丝不苟地操作，而且要保证一夜全身不动，否则一旦德勒和皮裤间漏出缝隙，严寒立即会从这些缝隙钻进来，冻得你一夜无法入睡。

厕所：德勒就是草原上的流动厕所，这是德勒的另一大功能。解开腰带的德勒硕大无比，无论男女老少，需要上厕所时，只需解开腰带，把德勒下摆打开，往下一蹲，无论大便、小便，都遮得严严实实，不会有任何尴尬。

春夏秋冬，牧民都只穿德勒而不穿汉族服装，一个重要原因是，只有德勒才能解决草原上的"上厕所"问题。如果穿汉族衣裤，在草原上厕所，必然露出个大屁股。草原开阔至极，一个大白屁股，几里外都看得清清楚楚。尤其当几条闻到腥味的狗跑来时，你就真的倒霉透了。

（3）草原上的水

草原上的水是最为珍贵的东西了。

由于水的稀缺，牧民不仅一辈子不洗衣服，也不可能经常洗澡。大约只有到河边拉水时，才有机会擦一擦身体而已，一年最多也就一两次。读者一定惊讶，一年只洗一两次澡？对，一年只洗一两次澡！

不过，草原上的男女老少都会在早晨醒来时洗脸。洗脸极有特色，早晨起床洗脸时，女主人会从锅里盛一茶碗的温水，递到你面前。你需像喝茶一样含口水在嘴里，然后把水吐到自己双手形成的手盆上，小心翼翼地把这捧水送到面颊上，努力抹擦几圈。然后再含一口水，重复前面的动作，直到小茶碗里的水用光为止。一小茶碗的水，大概够用三次，早晨洗脸的程序就完成了。

草原上的人都会相互照顾，不分彼此。即使到一个根本不认识的蒙古包，你也可以进屋喝茶、吃饭、睡觉和聊天，完全不必打招呼，也不必征得同意。这是游牧生产方式决定的。你照顾了他家的牧人，你家的牧人也会被他家照顾。这天经地义，根本不用说"谢谢"两字。如果你说了"谢谢"，那表明你根本就不是这片草原的人。

也正因此，草原上男人与女人之间的关系也相当开放，这也是游牧生活方式的一部分。草原上千年以来均是如此，没人为此大惊小怪。

我们享受着以上这一切，体验着一个草原牧民所有的喜怒哀乐。

20. 分裂

马青波性情乖戾，太过"个色"。大家都到牧民家去住，他却坚决不去，仍留在知青蒙古包单独居住。小青马事件后，大家已和他貌合神离，加上这次脱离知青群体，他在额仁淖尔已渐渐失去了所有朋友，成为孤家寡人。

孤独其实挺可怕，马青波收养了一条流浪狗来陪伴自己。谁知那条狗原本就不是什么好东西，偷偷出去咬死了牧民的羊羔。按照草原的规矩，牧民打死了这条狗。这引起了马青波和牧民之间的激烈冲突。在此之后，额仁淖尔已经没人愿意理睬马青波。尽管对这种处境深感痛苦，但他既拧又倔，面子上绝不认错。这样一来，他和大家的共同语言便越来越少，心理隔阂也就越来越大。

高日罕是个国营牧场，大家都挣工资，尽管每月只有三十元，但由于吃肉、喝奶、居住都不需花钱，日子要比去内地农村插队不知好多少倍。因此，该是把户口和档案关系从北京转来，彻底在这里扎根的时候了。另外，也到了该把张农生、段伟钢两人接过来的时候了。

我给张农生和段伟钢写了一封长信，介绍了这里生活的方方面面。请他们再次考虑，如果确定愿意来草原，和我们在一起生活，就要马上做好动身的准备。于是我让武山根和陈刚代表大家回趟北京，办这两件事：

1. 把我们的户口和档案关系全部迁过来；
2. 如果张农生和段伟钢已经下定决心，就把他俩一起带过来。

　　说来也巧，12 月 22 日，就在决定回北京迁户口的时候，收音机里传来了毛泽东关于知识青年上山下乡的最新指示：

　　"知识青年到农村去，接受贫下中农的再教育，很有必要。要说服城里干部和其他人，把自己初中、高中、大学毕业的子女，送到乡下去，来一个动员，各地农村的同志应当欢迎他们去。"

　　听了这个广播，我告诉武山根，放心吧，迁户口和转档案应该不会有任何障碍了。

　　此时的马青波已经极度孤立。他找我谈了一次话，中心议题是张农生和段伟钢。他坚决不同意带他俩到高日罕来，理由有两个：

　　一是出来之前，曾征求过他俩的意见，他们不敢冒这个风险，表现得犹豫不决。现在看我们处境不错，想来摘取我们的胜利果实。

　　二是他们现在面临去山西插队的命运，如果去山西插队，不仅要挣工分，还会吃不饱。他们为了逃避那里的艰苦生活，才挑肥拣瘦地决定到我们这里来。

　　马青波这番话，让我惊讶不已。张农生和段伟钢是我们所有人的朋友，也是我的"文革"战友。他俩和我们一起度过了无数血雨腥风的岁月，尤其是他俩还舍生忘死地跳下来救过我的命。

　　我压抑着自己的愤怒情绪，低沉地对他说：

　　"他们的事，我怎能不管？不仅是我，我们六人都应该帮助他们，这是我们的责任。懂吗？"我已经非常激动，不知该怎么表达对他这个意见的看法。

　　马青波也不示弱，坚持说不能帮助他们来内蒙古。最后，他说出了自己心底的想法："你到底把谁看成最亲密的朋友？是我，还是他们？"

　　我一惊，这才知道马青波极力阻挠张、段来高日罕，是害怕他们夺走我和他的友谊。

　　"我们之间有着非常珍贵的友谊，也可以说是过命之交。不过，我们不应该把这种友谊，看成是自私的。我们都不能在友谊上，独占对方。"

"今天，不要说张农生、段伟钢来高日罕这点小事，就是冒着丢掉性命的风险，只要他俩需要，我也会义无反顾地帮助他们，绝不会有丝毫犹豫。这件事不许再提，谁想拦也不行！"我坚定不移，毫无妥协余地。

马青波脸色极为难看，他不能不承认我说的是事实。但他最为担心的，恰恰就是这点。在马青波看来，我是他此生最好的朋友，之所以不在乎其他人理不理他，就是因为他有我这个生死与共的朋友。但如果张和段来了，那么他们俩就成了我最好的朋友。那时，他会觉得自己真的掉进了无法忍受的孤独之中。

现在他没能说服我，令他极为沮丧。

1969 年 1 月下旬，武山根和陈刚很快准备好了回北京的行装。我送他们到场部。临离开东河之前，锡林浩特知青"小四川"骑马跑来，交给我一封信。

"杜厦，马青波让我给他带一封信到场部去发，正好你们要去，麻烦你帮忙发了吧。"我接过信，揣在德勒里。骑上大白马，跟着老姬头的马车，陪着武山根、陈刚一起到了场部。

送武山根和陈刚上了去西乌旗的汽车以后，我来到邮局发信。从德勒里拿出马青波那封信来一看，信封上写着：

西乌珠穆沁旗知青办
董平主任收
国营高日罕牧场 额仁淖尔 马青波

几天前和马青波那段对话，现在还记忆犹新。自然一下猜到这封给西乌旗知青办的信是什么内容。于是我就把信带回了额仁淖尔。回到金山家里，我打开了这封信，内容如下：

西乌旗知青办董主任：

我是高日罕牧场的北京知识青年马青波。一个多月前是您亲自安排我们来到高日罕牧场的，现在我们已经在额仁淖尔安顿下来，一切都好。衷心感谢您的支持和帮助。

向您反映一件事情。听说我们到高日罕牧场落户成功以后，一部分本应该分配去山西插队的北京知青，为了逃避去更艰苦的农村插队，也正在找门路企图来高日罕牧场落户。我现在反映的北京四十七中张农生、段伟钢就是这样的人。他们怕艰苦，为躲避"插队"才想来高日罕牧场。而且，张农生、段伟钢都是家庭出身有严重问题的人，根本不符合在边疆落户的政治条件。

希望您能妥善处理此事。烦请把此信的内容也反映给锡林郭勒盟知青办为盼。

高日罕牧场 额仁淖尔分场 马青波

一九六九年一月十九日

看过这封信，我怒火中烧。

想不到我最好的朋友，"文革"腥风血雨中一直和我站在一起的战友，会有这样卑劣的告密行为。最不可以原谅的是，在这封告密信中，他居然用"血统论"来坑害自己的朋友。而这些朋友在"文革"中，曾义无反顾地和他坚定地站在反血统论的立场上，毫不退缩。这显然是对朋友的严重背叛，不仅是政治上的，还是道德上的。

要知道，这些人之所以从素不相识，一路走到生死与共，就是因为我们都反对血统论，都和"血统论"作过殊死斗争。反对血统论是我们友谊的政治基础。今天，马青波明目张胆地背叛反对血统论的原则，使我们之间的纽带，在一瞬间崩断！我发誓，从今天开始，我将和马青波一刀两断，彻底决裂。从此我们将形同路人！

我骑上马，找到冯群，又一起来到艾援所在的牧民家。给他俩看了马青波写给西乌旗知青办的告密信，他俩也义愤填膺。我们一致决定，和马青波的一切友谊就此宣告结束。

我给武山根写了一封颇动感情的信，附上了马青波这封告密信。告诉他，要竭尽全力帮助张农生和段伟钢来到高日罕，不惜一切代价。

由于有毛泽东关于知识青年上山下乡的最新指示，迁户口和转档案都相当顺利，张农生和段伟钢也做好了去内蒙古的一切准备。

1月31日，他们四人从北京出发，奔赴锡林浩特。

张农生和段伟钢被分配到高日罕的农业生产队。那里挨着额仁淖尔，我们往来十分方便。而且农业分场离场部又很近，其实是个不错的选择。没有被分配到纯牧区，虽然有点遗憾，但他们还是很快都当上了马倌。放牧着近二百匹马的大马群，大家都为他们高兴。

因为张农生、段伟钢来内蒙古一事和我彻底闹翻后，马青波的情绪降到冰点以下。张、段二人成功来到高日罕，对他又是一次新的打击。他给西乌旗知青办的告密行为没有得逞，他应该感到十分意外。我相信，他的心里充满了挫败感。

图4-3　和马青波分裂以后，我们五人团结在一起。左起：艾援、陈刚、我、冯群、武山根。

自从张农生、段伟钢到了高日罕，马青波似乎羞于见我们任何一个人。他悄悄地离开了自己独处的知青蒙古包，搬到额仁淖尔和赛汉淖尔交界处一个叫三间房的地方。那里原来是个配种站，现在已经废弃。那三间房破烂得连窗户都没有，根本不适合居住，尤其是在冬天。

马青波一个人住在那里，我们完全不知道他每天在干什么，也没有任何人会到那里去同他交往。他似乎已经从地球上消失，独自生活在一个和外界完全隔绝的世界里。只是每月来会计那里领工资的时候，人们才可以看到他的身影。其他时候，没有人会感觉到他的存在。

五、一场六年的梦

21. 兵团来了

　　二十世纪六十年代中苏交恶，苏联在中苏、中蒙边境陈兵百万，战争一触即发。1969 年 3 月 2 日，震惊世界的中苏珍宝岛自卫反击战爆发，中苏大战的火药桶似乎已经点燃。为防范苏联入侵，全中国进入了临战状态。北京军区经中央批准，沿中蒙边境组建了半军事化的内蒙古生产建设兵团，这成为防范苏联入侵的具体措施之一。

　　北京军区抽调了五千六百余名现役干部和五千多名转业军人，组建内蒙古生产建设兵团。珍宝岛自卫反击战爆发后的 5 月 7 日，内蒙古生产建设兵团宣布正式成立。北京军区仅用两个月的时间，就完成了六个师，四十一个团的组建工作。其中第五师设在我们西乌旗。

　　高日罕牧场迅速被兵团五师接管，改编成为五师四十一团。额仁淖尔改为四十一团七连。

　　对于组建兵团，并把我们变成兵团一部分，知青们都激动得不得了，大家都为自己突然变成一名准军人而兴奋不已。今后高日罕牧场归北京军区管辖，说不定什么时候国防需要，把兵团改制成正式的解放军也不无可能，总之大家感到前途一片光明。

　　而我们几个四十七中的北京知青却喜忧参半。喜的理由和其他知青一样，谁也没想到突然进入了兵团序列，意外地变成了准军人。忧的仍然是那个困扰多年的老问题，我们这样的家庭出身，在体制内不仅很难有出头之日，还可能重新成为被歧视的对象。

　　面对这一变化，我是所有知青中最悲观的一个。之所以逃离北京来到内蒙古，就是想找到一个人与人之间相互平等，彼此间没有歧视的地方。乌珠穆沁草原就是这样一个地方。这里的蒙古族牧民单纯、质朴。在他们眼里，根本就没有什么阶级，也不崇尚人与人之间的斗争。草原上的牧民认为，凡是这片草原上的人都是兄弟，应该彼此关爱。而在兵团组建以后，这里还会不会保持所有这一切，我心里充满担忧。

面临兵团组建这种不可抵抗的重大变故，我毫无选择能力，只能走一步看一步了，忧虑与悲伤充满我的心头。

3月中旬，三位现役军人来到了额仁淖尔，四十一团七连正式开始组建。兵团规定，每个连队要配备五名现役军人。现在到位的是指导员、副连长和军医，连长和副指导员晚些日子才能到位。

我们接到通知，回东河参加学习班。这次回东河参加学习班后，不知道将来会干什么。我把大白马托付给了金山，自己骑着曹格吉拉，回到东河。

在东河那三间破旧的土坯房里，指导员沈富贵给我们开了第一次会。左右两间已经成为三位军人的临时宿舍，中间的人屋里被二十几个知青挤得满满登登，连站脚的地方都没有。满屋的人都在抽烟，屋里烟雾腾腾。

指导员沈富贵将近四十岁，山西人，身材高大，肩膀很宽。尽管脸上已经出现了一些老态，但腰板还是挺得笔直。说起话来，仍让人感到那份军人的威严。他坐在炕沿上不断地比画着，发表着自己的第一次施政演说。

沈富贵用地道的山西话，给我们讲了近三十分钟。话很难听懂，大意是组建兵团的意义，我们应尽的责任，以及兵团的未来发展。他说，四十一团将组建两个武装连，全部配备手提机枪、冲锋枪和半自动步枪等轻型武器，一律军事化管理，承担战时的作战责任。普通连队也会配备武器，平时以生产为主，也实行军事化管理。指导员还说，马上到位的转业军人，将成为班、排一级的骨干。从北京、天津等大城市招收的知识青年，也马上就要到位。这些知识青年，都是按照部队征兵的政治标准招的。今后，兵团将成为保卫边疆、建设边疆的一支重要武装力量。

沈指导员告诫大家，要做好打仗的准备，随时要准备为保卫祖国贡献出自己的一切。不打仗时，要搞好生产，搞好屯垦戍边。大家憧憬的本来就是这样一种前景，经他一说更觉得真切、可信。于是一个个热血沸腾，纷纷表态，都表示要在兵团的建设中，贡献自己的全部热情和汗水，甚至生命。沈指导员对知识青年们的表态颇为满意。

副连长刘光明在学习班结束时宣布，七连连部将建在原农业班的旧址上，所有知青都要搬回那里去。现在最紧迫的任务有打井和建房，要为五月份大批知青的到来做好准备。

我们四个人的知青蒙古包都搬到了新连部所在地。打井、脱坯、盖房的工作全面展开。

图 5-1 孙志昌的哥哥、姐姐已于 1963 年上山下乡，他是父母身边最后一个孩子，也被动员来内蒙古兵团。为此，政府给了他家一张奖状。

4 月底，十来位转业军人来到七连。接着在 5 月下旬，几十位天津知识青年也到达七连。连里又搭建了十来个新的蒙古包，连部工地顿时人声鼎沸，热闹非凡，兵团建设如火如荼地展开了。

22. 我的牧马生涯

两个月时间，新组建的七连已经有了八十多人。无论是老知青、转业军人，还是新招来的兵团战士，都对兵团未来充满美好憧憬。大家拼尽全力，把领导分配的活儿干得漂亮和圆满。这种氛围感染着每一个人。兵团战士大多才十六七岁，刚到时还在哭鼻子。几天之后，这些从没干过活儿的孩子，谁也不甘示弱，完全变成了另外一个人。

看见这样的场面，指导员沈富贵难掩内心的兴奋。

东河的第一次接触后，沈富贵就感到我不是一个服服帖帖的人。而且，我也没像其他知青一样，和他走得那么近。实际上，看了我的档案以后，他对我已有所防范。这次分配工作，他特意安排我远离连部，仍然去牧区放马。而这正是我求之不得的事。东河学习班结束后，我立即返回金山家，继续放马。连里脱坯、盖房的事，我都没参加。至于"忆苦思甜"和收缴书籍等，我也没被殃及。

所有知青中，只有我还留在牧区。牧民对我的放马、套马、饮马和找马等各项技术，都已认可。而且我已经可以用蒙古语和他们进行交流。在蒙古族牧民眼中，我已经是一个合格的好马倌了。

放马是草原上最有浪漫气息的工作。乌珠穆沁草原上，一个大马群有四五百匹马。我的马群中等大小，有三百四十多匹马。

草原上养的马，最终是要卖往内地的。因此，马群里最多的是骒马（母马）和小马驹子。骒马唯一的工作就是生小马驹，其他什么活儿都不干。因此草原上的骒马永远懒懒散散，潇洒自由。小马驹长到两岁时，公的就要被骟掉，然后卖往内地农村。母的则一部分被卖掉，一部分会留下用来繁殖小马驹。除此之外，就是牧民自己骑乘的骟马。骟马在两岁左右去势，长大后它们会比儿马（公马）更顺从，更有耐力。被牧民们视作掌上明珠的，就是这些天天不离左右的骑乘马。

除以上三类以外，马群里最厉害的，就是那二十来匹儿马。

这些儿马都是马群里最漂亮的马，它们是被牧民精心挑选出来的种马。儿马要个子高大，肌肉发达，毛色油亮，黑色和枣红色的居多。它们都留着长长的鬃毛，永远不剪。当这些长长的鬃毛迎风飘起的时候，它们个个显得威风凛凛，千姿百态。

每匹成熟的儿马都有属于自己的小马群，每个小马群都有若干匹骒马，少则十几匹，多则二十匹左右。这些骒马都是这匹儿马的专属"妃子"，是它们的妻妾。无论吃草、饮水、回牧，这些高大的儿马，都会非常自觉地管理着自己的骒马和小马驹，根本不用牧人操心。只要马群中的这些儿马在，你就尽管放心，一匹马也不会丢失。儿马像个大家长，管理着自己的家族。

每到傍晚，马群饮水的景象最让牧马人心情激荡。

当你套上一匹老马，拴在饮马井的水车上时，马群已经在几公里外的山坡上等待。当水车把水灌进长长的水槽时，所有儿马中最厉害的那匹，便护送着自己的骒马和小马驹，跑下坡来，荡起遮天蔽日的尘土。晚霞的金色阳光，穿透这些尘土，洒在奔跑的马群上时，那景象真是蔚为壮观。

排老大的儿马的小马群饮完水后，其他十几匹儿马，按照打架打出来的顺序，各自带着自己的小马群，整整齐齐依次饮水，没有哪个儿马敢打破顺序，越雷池一步。整个大马群全部都饮水完毕后，牧马人把它们赶去一片好草场，一天的任务就算完成了。

每到此时，我便走进一个蒙古包，开始喝茶、吃肉、聊天。牧马人在草原上的生活无比惬意。

冬天暴风雪的日子，是牧马人最艰难的日子。仅仅是风刮起的一小块毡子或一张碎皮毛，就可能把胆小的马群吓惊。只要有一匹马受惊奔跑起来，整个马群就会跟着发疯似的跑起来，而且越跑越快。最终整个马群消失在暴风雪中，无影无踪。

受惊的马群一夜能够跑出上百里。一早醒来的牧马人，来到昨晚马群所在的草场，已是一片漫天洁白。不仅马的踪迹全无，连马群的蹄痕都被大雪覆盖。昨夜马群受惊跑走的方向，马倌全然莫辨。

接下来是考验牧马人的经验和技能的时刻了。

牧马人要根据天气和昨晚的风向，确定马群走失的方向。然后准备好几天的长途跋涉，来寻找自己的马群。有时要扒开积雪，寻找昨夜冻上的新鲜马粪，用嘴把冻硬的马粪咬开，根据里面粪便的干湿程度，判别马群惊跑的路径和经过的大概时间。

好在，草原上的牧民都会主动告诉你，他们曾在哪天，在哪个方向上，看见过一个什么颜色和数量特征的马群，给你提供帮助。我曾经外出九天去寻找自己的马群，那是时间最长的一次。

随着七连不断壮大，大车马和骑乘马的数量迅速增加，连部也建起了小马群，需要一个像样的马倌来放牧和管理这些马。于是我被调回连部。自由自在的牧区生活结束了。

图 5-2　在一次上百匹马参加的重要比赛中，我骑这匹马得了第四名，是相当不错的名次。

23. 一场摔跤较量

自兵团组建，马青波已经当了一年的马车驭手，算是个成熟的"车老板儿"了。他经常赶着胶轮大车往返于七连和团部之间。主要是拉煤、拉建房物资、拉粮食，等等。常有人求他搭车，他来者不拒，这使得他的人缘越来越好。由于他是顶尖的摔跤高手，又是著名作家杨沫的儿子，于是他成为小青年暗暗崇拜的对象。

马车班长叫王连泓，是个转业军人。这家伙身高一米八，一身腱子肉，且肩宽腰细，力大如牛。此人脾气暴躁，沾火就着。他常吹嘘自己在农村时，是威震四方的一霸，打架对付三五个人不在话下。兵团战士都躲他远远的，生怕招惹了这个"二杆子"。

别看王连泓管着马车班，又一贯蛮不讲理，可我不归他管。他对我还算客气，不像对那些"车老板儿"那么凶。我们之间井水不犯河水。

大车卸完车后，我把累了一天的大车马赶回马群，饮水加料之后，把马群赶到一片好草场，让这些马儿美美地吃上一夜草，我的任务就算完成了。

每天天不亮，我就要去把马群赶回连部，抓好各辆大车的马匹，套完大车后，我就又没事了。此时，我会找个蒙古包去喝茶，和牧民聊天。因此，我和王连泓之间没什么交道可打。

马青波摔跤未逢对手的传言，伤害了王连泓的自尊。他觉得这威胁到他在七连的地位。他不厌其烦地向人们解释，他可比马青波厉害多了："马青波会摔跤？他会摔个啥！要是敢和我摔，我能摔死他。不信让他来试试！"

王连泓迫不及待地想证明，他比马青波厉害。当着很多兵团战士的面，王连泓向马青波下战书："马青波，都说你摔跤厉害，咱俩摔几跤咋样？"

马青波听后笑了笑，摇摇头没搭理他。

于是，王连泓便觉得自己赢了，高兴地大喊起来："你真是个胆小鬼，摔几跤能把你摔死？"之后他逢人便吹，说马青波"扯淡"，根本不敢和他摔。

马青波嘴上不说，心里却挺别扭。从小到大，还没谁敢这样向他挑衅，他咽不下这口气。可王连泓是自己的班长，又是指导员的老乡，无论如何也不能接他这个话茬儿。

王连泓可不这么想，他觉得马青波肯定没什么真本事，否则为什么不敢接招呢？要不就是被他吓尿裤子了，为此，他得意了很长时间。越是这样，他越想真的和马青波过两招，以便当着全连的面，把马青波打服。这样，他便确立了自己在七连的霸主地位。在这以后，王连泓处处和马青波找碴儿，目的就是要激他的火，趁机好好收拾他一顿。

马青波当然不是个善茬儿，肚里积的火越来越大，已接近爆炸。

9月底的一天，吃完晚饭，大家在食堂旁的空地上聊天。马青波走到王连泓面前，笑眯眯地说道："班长，要不按你说的，咱们来摔上两跤？"

王连泓先是一愣，接着大笑道："妈了个巴子，我早就想和你摔几跤哩！"他嗖地一下蹦起来，指着马青波鼻子说道："一两跤可不行，要摔就要摔服一个再罢手，不弄个输赢，摔他个什么跤？"

马青波眯缝着眼睛，挤出了一点笑："行，都听你的，你是班长嘛。"

听说有这场期待已久的大戏码，小战士们都兴奋异常。大家立即围起一个场子，"小四川"跑回大车班，拿来马青波的两副褡裢，扔在场子中间。

"我才不用那玩意儿，咱光着膀子摔。"说着王连泓一把扯下自己的衣服，光着膀子跳到场子中间。

看到王连泓光着膀子上跤场，马青波心里就有底了：这家伙绝对是个"棒槌"，根本不懂摔跤。一瞬间，马青波信心陡增。

两人一脱光上衣，人们才惊讶地发现，尽管王连泓又高又壮，但身上的肉都是娘胎里带来的，没有任何训练痕迹。而马青波则不同，他肌肉发达，两块硕大的胸肌呈现出上宽下窄的梯形。肱二头肌、肱三头肌高高隆起，肩头的三角肌轮廓分明。尤其出色的是马青波的腰腹，细细的腰部和八块腹肌，看得兵团战士们目瞪口呆。

进场之后，在兵团战士如雷的起哄声中，王连泓凶猛地扑向马青波。但他根本无法抓住马青波。几个回合下来，王连泓气得像一头四处疯咬的野牛，一次又一次地疯狂冲向马青波，这正中马青波下怀。

溜了两圈之后，马青波摸清了底细，开始出手了。自此以后，只要两人一接触，根本没有僵持阶段，王连泓就会被马青波顺势摔倒，像扔一个面口袋一样扔出老远。几跤过后，王连泓满头、满脸、满嘴都是土，而马青波浑身上下连个土星儿也没有，干干净净。

马青波摔得兴起，坡脚、大别子、大背胯、得和乐、揣、入，所有拿手的绊儿，他用了个全。这跤摔得那叫一个爽！

摔跤是个借力打力的活儿，不会摔跤的一方，冲得越猛，用力越大，被摔得就越惨。王连泓越是疯狂地扑向马青波，就越是暴露自己的弱点，让马青波借着王连泓的力，把他摔出老远。

其实，马青波还真没想把王连泓摔坏。但凡马青波有一点这样的念头，只要借着王连泓的惯性，顺势把自己的体重砸在他身上，王连泓的肋骨、胯骨、腿骨必伤无疑。马青波真算是手下留情了。

很快十几跤就摔完了。王连泓浑身是土，加上满身大汗，变成了个"泥人"，引得周围战士哄笑不已。

王连泓躺在地上喘着粗气，再起不来。

24. 痛打王连泓

认输归认输，马青波让王连泓在全连面前威风扫地，令他恨得咬牙切齿。此时，他宰了马青波的想法都有。

去采石场拉石头，马青波的车胎被石头划破，王连泓到指导员那里告状，说他故意破坏集体财产，使马青波被好一顿调查。

去西乌旗拉煤，马青波的车陷在泥泡子里，老姬头卸下自己车上的马，帮他把车拉了出来，却被王连泓狠狠训了一顿。他明确告诉所有"车老板儿"，谁也不许管马青波的事。

不仅如此，王连泓把马车班所有扫地、倒炉灰、卸车、堆牛粪的杂活，一股脑儿都分配给马青波干，还"饭桶""笨蛋""蠢驴"地每天骂个不停。

此时双方已是一触即发，爆炸只是时间问题了。

一次马青波从一连采石场拉石头回来，王连泓故意不给他派卸车的兵团战士。马青波被迫自己把一吨石头卸到工地上，累得不成样子。

那天连里改善伙食，每人五个牛肉包子。马青波卸完车去食堂取饭，炊事班告诉他，他的五个包子已被王连泓领走了。马青波打了一碗热汤，回到马车班宿舍，王连泓已不见人影。他返回食堂，所有大师傅都证实，那五个包子确实是让王连泓领走的。

马青波又累、又饿，一夜没睡好。他忍无可忍，决定报仇！

第二天一早，马青波来到王连泓的宿舍。

"昨天是不是你领了我的包子？"马青波怒气冲冲，眼睛死死盯着王连泓。

"谁领你包子了！你找抽呢吧？"王连泓不甘示弱。

"炊事班都说是你领走的，你不承认不行。"马青波不依不饶。

"是我领了咋样？"王连泓眼里喷着火，脸色煞白。他忽地从炕上跳下地，和马青波脸对脸，虎视眈眈。

马青波胸中怒火已被王连泓点燃。他高声回骂了一句，强硬地跨前一步，和王连泓的脸对在一起。

"啪！"王连泓突然扬起右手，一个大嘴巴扇在马青波脸上。这突然的一掌，打得马青波一个大趔趄。

马青波随手拎起盛着面汤的水桶，砸到王连泓脸上。王连泓抄起炉旁劈柴用的斧头，劈向马青波。马青波一闪身，斧头狠狠地劈在了炕沿的木头上。

同屋的老姬头和转业战士马恩爱，上去拦住了马青波，大声喊"别打了！别打了！"王连泓乘机又抄起了炕沿上的斧头。此时，马青波赤手空拳，双臂已被老姬头和马恩爱分别拉住。

就在这时，我一踹门闯了进来，伸手一把夺下王连泓手里的斧头。那斧头在空中离马青波脑袋也就几寸远。

接着，我对老姬头和马恩爱大喝了一声："你俩滚出去，否则我就上手揍你们俩啦！"老姬头和马恩爱吓了一跳，转头跑出宿舍。

看到我猛然进屋，王连泓和马青波都愣了一下，停下手看着我。我把斧头往旁边的小桌上一砍，顺势一屁股坐在小桌上，那斧头刃深深地嵌进桌面。我扶着斧柄，低沉地吼了一声："你们打架我不劝，也不管，那是你俩的事。但是，谁要是动家伙，我就收拾谁。"说完，我静静地扶着斧柄，看着他俩继续打。

门口已围了一大堆人，看我拿着斧子坐在小桌上，没有人敢进屋劝架。

俩人稍作迟疑后，又继续扭打在一起。

真的动手打架，王连泓哪里是马青波的对手。几个回合下来，王连泓已经满屋四处逃窜。最后，他跪在炕上，头顶在墙角，屁股向外撅得老高，死命用棉被裹着头，一个劲地喊："马青波爷爷饶命，马青波爷爷饶命！你是我祖宗，你是我亲爹！"

这一架打完后，王连泓满脸是血，到医务室去包扎伤口。王连泓还嘴硬，对着王军医一口一个"我非宰了这个王八蛋不可，今后七连有他没我，有我没他"。军医王利兵听了王连泓从头到尾的哭诉，大惊失色。他连夜报告给了指导员沈富贵。

沈富贵大怒，叫来马青波、老姬头、马恩爱分别单独问话。这才知道是王连泓先偷吃了马青波的包子，又是他先动手抽了马青波一个大嘴巴，还抄起斧子要砍死马青波。指导员也就不便对马青波发作，把马青波臭骂了一顿拉倒。

听说王连泓要"有他没我，有我没他"。马青波觉得还没把王连泓彻底打服。第二天一早，马青波故技重演，又来到王连泓宿舍，从被窝里抓起王连泓就打。王连泓抽出枕头下藏着的剪羊毛的大剪子，刺向马青波。马青波躲过这一剪子，刚要还手，我已冲进屋内，一把夺下王连泓手中的大剪刀，站到了一旁。这下马青波毫无顾忌，又是一顿狠狠的痛打，把王连泓打得彻底丧失了战斗力和战斗意志。

五十年以后提起这件事时，马青波还在说，如果不是你及时从王连泓手里夺下斧和剪刀，后果会怎么样，还真不好说。他感激在最关键的时刻，我帮助了他。

当天连里派车，送走了王连泓。他住进了团卫生院，一住就是两个月。从此，王连泓再也没回七连。

这一架，打得昏天黑地。马青波只图一时痛快，他哪里知道，这一架为自己带来了一场滔天大祸。

25. 一封情书

　　热火朝天的盖房工作，于 9 月底大功告成。这简直是个奇迹。原本光秃秃的草原上，不到四个月，就矗立起六栋新营房。红瓦顶、玻璃窗、厚厚的土坯墙，三十六间崭新宿舍，正在等待着它的新主人。

　　战士们东奔西走，争着去看自己的新宿舍。一些性急的姑娘，已经让家里寄来各种招贴画，准备装饰自己的新家了。

　　1970 年 1 月，整党建党运动的风刮到了草原上。这个运动，主要是号召群众给党员提意见，以纯洁党的队伍，更新党的组织，重振党在群众里的威信。

　　我们决定把这半年中看到的问题和整改意见，写成《意见书》，提交给党支部。期望在整党建党运动中，他们能够修正缺点，改正错误，使七连在整党建党运动中，做出一些成绩来。

　　由我执笔的这份《意见书》，既真诚，又极具建设性。但收到《意见书》后，沈富贵却大发雷霆。第二天，他就把七连北京知青给党支部写《意见书》一事，当成重大政治事件，上报给了四十一团党委。

　　在这样的关键时刻，马青波又出事了。

　　事情的起因是连里新来的山西籍女战士卫立秋。

　　卫立秋的父亲卫恒 1938 年入党，是位在烽火岁月中经受过生死考验的老革命。卫恒 1965 年就任山西省委第一书记，是全国最年轻的省委书记之一。

　　1967 年 1 月 4 日，刚刚做完急性阑尾炎手术的卫恒，被造反派拖出家门。从那天开始，连续二十几个日夜，造反派对卫恒进行了残酷的精神和肉体折磨。1月30日，卫恒惨死在被关押的临时牢房里。

卫恒死后，夫人张坤秀和孩子们被勒令搬出省委机关宿舍，一家人流落街头，无家可归。此时，卫恒最大的孩子卫凌秋才十五岁，最小的孩子还不到十岁。

除了丧父之痛，孩子们最大的精神压力，来自学校里的歧视和压迫。为躲开这些难以忍受的精神折磨，在颠沛流离了两年之后，大姐卫凌秋、二姐卫立秋和小妹卫小英，三姊妹告别母亲，来到了内蒙古兵团四十一团。

大姐凌秋分到九连，小妹小英分到六连，二姐立秋则分到了七连。

卫立秋个子不高，皮肤很白，梳着两个小羊角辫，像个小学生。她文静、谦卑，走路永远低着头，从不主动和任何人说话。我们无从揣测，她如此少言寡语，到底是因为精神上遭受的沉重打击，还是天生就是这种性格。

刘浩颖是卫立秋的班长，她也成为卫立秋最好的保护者。卫立秋对她充满感激，从而对所有北京知青都抱有好感。

马青波一直想接近卫立秋，我们都看得明明白白。是同情？是怜悯？还是爱的萌动？都有可能。但马青波在单相思，却是显而易见的。

马青波想尽办法，寻找和卫立秋单独待在一起的机会。他常去帮卫立秋挑水，找机会让卫立秋帮他缝补一些衣物。他有时间就去卫立秋的房间，找些话题聊天，即使卫立秋一言不发，马青波也兴致勃勃。

马青波一直想证明自己不是个坏人，也不是动不动就对别人拳脚相向的恶棍，而是一个有抱负、有理想的有为青年。

马青波知道自己笨嘴拙舌，不善言辞。于是他给卫立秋写了一封长信，既介绍了自己的经历，也为自己的行为作出辩解，同时表达了对于卫立秋的特殊好感。

"文革"时期，谈恋爱是非常政治化的。青年们表达爱恋的情书，也只能讲些大道理和所谓的革命情怀。花前月下的浪漫，卿卿我我的情话，被看作是资产阶级的那一套，都是不健康的东西。

但马青波的这份情书却别开生面，里面既没有讲大道理，也没有讲革命情怀，更没有卿卿我我的情话。信里面详尽讲述了我们在"文革"中干过的事，大多是些石破天惊，慑人胆魄的故事。这封求爱信突破了所有情书的框框，把我们的"案底"抖搂得干干净净。

最后，为了拉近和卫立秋之间的距离，马青波还写了以下这段话：

"我父亲1931年参加革命，母亲1936年参加革命。我和你都出生在革命干部家庭。我们的父母，都曾经为中国的革命事业抛头颅、洒热血。我们的血管里流着一样的革命血液，我们血脉相通，都是一根藤上的瓜。"

马青波托刘浩颖把这封信转交给卫立秋。

不久，刘浩颖把信原封不动退回给马青波。据刘浩颖讲，卫立秋拒绝接收这封信。这令马青波极度失望。

不久，这封信鬼使神差地到了沈富贵手上。到现在我们也搞不清，这封信是怎么从马青波的褥子底下，跑到了沈富贵手上的。

沈富贵大吃一惊。从这封信所披露的事情上看，杜厦、马青波及这几个北京知青，就是一批无法无天的反革命分子！有他们混在队伍中，七连将万劫不复。

沈富贵亲自去团部，连同上次的《意见书》一起，向团政治委员陈福清作了当面汇报。他坚决认为，七连北京知青就是一个反革命小集团，必须立即采取实际行动，对他们进行坚决打击。

26. 撞到了枪口上

无巧不成书。整党整风运动开展没几天，一场被称为"一打三反"的运动又铺天盖地而来。"一打三反"，就是要对"一小撮反革命分子的破坏活动，给予坚决打击"，马青波正好撞在枪口上。

四十一团党委马上召开紧急会议。会上，沈富贵重点汇报了三件事：

一、北京知青利用整党整风运动的机会，用《意见书》的形式，向七连党支部进行了有组织的进攻，企图从根本上破坏党在七连的领导地位。

二、马青波残酷殴打共产党员王连泓，如果不坚决打击这种暴行，他们就会越来越嚣张，进而把整个七连控制在他们手里。

三、从马青波写给卫立秋的那封信上披露的事实来看，这伙所谓的北京知识青年，早就是一伙地地道道的反革命分子，必须清算他们所犯过的所有反革命罪行。

沈富贵还向党委会成员逐一列举了七连北京知青的家庭出身情况：

杜厦：历史反革命家庭出身，父亲曾留学日本，是国民党中统特务和东北接收大员；爷爷是大地主，姥爷是大资本家，舅舅也是个反革命，遭到镇压。

冯群：父母亲均曾留学美国，爷爷是北洋军阀时期的国民政府内阁部长，姑父曾任蒋介石的内阁总理，是毛主席亲自点名的国民党十七名战犯之一。

武山根：爷爷是大地主，曾在土改时被我党镇压。姥爷虽然很早参加革命，但1959年犯了严重的右倾机会主义错误，和彭德怀站在一起。

艾援：地主家庭出身。

马青波：父母虽参加革命很早，但已查明，其父是叛徒，其母是假党员。

张农生：地主兼右派家庭出身，其父母曾在东北劳改多年。

段伟钢：地主兼坏分子家庭出身。

刘浩颖、陈刚：虽是工人家庭出身，但长期被杜厦等人操纵和蒙蔽。

根据上述情况，四十一团党委迅速作出结论：

1.这些北京知青在"文革"中的种种劣行表明，七连北京知青团伙是一个破坏"文化大革命"，破坏无产阶级专政，与党和国家长期为敌的反革命小集团。

2.他们混到内蒙古边疆来，是抱着破坏边疆建设，破坏屯垦戍边的反革命目的的。

3.马青波给卫立秋的这封信，提供了他们这些人在"文革"中的大量犯罪事实。

4.马青波残酷殴打共产党员王连泓，是他们"文革"中所犯罪行的延续。

以上种种情况表明，对这些劣迹斑斑的反革命分子，不能心慈手软。根据中共中央刚刚下发的《关于打击反革命破坏活动的指示》的精神，四十一团党委决定，先抓捕马青波，打开突破口，然后再粉碎七连北京知青反革命小集团。

1970年2月的最后一天，正月十五刚刚过去，春节的气氛还没有完全消散。指导员沈富贵找个借口，把马青波叫到他的办公室。

沈富贵不着边际地和马青波闲聊了五分钟以后，副连长刘光明陪同四十一团政委陈福清推门闯了进来。陈政委后面跟着团政治处李主任、团政治处负责保卫工作的赵干事等四五个人。紧接着，七八个端着半自动步枪的武装战士也跟了进来，枪刺齐齐地对准了已经被吓呆的马青波。

陈政委指着马青波问沈富贵："就是他吗？"

沈富贵一个立正，挺直腰板大声答道："就是他！"

"铐起来！"陈政委大喝一声，赵干事和两个武装战士冲过去，抓住马青波的双臂，给他戴上了手铐。在赵干事的带领下，武装战士连推带搡，把马青波塞进了一辆由救护车临时改成的囚车，运往团部。

接着，陈政委、李主任在全连大会上宣布，要在团党委的领导下，把整党建党和"一打三反"运动坚决进行到底。各级党组织不仅要坚决打击马青波这样的目无党纪国法、称王称霸、为所欲为的行为，还要坚决打击对抗党的领导，明目张胆地向党挑战的行为，不允许任何形式的秘密串联和非组织活动在兵团内部存在。

图 5-3　即使面对强力打压我们，我们也乐观向上。左起：我、冯群、武山根。

　　七连在"一打三反"运动中，成功破获北京知识青年的反革命小集团一事，迅速传遍四十一团，一时间成为全团上下最大的新闻。而伴随这个新闻一起疯狂传播的是，七连反革命小集团的幕后首领叫杜厦，是个极为危险的反革命分子。

　　抓走马青波的同时，赵干事搜走了马青波的一切私人物品。其中包括马青波的几大本日记。这些日记不仅翔实地记录了几年来马青波的所有活动，也忠实记录了马青波在"文革"中的所思所想。无疑，对于兵团保卫处和四十一团保卫科来说，这几大本日记比马青波给卫立秋的那封信要重要得多。这有可能成为迅速给马青波定罪的重要依据。

　　自从这几大本日记被搜出以后，在兵团保卫处眼里，马青波的案情迅速发展，变得越来越严重。现在，已经不仅是"打人""搞枪""搞刀""偷越国境"等问题了。现在从马青波日记中发现了"偷听敌台""怀疑毛主席、林副主席的历史地位""污蔑党和国家领导人"等诸多政治问题，于是，侦查和定性的方向随之改变。

　　四十一团政治处和兵团保卫处在战略上已经达成一致：先突破马青波，将其定性为现行反革命，判处若干年的有期徒刑，然后再一举剿灭七连北京知青反革命小集团。

　　赵干事对马青波的第一次审讯，一无所获。

　　马青波坚持说是王连泓先动的手，而且他还用斧子险些要了自己的命，自己完全是出于自卫，才出手打了他。

　　马青波给卫立秋的信里所披露的那些无法无天的事，赵干事认为都是反革命性质的犯罪。在马青波日记中发现的政治问题，赵干事也都拿出来，要马青波逐一交代。马青波振振有词，逐一反驳。对所有这些问题，马青波只承认是犯过一些错误，但都是出于良好动机。对赵干事说的"反党、反文化大革命"等罪名，马青波始终态度强硬，一概不承认。

　　近两个月的时间，马青波终日戴着手铐，没办法洗脸和刷牙，剪发就更不可能。很快他就满脸污垢，浑身散发恶臭，头发黏得像一团马鬃。此时的马青波，已经和人们想象中的魔鬼没有多大区别。

与此同时，全连各个班、排，全面开展了揭发北京知青反革命小集团的活动，不过收效甚微。

在全连开展揭露批评北京知青反革命小集团的同时，每个北京知青都被团政治处分别叫去谈话，要求配合他们，揭发马青波的罪行。当然，这离不开一大堆的威胁、恐吓和利诱。说实话，我们已经在"文革"中经历过无数的压力和挑战，相比之下，政治处这些手段纯粹是小儿科，没有任何效果。不过，从团政治处的谈话中嗅到的一些蛛丝马迹，还是引起了我的高度警觉。

团政治处对我们每个人的问话中，都问到是否听到过马青波"偷听敌台""污蔑党和国家领导人""对领袖怀疑"等话题。我感到马青波的案子，在向政治案件转化，这将使形势变得十分严重。

5月中旬，兵团保卫处方处长、兵团组织部陈秘书、五师保卫科雷科长组成专案组，从呼和浩特专程来到四十一团。

很快，五师政治部经过兵团政治部批准，给马青波定了六条罪状：

一、污蔑毛主席、污蔑毛泽东思想；

二、污蔑林副主席、污蔑解放军；

三、污蔑江青同志；

四、为死不改悔的走资派翻案叫屈；

五、偷听敌台，并且散播；

六、书写反动书信、黄色日记，散布资产阶级淫乐思想。

按照马青波的说法，兵团五师在给兵团政治部的报告中，建议立即把马青波逮捕法办，判处八年有期徒刑。

但上报到北京军区后，在军区领导的过问下，最后的判决结果是：判处马青波现行反革命罪，回原连队监督劳动改造。

四十一团政治处突破马青波的目的完全达到。接下来该是拆散七连北京知青反革命小集团的时候了。

马青波被定性为反革命，我们所有的北京知青也都成了关联分子。尤其是我，一直被认为是北京知青的"头儿"和精神领袖。6月底团部下达调令，我被单独调到十连，武山根调往九连，艾援则调到六连，要求一周内报到。刘浩颖、冯群、陈刚继续留在七连。四十一团终于拆散了七连的北京知青，解除了沈富贵的心腹大患。

冯群弄来两斤白酒，由我掌勺，大家聚了顿大餐，个个喝得酩酊大醉。奇怪的是，对于被拆散，好像谁都没觉得怎么样。我们受过无数磨难，相比之下，这点挫折真不算什么，好像大家都已经习惯了。也没人为自己的未来担心，反而觉得去个新连队，倒显得更轻松一些。

我离开七连没过一个月，沈富贵便离开了七连，调到团部后勤处，当了一名协理员。他远远地离开了七连，不知这一调动，和他与我们这些七连北京知青之间已经结下的仇恨有没有关系。

沈富贵离开七连以后，冯群、刘浩颖、陈刚都得到了新来连长的重用。冯群重新当了排长，刘浩颖也官复原职当了排长，陈刚则被调到新组建的机务排，也当了排长。北京知青成了七连最重要的骨干力量。

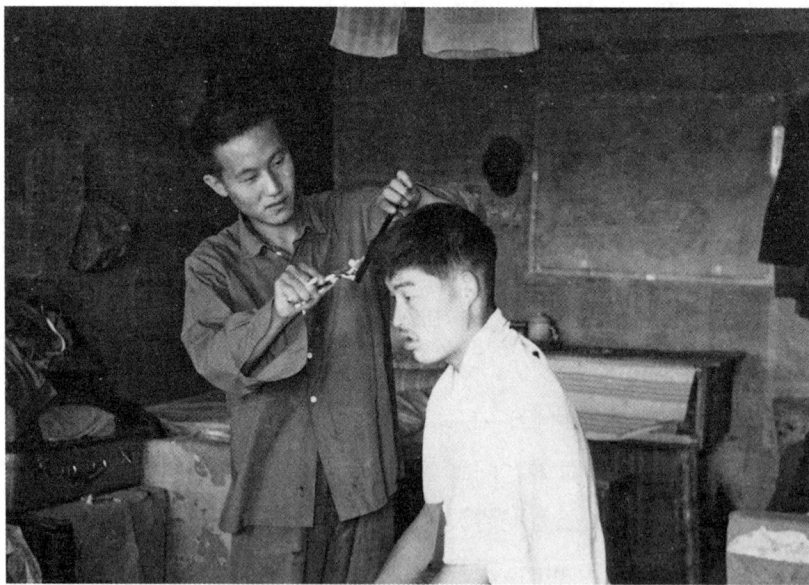

图 5-4　冯群要去北京大学上学了，怎么也要像个样子。离开草原之前，艾援给冯群剪头发。

1972年，刘浩颖被推荐去北京化工学院上了大学，毕业后做了一名高级工程师，直至退休。

1973年，冯群被推荐去了北京大学，也成为一名工农兵大学生。1977年恢复高考以后，考上了中国科学院研究生。后又留学美国，在佛罗里达大学取得博士学位，一直在纽约华尔街工作，直至退休。

1974年，陈刚被推荐去内蒙古工业学院上大学。毕业后在中国石油设计院任处长直至退休。

武山根在九连表现优秀，不久调到团部，进了文艺宣传队。后调回北京，在北京第一轻工业局工作。

艾援在六连工作、劳动均非常出色，不久也当上一个班排长之类的军官。他在六连威信极高，后来娶了卫恒的小女儿卫小英为妻。大学毕业后，夫妇俩均留学美国，现在美国新泽西州居住，双双在世界五百强公司工作。

图5-5　1973年，送冯群去北大之前，我们七人合影留下了草原这段刻骨铭心的经历。前排左起：段伟钢、冯群、我；后排左起：艾援、武山根、陈刚、张农生。

图 5-6　2007 年，我们七人在美国重聚，按三十四年前的位置，再照了一张合影。

四年以后，经杨沫多方奔走，最后，由内蒙古军区司令员尤太忠批准，马青波的现行反革命案获得"改正"，更正的文件抄录如下：

五师党委：

你师报来现行反革命犯马青波复查处理报告收悉。

经兵团党委研究，决定将马青波改定为犯有严重政治错误，撤销监督改造。

此复

内蒙古生产建设兵团政治部

一九七四年十一月二十日

马青波被"改正"两年以后，经他父亲的老战友帮忙，被调到山西大同一个工厂工作。1977 年恢复高考，他以大同文科第一名的成绩，考入北京大学。

六、草原暮歌

27. 调到十连

1970 年 6 月，一纸调令把我调到十连。明里说是调动，实际是把我送到十连去接受监督和改造。我人还没到，整个十连已经沸沸扬扬。他们早就听说，被定为反革命的马青波，不过是个台前角色，而北京知青真正的头儿，是这个杜厦。据说此人能量极大，不仅能说、能写、能干，在兵团战士中威信也很高，因此迷惑性非常大。他一来，说不定会把好端端的十连，搅和得乱七八糟。

连长王朝先去团部找齐参谋长商量，能否把杜厦调到其他连队。齐参谋长一口回绝，说党委作的决定，不能再改。7 月初，在这样的纷纷议论之中，我来到十连。

我没像逃荒的流浪汉那样，背着个铺盖卷依偎在马车上，灰头土脸地来十连报到。我仍然不改潇洒的草原牧民形象，以一个彪悍马倌儿的身份，在十连亮相。

我仍骑着那匹曹格吉拉，那枣红马虽是个假儿马，但永远抬头挺胸，四蹄刨地，打着响鼻，极为亮眼。同时，我手里还牵着那匹高日罕最著名的快步神驹。这匹大白马夜行八百里、昼行一千里。且高大威武，千里挑一。这两匹马，在兵团来之前就归我骑用，兵团成立以后，我也一直没让其他人碰过它们。

为了给十连人留下深刻的第一印象，我还特意打扮了自己。我穿了一件刚刚让金山老婆缝好的新德勒，暗花蓝缎子面，镶着亮银纽扣。腰间扎了一条橙黄色缎子腰带，醒目异常。脚上马靴锃亮，马鞍银光闪闪。手里拎着我最喜爱的那根套马杆子，威风凛凛，一看就是个草原上的好马倌儿。

我骑着曹格吉拉，牵着大白马，提着套马杆，从十连脱坯场和盖房工地前经过。马头高高昂起，蹄声清脆响亮，套马杆在走过的草地上划起一道轻轻的尘烟。

十连的知青和兵团战士都放下自己手中的活计，直起腰来注视着我。大家低声议论着，显然都有些惊讶。他们怎么也无法把这么威风八面的年轻牧人和传说中那个反革命分子联系起来。

这场戏是我自编自导，特别表演给十连看的。我想让他们知道，以杜厦为代表的北京知青，自始至终心怀坦荡，充满自信。他们健康、青春、满脸阳光。我想暗示给他们，七连这场政治斗争，北京知青并没有承认失败。我们毫无愧疚，我们所做过的一切，都经得起历史的检验。

图 6-1　照于十连，现在看起来，那时真的挺帅。

我慢慢骑到连部小广场前，拴上马，插好套马杆子。然后，像个标准牧民一样，撩起蒙古袍下摆，推门进了连部办公室。

看着我这身装束和从里到外透出的气质，十连指导员陈登云和连长王朝先，似乎也觉得我不像是个反革命分子，倒像是个能干的年轻才俊。于是他们对我的态度，甚至可以用友好来形容。

我们进行了十分友善的谈话。很明显，不论我也好他们也罢，都不想一见面就充满敌意。因此，双方都格外小心。

初来乍到，连长和指导员就给了我难得的尊重，这是我原本没想到的。之所以能有这样良好的开始，还得益于一位老朋友庄珠扎布。在锡林浩特，我们能够结识赵刚，进而结识赵德荣，都是扎布帮的忙。1969年年初，扎布也到了高日罕，分配到赛汉淖尔生产队，即现在的十连。兵团一组建，他就成了十连的文书兼蒙汉翻译。现在，扎布是十连最为倚重的红人。在连长面前，扎布给我说了很多好话，让这个只重生产，不关心政治的连长，对我的第一印象相当不错。王连长已经断定，眼前这个北京知青，用好了一定是把得力好手。

王连长才三十七岁，额头已经秃得差不多了。他操一口浓重的山西话，一面拼命地吸烟，一面眯缝着眼睛对我说：

"杜厦，十连和你们七连完全不一样。只要在我这儿好好干，我绝对重用你，我才不管什么家庭出身。"

他没有坐，而是蹲在椅子上，风纪扣也不扣，半敞着怀。他脸晒得很黑，一把胡子从下巴底下翘起来，大声对我喊着。

"我知道你还想去放马，不过十连没有马倌的空缺。有两件差事随你挑，一是给司务长张宝利去做个'上士'，负责食堂和连里的后勤工作。另一个是去配种站，学习细毛羊的配种和繁育工作。你愿意干哪个，就去干哪个。"原以为十连会给我个准"劳动改造"，我已经做好了脱两年大坯的思想准备，但王连长这个提议，让我非常意外。

指导员陈登云也连续几次找我谈话。我们聊了很多，从七连所发生的事情，一直聊到"文革"中的许多事情，还给他看了七连《意见书》

的原稿。言谈话语里，还表示了对我们的理解和同情。这让我有了不少温暖和亲近感。

过了两天，他主动让我陪他去牧区转转。在牧民的蒙古包里，我既给他当翻译，又和他一起天南海北无所不聊。陈指导员对时局有自己的见解，他喜欢有知识、有见识的人。我们也渐渐相互了解，可以交谈的话题就越来越多。

大胡子王连长说话算数。没多久，我被十连任命为上士，全连百十来号人的吃、喝、拉、撒、睡，都成了我的责任。不久，王连长调到七连去当连长，司务长张宝利也随之调走了，我也就成了十连实际上的司务长。

直到今天，我还感激指导员陈登云和连长王朝先。刚到十连时，我已经被团里内定为"没戴帽"的反革命，所有人都带着防范甚至敌视的眼光看着我。按当时的政治标准，我是不可能得到任何信任的。"文革"中我又劣迹斑斑，陈登云和王朝先该躲我远远的才对。但他俩却对我和颜悦色，信任有加，这使我大为感动。到此时，心里对兵团某些现役军人的蔑视和敌意，很快便冰消雪化。

我绝对体会得出来，陈登云和王朝先对我没有歧视，不是装出来的。我也决心不辜负他们的信任，在十连好好地干上一场。既为北京知青洗刷污名，也为自己争口气。我暗暗下定决心，要在我的管理之下，让十连知青和兵团战士的饭菜可口，营养充足，让他们每天吃得舒服、过得快乐。我要让他们喜欢我的食堂，喜欢我这个"司务长"。

28.十连食堂

　　1970年秋天，高日罕土豆大丰收，各连土豆堆积如山，根本无法处置。冬天即将到来，夜里已接近零摄氏度，眼看着土豆就要被冻坏，司务长们却毫无办法。我让连里紧急挖了四个硕大的储窖，做好大量收藏土豆的准备。

　　之后，我亲自带着两辆大马车，去各连收购土豆。司务长们都把我看作救星，千恩万谢。这不仅帮他们解了燃眉之急，还让他们挣到了紧缺的现金，他们乐得合不拢嘴。

　　回到十连后，我让战士们把土豆埋在四个储窖里封存。转年2月开始，各连土豆陆续吃光，每天只能吃小米饭就咸菜，战士们怨声载道。而我们存着四大窖土豆，一冬天才吃了不到一窖。其余三窖土豆都完好无损。于是，我主动打电话给各连司务长，告诉他们十连还有存储的土豆，如有需要，可前来购买。当时的土豆价格，已从前一年收购时的两分钱一斤，涨到了一毛五分钱一斤，到5月份已涨到两毛五分钱一斤。我把库存土豆陆续卖了出去，这下赚大了，白吃一冬天土豆不说，还赚了十倍的利润回来。

　　仅过了一个冬天，十连食堂就变成全团最有钱的食堂了。

　　我来之前，十连太穷，秋天只能买十几只羊和一头牛，宰杀后储存过冬。这点肉最多够吃两个月。初春时，食堂往往几个月没有肉吃。而开春后正是最累的时候，因为食堂没肉没菜，战士们天天吃小米饭就咸菜，因此生出一大堆抱怨来。

　　1971年我倒腾土豆赚了大钱，于是就有了改变这一状况的本钱。当年秋天，我从牧区买回六十只肥羊和三头肉牛，全连知青宰杀牛羊，忙活了整整两个星期，装了满满一屋子冻肉和炼好的牛羊油。大家从没见过这么多的肉，都说我疯了。

　　转年春天，各连不仅来十连买土豆，还买走了好多牛羊肉和炼好的油脂。这些东西利润更大，十连食堂顿时"富得流油"。以前，十连食堂把牛羊的头蹄下水，都送给牧民喂狗了。我来之后，把所有的头蹄下水和肠衣，都按市场价卖了出去，集腋成裘，也赚了不少钱。

　　炖牛肉不仅费时，还耗费极珍贵的燃料。一旦牛肉没炖烂，战士们不仅吃着费劲，还要因此骂街。我专程去赤峰买回一台绞肉机。让全连男兵轮番上阵，把三头牛的肉，统统绞成肉馅。再配上调料，炸成牛肉丸子，装进口袋堆放在库房里。冬天烧菜时，只需把牛肉丸子倒进锅里，合着土豆一炖。土豆熟了，丸子也就熟了，吃起来毫不费力。

　　"土豆烧牛肉"变成了"土豆烧丸子"，这成为十连食堂的冬天特色。战士们常以自己吃的土豆烧丸子，向其他连的同伴炫耀。以后每年秋天，食堂都要用一个星期时间，来炸这些牛肉丸子，每到这时，"绞牛肉、炸丸子"，就成为十连战士高兴议论的话题。

　　兵团战士有白面和大米供应，每月各五斤。但这只是名义上的，实际根本无法保证。团部粮站一旦运来白面和大米，会被和粮站关系好的连队偷偷抢先拉走，我们只能干瞪眼。

　　我决定想办法改善和团部粮站之间的关系。秋天，我带上刚刚杀好的羊，来到粮站。按十连"内部价格"，把羊肉卖给他们，而且保证充足供应。他们感激不尽。

　　从此以后，每当要运细粮来，粮站站长必会事先打电话给我，我们便连夜派车去蹲守。汽车一到，直接把大米白面从汽车上搬到我们的大车上。从此十连战士的细粮指标不再落空。

　　为了解决喝牛奶问题，我从牧区买回了七头奶牛，自己饲养。奶牛产犊后，牛犊卖给农业连队，买奶牛的钱就基本赚回来了，牛奶落个

"白喝"。

我管理食堂以后，十连战士每天可以喝两次牛奶，而且不限量。除早餐时间外，每天上午十点，都会有炊事班战士挑着装牛奶的水桶，给兵团战士送到脱坯现场。

两年以后，十连食堂被评为内蒙古兵团近千个连队食堂的第一名，并被授予模范食堂的称号。1972 年夏天，兵团司令员何凤山来到十连，亲自主持了全兵团食堂工作现场观摩会，让全兵团上千个连队，学习十连食堂的经验。

这一切听起来像是天方夜谭。曾经有过那么几年，在内蒙古一个叫赛汉淖尔的地方，兵团战士每天吃的是土豆炖丸子，主食是白面馒头大米饭。早餐是糕点加牛奶。劳动间隙，食堂送到工地的不是水，而是牛奶加白糖。这在二十世纪七十年代初的中国，绝对是个"神话"。不过这是真实故事，是一个叫杜厦的北京知青一手创造的传奇。

我终生以此为荣耀，所有十连的知青和兵团战士，都对我心存感激，这对我比什么都重要。

29. 不打不相识

我在十连彻底打了个翻身仗。

从我来以后，短短一年多的时间，我就把十连食堂弄成了整个内蒙古兵团最好的食堂。十连所有的知青和兵团战士，开始享受全内蒙古兵团最好的伙食。这个翻天覆地的变化，是那些小战士最满意的地方。他们对我佩服得五体投地。在他们眼里，我年纪比他们大，见识比他们广，看的书也比他们多得多，还会讲各种各样有趣的故事。很快，我就成了他们的知心朋友和老大哥。谁有什么想法和情绪，都愿意和我聊。在十连，我俨然成了这些小青年倾诉的对象。

就在这个时候，她走进了我的生活。

其实，她是我在十连认识的第一个兵团战士。

那是两年多前，我去团部办理调动手续，中午赶上在招待所吃午饭。一进招待所食堂，透过乱哄哄的人群，我一眼看见了庄珠扎布，他正在一边吃饭，一边和一位女生聊天。我们已经很长时间没有见面了。

我打着招呼，从人群中挤了过去。扎布一看是我，立即高兴地站起来，招呼我过去。他知道我马上要去十连，这使我们更想坐在一起聊聊。

我就把七连陆续发生的马青波事件、《意见书》事件、我们之间的分裂、马青波的被捕等诸多事情，一五一十地告诉了扎布，他听得聚精会神。

扎布把那位和他聊天的女战士介绍给我。她叫王致华，1969 年 5

月来到高日罕，是四十一团第一批兵团战士，现在是十连的卫生员。

王致华个子不高，梳着两根半长不短的小辫子，皮肤晒得很黑。她眼睛、鼻子、嘴巴都长得小巧、精致。人不算漂亮，但浑身上下显得精明、干练。据扎布介绍，无论脱坯、割麦子、打草等各类活计，她都是十连女战士中最能干的。她也是十连女战士中最能吃苦的一个。

我们相互打了个招呼。她也知道我要调到十连。而且，她也听说，我才是七连知青反革命小集团的头儿。从她那惊讶的眼神里看得出来，她原先一定以为，杜厦肯定和电影里的反派人物一样，长得歪瓜裂枣，总是一脑袋坏主意的样子。而现在站在她面前的这个人，居然一米八的个子，仪表堂堂、满身正气，这大大出乎她的预料。

好奇心使她没离开我们的餐桌。她一声不吭，慢慢吃着饭，听着我和扎布的每一句对话。随着我和扎布谈话的深入，她满脸的惊讶逐渐散去，换上了同情、善意和对七连那些人的义愤。

三天以后，我就到十连报到了。

和王致华再次见面，是在她的小卫生室。那时，我患有严重的肠胃病，经常胀肚、腹泻。在七连，每次犯病我都要向卫生员要药。这次可能是水土不服，刚到十连就胀肚、放屁，肚子里翻江倒海。我提上裤子，跑向卫生室。

十连卫生室里窗明几净，一尘不染。墙上贴着人体解剖图和各种防病治病的招贴画，满屋来苏水和酒精的味道。卫生员王致华穿着白大褂，戴着标准的护士帽。这种气氛，给了病人一种合理暗示：这里的确是可以医治你的疾病，并能给你带来安全感的地方。

王致华正在整理她的出诊包，看来是要下牧区。

"给我点儿土霉素糖粉吧，我拉肚子挺厉害的。"我客客气气地对她说。

"拉了多长时间了？"她放下正在整理的出诊包，拿出病历本，像医院大夫一样，像模像样地问起诊来。

"这是老毛病了，在七连也经常犯病，吃点土霉素糖粉就好了。"我仍然客客气气，心里却多了几分不耐烦："问那么多干吗？好像你真懂似的。"我对这个小毛丫头，有了几分不屑。

"十连有十连的规矩。"她口气坚定，不容争辩，"十连任何人看病都要由医生诊断，然后由医生开药。没有自己点名要药的。"她抬起头看着我。很明显，她不是想和我讨论，而是在告诉我：在这里必须按她的规矩办事。

老实说，虽然在七连被打得七零八落，但从来没有哪个小战士敢这样和我说话。

"这病已经好几年了，我了解自己的病，而且懂得怎么治，再说现在医生又不在。"我没给她留面子，语气和她一样坚定。

"对不起，现在这里我代行医生职责。"她毫不退缩。

"如果你要看病，必须按照这里的规矩和程序来。"她的眼睛直视着我的眼睛，一眨不眨。这令我十分惊讶。因为，从我的语气里，任何人都会感到我已经不太高兴了。一般情况下，对话者会因为我这种语气而有所收敛。但她好像丝毫不怕我，甚至好像故意要和我较量一番。

我们俩"杠"上了。

"规矩不能变，我不能给你土霉素糖粉，因为那是兽药，不是给人吃的。"

"如果你同意，我可以给你开两天的痢特灵，你先止住拉稀再说。"她说着站了起来。这表明，如果我坚持要土霉素糖粉，谈话就结束了。

"我不能用痢特灵，那药治不了我的病。而且吃那个药我有反应。土霉素糖粉虽然是兽药，但人吃无害。况且由于是糖粉，不管身边有没有水，我都可以简单地服用。这对我这个经常跑牧区的人来说，是很方便的。"我诚恳真切地说出了我的理由。

王致华盯着我，半天没说话，好像是在思考，"还是那句话，如果你同意，我给你先开两天的痢特灵，现在就可以给你。土霉素糖粉我现在还是不能给你。"

我抬头看着天花板，半天没说话。

"好，你赢了！按照你的安排先吃痢特灵吧。不过，希望你能理解，我不是在和你胡闹。土霉素糖粉确实对我的病更合适。"

我接过痢特灵，她从暖瓶中倒出一些热水，又兑了一点凉白开，顺手递给我。我顺从地用这杯温水，服下了两片痢特灵。然后，我苦着脸冲着她笑了一笑。此时，在她的眼神里，闪过一丝抱歉的微笑。

下午收工，我的拉稀确实止住了。回到宿舍我发现，我的小桌上放着一包土霉素糖粉和一封信：

杜厦：

对于我们上午在卫生室的争论，我向你表示道歉。

我中午给团部的刘军医打了电话，他的看法和你说的差不多，土霉素糖粉你是可以用的。实在对不起。可能让你生气了，再次表示歉意，并祝你早日康复。

另外要提醒你的是，虽然你服用土霉素糖粉时不用水送服，也很方便，但土霉素药物颗粒如果粘在食道上，有可能会将食道烧伤，因此还是建议你在服用时，用温开水送服为好。

王致华

一九七〇年七月二十二日

看了这封信我很感动，其实这并不容易。很长时间以来，我身边的很多人，尤其是"文革"中成长起来的一代人，已经很少会说"对不起"这句话了。有些人好像忘记了，世上还有"认错"这件事，不管做了什么样的坏事，也不会出来认错和道歉。今天因为土霉素糖粉的事，王致华向我诚恳道歉，这令我对她刮目相看。

我开始注意这个小小的卫生员了。

30. 我爱上了她

大多数天津知青都对王致华非常敬重，这令我十分好奇。

她第一次给产妇接生的事，是小战士们对她钦佩不已的原因之一。

1969 年夏末，配种员小魏的老婆突然临盆。连队医生小白又刚好出了远门，小魏吓坏了，跑到连部来找卫生员王致华。

王致华刚刚当上卫生员，只在团部接受了一个星期的培训，哪里知道接生是怎么回事？况且她只有十七岁，对女人生孩子的事还懵懵懂懂。但她不去，又让谁去呢？

她立即整理出诊包，骑上马，跟着小魏跑到了十连配种站。

到了小魏家里，王致华对小魏说，给我五分钟，我准备一下。她从挎包里拿出书，翻到了有关接生的章节，仔仔细细阅读了接生操作的要点。然后，她一本正经地把小魏叫过来，开始布置任务。

她让小魏准备一盆温水和必备的软布、纸张。按书上的要求，她自己准备好了基本器械和必需的抢救药物。一切井井有条，居然看不出任何慌乱。

王致华运气不错，小魏老婆成功顺产。不过婴儿降生后没有哭声，王致华按照书上的提示，倒提婴儿双脚，朝后背果断地拍了几巴掌。婴儿"哇"的一声哭出声来，小魏一家心里一块石头落地。

她的表现，全然像一个久经沙场的老医生。其果断和干练的处理，让小魏和他老婆佩服不已。他们不仅对王致华千恩万谢，日后还逢人便讲，王致华去他家接生的精彩故事。

离开小魏家已过午夜。那时王致华刚开始学习骑马，这次骑马来小魏家，纯粹是大着胆子，赶着鸭子上架。因为小魏老婆突然临盆，不得不骑马去救急。结果回连部的路上，王致华从马上摔下来，马跑得无影无踪，自己也被摔得七荤八素。在漆黑的草原上走夜路，全凭马来认路。没了马，就根本丧失了方向。她不知道连部在哪里，只能坐在草地上，静静地等待天亮。

当东方泛出白色，她才看见到连部的方向。此时她连站起来的力气也没有了。

她的机敏和睿智，以及她身上强烈的责任感和不服输性格，使全连兵团战士都对她十分钦佩。

她还有许多类似的故事。听了这些，我这个老江湖对这个小姑娘也从心底产生了敬意。

几个月以后，十连又发生了一件令王致华备受尊敬的事。

王朝先调走后，全连开展了一场批判王连长的运动（到底为什么批判王连长，我也不清楚，反正是些不着边际的理由）。指导员要求连里所有干部战士，都要对王连长的实用主义和任人唯亲展开批判。每人必须写一份"小字报"，贴到连部会议室的墙上。全连没人敢不听命令。批判王连长的小字报，贴满了整个会议室。全连只有两人没写这种"小字报"，一个是我，一个是王致华。

我没写"小字报"有我的道理。首先，我刚来十连，不了解情况。其次，我极度反感这种整人的把戏，尽管和指导员关系很好，但我还是对这种政治斗争厌恶至极。再次，王连长一直对我很好，我没有理由无中生有地伤害他，这有违我做人的原则。因此，我对指导员的号召不予理睬。

但王致华的坚决抵制却出乎我的预料。王连长在十连时，非常器重王致华，她一直被认为是王连长的红人。现在王连长调走了，指导员大权独揽。大多数人都会迅速投靠指导员，大拍他的马屁。王致华却极讲义气，冒着得罪指导员的风险，坚决不参加对王连长的批判。对她的正直和骨气，我不得不深感钦佩。仔细想想，这个小姑娘才刚满十八岁，她哪里来的这份胆量呢？

王致华坚决不参加这场批判，指导员反倒没了脾气。这使得全连上下都对王致华暗挑大拇指。她在兵团战士心目中威信由此变得更高。

经过这些以后，我对这个梳着两个小辫儿的姑娘，开始产生了一种从未体验过的美妙情感。

当了上士以后，我搬到张宝利那间宿舍。宿舍对门是炊事班宿舍，王致华和炊事班的女生住在同一房间。每天早晨四五点钟，炊事班的姑娘就要去食堂生火做饭，准备早餐。对面宿舍里，就只剩下王致华一个人。

"土霉素风波"和"小字报事件"，把我们之间的距离拉近。每天早晨我都会替她把水缸挑满。冬天挑煤、倒炉灰、大扫除的活，我也全包了下来。表面上是在帮助炊事班的姑娘干，但实际上，我也希望增加王致华对我的好感。

王致华始终话不多，很少表现出特殊的热情和感谢。最多是对我一笑而已。但我这些殷勤的举动，她看得清清楚楚。

一次，我右手的无名指戳了一下，略微变形，每天疼痛。我借机找到她："我的无名指戳了一下，你有办法治吗？"我两眼盯着她，嘴角露出微笑。

"可以试试，我给你针灸怎么样？"她同样报以微笑。

用针灸治疗戳伤的手指？听也没听说过，不过，这已经不重要了。

我们心里都明白，现在关于手指的对话，已经不是病人和医生间的对话。而是一对互有好感的男女青年，在以这种方式进行心灵和感情的交汇。没有彼此的好感和吸引，不可能从这样的接触中享受到美感和心灵激荡。

一有空我就跑到医务室，她也煞有介事地摆开针灸包，给我戳伤的手指扎针灸。我享受着她摆弄我手时的肌肤接触和眼神交流。伴随着我们天南海北的聊天，她几乎听完了我在各种小说里读到的所有故事。也听到了我的所有经历。她被这些故事所吸引，尤其我的各种经历，更令她时而泪流满面，时而义愤填膺。

很奇怪，她居然用针灸扎好了我的右手无名指。爱情有时真的会产生非常神奇的魔力。

度过针灸阶段后，我们就经常骑上马，结伴去团部办事。一次，她的马被一辆突然启动的汽车惊吓，挣脱缰绳，跑得无影无踪。我办完事去团部卫生队找她，看见她正在卫生队大院里，哭丧着脸等我。我便安慰她"不用怕，我这大白马身高体壮，会把咱俩安全带回十连。你的马肯定已经跑回十连马群了，不必担忧"。她点点头，破涕为笑。

我们俩边走边聊，牵着"快步神驹"离开团部时，天已经快黑了。

离开团部以后，我扶她上了大白马。我在旁边牵着缰绳，信马由缰地慢慢溜达。我陪着她慢慢地走着，天南海北地聊着各种话题。

天已经完全黑下来了。那天的夜晚特别安静，一点风也没有。高日罕草原的夜空干净、清透。在满天繁星的掩映下，黑夜的天空呈现出深深的翠蓝色。享受着夜色的这对年轻人，完全沉浸在草原之夜的无尽浪漫之中。那天我们走了整整一夜，谁也不愿意加快脚步。微风轻拂着我们的脸庞，温暖而轻柔。我们的心绪如同这温柔的风，甜美、沁人心扉。

我们慢慢溜达了将近七小时。马上就要到连部了，东方已经有了一点亮色，天已微微泛明。她拉住缰绳，转身面对我，伸出双臂：

"抱我下来吧，咱们一同走，我不愿意一个人骑在马上。"

我响应着她，也向她伸出双臂，她扑向我的怀里。我接住她，顺势把她紧紧地抱在怀中。

她头发有些乱，蓬松地贴在我的脸颊上。我嗅到了她头发上的香味，那是恋爱中的女孩儿特有的香味。那香味渗透我的肌肤，浸入我的全身。

她把头紧紧地埋在我的胸前，周身都在战栗，好像有些冷，我抱得更紧。此时，在我的怀中她显得那么娇小，那么柔弱。这和她一贯展示给人的坚毅与独立，完全不同。

　　她久久地抱住我的脖子，把头埋在我的胸前，不敢抬头看我。我想低头吻她，但又怕破坏了这完美的拥抱。她完全沉浸在我们的第一次拥抱之中，并没有发现我想吻她。我没有打扰她，让她安安静静地享受这美妙时刻。很长时间，我们谁也没有说话。

　　这无与伦比的草原之夜，是永远值得我们终生记忆的美妙时刻。

31. 她上了大学

　　1971年下半年，中国的大专院校在关闭五年之后，重新开始招生。但这个所谓的招生，完全不用考试，也不审查学生的学业资格，只是从工厂、农村和军队里，选拔工作成绩优秀的人，直接进入大学。至于这些人之前上过几年学，具不具备上大学的能力，完全不在招生考虑的范围之内。日后，靠这样的选拔程序进入大学的学生，被统称为"工农兵大学生"。

　　1971年年底，内蒙古医学院来四十一团招生，十连有幸分到一个名额。让谁去呢？指导员陈登云颇为挠头。

　　从工作表现看，首选应该是炊事班班长王熙莹。王熙莹工作一直十分出色，炊事班之所以成为全兵团的先进标兵，王熙莹功不可没。

　　女生排排长梅晓捷也是一个人选。她作风泼辣，敢想敢干，工作永远冲在最前面。她是全团学习毛主席著作的标兵，人称"风姑娘"。

　　可是谁都知道，尽管这两人干活儿没得说，但绝不是上大学的料。无论从智力水平还是学习能力上看，都是强人所难。让她们去念书，无异于送她们去上刑，尤其是去念医学院。

　　当然，王致华是另外一个人选。王致华是全团最出色的卫生员。比起那两位竞争对手，她不仅专业对口，人也比前面两位更聪明，有更强的学习能力。况且在兵团战士中，王致华的威信也高于其他两人。在群众推荐的环节，她可以轻松压倒这两个竞争对手。

　　陈登云决定顺水推舟，他分别找王熙莹和梅晓捷谈话，告诉她们：

一、连党支部和团党委，正在考虑她们的入党申请。下半年党代会期间，她们有可能实现入党的伟大愿望。

二、团领导已接受十连党支部的建议，不久，四十一团就会任命王熙莹任十连副指导员，任命梅晓捷为十连副连长。

陈指导员告诉王熙莹和梅晓捷，提拔副指导员和副连长后，她们就成了国家干部。不仅工资会大幅度提升，一辈子的铁饭碗也就有了。这比去呼和浩特念书要划算多了。况且，如果想上学，当上几年干部之后，再找机会去上学，那就是带着工资上大学，岂不西瓜抓住了，芝麻也没丢？

听了指导员这番话，王熙莹、梅晓捷分别表态，绝不争抢这次上大学的名额，全力支持党支部和指导员的决定。

结果一公布，全连上下心悦诚服。指导员的公正形象也大为提升。王致华意外成了十连第一个被选送上大学的幸运儿。

说幸运也不幸运，接到内蒙古医学院入学通知的同时，王致华收到家里"父亲病危"的加急电报，火速赶回了天津。

王致华抵达天津的当晚，父亲就因肝硬化离世，年仅四十八岁。

处理完父亲丧事没几天，王致华就回到十连。此时离她去内蒙古医学院报到的日子，只剩几天了。

回到连队后，王致华一直闷闷不乐。父亲的去世，家里唯一的经济支柱塌掉了。家里本来就很困难，现在更是雪上加霜。作为家里的长女，她的思想负担不可能不重。

我不能因为这些变故去劝慰她，那些苍白的劝慰没意义。也不能因为她能上大学，而去祝贺她。以王致华的个性，上不上大学，她并不是看得很重。她真正揪心的是妈妈，是远在天津的一家人。最使她痛苦的是，危机就在那里，而她却帮不上任何忙。

那时，我们之间那层"窗户纸"还没捅破。而我又不能在这样的时候，向她去表白什么。更不能对她花前月下、海誓山盟。可是，如果我不捅破这层"窗户纸"，她离开兵团以后，我也就丧失了向她当面表白的机会。

　　该不该向她挑明？这个时间合适吗？我陷入纠结之中。

　　二十世纪六七十年代的中国，家庭出身的好坏，是青年人谈恋爱或结婚首先要考虑的条件。绝大多数家庭会激烈反对自己孩子和家庭出身不好的孩子谈恋爱，结婚就更是如此。

　　诚实地说，由于生长在一个反革命家庭，从懂事以来，我一直处在社会的歧视之下。因此，对于被拒绝，尤其是被自己心爱的女孩子拒绝，我有着与生俱来的恐惧。因家庭出身不好而被拒绝，更是我的自尊心所无法承受的。在这种心理的驱使下，我从未主动向任何女孩儿表白过我的爱慕。同样，即使强烈感受到来自对方的爱慕，我也不会去主动表白。

　　王致华令人尊敬的正直与坚毅，及令人感佩的倔强，对我产生了很大的吸引力。我相信，如果我们能够走到一起，即使有一天我被投进监狱，抑或被判刑，王致华也绝不会离我而去。相反，她一定是那个每星期都去监狱看我，给我安慰，给我鼓励的女人。如果我们有孩子，她也一定会告诉孩子：尽管你爸爸在监狱里，但他仍是一个英雄，是一个你们应该崇敬的好人，他是你们应该无限爱戴的好父亲。

　　有了这些，我还能要求自己的女人做什么呢？我坚信王致华就是这样一个女人。因此，在她离开之前，我必须和她说些什么。

　　还有两天，王致华就要去呼和浩特报到了。像往常一样，我约她到草原上走走。我们骑上马，从连部纵马出去，来到西面的山坡上。把马放出去，让它们自己去吃草。然后我们并肩坐在山坡上，欣赏着眼前的草原美景。

　　远处，草原一片碧绿。稀稀落落的蒙古包和散落在天际线上的白色羊群，给空寂的草原带来浓烈的浪漫气息。很远处，蒙古包扬着炊烟，几个牧人正驱赶着羊群归牧。西面的太阳已有几分倦怠，慢慢地从地平线垂落下去。

　　这是我们两人最后一次在一起欣赏草原落日，也是最后一次感受太阳落山给我们带来的丝丝凉意。

　　远处传来牧人哼唱的长调，委婉、凄凉，让人心情惆怅。这就是我们早已听过无数遍的草原暮歌。

　　"致华，此一去我们将天各一方。如果你觉得，应该继续保持我们的朋友关系，你就给我留下一张照片，以便在想你的时候，可以看看那张照片。"我的眼睛看着远方，头没有转向她。眼睛略微有点湿，声音也有些颤抖。

　　"如果你不愿意，我也没有意见。毕竟，一旦进入大学，会碰到多得多的朋友和同学，这会扩大你的视野和选择空间。这是我的真心话。"

图6-2　1972年年初，王致华赴呼和浩特市上大学途中，在天安门前合影。后排正中为王致华。

她低下头，好长时间没有说话。

"现在我的心情不太好。不过，我很享受这两年你给我的友谊和关照。我心里很感激。尤其在这么多次的促膝交谈中，你使我明白了许多道理，我很珍惜咱们之间的友谊和感情。"

"我现在没有照片，到了呼市以后，我会照一张照片给你寄来。"

听到她这句回答，我悬着的一颗心落了下来。

在这之后，我们都没再说什么，肩并肩地坐在草地上，一直静静地看着晚霞中的草原，渐渐地被不断浸润的黑暗所吞没。

32. 我们决定在一起

王致华已经走了三个星期。我天天在算，她的信应该哪天寄到。

她走后第四个星期，终于接到了她的第一封信。信很短，除向我介绍了中医系的一些基本情况之外，还给了我关于照片的解释：

……杜厦，咱俩的事，我又想了很长时间。进入大学以后，学习任务非常繁重。从这个学期开始，陆续要学习中医的四大经典：《黄帝内经》《伤寒杂病论》《难经》《神农本草经》。本来我的基础就不好，其实连初一都没读完。现在要学习这么多的中医典籍，又都是文言文，即使不睡觉，我也很难跟得上其他同学。因此，我希望把精力，全部放到学习上去。

我们年纪都不大，以后要走的道路很长。因此，我不打算给你寄那张照片了，我也根本没有去照。

不管怎样，还是希望把我的真实想法告诉你。希望你原谅。

祝你一切都好。

王致华

一九七二年四月二十八日

尽管这是我预估的结果之一，心里还是极度失望。这是我此生的第一次恋爱，也是第一次向一个女孩子表白。悲剧的是，她先是接受了，然后又改变了主意。

环境和身份的对比是残酷的：我还在内蒙古草原，只是个普通的兵团战士，今后最好也就是个草原牧民。而她，已经进入大学，将来会成为一名医生，或许会在呼和浩特某家医院工作。对比之下，该作怎样的决定，答案清晰得不能再清晰了。

虽然被拒绝，我还是理解她作出这个决定的原因。但说自己无所谓，那绝对是骗人的。其实，她作出这样一个决定，也不是件容易的事。我们之间的友谊和感情在那里，不可能轻松割舍。不知她要经历多少个日夜的纠结，才能写出这封信。我钦佩她的诚实，敬重她一如既往的坦率。

我马上回了一封信：

致华：

来信收悉。不要总觉得自己的基础差，像我们这些高中生，面对那些古老的中医典籍，同样也是一张白纸，和你们没什么两样。只要奋发努力，你就一定是班里最优秀的那一个。

至于说到我们之间的关系，我完全同意你的决定。也支持你把心思，全部放到学习上去，不要让这些事分心。今后，在一个更为广阔的天地里，你会找到你真正喜欢的那个人。

为了不影响你的学习，从现在起一直到永远，我不会再给你写信。希望我们的友谊，和草原上那些美好的时刻，永远珍藏在我们的记忆之中。

祝你成功、幸福。

杜厦

一九七二年五月二十日

发出这封信以后，我那颗不安宁的心，反倒踏实下来了。不过，由于十连已经没有了她，这里的一切，就已经彻底改变。对我来说，十连突然变得陌生，变得不可接受。

　　只有我们居住过的宿舍，还让人魂牵梦萦。两年来，我们一直在一个宿舍里住，屋门对着屋门，距离不到两米。每天早晚，都可以听见对方所有的细微声响，那已成为我们生活的一部分。甚至夜里，说可以听到对方的细微鼾声和梦呓，也不算夸张。现在，这镌刻着我们无数谈话和窃窃私语的房间，已经物是人非。再也看不见她那细心地倾听的样子，听不到她尖锐的反问和爽朗的笑声了。这一切，不免使我骤然生出许多的惆怅来。

　　实在不想在这个地方继续待下去了，我向指导员提出了调动。我要离开连部，下到牧区去。指导员接受了我的要求。并按照我的建议，提拔炊事班班长张淑珍接替了我的工作，任命她为十连司务长。

　　张淑珍是王致华的同班同学，也是她最好的朋友之一。

图6-3　在我亲手建起的优质细毛羊培育中心，享受着成功的快乐。

在指导员的支持下，我带了一个班的战士，去一座叫浩特劳的废弃棚圈，开始了我在内蒙古草原上兴建无木结构房屋和用澳大利亚美利奴羊、改良本地乌珠穆沁羊的畜种改良实验。

直到一九七五年离开内蒙古草原，我再也没有回十连连部居住。

1974 年 5 月的一天，我从配种繁育站回连部办事。办完事来到张淑珍宿舍和她聊天。这时，王致华去呼市上学已经两年多了。

张淑珍看似无意的一句话，强烈刺激了我敏感的神经，引起了我的极大兴趣。她说："王致华来信说，毕业后，说不定她还会回高日罕来工作呢。"

我马上告诉张淑珍："如果王致华说想回高日罕，必定是因我而来，这应该是她想回高日罕的唯一原因。"我几乎脱口而出。

我藏不住兴奋，问张淑珍王致华来信说了什么？她坚持不说。我软硬兼施，张淑珍很快妥协，把王致华给她的那封信拿给我看。

王致华的信是这样写的：

淑珍：

麻烦你一件事，请你诚实地告诉我，在我离开高日罕以后，杜厦是不是已经有了其他人？如果他有了其他人，我一点都不怪他。那样我也就死了这条心了。如果杜厦还没有其他人，你告诉他，我准备去和他见个面。

这两年多，在大学里认识了很多人，也有很多老师、同学向我提起那件事，帮忙的人很多。但看来看去，还没有任何人，可以取代杜厦在我心里的位置。如果他现在还没有其他人，我还是愿意做他一生中的那个人。

此事给你添麻烦了。

你的朋友　王致华

一九七四年 × 月 × 日

　　张淑珍巧妙地探得了我的底牌，既帮她的朋友重新拉上了那根似断非断的线，还没让我觉得，是王致华托她来求我。其实，对我来说，得到王致华的这个消息，比什么都重要，我真觉得喜从天降。为此，我感激张淑珍一辈子，感谢她把王致华重新还给了我。

　　谈话结束后，激动的心情难以平复。我飞身上马冲出连部，策马扬鞭奔向草原深处。

　　我不停地扬起马鞭，紧紧地把自己贴在马背上狂奔。我时而张开双臂挥舞，对着迎面扑来的疾风呐喊。时而俯下身去，紧贴那随风扬起的顶鬃，拍拍马颈，把我心中的喜悦和它分享。我真的有了几分癫狂！风在我耳边呼啸，草原在马蹄下飞驰而过。我的蒙古袍子被风吹得鼓胀，我将心中无尽的愉悦，在这近乎疯狂的飞奔中释放。这片美丽的乌珠穆沁草原知道，我已经把自己一颗挚爱的心，交给了远在天边的那个姑娘。

　　我微微抬起脸，强劲的风吹得我很难看清楚远方。但我知道，在天际的尽头，一个深爱着我的姑娘，正在等待着我的出现。我们将会生活在一起，恩爱在一起，命运也将紧紧地拴在一起。

　　此时此刻，我是这片草原上最幸福的那个人。

　　回到配种繁育站，我迅速给王致华写了一封回信，信里只有一句话：

致华：

　　等着我，我马上到呼市去看你。一切见面再谈！

你心中的那个人
一九七四年 × 月 × 日

　　两天以后，我离开四十一团，直奔呼和浩特。

33. 夜访刘华

对我们八个在"文革"中生死与共,到兵团后又饱受苦难的兄弟来说,只要还能在一起,心中永远燃烧着火一样的激情。无论遇到什么,我们谁都不会害怕。不过,自从开始招收工农兵大学生后,冯群、陈刚、张农生、段伟钢都陆续离开了内蒙古生产建设兵团。1974年后,马青波也离开了高日罕。我们的好朋友王致华、刘浩颖、孙志昌、庄珠扎布也陆续离开高日罕。我身边只剩下武山根、艾援两人。我在十连,山根在团部宣传队,艾援依旧在六连。无尽的寂寞,可怕的孤独,对未来的不安,时刻都在撕裂着我们的生活和精神世界。那个火热的集体,那个可以互相鼓励,互相依靠的精神团队,已经不复存在。俗语说:"天下没有不散的筵席",但对我们来说,这句话显得既苦涩,又无奈。

因为备战和大量外来人员的涌入,美丽的乌珠穆沁草原已变成一个完全不同的世界。我和山根、艾援都觉得,这里已经没有什么值得留恋了,我们也决定尽快离开,寻找新的人生道路。

山根和艾援开始找门路,办理回北京的手续。

我则考虑去黑龙江佳木斯,陪伴我那苦命的母亲。1968年和再婚丈夫离婚后,她又回归到孑然一身的孤独生活。此时,她正在农村下放劳动。该是去她身边尽孝,陪伴和照顾她,并和她一起生活的时候了。

为此,我写信征求王致华意见,问她毕业后,是否愿意跟我到佳木斯去?她的答复依旧简单无比:"你留在高日罕,我就回高日罕。你要去佳木斯,我就跟你去佳木斯。你去哪儿,我都会跟你去哪儿。总之,不必担心，我将永远跟你在一起。"

收到这封回信，我下定决心离开高日罕，到佳木斯去寻找未来！

可是，想去佳木斯又谈何容易！

当初我们从北京到内蒙古去插队落户，已算是千难万险。现在，又想从内蒙古草原去佳木斯市，当时这叫"人口倒流"，比起从北京去内蒙古还要困难很多倍。

我不想让母亲去办这件事，她下放劳动刚刚结束，分配到佳木斯制材家具厂做了个统计员，是个小得不能再小的职员。即使她跑断腿，也没可能办成这件事。我决定自己去趟佳木斯，想办法自己办成这件事。

1975 年 4 月，已是春暖花开。我请假离开十连，到了千里之遥的佳木斯市。

这是我第一次来到这个城市。

佳木斯虽是个小城市，但城市建筑有着强烈的俄罗斯风格，大多黄墙红瓦，高大而错落有致。所有街道，都沿着松花江由西向东，蜿蜒而上。整个城市显得平静、美丽、温馨。

松花江流到佳木斯时，已比在哈尔滨时宽阔了一倍有余。远远望去，江面一片浩瀚，苍苍茫茫。从早到晚，运送木材和粮食的江船穿梭在江面上，繁忙而井然有序。天晴时，江心柳树岛依稀可见。江边的防洪纪念塔，高大巍峨，不逊于哈尔滨的防洪纪念塔。这纪念塔所在的防洪纪念广场，是整个佳木斯的城市中心。

佳木斯紧邻小兴安岭和三江平原，丰腴富饶。佳木斯是一座恬静的小城，在这里生活，似乎可以给人很多希望。

如同七年前在锡盟知青办碰的钉子一样，佳木斯市知青办也一口回绝了我的要求，他们的理由相当充分：

首先，你既不是在佳木斯上的学，也没有从佳木斯的学校毕业，因此你根本不在我们知青办管辖的范围之内。你想从农村返城，只能返回北京那个"城"。你不是从佳木斯走的，怎么可能返到我们佳木斯来呢？

其次，虽然你母亲单身一人，身边无子女，按中央的知青政策，你是可以调到母亲身边的。但遗憾的是，这也不是我们佳木斯的责任，因此无法动用佳木斯的知青返城指标。而且黑龙江和内蒙古之间，又没有任何协议和调动指标，我们无法把你从内蒙古调到佳木斯来。

最后，内蒙古兵团是部队建制，属北京军区管辖。军队和地方怎么会有相互调动的可能性呢？除非你是从佳木斯分配去内蒙古兵团的知青，而实际情况又恰恰不是这样。

我被佳木斯知青办干部的雄辩说傻了。

尽管碰了一鼻子灰，我还是觉得这个接待干部很有水平。从他的立场出发，他拒绝的理由很有逻辑，我基本上张口结舌，无言以对。

但是，他的分析也给了我一丝希望。必须想办法让佳木斯，按照"父母身边无一人"的知青政策，给我一个特殊的返城调动指标。至于兵团放不放的问题，我自己会解决。

方案已定，必须找到能够达成目标的突破口。

经多方打听，我弄到了佳木斯市市长刘华家的准确位置。

几乎整整一周时间，我天天待在刘华市长家的周围。我躲在街道的拐角后面，仔细观察他家所有人的作息规律。包括刘华市长几点上班？几点下班？他几点和夫人出来散步？家里还有几个孩子？都什么时候回家？他们几点熄灯睡觉？我都摸得一清二楚。

我想寻找个恰当时间，到他家去，面对面和这位刘华市长说明我的情况。我想告诉他，我是一个小小知青，上天无路入地无门，只有他发话，我才有可能回到母亲身边，尽一个做儿子的责任，实现我们母子团聚的心愿。

想出这样鱼死网破的办法，确实出于无奈。因为，不管我长得多像一个好人，也不会有任何佳木斯市政府的官员肯安排我这样一个卑微的下乡知识青年，去见一个百万人口级城市的市长。甚至我连市政府的大门都进不去，这是尽人皆知的事实。

我必须自己创造机会，让这位一市之长，单独听我陈诉，哪怕五分钟也好。当然，如果见到我，他就大喊"捉坏人"或"抓刺客"，让警察或保卫人员把我当场抓走，我也无话可说。起码，我尽过自己的最大努力了！要想成功，必须说服并感动这个一市之长，除此之外，别无他途。

好人好命，我终于等来了机会。

一天晚上，刘华市长在家里宴请客人，我在他家院子旁边的阴影里等着。用过晚餐过后，刘市长全家送客人出来，一直送到马路旁边。他们在路边寒暄了很长时间。

机会来了，不能犹豫！

我从墙角的阴影里一拐，就溜进了刘市长家的院子。市长家的门大敞四开着，我快速闪进了刘市长的家，笔直地站在一进门的客厅里，等着他们全家送客归来。

"你是谁？"刘市长和他夫人一进门，就被我这个不速之客吓了一大跳。俩人略带惊恐地问我。

"刘市长，我叫杜厦，是个北京下乡知识青年。我知道您和阿姨是1966年从大庆调来佳木斯的，我母亲和您乘的是同一趟专列。她是从大庆财政局调到佳木斯的干部。"我不慌不忙，娓娓道来。

"不过，我母亲是大庆会战初期，从北京调去支援的。之前是中央财政部的干部。"刘市长和夫人显然放松了不少。

"找我有事吗？"市长变得和蔼、亲切。

"我不得不用这样的特殊方式，来见您一面。因为按正常途径，我无论如何也不可能见到您，甚至连市政府的大门我也进不去。而我必须要见您一面。"

"坐下说，坐下说。"市长完全放松了。他请我坐在他对面的沙发上，他也坐下，点起了一支香烟。

"抽烟吗？"市长问我，我说"不会"。

我仔仔细细向他讲述了我的特殊情况。

我从母亲1960年年初去大庆参加大庆油田会战讲起，一直讲到现在母亲年事已高，一个人在佳木斯生活，身边无人照顾。我是她唯一的儿子，来佳木斯照顾她责无旁贷。况且，这是完全符合中央知青政策的规定。但问题是，我是从北京下的乡，却要到佳木斯来照顾母亲，佳木斯知青办没遇到过这种情况，无法办理有关手续。

现在对北京来说，我母亲不在那里，对佳木斯来说，我又不是佳木斯的下乡知青。因此两边都没办法解决我"回到母亲身边"的问题。

我恳请市长帮个特殊的忙，考虑到我和母亲的实际情况，按照中央政策精神，本着实事求是原则，解决我们母子的团聚问题。

我的陈述清晰合理，又说得恳切、真诚。刘市长和他夫人均频频点头，颇为感动。

三天以后，我便接到佳木斯市知青办通知，让我去市知青办拿我的调动手续。按照我的要求，他们还特意把"商调函"做了两份，一份寄出，一份让我随身携带。

我夜访刘华的成功，终于让母亲松了一口气。

后来，王致华调到佳木斯中医院后，和刘华市长女儿在一起工作，两人成了非常好的朋友，这是后话。

34. 兵团撤销

1975年6月24日，国务院和中央军委突然决定，撤销内蒙古生产建设兵团。此时，内蒙古兵团才刚刚过了自己的六周岁生日。

无论是知青、兵团战士，还是现役军人，都被这一消息惊得不知所措。这个烂摊子怎么收拾？我们会被遣散到哪里去？大家的前途在哪里？每人脑子里都是一团雾水，整个内蒙古兵团陷入一片混乱之中。

无数台汽车、拖拉机、联合收割机和各类农机具；十几万间刚刚盖好的房子；几百处新建的医院、学校、招待所；上十家正在生产中的各类工厂；刚刚开垦出来的上百万亩耕地……国家巨大的投入和十几万兵团战士六年多的心血和汗水，就这么说扔就扔了？

恰在此时，我拿着佳木斯知青办的商调函，回到了高日罕。

四十一团的现役军人们都忙得"脚打后脑勺"。他们无一例外都在寻找自己新的落脚点。

十连指导员陈登云走时，一样东西也没拿。这赢得了我对他的尊敬。

我不想说陈登云是个圣人。他有时很"左"，但他是个有自己是非观念的军人。他官不大，野心也不大，有时却很执拗。对于自己看不惯的事，从不肯同流合污，这一点很了不起。刚到十连时，全团都认为我是个危险分子，是个没"戴帽子"的反革命。他却要通过自己的眼睛，通过事实，自己作出判断。可以讲，他一直是用公平、公正的态度来对待我的。而在当时，能得到公平、公正的对待，对我已是最大的福音了。

滴水之恩，当涌泉相报！

1991年夏末，那时我已下海经商。一次在太原的商务活动结束后，我和王致华带上已经十三岁的儿子，从太原开车去山西雁北的阳高县，专程去看望了陈登云。那时他任阳高县人民法院民事审判庭庭长。

阳高县是全国有名的贫困县，在山西也属于最穷困的县之一。

而手握民事审判大权的陈登云庭长，是我这辈子见过的最穷的实权派官员。

陈庭长家徒四壁，没有一件像样的家具，甚至挂不起窗帘。土炕上只有一个枕头，除他之外，全家睡觉都是枕着砖头睡。炕上铺着半张破烂席子，炕的大半部分裸露着熏得发黑的土坯炕面。他每天从法院下班后，要自己背着筐，去县城外打猪草。由于没有粮食喂，家里那口猪，好几年也养不大，始终像个半大猪崽儿。

由于家里太穷，陈庭长的三个儿子都没有工作。老大当兵复员，原有个工作，但早就下岗了。由于没钱，现在三兄弟都是光棍儿，根本娶不上媳妇。

陈庭长一定要我们一家三口在他家住，在他家吃饭。睡觉的时候，陈庭长把他的还算囫囵的被子给了我们，我们三个人就盖着一床被过了一夜。全家唯一的枕头，黑得发亮，给了我用。王致华和儿子杜宇村，也和他们全家一样，枕着砖头睡的觉。在陈庭长家的那顿饭吃的是莜面饸饹。他们全家和我们一共八口人，只有一碗放了很多盐和辣椒的炒洋白菜沫，用来拌莜面饸饹。那顿莜面饸饹，几乎是用盐粒儿拌着吃的。

他们家，已经达到极度赤贫的状态。

作为一个法院民庭庭长，家里穷到这种地步，我和王致华都感到无比震惊。这起码说明，十六年前兵团解散时，陈登云一尘不染是真实的、一贯的，直到现在仍然如此。

他显然是个清官，这更增加了我对他的尊敬。

好人应有好报！

转年，我在天津给陈登云家三个儿子每人买了一套房，给他们都办理了天津的蓝印户口，让兄弟三人得以落户天津。我还在公司里给三个小伙子各找了份不错的工作。不久，他们三兄弟都娶上了媳妇，在天津成家立业。直至今天，他们仍然在天津居住并且过着自己安定的生活。

陈登云有严重的腰椎间盘突出症，他夫人有严重的白内障，已经接近失明。我派车把他们接到天津，让他们双双住进医院高级病房。请天津最好的大夫，分别给他们做了手术，使他们恢复了健康。

这不仅是对陈登云的报答，也是对一位清贫无争、廉洁自爱的老军人的致敬。

我拿到了档案和全部手续，告别了武山根、艾援，回到佳木斯。一两个月后，山根和艾援也陆续离开了高日罕，返回北京。

一段浸透了无数情感的梦结束了。这个关于乌珠穆沁草原的梦好长，时而如诗如画，美轮美奂；时而悲怆凄凉，涕泗横流。但无论如何，这是一个让人热泪滂沱的梦。多年以后，我还会时不时回到那场梦里去，或甜，或苦。但不管是甜是苦，总是有滋有味！这段经历已经深深地刻在了我的心里，永远不会离我而去。

七、迎来时代变迁

35. 结婚与主席逝世

1975 年夏末，我来到母亲所在的佳木斯市，开始了我人生的一段新生活。

这对我是个新的考验。从十一岁开始，我便一个人在北京生活，无论是"文革"时期，还是到内蒙古以后，我都已经习惯天马行空，我行我素的独立生活。我既没有受过家庭的束缚，也没有体验过家庭的温暖。因此，到佳木斯以后，如何和母亲一起生活，绝对是个新课题。

妈妈一生经历了难以想象的辛酸、屈辱和痛苦，这一切已无法改变。晚年她最大的愿望，就是能和儿子平静地生活在一起。无论多么贫穷和艰辛，只要有儿子在身旁，她就会觉得生活还有那么一点希望。

王致华心里也藏着一个类似的梦。她不是一个心比天高的人，她义无反顾地跟随我，到一个完全陌生的城市，不是想做个英雄身边的女人，而是想把自己一生，托付给一个可以依靠的好人。她相信，只要我们共同努力，一定可以建立起一个安定幸福的家。

这两个女人的生活目标，都是如此简单，她们只想做个安分守己的老百姓，过上平静的生活。

虽然我理解她们，但从小到大，我从未想过要当个小老百姓。那个时代，是个崇尚英雄的时代。在伟大的共产主义理想面前，小老百姓的平凡生活是渺小的。如果谁亲近家庭、注重个人生活，往往会被党组织认定，这是一个胸无大志的人。尤其那些被裹挟在时代洪流里的年轻人，更认为考虑个人生活，是件令人羞耻的事。

然而离开兵团以后，我心中的英雄主义情怀，似乎已经彻底死去。

我必须改弦易辙，踏踏实实地回到现实中来。现在要考虑的是：找工作、养家、结婚、生孩子，并努力建立一个让妈妈、王致华都满意的家。为此，我需要重新定义自己的人生目标。

很快，佳木斯知青办会商佳木斯人事局、劳动局后，给我安排了工作。1975 年 8 月末，我到佳木斯市建材机械厂报到，成了一名钳工。

图 7-1　1975 年回到佳木斯和母亲的合影，我是她人生的全部希望。

1976 年是龙年，我和致华商定，在这一年的 9 月 28 日结婚。妈妈刚在猪板屯分到一间小房，总共有二十几平方米，仅有一间卧室和一间不大的小外屋。从地名就可以知道，那是个荒凉的郊外，四周都是玉米地，充满北大荒的原始味道。

这是一排刚建好的职工宿舍，没有自来水，没有下水道，也没有厕所和厨房。当然就更谈不上暖气和做饭用的煤气了。这怎么住呢？我们总不能和妈妈住在一个卧室呀，我只能自己动手，改建这间小房了。我制订了一个颇有想象力的改造计划：在院里新盖一间厨房。把小外屋改成妈妈的卧室。再给家里安装一套土暖气，以解决冬季取暖问题。另外，在院里打一口压水井，解决吃水困难。还要挖一口渗水井，以便下大雨时，院里可以迅速排净积水。尽管是个小房小院，但这些活儿加在一起，总工程量很大。我又没钱，因此都需要自己动手，这对我是个不小的挑战。

除此之外，我还要自己动手做一整套新婚家具，包括双人床、大立柜、一对衣箱、一个写字台、一套餐桌椅、一个厨房操作台。

好在我已经决定过安安稳稳的小日子了，以前那些用来折腾的无穷精力，现在都省了下来。我手挺巧，又从不缺乏自信，为了给自己争得脸面，也为了给王致华一个满意的家，这些付出都是值得的。

1975年秋开始，整整一年时间，家里就像个建筑工地和木工车间。我白天上班，晚上回家后自己盖房子、打家具，一直要干到凌晨。尽管忙得要死，却乐在其中。

建材机械厂是个新组建的工厂，工人大多二十岁上下。这些小青年一般只有小学文化，都喜欢听我聊天，讲故事，他们喜欢和我一起凑热闹。我不仅是厂篮球队的核心，还是厂乒乓球队的主力。没多久，我就成了这些年轻人的好朋友。按照东北人的习惯，他们都称我为"大哥"。甚至每天上下班的路上，这帮小青年总是把我围在中间，听我讲笑话。

工厂的这些兄弟们，对我的建设计划充满热情。一到周日放假，就会有一大帮兄弟前来帮忙。东北人豪爽热情，乐于助人。他们中什么能人都有，有的会瓦匠活儿，有的会木匠活儿，有的是焊工，各显其能。有了他们的帮助，我的各项计划进展神速。

新家的建设计划进展顺利，结婚安排也已经确定，然后我们就碰到了那个令人惊心的1976年！

已经办好调动手续的王致华，7月下旬从内蒙古临河启程来佳木斯。旅途中，唐山发生大地震，京山铁路全线瘫痪，她被拦在天津。

天津是唐山大地震中受灾最严重的城市之一。此时已经满目疮痍，惨不忍睹。全市几百万人为躲避余震，全都住在大街上，整个城市陷入一片混乱。

致华和全家人一起，挤在狭小的地震棚里。此情此景，已经使王致华无法离开天津。她要照顾劫后余生的全家人，和他们一起共渡难关。致华在天津这一待，就是整整四十天。

我和她都心急如焚。等到余震威胁解除，一家人也逐渐适应了地震棚的生活，王致华才决定离开天津，来佳木斯和我成婚。

9月9日凌晨，王致华上了天津到佳木斯的特快列车。在火车上，她听到了让全世界都无比震惊的消息：毛泽东主席在北京逝世！

起先，整个列车死一般寂静。紧接着，像千百颗炸弹同时引爆一样，车厢里瞬间爆发出震耳欲聋的号哭声。悲痛欲绝的气氛，充满车厢各个角落，所有人都陷入情感崩塌之中。在这样的环境里，王致华经过一天两夜，才抵达佳木斯。

建材机械厂组建刚一年，我是这个工厂成立后，第一个宣布要结婚的人。加上很多小工友都来我家帮过忙，他们又都是我的小兄弟，因此，我9月28日举行婚礼的消息，很早就尽人皆知。

王致华到佳木斯两天以后，我被通知到厂保卫科去一趟。

保卫科科长李贵珠长了个四方大脸，是个转业军人。他平时在工人面前架子挺大，总是一副大干部的派头。

"杜厦，听说你要在9月28日举行婚礼？"李贵珠虽然是在问我话，但一直在翻阅着一份什么资料，眼睛始终盯在那几张纸上。这种状况在佳木斯并不寻常，这里人遇到比自己年纪大的同事，无论官大官小，一般都会尊称一声大哥。这是东北人的习惯和礼节。不这样称呼，一定会让人说你没大没小。当然，除非有别的什么原因。

李贵珠就是这样，不仅直呼我的姓名，甚至连抬头看我一眼都懒得看。显然，我历史反革命的家庭出身，还是影响了他对我的态度。

"是，李科长。这是一年前就定好的日子。"我和声细语地回答。

我心里明白，毛泽东主席9月9日刚刚去世，全国上下都在悲痛之中，一个月的治丧期还没有过，我居然选在9月28日结婚，他心里肯定已经涌现出许多政治性猜测。

果然，他丝毫不隐瞒对我抱有的敌意。保卫科科长那根阶级斗争的"弦儿"，已经挂上了。

"伟大领袖毛主席刚刚逝世，全世界人民都在无比的悲痛之中，你怎么可以在他老人家治丧期间，搞婚礼这种事呢？"李贵珠语气里，难掩他的愤怒和指责。

"你要知道，自己是什么家庭出身。你的家庭出身决定了你对伟大领袖是什么感情。"他用手背使劲弹了弹他手中那叠文件，强调了他的观点。

他开始上纲上线了。

"这个日子是一年以前就定下的，不过我们肯定会推后举行。那您看什么时候比较合适？"我既解释了缘由，又表现得谦恭配合。

他抬起头，瞥了我一眼，"我怎么知道你什么时候结婚合适？"他的话不太好听，不过，这种态度在我的意料之中。

"怎么也不能在主席的治丧哀悼期里举行婚礼吧？"他的口气有点缓和，其实这话也不无道理。

"毛主席治丧期到 10 月 9 日结束，您看 10 月 10 日行吗？"我诚心诚意地请示他。显然，他对我这种无限尊重的口气，感到比较满意。

"10 月 10 日也不行。那是国民党的'双十节'。你爸和你们家的历史，也会让人对你挑 10 月 10 日那天结婚，有不好的政治联想。"

李贵珠有点水平，而且政治方面的"弦儿"确实绷得很紧。他说的这些话，我怎么居然没有想到呢？我还真的有点佩服他了。

"那就 10 月 12 日吧，如果您和厂党支部没有意见，我就放在那天了。"我不想再纠缠。头该低下的时候，就要低下去。我现在懂了，有了妈妈和致华，我不能再惹是生非。

他点了点头。我们似乎达成了一致。

李贵珠好像挺得意，他对我摆了摆手，意思是：你可以走了。

我离开了厂保卫科，浑身都是冷汗。

我回到车间告诉兄弟们，由于毛主席一个月的治丧期，婚礼改在 10 月 12 日晚上举行。很快，全厂的青年职工都得到了通知，杜大哥的婚礼，改在 10 月 12 日傍晚下班后举行。

虽然已经过去了近四十六年，1976 年 10 月 12 日那天晚上的情景，仍然让我永生难忘。

下班的铃声刚刚响过，各个车间的年轻人似乎都商量好了，大家都支着自行车，密密麻麻地站在厂门口的大道上等我。一共有两百来人，占满了厂区前的整条街道，黑压压一大片，场面蔚为壮观。

我骑车到了厂门口，一看这个场面，不知说什么好。我赶紧爬到围墙的墙垛上，给所有等在厂门口的朋友们，深深鞠了一躬。此时，已经二十八岁的我，满眼都是泪水，满心都是感激。

不知是谁一声呼哨，大家都一齐骑上自行车，把我团团围在中间。从工厂到我家，大约有四十分钟的路，这一大帮青年人一路上欢声笑语，浩浩荡荡，直到抵达我在猪板屯的家。

街道两旁的佳木斯市民，惊讶地目睹这支两百多辆自行车组成的队伍，浩浩荡荡地经过。

当两百多辆自行车到达我家时，由于地方太小，根本无法进入我家所在的胡同。于是周围大片的田野和庄稼地里，高高低低站满了推着自行车的年轻人。当时天已经全黑，一眼看上去，好像漫山遍野都是给我们庆祝婚礼的人一样。这也惊动了周围的邻居，他们都出来看热闹，这下真的是"漫山遍野"了。

我挤进家里，把王致华拉了出来。

我左右横挎着两大手提包的水果糖，又揣了几盒火柴。致华抱着几条香烟，跟在我的后面。年轻的工友们看见了王致华，此起彼伏的"嫂子"声震天动地。伴随着四面八方传来的起哄声，把王致华弄得一遍一遍地大红脸。她也不知该说些什么，只是不住地鞠躬点头，口中不断地说着"谢谢"，满脸的幸福，藏在她的羞涩和尴尬中。

我们不停地给每个人抓糖，点烟。这些小兄弟们，不断地把王致华刚刚擦着的火柴吹灭，现场一片开心的笑声。

给这两百来人发完糖，点完烟，大家按照事先的约定，陆陆续续回家去了。

我们心里十分内疚，既没有给朋友们一顿婚礼的喜宴，甚至连院子也没能让他们进来。这样的婚礼，我一生仅见。

当天夜里，我们乘特快列车奔赴大连。之后转乘到上海的轮船，10

图 7-2　我和王致华 1976 年的结婚照。照这张照片时，"四人帮"刚被打倒十天。

月 16 日清晨，抵达上海黄浦江客运码头。船还没有进港，透过清晨的薄雾，我惊讶地看到码头上，所有的巨型塔吊和船体都已被各种大标语所覆盖。每幅标语，几乎都书写着这样的口号：

热烈庆祝一举粉碎"四人帮"！
无产阶级革命路线胜利万岁！

这时我才知道，我们在海上航行的那个夜晚，中共中央公布了打倒"四人帮"的消息。华国锋、叶剑英、李先念等元老们，于 10 月上旬将江青、王洪文、张春桥、姚文元四人逮捕。由此，中国政局发生了翻天覆地的变化，中国的"文化大革命"随之宣告彻底结束。

这是 1976 年最大的一次变故！这个突如其来的变故，改变了这个国家的走向。

我突然想到，也许我还有可能，赶上一个与过去十年完全不同的新时代。

此时，整个国家沉浸在解放般的欣喜里。和这个处处洋溢着喜悦和激动的国家一样，我也重新燃起了对生活和前途的全新希望！

36. 头上有青天

1977 年 10 月末，佳木斯已进入冬季。

上午，我带领两个班组安装龙门吊。由于轨道焊得不对，吊车怎么也无法与轨道合龙，把我们累得够呛。午休铃声一响，我便告诉弟兄们："上午就到这啦，收工吃饭。"

大家一边对着冻僵的手哈气，一边跑到锅炉房，取自己的饭盒。

我从保温柜中取出自己的饭盒，饭盒被致华用报纸裹得严严实实，她希望尽量给饭盒保持一定的温度。

我抱着饭盒跑回了钳工班，大家正边打扑克边吃饭。我蹲在旁边，看着这帮弟兄们吵吵闹闹，也跟着一起开心。无意间，那张包饭盒的报纸上，一条醒目的新闻标题锁住了我的目光：

中央决定，1977 年在全国范围内恢复高考。

这条消息令我心头一震，尤其看到以下这段内容时，更让我觉得喜从天降：

政审，主要看本人的政治表现。政治历史清楚，热爱社会主义，热爱劳动，遵守纪律，决心为革命学习是基本标准。总之，这次招生主要有两条标准：第一是本人表现好，第二是择优录取。

这个消息，对我的冲击力竟是如此之大，不仅让我浑身战栗，还在那一瞬间，使我大脑里一片空白。

真不敢相信这是真的。日日夜夜盼望这样一项政策，不觉整整十年！1976年10月16日清晨，黄浦江码头上那份关于"新时代"的朦胧期待，似乎真的变成了现实。我双手捧着这张报纸，心在颤抖：家庭出身已经不会再继续主宰我的命运了吗？

中国真的变了吗？我渴望的那个新时代，真的要来了吗？！

那是一份1977年10月21日的《佳木斯日报》，我看到这份报纸的那天，是1977年10月24日，是个星期一。

我急不可耐，下午请了假，骑上车直奔佳木斯中医院。

把致华从医院里叫出来后，我给她看了那份报纸，并告诉她，我决定参加高考。

致华沉默好长时间，最终，她还是反对我报考大学。她认为报纸上只是说得好听而已。即使政审真像报纸上说的一样，也很难想象反革命家庭出身的人，可以上大学。万一政审还是不能过关，与其再受一次打击，还不如放弃。另外，她已经有了五个月的身孕，如果我去外地上学，刚走上正轨的这个家，可能又被完全打乱。她要养育孩子，又要照顾婆婆，上有老，下有小，这担子全压在她一个人身上，确实让她累得够呛。

我仍在亢奋之中，她的话全然听不进去。

我告诉她，这是全家转变命运的唯一机会，万万不能让这样的机会溜走，否则我们将后悔一辈子。无论有多大困难，都要克服。我们必须一试，在这样的机会到来的时候，不能有丝毫的犹豫。

王致华靠着路旁的电线杆子，低着头半天没说话。好一会儿，她抬起头看着我，终于点了点头。她感到此时的杜厦，又进入到任何人都无法说服的那种状态了。于是，她放弃了争论，顺从地对我说："如果你已下定决心，那我就全力支持你，有什么困难，我们一起克服。"听完这话，我发自内心地感激她，紧紧地攥着她的双手，泪水在眼眶里打转。

我在风中站了很久，憧憬着进入大学校门，给我们一生可能带来的种种改变。我知道，前半生的悲惨命运，可能到了彻底改变的时候了。

妈妈也坚决支持我的决定。

10月26日，我把报考申请表交到了厂部办公室。按照上级的统一要求，厂部把我的申请表连同档案材料，寄给了黑龙江省招生办公室。

大约两个星期后，厂部办公室让我去取通知。

我拿到了黑龙江省招生办的通知：

政审不合格，不准报考。

我呆呆地看着这份通知，半天说不出一句话来。发回来的政审结论，封在黑龙江省招生办的档案袋里。那个档案袋的封面，醒目地盖着一个"③"字的红色大印。估计我的政审结论，被确定为第三类。看来王致华的估计是对的，重新开始的高考政审，也许比"文革"及之前的时代要宽松一些，但我这个反革命家庭出身的"第三类人"，还是不会被这个社会接纳。这血红色的"③"字，像是烙在我脸上的耻辱印记。

被剥夺了高考权利，是那几年让我最沮丧的一次经历，心里痛得无以复加。尽管我早已不会为这样的事情哭泣，但在内心深处，我何尝不想痛哭一场！我真的不知道，随着那撕心裂肺的痛苦，从心里喷涌出来的到底是热泪，还是鲜血。

重新燃起的人生希望，又被无情地扑灭。

下班我不想回家，不想把自己心头的沮丧和痛苦带给致华和妈妈。我推着车，在佳木斯街头凛冽的寒风中，步行了将近三小时。我真想扯开嗓子，对着这空旷的城市呐喊。此时的我，感觉自己像一头掉入陷阱的狮子，受尽屈辱又万分不甘。

回到家里，妈妈和致华都想安慰我。但三小时的冷风已经把我吹醒。我不能被这种打击击倒。骨子里永不低头的倔强，被这个"政审不合格"的通知彻底点燃。已经刻意收敛了两年多的烈火般斗志，又在那天晚上重新燃烧起来。我两眼好像烧得通红，浑身发烫。我绝不会认输，那不是我的性格，必须找到起死回生的路。

此时，全国都已经知道，"不看出身，只看表现"的政审原则，是邓小平亲自确立的。我决定给他领导下的国家招生办写一封信，陈述我的遭遇，争取最后翻盘的机会。

信的原文已经不记得了，大意如下：

亲爱的邓副总理并招生办负责同志：

我是黑龙江省佳木斯市一个普通考生。一九六八年于北京高中毕业。自我觉得，我能够充分满足您们提出的"政治历史清楚，热爱社会主义，热爱劳动，遵守纪律，决心为革命学习"的基本条件。但是我的报考申请，被黑龙江省招生办以"政审不合格"打回。原因就是我父亲曾是国民党高官，他和傅作义先生一起，参与了北平的和平解放。我觉得黑龙江省招生办的这个政审结论，不符合您们提出的政审原则。

我有充分的信心，能够在这场"择优录取"的考试中胜出。我希望能够按照您们提出的两条标准参加此次高考。今后，以优异的学习成绩和专业本领，报效国家，报效祖国的四化建设。

希望得到您们的关注、支持和帮助！

黑龙江省佳木斯市建材机械厂工人

杜厦

此时已是 11 月 10 日，黑龙江省高考初试将于 11 月 19 日、20 日两天举行，初试无论如何我是赶不上了。但黑龙江省 1977 年的高考，分初试、复试两次考试，这也许能给我留下最后一线希望。

反正死马当作活马医，我期待着奇迹发生。

12 月 15 日上午，厂部办公室叫我来一趟。我感觉有什么事情要发生，飞快地跑向厂部。厂办小马交给我一封信。信封下款印着猩红色的大字：黑龙江省招生办。

信中附着国务院招生办给我的一封回信：

杜厦同志：

　　您给我们的信件已经收到。我们认为，您可以参加今年国家高等院校的招生考试。我们已经责成黑龙江省招生办具体落实此事。接到通知以后，请您立即凭黑龙江省招生办的通知，迅速办理报名手续，直接参加复试为盼。

国务院招生办公室
一九七七年十二月四日

　　收到黑龙江省招生办转发的这份国务院招生办批复，距黑龙江省高考复试，还剩九天时间。

　　死马真的被医活了！奇迹确实发生了！

　　我很清楚，没有邓小平和他所制定的 1977 年招生政策和标准，我是不可能获得 1977 年大学招生的考试资格的。为此，我一辈子感激邓小平给了我这次考试的机会。更因此而认定，他是我这一生中最大的恩人。正是这一政策，根本性地改变了我的一生。也是这一政策，第一次在这个国家，给了我真正的平等与尊严。在我的一生中，没有什么比这更珍贵的了。

　　二十年以后，九十三岁的邓小平逝世。1997 年 2 月 23 日晚上，我专程从外地赶到北京。那是一个格外寒冷的冬夜。次日凌晨四点，我冒着寒风，步行近二十华里，赶在戒严之前，来到 301 医院外的长安街上。上午十点，我站在路边的人群之中，含泪为心中这位给了我崭新一生的老人送行。我心里默默地悼念，愿他老人家一路走好！

　　1977 年 12 月 24 日、25 日两天，我顺利参加了高考复试。试题很简单，我觉得自己考得不错。然而，1978 年的春节都过完了，所有高校的录取通知书也都已经发放完毕，而我却始终没有收到让我望眼欲穿的那个消息。

图 7-3　1997 年 2 月 24 日清晨，我和十多万老百姓一起，为敬爱的邓小平送行。(左一为我本人)

　　一打听才知道，几乎所有高中老三届考生，都没接到录取通知书。据说是因为年龄偏大，均超过了三十岁的年龄限制。除极少数以外，大部分没有被录取。参加高考的老三届考生们，都怨声载道。

　　我热烈期盼的心，很快就又重回冰点。

　　已经是 1978 年 3 月初了，高考所带来的激情已经冷却。一天我正在车间上班，有人通知我接电话。我跑去传达室，电话听筒在传达室的窗台上已经静躺了很长时间。打电话的人自称是佳木斯市教师进修学院的。他告诉我说，我的高考成绩非常好，但黑龙江省规定，老三届考生只能在省内师范类院校录取，因此，他问我愿意不愿意来佳木斯市师专上学，如果愿意，他马上给我寄来《录取通知书》。

　　没有想到会是这样一个录取方式和这样一个录取结果，我有点蒙。

　　接着这位老师告诉我，如果我不想去上佳木斯师专，他将继续和其他老三届考生联系。

尽管心中对师专失望，但我能做其他选择吗？不能，无论是什么学校，我都准备去。我迫不及待需要一个新的机会和一个完全不同的生存空间。

我所经历的 1977 年高考，真可谓"一波三折"。但我还是成为中国历史上，最著名的那次高考的幸运儿，以二十九比一的历史性比例，考上了大学，成为全国十九万七七级大学生中的一员。

37. 柳暗花明又一村

1978年春节，致华已临近预产期，每天还挺着大肚子坚持上班。2月21日那天，佳木斯漫天大雪，气温降到零下二十摄氏度以下。上午十一点，致华从中医院打来电话，说反应强烈，估计今天就要临盆，让我马上送她去妇产医院。我急忙请假，赶到中医院。

我扶她坐在自行车后座上，小心翼翼地推着她，来到南岗的医学院附属妇产医院。

当天晚上，儿子顺利降生。那年是马年，儿子出生的那天，正是农历正月十五。从病房的窗户望下去，佳木斯被元宵节的灯光装点得色彩斑斓。不断闪烁的节日焰火，把漫天飘舞的鹅毛大雪映得五彩缤纷。儿子能在这个新时代降生，真是他的福气，也是我们全家的福气。

说来也巧，儿子出生后没几天，我就接到了佳木斯师专的录取电话，从此，我就成了一名大学生。儿子的降生，不仅使我升格为父亲，还使我的人生，从"山重水复疑无路"的绝境，跳到了"柳暗花明又一村"的新天地。

因此，我和妈妈、致华共同商定，给儿子起名为"杜宇村"，以纪念他给我们全家带来了"柳暗花明又一村"。

在佳木斯考上大学的"老三届"高中毕业生，录取的都是这种"戴帽"师专。由于这些学校都是首次招收大学生，无论师资、教室、宿舍、食堂和体育运动场地，都够不上办正规大学的条件。佳木斯师专筹备了近一个多月，勉强具备了开学条件。我们3月下旬才得到通知，4月10

日到学校报到。

开学后才知道，我们班一共有三十八名学生，百分之九十是在这次高考中，分数名列前茅的"老三届"高中毕业生。

入学不到两个月，冯群来了封很长的信。1978 年 5 月 5 日，他参加了"文革"结束后全国首次研究生统一考试。最终，他被中国科学院物理研究所录取，成为著名物理学家潘孝硕的研究生。

冯群考取研究生，不仅摘掉了工农兵大学生的"帽子"，还和他的未婚妻奚卫到了同一个单位。这对于冯群来说，真可谓"一石三鸟"。他的人生，由此也发生了重大改变。

冯群考研成功对我刺激很大。我们俩都是知识分子家庭出身，家长都是留学生，从小耳濡目染，都有良好的学习习惯。"文革"以前，尽管我们都是各自班级里的学霸，但我已经读了高一，而冯群却只读到初二。从这点上说，我比他更具优势。冯群可以做到的，我一定也可以做到。

我下定决心，也要去考研究生，而且要考上名牌大学的研究生。我要全力以赴，为自己的人生开拓更为广阔的前景。

1980 年 4 月，全国研究生考试目录下发。斟酌再三，我决定报考南京大学数量经济学专业。这是个跨学科专业，要求考生必须具备较好的高等数学基础。而且是高等数学、高等代数、概率论与数理统计三门高等数学科目，放在同一张试卷里考。这对学经济学的考生来说，是个很难克服的障碍。反过来讲，面对政治经济学、工业经济学两门经济学科考试，从数学系跨界过来的考生，也非常难考。而我在数学、经济学两方面，都有着不错的基础。我甚至觉得，南京大学数量经济学专业好像是专门为我设立的。综合来看，面对这种跨学科考试，我有一定优势。

我向省招生办提交了报考研究生的申请，没过多久就获得了《准考证》。这次研究生考试，完全取消了政审环节，使我感到从未有过的轻松。

此时距全国研究生统考还有四十天时间。我把妈妈请到里屋，让她和致华、孩子住在一起。我把自己关在妈妈的小卧室里，从早晨四五点钟开始，一直到晚上十二点，除了吃饭和上厕所，整整四十天，我没离开过那间小屋。

1980年5月末，我来到省城哈尔滨参加考试。考试一共进行了三天，秩序井然，我自己也觉得发挥得不错。考试后，心情相当舒畅。

两个月过去了，已进入暑假，我还没有得到南京大学的消息，心中七上八下。我写信给刚调到南京的同学于虹，请她找人打听一下我的考试成绩。很快，于虹就把调查结果反馈给了我："已经打听清楚，你的考试成绩，在整个南京大学名列前茅！"我心中大喜，于是耐下心来，继续等待南京大学的研究生录取通知书。

时间一天天过去，录取通知书还是迟迟不来。直到9月1日全国高校都已开学，我还是没有收到南京大学的任何消息。那时的我，坐卧不宁，那颗燥热的心又无处安放。1980年9月19日，全国高校已经开学近二十天，我终于收到了那份姗姗来迟的南京大学研究生录取通知书。

9月24日，在开学三周以后，我来到南京大学经济系报到。

报到以后，终于清楚了学校迟迟未发录取通知书的原因。我的研究生录取过程，竟然又发生了一段曲折跌宕的奇特故事。

那一年的研究生考试，我创造了一个奇迹。在全国报考南京大学所有专业的几千名考生中，我以总分403分摘得全校考研总成绩第一名。其中三门专业课的成绩，平均达到了86分，这在研究生考试中是难得的高分。这让我自豪了好多年。

尽管我考了全校第一名，南京大学却没录取我。原因只有一个：杜厦没读过四年本科，也没有大学本科的同等学力。南京大学研究生招生简章写得很清楚，报考南京大学研究生，需具备"大学本科学历"或"同等学力"。而我只读了两年师专，不符合规定，不录取我，有他们的道理。

因为不具备"同等学力"而不录取我，实际意味着我不具备南京大学研究生的学习资格。但让人想不通的是，研究生考试的目的，不正是为了辨别出考生是否具备研究生的学习资格吗？如果考试成绩不能成为录取的标准，那么考试还有什么意义呢？

开始，听到报考自己的考生是全校的考试状元，导师吴可杰教授兴奋不已，他觉得自己运气不错。

这是吴先生第一次招收研究生。此时的吴先生踌躇满志，当然希望这个"状元"能够尽快来到自己的身边。

当知道自己的考生尽管考了全校第一，但还是未被录取，吴先生发了脾气。他决定尽全力去争取。吴先生先后找了经济系领导、学校研究生招生办和校学术委员会。最后，吴先生索性直接找了南京大学校长匡亚明先生。匡校长坚定地支持吴先生，他亲自给江苏省领导打电话，随后，南京大学招生办按照匡校长的指示，直接给江苏省委和教育部打了报告，要求批准破格录取杜厦。

时间巧得不能再巧。此时哈尔滨工业大学两件有关破格录取的申请也从黑龙江省委报到了教育部。

"文革"中从清华大学无线电系毕业的孙毓星和从北京航空学院毕业的井冈山（后改名井然），一同报考了哈尔滨工业大学研究生。孙毓星考了哈尔滨工业大学全校第一名，井然考了经济管理专业第一名。但由于孙、井二人在"文革"中都是活跃分子，在政治结论上，均留有瑕疵，因此两人都被哈尔滨工业大学拒之门外。

对此感到不公的热心人，将此事辗转反映给中纪委第一副书记王鹤寿，王鹤寿在一次会议上，直接向中共中央总书记胡耀邦作了汇报。胡耀邦了解情况以后，果断批示：

人才难得，既往不咎，研究生要上，必要时见《人民日报》。

胡耀邦

在胡耀邦的亲自过问下，孙毓星、井然双双被哈尔滨工业大学重新录取。作为同一届考生，虽然我未被录取的原因与他俩不同，但我也得益于胡耀邦"人才难得"的批示，才得以乾坤翻转，获得江苏省委和教育部特别批准，被南京大学破格录取。

当然，我的研究生录取资格能失而复得，完全是导师吴可杰先生执意坚持的结果。如果没有吴先生多方奔走，我的"不录取通知书"一旦发出，这就会成为死案。没有吴先生的努力，就没有我上南京大学研究生的可能。那样，我后半生的历史，就可能是完全不同的另外一个版本了。

吴先生是我这一辈子除邓小平之外的第二个大恩人，我一生对他感恩不尽！

图7-4　南京大学经济系正式招收的第一届研究生。左起：沈晗耀、洪银兴、我、郭师勤。

图 7-5　我和恩师吴可杰教授、学弟连成平，在南京大学小黄楼前合影。

38. 恩师吴可杰

到南京大学报到正值初秋时节，南京城到处还是一片遮天蔽日的翠绿，处处梧桐摇曳，点点枫叶微红。南京大学校园在市中心的汉口路两侧，是南京一处最具风情的所在。

我到经济系报到后，来不及欣赏校园美景，马上找到吴可杰教授在学校的宿舍，拜见这位未曾谋面的恩师。

见到吴先生的情形，我至今难忘。

他坐在写字台前，并没有回头看我，显然是在生我的气。他背对着我说："怎么这么晚才来报到？"他语速很慢，声音不高，但话语里充斥着不满和指责。

吴先生确实有不高兴的理由。这个研究生录取机会是他跑上跑下，倾尽全力才争取来的。而这个杜厦，却晚了将近一个月才来报到。这种懒散且不负责任的态度，吴先生自然无法容忍。

南京本来就闷热难耐，听了吴先生这番指责，我更是吓得满头大汗。

"吴先生，我是9月19日才收到录取通知书的。收到后，在佳木斯只准备了一天，21日一早就出发了。途中还需要在北京转车，今天下午才刚刚赶到这里。"

对着吴先生的后背，我连忙解释。

"19日你才接到录取通知书？"吴先生颇为惊讶。说完这句话，他才转过头来。

"哎呀，那可就错怪你了。我还以为你早就收到录取通知书，漫不经心，拖着不来呢。"这时，吴先生脸上才绽出笑容。

尽管已是初秋，南京还是热得出奇。吴先生竟然光着膀子，肩上披着一条湿毛巾，裤腿卷到膝盖，双脚插在一个盛满凉水的木盆里。即便如此，吴先生还是满身大汗。

光着上身的吴先生，几乎是坐在一个书山里。写字桌上层层叠叠，摆了二三百本书，堆出了一个类似"窑洞"的拱形书山。那些堆得很高的书，看上去随时可能坍塌下来。这书山里的每一本书，都插满了各种颜色的纸条，看上去让人眼花缭乱。

这是我这辈子第一次见到这样的书桌，也是第一次见识这样的读书场景。当然也是第一次见识一位德高望重，名满全国的著名教授，是用怎样的态度去写作和从事研究工作。

这次与吴先生初见的情景，深深烙在了我的脑海里。从此以后，无论读书、做事、研究、写文章，我始终极度认真和一丝不苟，这习惯完全来源于吴先生给我上的这一课。

有了这一课，这趟研究生就没白学。

吴先生身材瘦小。但当他转过身来时，我惊讶地发现，他竟和当时的中共中央总书记胡耀邦，长得极像。无论个头、身材和长相，如孪生兄弟一般。

我们一直聊到掌灯时分，吴先生聊兴不减，"我请你吃饭，咱们接着聊。"

吴先生穿好衣服，带我来到珠江路上一个饺子馆，要了两盘饺子，"你们北方人爱吃饺子，今天咱们边吃饺子，边聊天。"

他一边说着，一边找老板要了一头大蒜。他把剥干净的蒜瓣递给我，"给你，知道你们北方人爱吃大蒜。"

接过刚刚剥好的大蒜，我鼻子一酸，想好好地哭一场。从吴先生这里，我想起了自己的一生，也想起了自己从未谋面的父亲……

吴可杰教授一生坎坷。他早年从金陵大学经济系毕业后，由于英语出色，被国民政府派去昆明，做了援华美国空军的翻译。这段本该十分光荣的经历，竟使得他成为有严重历史问题的人而不被重用。1952年院系调整时，吴先生被调到上海同济大学，成为一名图书馆管理员。他在同济大学图书馆一直工作到"文革"结束。

在同济大学做图书管理员期间，吴先生没有停止他的学术研究，在中国的统计学界，吴先生的研究成果颇受重视和尊重。

1978年南京大学重建经济系，吴先生被请回南京大学，是全校仅有的五位校学术委员会成员之一，成为南京大学经济系的招牌教授。在吴先生的支持下，一入校我就提出了外语免修申请，我希望把主要的学习精力都放到专业课上去。不过，一个研究生，刚进校就要求外语免修，不仅胆子太大，而且离经叛道。南京大学第一次有研究生提出外语免修申请。尽管校方不是太舒服，但没理由拒绝我的要求，于是决定让外语系专门给我设计一场特殊考试。

运气不错，我成功通过了外语系的免修资格考试，其中口试环节，我还获得了考试教授的好评。他们还推荐我给早稻田大学青木茂男教授访华做全程陪同，教育部国际交流司接受了这一建议，并正式发文。

我是南京大学第一个获得外语免修待遇的研究生。

有了外语免修待遇，就节约了大量时间。由于南京大学是实行学分制的大学，三年的研究生学制，我仅用了一年半，便修满了全部学分。接着，又用了半年时间，完成毕业论文，并顺利通过了硕士论文答辩。随后，我的毕业论文很快发表，并获得某全国性学术刊物的大奖。

1982年5月底，我以优异成绩从南京大学研究生毕业，取得硕士学位。我是南京大学历史上，第一个只用两年时间就修完了三年学制课程的研究生。我提前一年研究生毕业，有的同学开玩笑，说我是"破格"进的南京大学，也是"破格"出的南京大学。由于南京大学对我的宽容与厚爱，我开始了完全不一样的人生。

图 7-6　硕士论文答辩现场。左一为吴可杰教授，左二为李泊溪教授。

图 7-7　1982 年南京大学 80 周年校庆，我被校庆委员会指定，作研究生毕业论文演讲。

图 7-8 我是南京大学经济系第一个毕业的研究生。此为经济系教授和研究生为我送行时的合影。

八、激情燃烧的八十年代

39. 迟到的正义

1982年5月份，我在学校等待论文答辩，沈晗耀跑来图书馆找我，说来了位外地客人，现正在宿舍里等着我。我纳闷，会是什么人跑到南京来找我呢？

我赶紧回到宿舍，见到了这位素不相识的客人。

来找我的人是南开大学人事处处长，名叫王雪之。他此行很神秘，既没通知南京大学校方，也没和经济系打招呼，而是径直找到了我的宿舍。

王雪之老师开门见山，他奉南开大学校长滕维藻教授的委托，邀请我毕业之后去南开大学任教。他态度极诚恳，说滕校长让他转告，有什么要求可直接告诉他，南开大学一定创造条件，使你能够安心地在南开大学从事教学和科研工作。这使我受宠若惊。

当时我已收到日本早稻田大学的邀请，给我一年时间去早稻田大学做访问学者，所有费用由早稻田大学承担。这既是青木茂男教授对我陪同他完成访华行程的感谢，又是希望他和我之间，建立起长久学术联系的表示。

于是，我直来直去地向雪之老师提出了三个要求：

1. 到南开大学报到后，允许我先到早稻田大学做一年访问学者，之后再回南开大学任教；

2. 一年之内，把我妻子及全家，从佳木斯调回天津，以解决我们的两地生活问题；

3. 一年之内，分给我一套住房，我们祖孙三代总得有个住处，这是我们最大的困难。

雪之老师代表学校，一口答应了我这三点要求。于是，我和南开大学达成了毕业去向的口头协议。

毕业分配的结果出乎预料，国家统计局抢先从南京大学获得了我的分配指标。

9月初，我来到国家统计局。国家统计局徐刚副局长亲自接见了我。

徐刚副局长非常热情，他告诉我："我们把你搞来，是想以你为主，组建国民经济平衡司。我们希望今后国民经济计划的制定，有更多数量经济的分析依据，也希望通过使用投入产出的数学模型，对国家计划的平衡性，作出有水准的分析。"

我清楚他们希望我来的原因。我是全国首个数量经济专业毕业的研究生。如果我来国家统计局工作，而工作成绩又能得到领导认可的话，用不了多长时间，我将有很大机会走上重要岗位。我相信这是国家统计局对我的期待。

徐副局长对我在国家统计局工作前景的描绘，确实诱人。但这绝不应该是我的职业选择。我不能当官，尤其不能在一个中央机关里当官。我十分清楚我的身份，我不是一名共产党员，而且可能永远成为不了一名党员。我的家庭出身决定，我不适合涉及国家机密的工作，而国家统计局恰恰就是这样一个地方。

我开诚布公地告诉徐刚副局长，我并不适合来国家统计局工作的原因。除了"非共产党员""家庭出身"等政治原因外，我的学术追求、出国留学的愿望、个人的性格特点，都使得我不适合在国家统计局工作。我请求他能够理解我的想法，并希望他能帮个忙，把我的毕业分配指标，重新退回南京大学。

徐刚副局长到底是知识分子出身，他非常尊重我的想法，亲自带我到人事司，当面指示司里给我办理了"退回重新分配"的手续。

1982年10月4日，我来到南开大学报到。

尽管经济系、管理系和经济研究所都要求把我分到他们那去，但滕校长兼任经济研究所所长，于是"近水楼台先得月"，学校还是把我分配给了经济研究所。我在南开大学的执教生涯，就从这间著名的经济研究所开始了。

南开大学很快落实了王雪之处长和我的三项口头约定。

1982年年底，南开大学付出巨大努力，以天津市政府"引进尖端人才"的名义，为我申请了特殊进津户口指标。王致华得以从佳木斯中医院直接调到南开大学校医院工作，妈妈和杜宇村的户口，也一同迁进天津。

几个月后，南开大学进行了专门针对中青年教师的首次住房分配。在七十三位待分房的中青年教师中，我被排在第一名。在"挂牌"分房那天，致华代表我第一个摘牌，在所有人羡慕的目光中，拿到了属于我们的住房。

去早稻田大学做访问学者的事我主动放弃了。中国的改革开放正如火如荼地进行，在这样的历史时刻，耗费一年时间去日本做访问学者，不是件太聪明的事。思考再三，我给青木茂男教授去信，婉言谢绝了他的好意。

于是，仅用半年时间，南开大学对我的三项承诺都已兑现。

1983年初春，致华及全家搬到天津。王致华开始在校医院中医科上班，杜宇村也进了南开大学幼儿园。妈妈和致华都属于荣归故里，自然高兴得不得了。我们还住进了刚刚分下来的新房子，全家可谓喜事连连，一切都让人满意。

一天，经研所魏克勤书记让我到所里去一趟。

我走进党总支办公室的时候，魏书记正在和两位客人聊天，见我进来，两位客人马上站起来，先后过来和我握手。

"杜厦同志吧？"两位客人显得十分热情。

"是。"面对这两位陌生的客人，我有些丈二和尚摸不着头脑。

图 8-1　1982 年，南开大学校长滕维藻教授把我招到南开大学。左起：李罗力、我、滕维藻校长。

"我们是国务院起义人员落实政策办公室的，是专程来给您落实政策的。"

听说是给我落实政策，我更加如堕五里雾中，不知所措。

"坐下说。"两位客人反客为主，请我坐下。

"经过调查核实，您父亲赵怀麟于 1948 年参加了北平和平解放。从现在的政策和历史真实性上看，他都应该算作起义人员，而不是所谓的历史反革命。国务院有规定，从参加北平和平解放那天起，他就应该算作革命干部。今天，我们代表国务院起义办，专程来向您宣布这些'改正'，并代表国家，当面向您道歉。希望以此纠正过去三十五年的错误，改正赵怀麟同志和他的子女，这么多年所遭受的不公正待遇。"两位国务院起义办的同志，略微有些激动，但却说得铿锵有力。

我静静地听着他们继续讲下去。

"国务院起义办决定，从 1949 年 1 月 1 日起，给您父亲补发全部工资。其中也包括您和您姐姐应该获得的那部分。我们会按规定，发放这笔钱给您。除此之外，您还有什么其他要求，也都可以提出来，我们将尽最大努力给予解决。"两位国务院起义办的干部说到这里，大大地喘了口粗气。

确实，无论是谁，面对受害者本人说出这番话，都不是一件轻松的事。毕竟在人的一生中，能有几个三十五年？

跟了我三十多年的反革命家庭出身，终于在此刻得以改变。"历史反革命""中统特务"，这些跟了我半辈子的耻辱，于此时才算洗刷干净。

听过这些宣布，我也呆呆地坐着，不知道应该说些什么，但心里却翻江倒海。几十年的遭遇一下涌上心头。

自从 1966 年，在文津街见到那位白衣天使以后，我就坚定地认为，和任何人一样，我有着与生俱来的平等权利和人格。自始至终，我都没在疯狂的血统论面前低头，这是可以告慰我那位苦命父亲的话。

我拒绝了国务院起义办的建议，没有接受他们打算给我的那笔钱。我真的不知道，那应该算是笔什么钱？反正我觉得那笔钱，浸满了我们一家的血泪历史。

经研所魏书记和南开大学党委人员，当着我和国务院起义办干部的面，清理了我的档案。历史冰河上那厚重的冰层，在呼啸而过的春风面前，还是迅速地崩裂和

图 8-2 1983 年，父亲平反后来天津看我和姐姐，这是我三十三年来第一次见到自己的父亲。

消融了。在冰层下面的黑暗里，被苦苦压抑了整整一冬天的清清河水，终见天日。它们狂涌而出，不可阻挡。这喷涌而出的激流，迅速汇成汹涌澎湃的大潮，向着下游奔腾而去，喷薄出一片无比灿烂的春天。

40. 给天津惹了大祸

不到半年时间，南开大学兑现了三项承诺，解决了我面临的所有困难。尤其是把王致华和我们全家人从佳木斯调回天津，这可不是件简单事，我心里感激不尽。"士为知己者死"，我决心好好干上一番，以报答滕校长和南开大学的知遇之恩。

一到南开大学经济研究所，我就给所里研究生开设了《数量经济学》课程，还亲手组建了计算机中心，使全所科研人员和研究生都有了随时可用的计算机系统。接着，应经济系要求，我也给他们的本科生开设了《数量经济学》课程。在从事教学工作的同时，我还开始了诸多改革开放理论的研究工作。

从 1982 年到 1986 年的五年里，我所完成的教学和科研工作量，每年都保持在学校核定工作量的五倍以上。并且连续三年获得南开大学"先进工作者"称号，我在教学和科研工作中如鱼得水，干劲十足。

1983 年 4 月，谷书堂教授接替滕校长，成为南开经研所的新任所长。他让我去趟国务院经济研究中心，说李泊溪教授有一项重要的国务院研究项目，指名叫我参加。我马上坐火车到北京，去国务院见了李泊溪教授。

我和李教授并不陌生。半年前她曾受邀，担任过我硕士论文的答辩老师。她也是吴可杰教授在学术上的同道。那时，她在国务院经济研究中心担任常务干事，并兼任发展预测部部长。二十世纪八十年代初，李泊溪教授是我国为数不多的产业发展政策专家之一。

一见到我，泊溪教授很高兴。她说："杜厦，我对你那篇《关于我国自行车产业调整及布局》的硕士论文印象深刻。你从实际出发的研究思路，有效使用数据的能力，对国家产业政策的理解，以及运用数学模型，去研究国民经济问题的客观效果，都让人觉得，你已经有能力驾驭大型的可行性研究项目了。"对于李教授这么高的评价，我诚惶诚恐，夹杂着些得意。

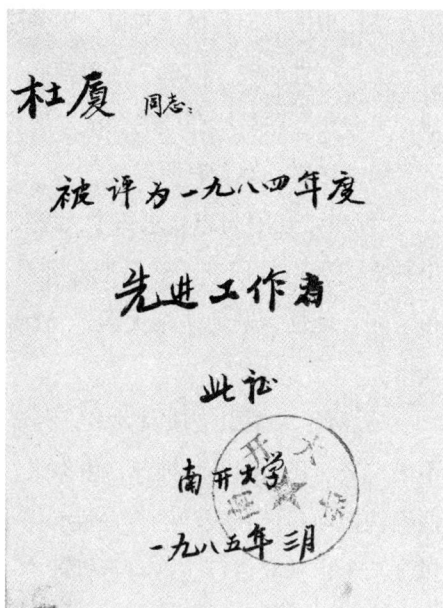

图 8-3　到了南开大学经济研究所，我连续三年被评为南开大学先进工作者。

伯溪教授把案头上一份可行性研究报告推到我面前，拿起一看，吓了我一大跳：

《关于在天津投资建设 75 万吨乙烯工程的可行性研究报告》

——天津市计划委员会

伯溪教授走到我的椅子旁，笑了笑：

"这是天津市政府刚刚上报给国务院的可行性研究报告。"接着，泊溪教授详细介绍了该项目出台的背景。

"近期，国家要投资上百亿元，建设一座超大型乙烯工程，以解决我国大规模进口乙烯原料的被动局面。现在全国一共有十二个省市，向国务院申请这个项目，天津排在第一位。主要原因是，天津有现成的港口，附近又有渤海油田，而且上下游基础配套能力强，这些都是其他省市无法比拟的。但为慎重起见，国务院还是希望经济研究中心再独立进行一次可行性研究。以确定项目到底放在哪里才更有利于国家的长远利益，更有利于项目所在地的经济发展。"

说到这里，她若有所思。

"现在，紫阳同志要求每个大型引进项目，都要由经济研究中心作出独立的可行性研究。然后把研究结果直接上报国务院，以增强项目布局的合理性，避免决策失误。"泊溪教授把背景讲得高屋建瓴，深入浅出。

"近两年大型引进项目太多，经济研究中心忙得一塌糊涂，根本抽不出人来。我向国务院推荐，由你来做这个乙烯项目的可行性研究，以便确认把项目放在天津的合理性。不过，你要本着对国家负责的精神，抛开杂念，独立进行这次可行性研究。完成后，不要征求任何人意见，直接把研究报告报到国务院经济研究中心来。"

想也没想过，刚毕业半年，我这个籍籍无名的新兵，能够得到这么重大的研究课题，心里多少有些激动。我掂得出这份信任的分量，决心投入全部精力，以客观、科学的态度，给国务院及伯溪教授一份有真知灼见的可行性研究报告。

接下来的一个月，我放下其他工作，全力投入乙烯项目的论证中去，先后去了化工部资料室、国家计委、国家图书馆、国家大型成套设备引进办公室、天津市计委长远处、北京化工学院等十余个相关部门；查阅了上百万字的资料，研究了大量的上下游配套产业文件；还查阅了美国、日本、沙特阿拉伯、科威特、韩国等乙烯生产强国的许多资料。

研究过这些浩如烟海的资料后，我清晰地了解了大型乙烯项目建设的客观条件，也清楚了建设大型乙烯项目对所在地产生的诸多影响。

不到一个月，我的《关于在天津建设 75 万吨乙烯工程的再分析》撰写完成。我没征求任何人意见，直接把报告送到了国务院经济研究中心。

由于充分研究了国内外乙烯工业的历史和现状，引用了大量乙烯工业的最新数据，我相信这份报告是经得起任何推敲和挑战的。

不过，这份报告的结论却令人始料不及。我的研究结论是：75 万吨大型乙烯项目，不应该放在天津！

于是，这份报告不可避免地引起了一场轩然大波。

41. 初识李瑞环

李泊溪怎么也没想到，我的研究会是这样一个结果。按照当时中国学术界的潜规则，凡涉及现实问题的研究报告，无论如何也要考虑到政府的面子。话要说得尽可能婉转，结论不能太过直接，即使有反对意见，也最好用协商式的语言提出，而不能直抒己见。

她明显对我这个研究结果准备不足，于是又把我叫到北京，希望当面听我解释。

泊溪教授是地道的天津人。中学在天津一中毕业，大学上的是天津大学化工系，她对天津感情很深。从内心讲，泊溪教授肯定希望项目能够落在天津。

但我的研究报告立论清楚，逻辑严谨，研究方法得当，而且数据基础相当坚实。最后泊溪教授承认，报告的最后结论确实无法反驳。

国务院经济研究中心迅速把我的研究报告上报给了国务院领导和国家计委相关部门。

这个报告的结论迅速传到了天津市政府。就任天津市市长不到一年的李瑞环，刚刚领导完成了引滦入津工程，使天津人民几十年喝咸水的日子一去不返。引滦入津工程的成功，也使天津工业用水严重缺乏的状况得到根本改善。这都为天津经济再度腾飞创造了最关键的物质条件。瑞环市长此时踌躇满志。积极引进"75万吨乙烯工程"，正是他要迅速振兴天津经济的重大举措之一。

改革开放初期，各级政府研究机构所撰写的可行性研究报告，几乎都是以向国家争取项目为目的。因此，这类报告大多以秉承地方领导人的意愿为宗旨。领导想干的事，可行性研究报告一定会得出可行的结论。这类研究，一般会把本地区优势无限放大，把劣势尽量缩小。至于一旦凭这样的可行性研究报告抢下了国家项目，是否真的对国家整体有利，真的对地方长远发展有利，就很少再有人过问了。

天津市报给国务院的《关于在天津投资建设 75 万吨乙烯工程的可行性研究报告》，就是一份这样的报告。研究这个项目时，我曾专程去拜访了天津计委长远处处长王爱媛女士，这份可行性研究报告就是她主持撰写的。我真切地感到，他们对"75 万吨乙烯工程"项目的大量专业知识不了解，更缺乏数据支撑。这份报告和全国各地为抢项目而作的那些可研报告没有多大区别。

我相信精明的李瑞环市长也完全清楚，天津市的可行性研究报告就是一个抢国家投资项目的报告。从他的角度，当然希望尽可能地为天津争取更多的国家项目，使天津经济迅速起飞。

这次有人毁了他的乙烯项目，他一定气不打一处来。不仅如此，如果听说撰写报告的人就在南开大学，不但不给自己的城市说好话，反而把天津到手的项目"搅黄"，瑞环市长肯定认为，这家伙端着"天津碗"，吃着"天津饭"，却砸着"天津锅"！

把这份再分析报告送到国务院的十天以后，我被紧急通知，到经济系主任魏埙教授的办公室去一趟，说是天津市政府的两位领导来到学校，要专门找杜厦聊聊。

我赶紧跑到经济系魏埙教授办公室。

市政府派来和我"聊聊"的，是两位青年干部。一位是天津市委办公厅副主任李建国，一位是刚刚升为天津市委政策研究室工业调查处处长的张炜。

这是我与这两位让人尊敬的年轻官员的第一次相识。

那天一见面，李建国和张炜就表示，他们是受瑞环市长的委托，来和我专门讨论乙烯项目的。听说我刚刚为国务院写了一份再分析报告，结论是"75万吨乙烯工程"不能放在天津。市长希望了解得出这一结论的依据。细听这话，好像我面临着一场和市长的直接交锋，如果不能有效地说服这两位"钦差大臣"，他们就会代表市长向我开战。因此我丝毫不能马虎，就把他俩当成市长本人，把我的详细分析和研究结论向他们作一个极具说服力的汇报。

我用了两小时的时间，引经据典，拿出大量数据，甚至连这些数据的出处也说得清清楚楚，丝毫没有马虎。令我意外的是，他们不但没有和我开战，反而认真且谦虚，不时地提出疑问，我也一一给予解答。整个沟通的过程中，他们没有以势压人，我的心情越来越舒畅。

那天的有效沟通证明，李建国和张炜的确是尊重科学、尊重事实、尊重知识的好官员。从他们的态度可以揣测，李瑞环市长，大概也崇尚这样的风格。

我把"75万吨乙烯工程"不能建在天津的理由总的归纳为以下几个方面：

一、乙烯项目需要大量淡水。尽管有了引滦入津工程，但天津淡水资源仍然严重不足，绝对支持不了"75万吨乙烯工程"这样超级耗水的项目。

二、"75万吨乙烯工程"项目加上天津已经上马的各个新项目，需要新增二百六十万吨至二百八十万吨的年煤炭供应量。而天津周边铁路的终极运量，也只不过三百多万吨。天津根本无法满足"75万吨乙烯工程"项目的煤炭需求。

三、原油是乙烯的主要原料。天津计委的可行性研究报告认为，渤海油田毗邻天津，乙烯项目的原料供应应该不成问题。其实，渤海原油根本无法在天津上岸，而新建原油码头和新建海上输油管道，都耗资巨大且缺乏效益评估。

四、天津现有的工业体系，不足以为乙烯项目配套。天津的纤维、纺织、服装等工业，都是四五十年代的工业，完全不能成为现代化乙烯产品的配套产业群。

五、天津乙烯项目产品的单位成本，将可能是全世界同类产品中最高的。价格上毫无竞争优势。质量上也无法和日本、韩国，尤其是沙特阿拉伯和科威特的乙烯产品竞争。

以上所有各点，都是对现存的海量数据做了大量科学分析后，得出的结论。对这些大量数据所做的计算和分析，也都是有科学依据的。

以上所有观点，逻辑严密，论证有力，难以辩驳。

李建国和张炜，显然被我的观点说服。他们当场就明确表态，支持我的观点，这使我感到非常惊讶。本以为双方会激烈地大辩一场，结果没发生任何交火，我们就达成了一致。

他们对我的专业能力大加赞赏，表示回去后，立即向李瑞环市长当面汇报。

一个星期以后，我被叫到李瑞环市长办公室。

据说瑞环市长听了李建国和张炜的汇报以后，不但没有生气，反而兴趣大增。他表示，要亲自见一见这位把乙烯项目"搅黄"的年轻学者。想必是李建国和张炜在瑞环市长面前把我的学识和研究态度，大大地夸奖了一番。

瑞环市长对这次长聊直说收获很大。他非常兴奋，立即叫来秘书赵友华，要求他安排，以后每个星期都要抽空和我见上一面。他要经常不断地和我海阔天空地聊经济问题，既增加他本人的经济学理论知识，又可以更多地了解青年学者的想法。

"75万吨乙烯工程"项目被我"搅黄"，瑞环市长不仅没有记恨我，还礼遇有加，这不能不使我对他既敬佩又感激。我也投桃报李，但凡瑞环市长让秘书约我见面，我都事先做一些准备，把一些当前天津的热点话题，及我们这些中青年经济学者的看法提出来，供他参考。当时的老一辈经济学家大多是五十年代由苏联经济理论培养出来的学者。他们基本还秉承计划经济的思维体系。他们的看法和建议，在改革开放的新课题面前，往往显得保守和不切实际。所以，李瑞环很看重中青年学者的思想和看法。我们受过西方现代经济学理论的影响，并努力地推动中国计划经济的转型。

瑞环市长思想活跃，视野很宽。我们也常常把一些全国性的改革开放中的问题纳入我们的讨论之中。当然，天津在全国对外开放中的地位和作用，还是瑞环市长最为关心的话题。在这方面，我给他提供了不少观点、数据和史料。从1983年夏天开始，我们之间的这种聊天尽管只持续了不到一年时间，次数也不算太多，但是对于他来说，我相信还是能得到一些新鲜观点和新视角的。

我们所有的聊天和讨论都是平等的。从这里，我也深切感受到中国新一代领导人的改革激情和改革雄心。我非常享受和瑞环市长的这些私下交流，这些交流也同样让我受益匪浅。

1984年年初，在我们每周聊天的基础上，市长亲自提名，由市政府批准，任命我兼任天津市对外经贸委研究室的第一副主任，主持天津市对外经贸方面的研究工作。

极为罕见的是，瑞环市长特别要求，把对我的任命决定，刊登在《天津日报》头版的显著位置，这是史无前例的。

从那时开始，我上午在南开大学授课，下午到外经贸委上班。更有意思的是，我可以合法地领到两份全职薪水。这一特殊待遇，是瑞环市长特别关照安排的。这是天津历史上仅有的一次，由市长亲自决定的双薪兼职任命。

42. 走向改革前沿

1978 年到 1987 年的十年间，是中国改革开放史上，最光彩夺目的十年。这十年中，一大批锐意改革的中央领导人，吸取了苏联经验的教训。而中国国民经济面临巨大挑战的现实，更让他们决心彻底放弃计划经济体系，寻找新的发展模式。

中国的发展道路在哪里？他们把头转向了西方，转向了世界最发达的经济体。他们希望从这些国家的发展经验中，找到适合中国发展的新道路。

在这样的背景下，一批熟悉西方经济理论，了解市场经济运作规律，又曾在底层真正体验过老百姓疾苦的新一代知识分子，逐渐走上了历史舞台。

二十世纪八十年代，闻名遐迩的北京"改革四君子"给中央写了一份研究报告。他们指出刚刚结束了"文革"的中国，不应再出现"大干快上"的"大跃进"，而应该慎重考虑如何应对新的国民经济危机。这份由翁永曦、王岐山、黄江南、朱嘉明四人署名的报告，引起中央领导的高度重视。很快国务院总理赵紫阳亲自听取他们的汇报，一起讨论了可能出现的经济危机，及应该采取的对策。

四个年轻人提出了以调整为中心，休养生息的危机对策。他们的建议对中央经济工作整体思路的影响巨大。随后召开的中央经济工作会议，正式引用了四个年轻人的"舍发展，求安定；缓改革，重调整"的十二字方针。次年的《人民日报》元旦社论，也首次提出了国民经济潜在危机的警告。这是中国政府第一次承认，社会主义社会也存在着经济危机。

二十世纪八十年代初期，以陈一谘为首的农村发展组，从农村的经济体制改革入手，也对中国的经济体制改革作出了重大的理论贡献。

1980 年年初，陈一谘到安徽农村深入调查"包产到户"，历时八十三天。调查得出了包产到户是中国农民伟大创造的新结论，受到了胡耀邦等中央领导的肯定。胡耀邦对陈一谘说："你在安徽的调查很好，你的意见对中央决策起了重大作用。"

1980 年 5 月 31 日，邓小平在《关于农村政策问题》的谈话中说："安徽肥西县绝大多数生产队，搞了包产到户，增产幅度很大。凤阳花鼓中唱的那个凤阳县，绝大多数生产队搞了大包干，也是一年翻身，改变面貌。"邓小平这里提到的安徽肥西、凤阳等县的包产到户经验，就是陈一谘和他的农村发展组的调查结果。

1981 年中央农村工作会议后，中央发了关于农村改革的第一个一号文件，肯定了联产承包责任制。

从此，在"改革四君子"和农村发展组的影响下，全国各省（区、市）一大批年轻经济理论工作者迅速进入当地领导人的视野。这些年轻人思想活跃，视野开阔，理论基础扎实，又敢于提出新思路，逐渐占领了全国经济改革的理论舞台，分别成为各级政府的智囊团。

天津也不例外。1982 年 10 月，我和李罗力、金岩石研究生毕业后，三人同一天到南开大学报到。在这之后，以我们为中心，初步形成了天津的研究社群。各种有关经济体制改革的理论研究工作蓬勃开展，对天津改革开放的政策研究也一下变得十分活跃。

由于黄江南和我曾是初中同班同学，从 1983 年开始，北京"改革四君子"与天津青年经济学家之间，建立了非常紧密的合作和交流关系。

图 8-4　莫干山会议对外开放组。左起：常修泽、金岩石、朱嘉明、我、郝一生、李罗力。

1984 年 9 月 3 日至 10 日，莫干山会议在浙江德清莫干山召开。大会一共一百二十四名正式代表。天津中青年经济学者群的核心人员李罗力、金岩石、常修泽、郝一生和我都参加了这次最具历史意义的重要会议。我们全部集中在对外开放组。朱嘉明不仅是大会的主要发起者，还是我们开放组的召集人。大会结束前，我作为对外开放组的代表，在全体大会上作了总结演讲。

莫干山会议得到了国家领导人的高度重视。赵紫阳总理的秘书李湘鲁、国务委员张劲夫的秘书孔丹都参加了会议。之后，大会七个组各选一名代表，下山向张劲夫作了当面汇报。我是下山向张劲夫汇报的七名代表之一。

莫干山会议已经过去了近四十年，但中国经济改革的历史上，不曾有哪次会议像莫干山会议那样，一想起来就让人热血沸腾，心潮澎湃。参加莫干山会议的每位学者，都把自己的命运和国家的改革事业紧紧地联系在一起。这些年轻的经济学家，对改革事业的无限激情，铸成了这次会议的诸多成果。

莫干山会议之所以在近四十年后仍让人津津乐道，最根本的一条，是那次会议是如此的干净，所有会议代表都能够畅所欲言。为国献策的家国情怀，对于真理的无尽追求，成为莫干山会议所有参加者的一种精神向往。平等和直言，成为那次会议最重要的标志。

有幸成为这样一次会议的参加者和见证者，不能不说是我一生的荣幸。

莫干山会议之后仅一个月，中共中央召开了十二届三中全会，正式开启了中国城市经济体制的全面改革。而改革一进入城市，各种矛盾、冲突就一下子爆发出来。这反倒激发出整个经济学界的无穷话题和诸多争论。

此时，《经济日报》社长兼总编辑安岗，请我到《经济日报》社去一趟，他有重要的想法要和我商量。

安岗直接说明了《经济日报》的意图："下一步，中央准备推进城市经济体制改革，这会使得改革面临的问题更为复杂，理论上的空白点会更多。因此，我们希望在莫干山会议的基础上，召开第二次全国中青年经济改革理论研讨会，以期能够对更多的改革理论问题，进行更加深入而广泛的讨论。"

安岗说，他们已经联络了国务院经济研究中心、国家体改委、中央宣传部、《红旗》杂志社四家中央机构，《经济日报》社和他们四家一起，共同发起这次大会。

《经济日报》曾是莫干山会议的主办单位之一。《经济日报》副主编丁望全程参加了莫干山会议。

丁望接着说："莫干山会议上，你们对外开放组讨论的深度和广度，令人印象深刻。尤其在这些讨论中，你们所展现出来的全球化视野和巨大信息量，更让我们赞叹不已。能不能由你们出面，来组织第二次中青年经济改革理论研讨会？我们中央五大机构，将给你们全力支持和协助。"

我当然不会拒绝。十二届三中全会以后，全国各地的青年学者都希望有个交流的舞台。《经济日报》的这个提议，会为全国青年经济学者的研究工作提供一个巨大的推动力。

回到天津，我与李罗力、金岩石、常修泽、郝一生一起研究后，决定同意《经济日报》的提议。在天津筹划并召开全国"第二届中青年经济改革理论研讨会"，由我担任大会秘书长，金岩石、常修泽出任论文评审组组长。

一个月之后，论文评审组一共收到全国各地应征论文两千六百一十五篇，共选出一百二十五位获奖作者参加天津会议。其中近百位获奖者是未能参加莫干山会议的优秀中青年经济学者。

这次大会于 1985 年 4 月在天津召开。会议在五大中央机构和李瑞环市长的全力支持下，取得了巨大成功。

虽然在中国改革开放的历史上，无论影响力、知名度和理论贡献，天津大会都无法同莫干山会议相提并论，但也确实取得了许多重大成果：

第一，天津大会一共收到两千六百一十五篇论文，是莫干山会议论文数量的一倍。全国各地中青年经济学者参与改革理论研讨的积极性被空前地调动起来。

第二，本次大会增加了"宏观经济调节"、"计划体制改革"、"金融体制改革"、"所有制关系调整"、"第三产业的发展"和"基本理论及其他"六个理论研究领域，比莫干山会议的讨论和交流内容更加全面和深入。

第三，天津大会把四十七篇最优秀的论文汇集成册，由辽宁出版社以《腾飞的构想》为书名出版。这是改革开放四十年历史上，唯一一本汇集了全国中青年学术精英研究成果的论文集。

第四，天津大会诞生了中青年经济学家的理论刊物《中青年经济论坛》，这是一个里程碑性质的进步。在此之前，青年人没有自己的理论交流阵地，《中青年经济论坛》的诞生改变了这种局面。

图 8–5 《中青年经济论坛》编委们在热烈讨论稿件。右起：我、常修泽、姚林、金岩石。

图 8–6 《中青年经济论坛》编委会。左起：王岐山、朱嘉明、周其仁（我摄于 1987 年）。

　　天津大会的一百二十五位代表中，日后出现了二十一位孙冶方经济学奖获得者、二十位省部级领导干部、八位中共中央委员、两位全国政协副主席、两位中共中央政治局委员、一位中央政治局常委。天津大会绝对荟萃了中国最有作为的一大批青年精英，作为这样一次大会的发起人和秘书长，我感到自豪和骄傲。

图8-7　纪念《中青年经济论坛》创办二十周年。创办这本杂志的五位核心学者在我家聚会。左起：郝一生、金岩石、李罗力、常修泽和我。

43. 他支持了我

有了深圳等四个特区对外开放的成功实践，中央决定，进一步扩大对外开放的试点。1984年5月4日，中共中央、国务院批转《沿海部分城市座谈会纪要》，决定再开放上海、天津、广州等十四个港口城市。

天津遂成为中国北方最重要的对外开放城市。李瑞环市长却苦恼于外向型人才的严重匮乏。天津现有干部大多缺乏国际化视野，思想相对保守。这种状况和李瑞环的勃勃雄心相去甚远。于是，他指令副市长李岚清挂帅，在全市范围内招聘有本科学历的优秀年轻干部，送到南开大学培训。对这些学员进行一年的强化培训后，再充实到全市所有对外开放部门，以期尽快适应对外开放的需要。

那个年代，涉外部门是人们趋之若鹜的特殊部门。因此这次招生极具吸引力。短短两周之内，全市一共有三千六百余人报名参加考试。

考试结束后，天津市人事局、对外经贸委和南开大学一起，组建了庞大的录取办公室。我身兼南开大学和对外经贸委的双重责任，被指定代表这两个单位，参加这次录取工作。

由于考生都有考试成绩，录取工作本应极为简单。但录取工作组居然有十多个人。我不理解为什么要这么多人。后来才知道，人事局要对每个考生进行大量的政审和外调工作。很快，我就和录取工作组其他成员产生了激烈的冲突。我们争论的核心是，此次录取工作是否需要政审？如果需要，怎样把握政审尺度？

冲突爆发在一位叫解念慈的考生身上。

解念慈是改革开放后第一届大学生，1982年从天津大学毕业，在这次考试中成绩名列前茅。但因为在他的档案中，记载了他父亲的"历史污点"，录取工作组斩钉截铁地淘汰了解念慈。

我不同意他们的结论，坚决主张录取解念慈。录取工作组的其他人却一面倒地主张不能录取他。理由是解念慈政审不合格。这个理由使我义愤填膺，我在会议上愤怒地陈述了我的观点：

1. 解念慈是解念慈，他父亲是他父亲。你们到底是录取解念慈还是录取他父亲？

2. 即使解念慈父亲真有所谓"历史污点"，我们不是重在个人表现吗？解念慈的个人表现，哪一点不符合我们的录取条件？

3. 不仅解念慈，还有许多优秀考生，都因为所谓"家庭出身不好""家庭历史问题""存在海外关系"等原因，被你们挡在了录取大门之外。这是僵化的旧观念，完全不符合现在的中央政策。

4. 我认为，只要考生个人道德没有问题，都应按成绩择优录取。因此，因以上原因被你们淘汰掉的考生，都应该重新考虑，要遵循择优录取的原则，把他们重新录取回来。

最后我明确表态：我来到录取工作组，是代表南开大学的。如果继续按照你们的政审标准，进行录取工作，我将退出录取工作组。南开大学是否还继续接受这次培训任务，需要我向学校汇报后，再重新确定。

尽管他们无法反驳我的观点，而且我还以"南开大学可能退出培训"相威胁，但他们这些人事部门干部，观念还停留在过去的阶级斗争时期。他们认为，进入涉外部门，就是需要最严格的政治审查。这样做是对党的事业负责，对国家安全负责。因此，他们都不同意我的意见。

双方陷入僵局。

录取工作已经无法再继续进行下去了，双方都同意把问题上交，请领衔这个项目的李岚清副市长来做最后的裁决。

李岚清把我叫到他的办公室，仔细倾听了我的陈述，了解了双方争论的焦点。没有任何犹豫，他坚定不移地支持了我的观点，这多少出乎我的预料。

随后，李岚清专门给我们录取工作组开了会，旗帜鲜明地重申了重在个人表现的政审原则，反对以家庭出身等理由，拒绝录取优秀考生。

有了市领导的表态，录取工作立即转向，不仅录取了解念慈，还重审了所有因为"家庭出身不好""家庭历史问题""存在海外关系"而丧失录取资格的考生。许多已经被淘汰的优秀考生又重新被录取回来。

最后，一共录取了一百零八人。这些人全是根据考试成绩录取的，没有人受到"家庭出身""海外关系"等政治因素牵连，我打了一个大胜仗。

我非常感激这位市领导态度鲜明地支持了我。1984 年，中国阶级斗争的观念仍然根深蒂固，"两个凡是"的影响还没有彻底清除。贵为直辖市副市长的这位领导，为了一些无足轻重的小人物，作这么有悖于传统的表态，在 1984 年真不是一件容易的事。他所展现出来的正义感和道德力量，使我感动不已。由这件事开始，我一直把他视为我最为敬重的领导人之一。

44. 临危受命

1984 年 10 月 15 日，我从莫干山返回天津。

李岚清得知我已经回到天津，迅速派秘书把我叫到他的办公室。

"杜厦，南开大学开发班（全称'对外开放管理干部培训班'）办得十分糟糕。仅仅一个多月，已经引起了学员的强烈不满。学员原单位也反馈了很多抱怨。"副市长有些激动。显然他对开发班投入了很大心血，现在的状况让他非常担心。

我很惊讶。由于参加莫干山会议，我将近一个月没回学校。开发班这么快就发生问题，而且已经反映到市级领导这里来，真是始料不及。

"我已经给瑞环市长建议，派你去全面接管开发班。时不我待，一共只有一年的培训时间，如果不采取果断措施，创办开发班的所有努力都可能付之东流。这样不仅瑞环市长不会满意，就连对当初提出这个建议的小平同志，我们也无法交代。"说到这儿，他的表情异常严肃。

这时我才知道，这个"对外开放管理干部培训班"是邓小平来天津视察时，亲自向瑞环市长建议的。这样看来，不迅速改变开发班的现状，确实无法向任何人交代。

看着这位市领导的眼睛，知道这个烫手山芋我已经无法推脱了。

"市长，能不能给我两天时间，回学校做一些调查，看看都存在什么问题。待找到解决问题的有效办法之后，再来向您汇报如何？"

副市长点点头。答应给我两天时间。

两天以后，我到他的办公室，向他作了汇报。

"副市长，开发班的问题出在以下几个方面：

1.现有课程既观点陈旧又太过理论性。不仅枯燥乏味，也与对外开放的实际运作相去甚远。

2.任课教师尽管资历颇深，但大多数知识老化，讲课死板，课堂上讲的都是苏联式的政治经济学内容，引起学员反感，没人愿意听。

3.培训设计没有针对对外开放业务，学生没有任何机会去了解和体验什么才是对外开放，也学不到相关知识。

4.学校诸多教学条件，例如图书馆、外语听音室等，都没对开发班学员开放，导致学员不满。

5.受训学员的工资都还在原单位发放。现在已有三十七名学员的原单位拒绝继续给受训学员发放工资和福利，这引起开发班普遍的恐慌，他们担心受训结束后，还要被迫回原单位。

总的来说，以上这五条问题，造成了现在这种局面。"

我的汇报条理清晰，各条都是要害，副市长一边听着，一边频频点头。

其实我心里明白，这可不是个好干的活。上面有邓小平、李瑞环的指示和期望，不干好是交不了差的。但下面有学校制度的限制，经研所各大著名教授的面子，还有学员原单位的各种干扰。要解决所有这些问题，不仅需要大量资源，还要有一定的权力给予配合。但在南开大学，我只是一个小小的讲师，人微言轻，谁会给我这些条件呢？

"如果您坚持让我全面接管开发班，我必须提出一些条件。"

"你都需要什么条件？说来听听。"他在认真听我讲。

我向他提出了我的条件：

"1.开发班开设什么课程，必须由我自主决定，不必再征得南开大学教务处和南开大学经研所的同意。

2.同样，任课教师必须要由我选，不需要获得经研所和学校教务处的批准。

3.采取何种方式进行教学和实践培训，由我自主决定，不需要获得任何人批准。

4.开发班的经费必须全额由我支配，包括教师的课时费标准，实习的差旅费开支，教学辅助设备的购买，都由我决定，不必再向任何人请示。

5.还要麻烦市长您亲自到学校去一次，而且要尽快去。您要当面向全体学员承诺，市里负责解决学员的工资发放问题。毕业后一定会在涉外部门重新安排工作，不会被要求返回原单位。

如果满足我以上五个条件，我将全力以赴地办好这个培训班，保证可以培养出一批具有改革开放意识，符合对外开放要求的优秀人才，满足瑞环市长的期望。"

没等他回答，我又接着说下去：

"市长，在南开大学我只是一个小小的讲师，没有任何权力。如果我接管开发班的工作，施行的所有举措都需要经研所和教务处批准，那就什么事也做不成。南开大学握有权力的各个部门，不可能给予我配合。即使他们心里想配合，可观念上的冲突，也会导致事事争论不休。在这样的四面掣肘下，将无法作出任何正确决定，最终导致培训计划无法完成。因此，我必须获得足够授权，才可以对这个如此重要的开发班负起全部责任。"

李岚清听我讲完，半天没讲话。他站起来，仰起头看着天花板，来回踱步。

一阵沉默之后，他终于开口：

"虽然你的这些要求和条件，有点超出常规，听起来也不是太顺耳，但我得承认你说的有道理。我需要和南开大学商量一下，两天以后给你答复。"

两天以后，李岚清的秘书来南开大学告诉我："你的条件市长都答应了，岚清同志已经和南开大学沟通过了。今天你就可以直接去找滕校长，确认你提出的五项条件。随后，你就可以接手开发班的工作了。"

李岚清说到做到。两天以后，应我的要求，他就来到南开大学向开发班同学当面承诺，所有学员的工资，今后由市里统一发放。学员毕业后，全部充实政府各个涉外部门，不会再回原单位。他的讲话稳定了人心。随后，我就开始了我的"颠覆"工作。

我在接受上级安排的任务时，向市长及学校讲条件的事，在南开大学一下子传开。一些老教授觉得我太狂妄、太自以为是，大多数老教授对我不以为然。学校管理层也对市里向我让步议论纷纷。我却不为所动。

我停掉了一些不合时宜的课程，增加了法律系高尔森教授的《涉外经济合同法》，管理系李景泰教授的《现代企业管理概论》。还让一位刚刚毕业的研究生开设了《国际投资实务》。

除此之外，我请全国一些著名的中青年学者，每周为开发班的学员开设一至两次有关改革开放的专题讲座。

其中：

张维迎的《改革中的十大观念变革》；

黄江南的《经济体制改革的难点与突破》；

朱嘉明的《体制改革与对外开放》；

李罗力的《国际"免税港"及对外开放实验区》；

周其仁的《我国农村经济改革》；

郭凡生的《论经济发展的"梯度理论"》；

金岩石的《跨国公司对于发展中国家的影响》；

常修泽的《我国国有企业改革的核心问题探讨》；

……

都是极为精彩的讲座。

我一共给开发班学员开了二十几场讲座，几乎个个精彩。由于观点新，涉及的问题都是现实的改革开放话题，再加上讲课者都是全国著名的中青年经济学家，这些讲座迅速在南开大学成为轰动的话题。这之后，凡是杜厦老师开的讲座，教务处必定会安排在全校最大的报告厅。每一场讲座都是人满为患，走道、教室外面都站满了前来听课的学生。

　　1985 年，我的这些讲座，成为南开大学经济学院一道最亮丽的学术风景。

　　结业以前，我带领一百零八位学员到深圳进行了为期两周的密集培训。这次深圳和蛇口的两周考察，彻底颠覆了学员们的价值观和世界观，他们完全被深圳对外开放的现实"洗了脑"。通过在深圳和蛇口见到的一切，他们真正理解了外部世界的样子，也真切体会了对外开放将会给中国带来的进步和改变。这次实践培训是开发班取得圆满成功最关键的一步。也正是这次实践，使开发班学员成为天津意识最新、观念最为超前的一批干部。他们的出现为天津成为全国对外开放步子迈得最大的城市打下了干部队伍的基础。

　　随后，我派一百零八位学员分赴全国十六个对外开放城市，深入一百家中外合资企业去做实地调查，了解这一百个合资企业的成立过程，也了解中外合资企业对当地经济带来的影响。当时，全国一共只有两百余家中外合资企业。因此，开发班的全面调查工作，对日后天津全面引进外资，成立大批合资企业，做了很好的政策准备和应对准备。

　　1985 年夏天开发班学员毕业。全市几十个对外开放部门争相到南开大学抢人，开发班获得空前成功。我也被称作天津对外开放"黄埔一期"名正言顺的"校长"。

45. 国务院赴美工作组

　　尽管"黄埔一期"为天津培养了一批对外开放人才，但和李瑞环市长振兴天津的雄心相比，还只是杯水车薪。如何找到更有力的措施，迅速为天津延揽大批高水准的国际化人才，这是瑞环市长一直挂怀的。

　　1985年9月，老市长胡启立到天津视察，他向瑞环市长透露，国务院年底会派留学生工作组去美国。他建议天津派人进入这个工作组，一方面考察赴美留学生的状况，一方面延揽已结束学业的留学生来天津工作。

　　听到这个建议，瑞环市长大喜过望。两人商定，李瑞环负责找合适的派出人选，胡启立负责安排进国务院留学生工作组的事宜。

　　去中央政治局和书记处工作前，胡启立就是天津市委书记兼市长，他当然想为天津多做点事。李瑞环决定把这项任务交给我。胡启立也马上安排，让我进了国务院工作组。他的理由很充分，当下中国留美学生最关心的是国内经济体制改革和国民经济发展问题。工作组需要一个这方面的专家，而杜厦就是。他不仅在经济改革理论方面有比较深的造诣，还和大多数留美学生年龄相仿，经历也非常类似。1985年10月，瑞环市长把我叫到办公室，向我当面布置了任务。

　　当时我还没有出过国，能去美国看看，当然求之不得。另外，瑞环市长的这份信任也弥足珍贵。从乙烯项目论证开始，我们已相识了两年，他信任我，我了解他。这次，我只向瑞环市长提了一个要求：希望他能给我一个名头，例如"李瑞环市长私人代表"之类，以便招募留学生时，既有可信度，又能产生吸引力。

瑞环市长爽快极了，他笑着说："只要你能把人给我招回来，别说私人代表，什么名头都可以用。"听了他这句话，我还挺后悔。当时如果向他要个"李瑞环市长经济顾问"的头衔，岂不是更响亮？！

11月初，国务院办公厅通知我立即到国务院报到，我成为国务院赴美工作组的正式成员。报到以后，我被安排住进了中南海，一住就是五十几天。

赴美工作组组长是国务院副秘书长张文寿，包括我在内一共十二名成员。除张文寿副秘书长外，还有国务院、教育部、中组部、中宣部、国家引进国外智力办公室等单位的七位司局长。这些司局长的任务，是通过考察向国务院提出具体建议，以便确定今后一段时间国家的留学生政策。

与留学生的沟通和交流工作，主要由两人负责，这两人就是中宣部的著名演说家曲啸和天津来的青年经济学者杜厦。曲啸负责向在美的中国留学生演讲他的爱国主义，以激发留学生们的爱国热情。杜厦则负责向留学生介绍国内经济体制改革情况，解答留学生的各种问题。曲啸和我将承担在美国几十所大学的所有讲演任务。

对于这个任务，我一点也不担心。接连在莫干山和天津开了两次全国性的改革理论研讨会，我已把经济体制改革中遇到的各种理论和实践问题弄得滚瓜烂熟。对付这些留学生不会有任何困难。但曲啸就不一样了。他是要以亲身经历的无尽苦难，来证明党和国家有多么伟大和可爱。这在逻辑上有点别扭，但在国内，曲啸先生居然慷慨激昂地演讲了两千多场，而且声名大噪。这使我非常替他担心，他的这些爱国主义情感，在美国留学生面前，真的会引起共鸣吗？

在中南海里，我和曲啸住在一间宿舍。我们很快成为好朋友。我无数次地给他建议，美国不是中国，在美国的中国留学生不是中国的在校大学生。他们没人愿意听那些说教，价值观也完全不同。而且，他们没人相信曲啸的爱国是发自内心的。曲啸却不信我的话，他自信满满，这更增添了我对他的担心。后来他在美国仅讲演了一场，就因为状况频出而草草中止了。

在中南海的五十天，我才弄明白了这个国务院工作组产生的背景。

在邓小平的亲自推动下，1978 年中国向美国派出了第一批留学生，共五十二人。从那时开始，全国累计出国留学人数已达三万八千人。无数在校的本科生和研究生都对赴美留学趋之若鹜。伴随着这股赴美留学热潮，国内舆论沸沸扬扬。焦点问题是，留学生毕业后滞留美国的现象非常严重，这使教育部和很多相关单位对过去几年开放的留学生政策产生了怀疑。

疑虑归结为以下几点：

1. 留学生政策是否应该适度缩紧？

2. 是否应该向欧美等西方国家派出社会科学方面的留学生？

3. 是否要向留学生征缴教育费押金，以便在其滞留不归时，用于赔偿国家对其的教育投入？

图 8-8 摄于 1985 年国务院赴美工作组出国之前。这是我此生第一张护照像，时年三十七岁。

4. 留学生的博士后课程，是否要求必须回国完成，以保证尖端的科技人才不会滞留美国？

5. 是否取消陪读制度，以牵制留学生，增加其回国效力的可能性？

6. 对于留学生滞留不归的行为，应该如何定性？是否应在政治上确认这是不爱国行为？

今天看，这些问题根本不会是问题。甚至提出这样的问题，都会让人耻笑。但在三十八年前，在中国刚刚打开国门的 1985 年，这些都是教育主管部门严肃思考的问题。

工作组赴美之前，针对以上问

题的新留学生政策正在起草之中。这个国务院赴美留学生工作组的任务就是去印证这些新政策的合理性。等工作组回国后，国家教委就会把这些新的留学生政策上报国务院，然后公布实施。

1985 年 12 月 28 日，我们一行十二人登上飞往美国的飞机，开始了为期四十五天的漫长旅程。

46.《第五代》

到旧金山后，我直接向张文寿团长建议把全部精力投入招聘留学生的工作中去。李瑞环市长派我们参加国务院留学生工作组的初衷，就是招收人才，我不能背离这个主要工作方向。

张文寿团长同意了我的建议。从那以后，我便暂时离开国务院留学生工作组，单枪匹马，独闯了美国十二个州。

在美国的四十余天里，我马不停蹄跑了十二个州的二十五所著名大学，和中国留学生进行了几十次座谈。

工作组其他人员也分作几队，奔赴全美各地。这四十余天，国务院留学生工作组一共走访了美国二十二个州，六十六座城市。同九十八所大学近七千名留学生见了面，和七百二十五名留学生进行了座谈，与四百四十八名已经毕业或即将毕业的研究生做了个别谈话。

此次赴美，我不仅谈妥了大批留学生来天津工作，还在和留学生的座谈中，为天津的发展前景做了大量的宣传工作。每到一个大城市，各大中文报纸都会在头版的重要位置，以"李瑞环私人代表杜厦莅临××市"的大字标题报道我的行程。对我招收留学生去天津工作的消息也做了大量报道。这在留学生中间引起了不小轰动。

我很好地完成了瑞环市长交给我的任务。

在长达四十余天的考察和座谈中，对于中国的留学生政策问题，我有了更清晰的答案。这段时间里，频繁地近距离接触赴美留学生，使我充分感受到了他们身上炽热的爱国热情和现代思想观念，以及刻苦的学习精神。这些都使我坚信，当下正在执行的全面放开的留学政策是非常正确的，绝不可以改变。留学生政策上的任何倒退，对国家改革开放的总体战略来说，都将是一场灾难。

回国两天后，我便当面向瑞环市长作了汇报。汇报长达两个多小时，他听得饶有兴趣，不时打断，问许多细节问题。他确实是一位思想活跃，乐于接受新思想、新观念的领导人。听完汇报以后，他直说："有意思，有意思，你讲得很好。最好让全市局级以上干部都来听听，让他们受受启发，也受受教育。"瑞环市长当场叫来市政府办公厅主任，要求他马上安排一次全市局以上干部的大会。由我就此次访美的实际感触，给全市干部作一个报告。

就这样，一周以后，在市政府大礼堂，我给天津市几百位局级以上干部作了一个赴美考察的报告。报告题目是《第五代》。

这场报告事例丰富，观点新颖，思维跨度很大。在我两个多小时的演讲中，这些平常开会颇为散漫的干部，各个屏气凝神、全神贯注，会场鸦雀无声。报告会获得意想不到的成功。

由于报告十分精彩，消息迅速传遍天津。南开大学、天津大学、天津财经大学分别邀请我去给他们的研究生和本科生讲。接着南京大学、厦门大学等全国十余所高校也都邀请我去他们那里开报告会。我便开始在全国各大高校，作名为《第五代》的巡回演讲。当时，国家要收紧留学生政策的消息已经在全国各大专院校传得沸沸扬扬，这就更使我的巡回演讲引起巨大轰动。这个演讲的录音，迅速在全国各个大学之间疯传。

《中国青年报》的著名记者张建伟是天津人。听说我有一个关于赴美留学生的震撼级演讲，就专门从北京跑来南开大学找我，我们整整谈了一夜。

很快，张建伟根据我的演讲录音和我们一夜交谈的记录，用他的生花妙笔，在 1986 年 5 月 24 日的《中国青年报》上，发表了著名的长篇通讯《第五代》。

这篇冠名《第五代》的长篇通讯，用了《中国青年报》整个头版和大半个二版的篇幅。《中国青年报》的这种异乎寻常的安排，显示了他们对于《第五代》的重视。由于《中国青年报》是团中央机关报，正在彷徨中的大学生们，以为这篇《第五代》是中央有关部门，借助《中国青年报》发出的特定声音，这更增加了对这篇长篇通讯的想象空间。

第二天，有大学生在《中国青年报》社门前的墙上，贴出了"《中国青年报》万岁！"的标语。上万封赞扬和支持的大学生来信，涌向《中国青年报》社。《第五代》的观点和逻辑判断，引起全国大学生的广泛共鸣。

诚实地说，《第五代》用不可辩驳的事实和坚实清晰的逻辑，厘清了教育界关于留学生政策的一些模糊认识。坚定了继续打开国门，大胆向发达国家派出留学生的决心。对于征缴教育费押金、禁止在国外读博士后、废止陪读制度等正在酝酿的政策，《第五代》在批评的同时，也给出了自己的看法。准备出国深造的大学生们，无不为《第五代》的观点欢呼雀跃，他们普遍感到《第五代》给他们带来了又一次思想的解放。

可以说，在二十世纪八十年代中期，《第五代》对中国留学生政策没有倒退，继续保持在全面开放的轨道上，起了历史性的作用。改革开放四十年，再也没有一篇文章像《第五代》那样，在中国的留学生政策方面，起到过这样的历史性作用。

今天，《第五代》已经发表了三十六年，不可辩驳的事实证明，《第五代》的观点是经得起历史考验的。《第五代》中的许多观念，早已深入人心，甚至已经成为常识。但在当时，《第五代》所提出的观点，确实是振聋发聩的。

在这三十六年中，我们的国家早已经不是那个闭关锁国、保守落后的国家了，我们已经成为一个世界强国。但这是几代人不断改革，不断奋进，不断向全世界先进国家学习的结果。我很自豪，自己曾经参加了这一伟大进程，并为她作出过自己的贡献。

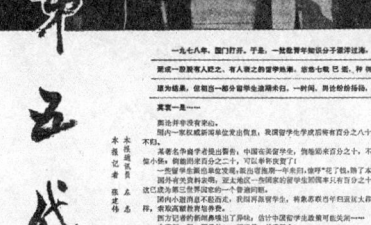

图 8-9　1986 年 5 月 24 日，《第五代》刊登在的《中国青年报》头版上，引起巨大反响。

九、风云突变

47.访英受阻

《第五代》在全国高校所引发的热潮，又持续了好几个月。我仍然不时被邀请去各地大学演讲和交流。

大约是《第五代》太过出名，英国驻华使馆的文化处来电话，邀请我到使馆去交流。我没有请示任何人，带上翻译武晓弟，就去了英国大使馆。

英国驻华文化参赞及英国文化委员会驻华首席代表亲自接待了我。他们和我聊中国改革，聊对外开放，聊不同国家的发展模式，总之聊得十分热烈。作为礼物，我赠送给他们《腾飞的构想》和已经出版了十几期的《中青年经济论坛》。

这些体现了中青年经济学家学术水平的出版物，他们从来没有见过。于是，我把这次一般性的见面，变成了一场非正式的学术交流。

来而不往非礼也。他们正式邀请我在合适的时候访问英国，一切费用由英国文化委员会承担，还可以带一名翻译。英国文化委员会首席代表甚至承诺，我的访英行程需要多长时间，需要安排哪些内容，旅行线路如何选择，都可以由我来决定，英国文化委员会将给予全面配合。

这可是从未听说过的高规格接待。

回到学校，我拿着英国文化委员会发出的访英邀请，向学校提出了访英申请。

学校外事处逄处长是我的好朋友。一年之前，南开大学规划建设外国专家楼、"谊园"招待所和留学生宿舍楼，由于资金不足，逄处长请我帮忙。我通过外经贸委及天津开发区，帮逄处长解决了银行贷款的问题。南开大学和逄处长欠我一个很大的人情。因此，逄处长非常重视我出访英国的申请，叫外事处马上上报国家教委。

国家教委外事司的批复很快返回到南开大学：

经请示，南开大学教师杜厦，应英国文化委员会邀请，出访英国的申请，不予批准。

对于国家教委不批准这次出访，我深感意外。当时在各大专院校，凡是经费由外方负责的出访交流，国家教委很少会不批准。这次我出访英国的申请，这么快就被驳回，究竟是为什么呢？让人想不明白。

逄处长也对国家教委的批复不满意，他觉得好像无法向我交代，就专程去了趟北京，寻求国家教委对不批准杜厦访英的解释。

逄处长一回学校，就急忙把我叫到了外事处。

"杜老师，您惹了个大祸！"逄处长第一句话就把我吓了一大跳。

"你在《中国青年报》上发表的《第五代》，以及在全国许多院校作的巡回演讲，都给国家教委出了大难题。他们认为，你的《第五代》，给新留学生政策的出台，制造了突然袭击，引起了很多麻烦。"逄处长一脸的担心和不安。

逄处长接着说："现在国家教委外事司，人人都知道南开大学出了个杜厦。主管这件事的副主任说：杜厦还想出国？他惹的麻烦还不够吗？你的访英申请，就是被这位副主任亲自'枪毙'的。"

逄处长还在努力帮我想办法。"如果你真想实现这次出访，不一定非走国家教委的渠道。你是天津市政府正式任命的干部，走天津市外办的渠道也是可以的，说不定会顺畅很多。"他的话提醒了我，为此，第二天我专门去见了瑞环市长。

李瑞环一如既往地爽快、干脆："国家教委不批，我们天津市批。你马上就去找市外办，就说是我说的，让他们办理手续。你以外经贸委干部的名义，接受邀请，出访英国。"瑞环市长当场表态。有了瑞环市长的"尚方宝剑"，我一路顺利，办好了出访英国的手续。

朱嘉明刚刚从美国回来，在密歇根大学一年的访问学者生涯，把他累坏了。听说我要去英国访问，而且在牛津、剑桥、曼彻斯特、纽卡索、爱丁堡五所大学有多场学术交流，还是英方主动邀请和高规格接待，他很羡慕。我说服武晓弟把陪同翻译的名额让给了朱嘉明。我们一起去英国旅行了十四天。这次旅行和朱嘉明朝夕相处，我们之间无话不谈。从中国的体制改革到个人的人生目标，我们都深入交换了彼此的看法。这次旅行，开创了我们此后三十多年的长久友谊。

因为《第五代》及访英的事，我隐隐觉得再待在南开，会有很多变数。加之这些年的自我积累和提升，我认为自己可以换一个环境，去寻觅一条新的人生道路了。

48. 离开天津

从英国回来后，我找外经贸委主任张昭若商量要离开南开的事。他是我的顶头上司，又和我是忘年交，他认为我在天津已经有相当好的基础，又深得瑞环市长信任，不建议我离开天津。他说瑞环市长正在考虑更换天津社科院的领导班子，新的社科院院长拟由市政府王辉副秘书长兼任，你是否愿意出任主持科研工作的常务副院长呢？

天津社科院是个综合性的研究机构，属于局级单位，有独立的人事权、财务权和项目自主权，是个很有吸引力的科研平台。我告诉昭若，我想去试试。

昭若主任把这事向瑞环市长作了汇报，没想到李瑞环一口答应，他说："过去这些年，天津社科院对天津的理论贡献远远不够。让杜厦这样的年轻人去冲一冲，是个好事。"

任命还没有下达，王辉副秘书长就找我谈话。他诚恳地告诉我，当天津社科院院长只是兼职，他的主要工作还是在市政府。如果我能去社科院，他会让我全面主持社科院的工作。我乐于接受这个挑战，我们甚至仔细沟通了社科院科研体系的重建计划和未来五年的科研规划。

就在我准备去天津社科院上任这个当口儿，中国政治舞台上又风云突变。

1986年11月，全国有三十多所大专院校陆续发生大规模学潮。起因大多是对学校伙食不满，以及对学校管理不善的愤怒情绪。也有少部分学生把这些问题和民主、自由联系起来，矛头直接指向了各级政府。

这一时间引起了全国舆论的高度关注。

12 月 8 日，在胡耀邦主持下，中央书记处作出了三点判断：一、当前全国的政治经济形势是好的；二、学校里出现的管理不善及缺少民主生活问题，都需要改善，但不必大惊小怪；三、要善于引导，不能压，也不能放任自流。

12 月 24 日，国家教委主管副主任何东昌，在中央机关党委的会议上，代表国家教委对学潮进行了政治性判断。何东昌认为，学潮是以民主自由和反官僚专制为借口，煽动资产阶级自由化。何东昌在发言的最后说："我们的处理要后发制人，对有反动言行的，要取得证据，适当时候依法处理。"

某位主管国家教委的领导，则在会议上表明了更有火药味的态度，他说："要争取大多数，孤立与暴露坏人。今后还会有这种事情，要积累经验，准备作坚决斗争。"

国家教委始终把学生的不满情绪和资产阶级自由化联系起来，甚至把学潮和政治斗争联系起来。这种阶级斗争意识，在一定程度上，酝酿了 1987 年全国范围的反资产阶级自由化浪潮。

尽管正式任命还没下达，但我要去任职常务副院长的消息已传到天津社科院。随着反资产阶级自由化浪潮在全国的风起云涌，社科院某助理研究员给天津市委、市政府写了一封长信，摘编和罗列了我在各种文章、讲演、报告里的众多词句和观点，揭发我和方励之、刘宾雁、王若望一样，是天津社会科学界资产阶级自由化的代表人物。

面对反资产阶级自由化的暴风骤雨，我去天津社科院的计划戛然而止。

瑞环市长对我有知遇之恩，我感激他，理解他，更不想让他为难。我决定离开天津，去寻找一个更适合我的新舞台。

正当我要离开天津，重新选择出路的时候，朱嘉明带着李湘鲁来找我，希望我能够到中信国际问题研究所来工作。

朱嘉明和李湘鲁希望我能在这个新组建的研究所中，发挥比较重要的作用。从莫干山会议、天津大会、创办《中青年经济论坛》，以及《第五代》的发表中，他们看到了我的研究能力和组织才能。希望我能和他们一起，把这个研究所办成一个国家对外开放政策的理论研究基地。

这样，中信国际问题研究所和国家体制改革研究所、国务院农村发展研究中心一起，组成了在经济改革、农村发展和对外开放三大领域内，从事理论研究工作的"三驾马车"。这个所的重要性自不待言。

朱嘉明被任命为这个研究所的副所长，主管全所的科研工作。

我心里对朱嘉明的推荐十分感激，爽快接受了他们的提议。

我也向他们俩提出了我的两点建议：

1. 要在深圳建立一个专门研究澳门和"亚洲四小龙"的深港分所，这些经济体和中国大陆的文化最为接近，从它们迅速崛起的经验里，可以寻找到对中国大陆对外开放最有借鉴意义的理论和政策措施。以前我们对它们的经验缺少足够的重视和尊重。如果可以，我来领衔这个深港分所的研究工作。

2. 国内的经济学家，一般做的都是"从理论到理论"的研究，很少有人亲身体验过市场经济的实际运作。因此我希望在深港分所之下，成立一个面向港、澳、台与深圳特区的经营性公司，以获取国内无法获取的关于市场经济的第一手体验。

湘鲁和嘉明痛快地答应了我的建议。

为了能够让我全力以赴地在这个研究所工作，中信公司董事长荣毅仁亲自找我进行了一次长达四小时的谈话。曾担任过冶金部部长、石油部部长的副董事长唐克，亲自带我到深圳，为建立深港分所的事，会见了深圳市委书记李灏，获得了李灏的全力支持。

听说岚清副市长恰好也在深圳，唐克还和我一起，请他吃了顿饭。席间，他风趣地说："唐部长，如果不是您老亲自点将，我们还真不舍得放走杜厦呢。"他正式代表瑞环市长承诺，一定会为杜厦来中信国际问题研究所工作提供方便。

从天津的李瑞环，到中信的荣毅仁，再到开放所的李湘鲁、朱嘉明，他们对我的信任，使我感动。尤其是湘鲁和嘉明，为了我能够到这个研究所来，有求必应，可谓煞费苦心。我必须倾尽全力，不辜负他们对我的期望。

49.创建深港分所

1987 年初秋，我费了好大劲儿说服王致华办了停薪留职手续。我们带着未满十岁的儿子，离开天津，搬到了一个完全陌生的城市——深圳。

说起来挺奇怪。从十三岁上中学开始，几乎每隔六年，我都要换个地方，开始一段全新的生活。十三到十九岁，在北京的四十七中待了六年；二十到二十六岁，在内蒙古的乌珠穆沁待了六年；二十七到三十三岁，在黑龙江的佳木斯又待了六年；三十四到四十岁，又在天津的南开大学待了将近六年。

天津的六年不同以往，这是我人生中最快乐的六年。在这六年中，反革命家庭出身问题得到彻底解决，我第一次真正摆脱了屈辱和歧视，堂堂正正地成为受社会尊重的人。这六年中，我不仅从著名大学研究生毕业，而且短短几年，便成为全国知名的中青年经济学者，开始为天津市的发展大局出谋划策，为国家的改革开放作出自己的贡献。这六年中，我几乎没有休息过一天，教课、出书、办杂志、培训干部，废寝忘食地工作。这六年，是我人生中最光彩的六年。为此，我永远留恋天津，留恋给了我绝好平台的南开大学。

深圳将是一个全新的开始，我踌躇满志，发誓要把深港分所办成中国最好的对外开放研究机构。

不过，深圳欢迎我们的方式却很特别。

坐了两天火车才到广州。深圳的朋友开车来接我们，赶到深圳时，天已全黑。几位老朋友聚到蔡屋围大酒店，给我们全家接风。晚宴结束后，大家惊愕地发现，我们的面包车被撬，两个硕大行李箱已经踪影全无。

我们所有家当都在这两个行李箱里，这两个行李一丢，刹那间我们变得一无所有。连洗漱用具和换洗的内外衣物，全都丢得精光。真成了"赤条条来去无牵挂"，好不尴尬。

好在兜里还有八百块钱，那是我们的全部积蓄。第二天，买了换洗衣物和洗漱用品，又买了三辆自行车，八百块钱便花得精光。倒霉的是，没过两天，新买的三辆自行车又全部被偷。那时，才真的叫作身无分文。深圳给我和致华的见面礼，真有点蛮不讲理，打死我们都想不到会是这样。

刚到深圳就遭遇这样的窘境，对致华打击惨重。她不大满意我仓促把全家搬来深圳的决定。不仅她的工作一时没了着落，儿子的教育问题也令她十分担忧。那时深圳被称作"文化沙漠"，儿子从南大附小这么好的学校迁到深圳这个教育落后的地方，王致华对孩子的成长环境忧心忡忡。

但既然已经做了决定，我就不会反悔。对即将建立的研究所，我充满信心。对于全家日后的生活，我也不悲观。相信只要努力，一切都会好起来。

我有种朦朦胧胧的感觉，总觉得自己不会一辈子从事研究工作。终究我不是一个愿在资料堆里待一辈子的人。也许会有那么一天，我会转身投入商海。如果真是那样，把深圳作为经商的起点，无疑是最恰当的选择。

不过眼下最重要的，是要迅速地开展研究工作，让研究所在学术界一炮打响。

深港分所第一个项目，选择了研究二十世纪六十年代至八十年代泰国的经济发展奇迹。以期从泰国的发展奇迹中，找到中国可资借鉴的东西。

1960 年，泰国 GDP 总量仅为二十七亿美元。到了 1987 年，泰国

GDP 已达到四百七十亿美元，二十七年中增长了 16.4 倍。这是匪夷所思的快速增长，堪称是世界级的发展奇迹。泰国经济在迅速发展的同时，还做到了物价基本稳定。这段时间内，泰国人民生活水平迅速提高，社会非常安定。这些都是中国需要认真学习和借鉴的地方。

我带了南开大学的张维平、姚林、伍晓鹰在泰国考察了十二天。回国后由我执笔，写出了《泰国经济快速发展的启迪与借鉴》的报告。

这份报告最有价值的地方，是通过对泰国经济发展奇迹的研究，给中国进一步对外开放提出了颇为大胆的建议：

1. 采取坚决措施，制定税收优惠政策，创造大规模引进外资的条件。

2. 调整关税政策，促使沿海地区经济从进口替代型向出口导向型转变。

3. 借鉴泰国的成熟经验，打破四个经济特区和十四个沿海开放城市的限制，果断在所有沿海地区施行对外开放。让这些地区率先融入国际经济大循环。

即使今天回过头去审视，这份报告在当时也是极具前瞻性的。这份报告主张，中国需立即向发达国家全面打开国门，大力引进发达国家资本，把他们的跨国公司也全力引进中国。报告还主张全面开放中国市场，以换取发达国家的资金、技术和管理。报告指出，只有对世界全面开放，将国民经济融入国际大循环中去，中国的经济发展和"四个现代化"才有希望。

中信国际问题研究所立即将这份报告呈送给了国务院领导和中央有关部门。

紧接着，作为配套研究，深港分所又专门就香港的外向型金融产业、免税港政策等，进行了深入研究。1987 年年底，也由我主笔，写出了第二份涉及全面对外开放的报告，呈送给国务院领导同志和中央有关部门。

两三个月以后，国家领导人提出了著名的沿海发展战略：从学习

"亚洲四小龙"的经验入手，利用国外资源和市场，将沿海的一亿到两亿人口投入国际市场。即"两头在外、大进大出"，开展国际大循环。

1988年3月4日，国务院在上海召开沿海地区对外开放会议，对实施沿海发展战略作了全新部署。3月18日，国务院发出《关于进一步扩大沿海开放区范围的通知》，决定扩大沿海经济开放区。新划入沿海经济开放区的，有一百四十个市、县。至此，进入沿海开放区的人口一下子增加到两亿人。

1988年9月12日，邓小平在听取关于价格和工资改革方案时说："沿海地区要加快对外开放，使这个拥有两亿人口的广大地带，较快地先发展起来，从而带动内地更好地发展，这是一个事关大局的问题。"

1988年至今的三十五年间，中国从一个贫穷落后的国家，一跃变为世界第二大经济体。1987年时，中国的GDP排在全世界第十三位，仅为2729.7亿美元。而2020年，中国的GDP总量已达14.69万亿美元。三十三年里，中国经济总量增长了53.55倍！

中国经济迅猛发展的事实证明，1988年3月18日国务院发布的《关于进一步扩大沿海开放区范围的通知》，具有伟大的历史意义。从此，中国经济驶入了世界经济的大海，乘风破浪，飞速前进。正是这个著名的沿海发展战略，助推了中国经济的腾飞。今天回顾这段历史，无论怎么赞誉这一战略部署，也不过分。

我有理由相信，中信国际问题研究所1987至1988年的出色研究工作，为这份伟大战略的制定，提供了可资借鉴的理论研究和实例分析。由此，我会因为在这个伟大战略里面装载着我们的努力与智慧而终生感到自豪。我们也会因为在这个伟大奇迹中曾有自己的一份努力而感到无比骄傲。

由此我毫不怀疑，所有曾经积极参与二十世纪八十年代中国改革的青年学者，所有在改革的惊涛骇浪中冲锋陷阵的年轻人，都会为那段历史而感到一生光荣。那段青春时光，我们过得充实，过得精彩，过得让人难以忘怀。

十、商海起航

50. 重新选择人生

二十世纪八十年代末期，中国改革开放进程遇到了相当大的困难。一起从事改革开放理论研究工作的许多朋友，已经纷纷离开了改革开放第一线。李湘鲁、朱嘉明均去了美国，中国对外开放研究所实际上已经名存实亡。继续从事改革开放的理论研究，既失去原有的平台，也没有人会关注那些研究成果。

面对这样的现实，我该怎么办？和大批改革精英一样，舍弃一切移民海外？但去国外干什么呢？到了海外凭什么生存？我的专业知识、我的研究能力、我的组织才能、我的经商头脑，只有在中国才能成为我的优势，到了国外就一文不值，这我非常清楚。因此移民海外显然不是我的出路。

思前想后，出路似乎只有一条，离开研究机构，舍弃学者身份，弃学从商、弃政从商。

1989年秋天，我正式向中信集团人事部提出了辞职申请。既然我主动提出辞职，中信也就顺水推舟。中信组织部、财务部和中信国际所三家联合，对我进行了严格的离任审计。审计之后，他们很快办好了我的辞职手续。

自此以后，我正式脱离了国家体制，从一个经济学者，一个教授级专家，变成了一个地地道道的个体户。我的人生又一次发生了巨大转折，我没有任何犹豫，把档案和辞职手续往兜里一揣，一跃跳进了湍急的商海大潮之中。

　　多年以后，无数媒体和友人问过我，一个已经在经济学界崭露头角的学者，一个著名大学的年轻教授，为什么毅然离开已经成功的学术生涯，抛弃令人尊敬的社会地位，去下海经商？甚至连公职都不要了，甘愿去做个个体户？

　　要想说清楚这个问题，还要从我自身对做生意的主观意愿谈起。

　　1986 年到 1989 年的三年间，我曾多次访问香港。当时，整个中央领导层对于"亚洲四小龙"的经济奇迹都十分重视。我和我的研究团队，当然希望彻底弄清楚这一奇迹的全部内在规律和可供借鉴的经验教训。

　　香港大学亚洲研究中心是全世界研究"亚洲四小龙"最早和最具深度的研究机构。甚至"亚洲四小龙"的概念，都是这个中心的主任陈坤耀博士提出来的。因此，二十世纪八十年代后半期，我和香港大学亚洲研究中心保持着非常密切的学术联系。

图 10-1　与陈文鸿博士学术座谈。左起：杨鲁军、伍晓鹰、陈文鸿、我、张维平。

　　1986 年我初次到香港，港大亚洲研究中心的陈文鸿博士约我到中环置地广场见面，提议一边喝茶一边聊我们需要讨论的学术问题。我欣然赴约，从湾仔的新华社驻地乘地铁，准时抵达了置地广场。

　　陈文鸿早已等在那里。

　　整个亚洲研究中心除陈坤耀博士以外，最著名的专家就是陈文鸿博士了。陈博士一副宽边眼镜，温文尔雅，颇具学者风度。他比我小一岁，在澳大利亚弗林德斯大学取得博士学位。他既是一位很有成就的年青经济学家，也是我在香港最为亲近的学术界朋友。

　　喝下午茶的地方，在置地广场中厅一个独立的二层平台上，那里装修华丽，安静高雅，四处散发着浓烈的英国贵族气息。我从来没有到过这样高档的地方。

　　我们谈得兴起，从下午两点一直聊到快五点。我有些累，也感觉谈得差不多了，准备付账离开。

　　服务生一派绅士风度，把两个夹着账单的黑皮夹子轻轻地放在我们面前，微微点头道了声"打扰了"，就退了下去。

　　打开皮夹子，账单上 480 港元的数字，把我吓了一跳。我的脸顿时变得绯红，汗跟着就从两鬓流了下来。连零钱算在内，我浑身上下一共只有 210 港元，那是我此次来香港的全部零用钱。这顿下午茶的费用，居然相当于我在南开大学五个月的工资，我真的付不起这顿茶钱。

　　陈文鸿看出了我的尴尬，主动把账单拿了过去。

　　"我来付吧。"为了避免我的尴尬，说这话时，他刻意把脸转过去，好像是在寻找服务生。

　　"对不起，我没带那么多钱。"我诚恳地告诉陈文鸿。此时心里真不是滋味。这已经不是一般的尴尬，而是羞愧难当，甚至有些无地自容。

　　"下次到北京，我来做东吧。"

　　我找话题来化解尴尬，企图掩饰自己的窘境。

　　"好。"陈文鸿付完账，又坐了下来。

　　"陈博士，可以提一个不该问的问题吗？"我心里已经百味杂陈。精神上的刺激，使我对我和陈文鸿之间的收入差距陡然产生了兴趣。

"所有收入都算上，您一个月大概可以挣到多少钱？"我问询的口吻听起来很平静，但话一出口，脸上又火烧火燎起来，汗珠还是不停地从脸颊滚落，我掩饰不住自己内心的颤抖。

陈文鸿看出我内心的挣扎，这已经不是一般性地聊家常，他也认真起来。

"工资加上稿费、电视台的出镜报酬、额外讲课报酬等，一个月大约4万港元吧。"陈文鸿好像在谈一个学术问题，平淡而充满探究的口气。

当时我每个月的工资是98元人民币。

我陷入沉思。

1986年我已经三十八岁。假设六十岁退休，职业生涯还有二十二年。以每个月98元，全年1200元的工资计算，此生余下的全部工作时间，一共可以挣到2.64万元人民币，折合港币是2.2万元。和陈文鸿的每月4万港元一比，我未来二十二年的全部收入，不及陈文鸿十五天的收入。这个比较结果太惊人了！这令我无法理解，也让我无地自容。

作为一个经济学教授，以前理解的收入差距，例如工农差距、城乡差距、脑力劳动和体力劳动的差距，都是在描述不同经济角色之间的差距。这些差距，对我来说只有学术上的意义，离我自己的生活很远。对于这些差距给人们心灵造成的震撼，我没有切身感受。这次置地广场的下午茶，使我深刻感受到，没钱的人，内心会产生耻辱感。我和陈文鸿之间的巨大收入差距，已经牵扯到了人的尊严问题。我突然对于收入差距有了刻骨铭心般的新体验：收入多少竟成了一种标准，一种可以衡量人活得是否有尊严的标准。这已经不只是经济学意义上收入差距问题。收入的差异，钱的多寡，能挣多少钱，其实已经变成一个人的价值问题。

这使我回想起了1985年我第一次访问美国时的情景。

那次访美的国务院代表团，是一个级别很高的代表团。那架载着我们的巨大的波音747客机从首都机场起飞后，右侧一台发动机突然熄火，吓得我们魂飞魄散。飞机紧急迫降在日本东京的羽田机场。

在羽田机场的贵宾休息室里，我们第一次见到塑料的一次性饮水杯。那水杯看起来和玻璃水杯没有区别，晶莹剔透，做工精细，国内根本没有见过。我见到身边这些司局长，没把自己用过的一次性水杯扔进垃圾桶，而是悄悄放进自己的手提包中。有人甚至把摆在桌上的好几个一次性塑料水杯摞在一起塞到自己的手提包里去。

尽管这不是"偷"，但说实话，这有失体统。

他们这样做的原因，其实只有一个：太穷，穷则失态，甚至失志。

那次访美中另一件因为穷而发生的事情，也在心里折磨了我很多年。

在纽约，访问和巡回讲演已经接近尾声，我要去为致华和她两个妹妹买些礼物带回中国。向留学生打听以后，我来到在曼哈顿下城的一家服装商店。听说那里的衣服既时髦，又便宜。

进了那家服装商店，货架上的服装漂亮、时尚，价格大多在五美元到十美元之间，最贵的也不超过二十美元，这让我喜出望外。此次出差，每天有五美元的补贴，几十天下来也攒了百十来美元。按照致华和两个妹妹的尺寸，我挑选了若干件非常漂亮的外衣和裙子，高高兴兴地去结账。

回到驻地，前来看望我的留学生告诉我，那是一家"旧衣商店"。里面卖的各色衣服，都是美国人穿过的。有些是换季淘汰的，有些是主人搬家不要的，都是重新洗涤和熨烫后，再拿出来卖给穷人的。

当知道这些衣服都是美国人穿过的，我瞬间感到浑身刺痛，脸上发烧，内心泛起一种被侮辱的感觉。但颇为无奈的是，没有人强迫你到那间商店去买旧衣服。口袋里的钱决定你只能去那样的商店，买那样的衣服。

看着这些被洗得干干净净，熨得服服帖帖，准备送给妻子的衣服时，我觉得自己挺"混蛋"。我感觉自己真的好虚伪，感觉是在骗自己的亲人，这根本不像一个男人所为。

我徜徉在纽约的大街上，曼哈顿无数高楼大厦耸入云天，任何一栋都价值连城，而我却囊中羞涩。大街上匆匆走过的男男女女，个个衣着光鲜，而我却穿着一件蹩脚西装，一双劣质皮鞋，连一件给老婆的像样礼物也买不起。毫无办法，只能吞下内心的这份挣扎，老老实实地接受现实给我的这份自卑。原因只有一个：在那里，我是一个穷得不能再穷的人。

这种滋味真的非常不好受。

尽管心里委屈，我还是把这些旧衣服当作新衣服，整整齐齐地叠好，回国送给了致华和两位妹妹。她们非常高兴，各个穿在身上得意扬扬。她们越高兴，我心里就越难受。

仅仅是因为穷，我欺骗甚至伤害了她们，尽管是出于好意。这使我心存很大的愧疚。

陈文鸿 4 万港元的月薪和置地广场的下午茶，给我的冲击更加彻底。从那天开始，我就下定决心要去经商，要去挣钱。我要通过自己的努力，使这一辈子不会再为付一笔茶钱而让自己颜面丢尽。我不想再因为自己没钱，而失掉别人的尊敬。我发誓，不仅是我，还有我所有的亲人，都不会再在钱的面前丧失尊严和自信。终有一天，在香港、在纽约、在东京，在世界的任何地方，我都不会因为没有钱而让自己有任何低人一等的自卑感。

除了不想再在贫穷的泥淖里继续挣扎以外，骨子里的"不安分"，永远追求刺激的性格特性，也是我放弃令人羡慕的学术地位，毅然投身商海的重要原因。

51. 我必须帮她一把

　　1981年秋，为撰写硕士论文，我到上海搜集材料，顺便去看望了姐姐。她窘迫的生活状况，让我着实吃了一惊。

　　姐姐于1963年高中毕业，由于政治原因，她没有考大学的资格，被分配到北京维尼纶厂当了一名学徒工。但她一直沉浸在演员梦里出不来，于是她辞掉工作，先后报考了铁路文工团、煤矿文工团和中央广播文工团，立志要成为一名话剧演员。虽然她的专业考试都以优异成绩过关，但还是政审的老问题，让她一次次碰得头破血流。

　　姐姐只能利用自己的朗诵和表演天赋，到京城一些文化机构去做临时工。一方面维持着自己的理想，另一方面也挣些钱来养活自己。

　　1967年，姐姐在中国美术馆担任讲解员时，认识了姐夫仇锡荣。仇锡荣此时是上海炼油厂的一名工人，由于画得一手好画，被提拔为宣传干事。当年夏天，他代表著名油画《祖国山河一片红》创作组，到中国美术馆参展。画展期间与姐姐一见钟情。1968年，姐姐嫁给了仇锡荣并随他来到上海。

　　仇锡荣工资不高，每月只有四十二元钱。姐姐离开维尼纶厂时，丢掉了国营企业的工人身份，只能在街道工厂里找份工作，每月工资只有二十四元钱。两人刚成家，既要置家还要养孩子，家里穷得叮当响。每个月末，姐夫都要向亲戚借钱，以便能挨到下个月的发薪日。

　　由于太穷，实在买不起火车票，1968年到上海后，姐姐十四年未去佳木斯看望妈妈。仅仅因为没钱买火车票，母女俩十四年未曾相见，听起来让人不敢相信。在贫困面前，亲情就变得特别干瘪而毫无温度。

不就是几十块钱吗？我决心帮助姐姐弄到这笔钱，让她能够去趟佳木斯，看望那个日夜思念她的妈妈。

上海市民每月都分配香烟票，凭香烟票可以购买一条香烟。香烟票分甲级和乙级。甲级香烟票可以购买中华、牡丹等高档香烟，这是上海市民节日期间的特殊待遇。

我让姐夫设法借些甲级香烟票，再借钱买上十条中华或牡丹，由姐姐带到佳木斯。我负责把这些烟高价卖掉，这样，不仅可以把姐姐的车票钱赚回来，还能多赚些钱，供他们还债和贴补家用。

姐姐听罢高兴极了，迫不及待给妈妈写了信，说冬天会去佳木斯看望她，以实现期待了十几年的全家团聚。

姐姐这封信把我"逼上了梁山"，看来这个香烟贩子，我是非当不可了。

姐夫全力以赴地按计划执行。两个星期后，他们便凑到了十条甲级香烟票，然后借钱买了五条中华烟，五条牡丹烟。

姐姐又借钱买了往返佳木斯的火车票，还买了一些上海特产，春节之前启程前往佳木斯。

火车极慢，上海到佳木斯一共要走三天两夜。这三天两夜姐姐始终没敢合眼。不仅不敢睡觉，连上厕所她都要抱着装香烟的纸箱去。这十条烟就是她的命，她一直盯着怀里那个纸箱，苦苦地熬到了佳木斯。

姐姐总算把烟弄到佳木斯了，接下来就看我怎么替她赚这笔钱了。

其实，倒卖这十条香烟，绝没想的那么简单。当时这叫作"投机倒把"，是法律明令禁止的。

二十世纪七八十年代我烟抽得很凶，知道松花江饭店一带，是贩卖"黑烟"的地下区域。敢在那里倒卖"黑烟"的，大多都干过一些不法勾当，起码也是能够打架斗殴，强霸一方的主儿。还有一些是蹲过监狱，天不怕、地不怕的人。

这些烟贩子只卖高档烟，例如中华、牡丹、红双喜。这些都是佳木斯人很难弄到的香烟。烟贩子一般把这些烟拆包零卖，甚至是一支一支地卖。这样买烟的人既可以尝尝鲜、过过瘾，又不需要花太多的钱，烟贩子也能赚取不菲的利润。而且，由于每次卖的数额不大，警察也无法以"投机倒把"定罪抓人。

松花江饭店当时是佳木斯最高档的饭店，来这里吃饭的人除了婚丧嫁娶之外，就是求人办事的。这种场合，主人会在周围的黑市上，为客人买上十来支高档香烟，放到小盘子里，让客人尝鲜。

而我想干的事和这些烟贩子不同，他们是一支一支地卖，而我一下子要卖十条，一共两千支烟。这足够判一个"投机倒把"罪了。政府主要打击的，恰恰是我这样的人。

按照当时的罪名，从上海把香烟贩卖到佳木斯，起码是犯了"长途贩运""投机倒把""倒卖紧俏物资""变相倒卖票证"四项刑事罪。

但我已经答应帮姐姐赚这笔钱，箭在弦上，不得不发。无论冒多大风险，我都愿意帮她一把。

52. 倒卖香烟

天刚刚擦黑儿，已经到了晚饭时间，烟贩子们都出来做生意了。松花江饭店的黑市上，一支中华烟大约能卖两毛钱到两毛五分钱，一支牡丹烟也能卖到两毛钱以上。

我来到中山路，双手揣在棉衣口袋里，在松花江饭店门前漫不经心地逛街。为防止被便衣警察盯上，我身上一包烟也没带。当走到一个老牌烟贩子身旁时，我脸朝着前方，轻声自言自语道："要不要整条中华？"然后，若无其事地和他擦肩而过。

他显然听清楚了我的话，立马转过身来，快步追上我。

"你有多少？"

"你想要多少？"

说话时我们谁也不看谁，嘴也尽量不动，像是对着前面的空气在自言自语。

"什么价？"他迫不及待地表现出兴趣，此时我们已经并肩行进。

"中华三十五，牡丹三十二，不划价。"此时，已经远离了松花江饭店的黑市区域，危险性大幅度降低。

按照事先观察好的地点，我把烟贩子带进了一条窄胡同。胡同里堆满积雪的小路上，没有任何行人。

在那条小胡同里，我们达成了交易：中华烟三十二元一条，牡丹烟三十元一条，十条烟他全部都要。

我要他带我到他家去。我明确告诉他，一是看看他是不是真的烟贩子，是否有钱买我这十条香烟；二是查查他是否是个便衣警察，如果这家伙是个警察，一到他家便立即真相大白。

从他家的情景看得出来，这家伙的确是个烟贩子。他把一堆卖烟的零散钞票拿出给我看，表示今晚就能凑好十条烟的钱。而且他肯定不是便衣警察。

我们约好晚上八点我带烟到他家，他把买烟的钱准备好，两人一手交钱，一手交货。

吃过晚饭，我却待在家里没动。

姐姐有些担心。

"是不是烟不能卖了？八点都过了，怎么还不去呢？"姐姐小心翼翼地问。

"现在不能去。如果那家伙是个公安局的卧底，八点钟咱们去他家，就进了他们的'套'，那就会'赔了夫人又折兵'！"我耐心给姐姐解释。

"如果真是那样，不但我会被抓进去判刑，烟也会被他们统统没收。"姐姐听后吓得面如土色。

"因此，同意八点钟去是我骗他的。咱们不怕一万，只防万一。什么时候去，我会叫你们。"

"现在睡觉。"我招呼姐姐和致华早点儿上床睡觉。

妈妈、姐姐、致华都噤若寒蝉，一句话也没敢问。她们都满腹狐疑，明显被吓得够呛。

夜里两点半，我叫醒了姐姐和致华。

"现在是时候了，你们俩起来，跟着我一起去。"

她俩擦擦眼，一骨碌爬起来，赶忙穿好了衣服。

"夜里会很冷，都要多穿些。"我嘱咐她俩。

我骑一辆车，致华骑一辆车。姐姐坐在我自行车的后座上，抱着那箱香烟。

冬夜的佳木斯，室外有零下三十摄氏度。整个佳木斯冰冷、黑暗、见不到一丝月光。路上厚厚的积雪已变成坚硬的冰壳，被地面上的车辙不规则地拱起，自行车忽左忽右，像飘在黑夜里的两片落叶，艰难地瑟瑟前行。

这大约是姐姐一辈子经历的最难熬的一个夜晚。

夜里三点半，我们到了烟贩子的家。

"谁呀？"听见敲门声，屋里传出被惊醒的愠怒。

"我。昨天咱们见过，给你带烟来了。"我轻声解释道。

"等了你一晚上，怎么现在才来？"烟贩子声音里都是不满。

"开门再说。"我很耐心。

不一会儿，我和抱着香烟箱子的姐姐进了屋。

我没让致华进屋，派她在胡同口放哨。

"老哥，我不能不防。如果昨晚您这儿是个'套'，八点钟我就掉进去了！"我解释道。

"那你现在怎么还来了？"烟贩子还是不解。

"你想啊，哪会有警察'蹲坑'蹲到后半夜三点半呢？如果昨晚你这儿有警察，现在也回家睡觉了。"我继续解释。

老烟贩子竖起大拇指，连声道："兄弟想得周到，你太厉害了。大哥跟你学了一招，佩服！"

"那就快拿钱出来。我们点钱，你来验烟。"

他的钱都是一元、两元的零票，五元钱的票子都很少见。烟贩子一共凑了三百一十元钱，乱七八糟一大摞，都交给了姐姐。

姐姐哆哆嗦嗦地接过那一大堆钱，浑身上下不停地发抖。

很快，烟也验完了，钱也点完了。

我、姐姐、致华带上三百一十元钱，骑上自行车一路飞快地回到了猪板屯家中。

姐姐在上海买烟一共花了四十七元，我给她卖了三百一十元，是她买烟成本的 6.6 倍。一共净赚了两百六十三元，正好相当于姐姐全家四个月的收入。

姐姐买上海到佳木斯的往返火车票花了七十八元，给妈妈和上海的婆婆两边买礼物，一共花了二十二元，扣除这些成本和开销，这次冒险投机倒把，不仅资助姐姐实现了和妈妈团聚的愿望，还帮姐姐净赚了一百六十三元。

姐姐高高兴兴地在佳木斯住了半个月，大包小包地拿着各种礼物，满载而归地回上海了。姐姐不仅在姐夫面前扬眉吐气，还在婆家大出了一把风头，一举还清了她的全部外债。

我的贩烟行为违犯了当时的法律，总不是什么值得称道的事情，但这次惊险的贩烟过程，还是给了我很大的刺激和启发。

敢于冒险，机敏冷静，我发现了自己身上潜藏着的商人特质。终有那么一天，我会进军那个波澜壮阔的商海。可以断定，如果那一刻真的到来，我一定可以成为一个杰出的商人，一个优秀的企业家。

53. 空手套白狼

多年以后，还是常有记者问我："能不能告诉我们，您是抱着什么理想，甘愿舍弃教授的学术生涯，而毅然下海创业的？"我总是告诉他们，赚钱养家、解决生活基本需求，才是人们创业的根本动力。开始创业时，创业者大多谈不上什么理想，往往身处衣食无着的窘境，不创业活不下去。那些抱着宏大理想去创业的人，十有八九会以失败告终。

刚到深圳时我身无分文，研究所筹备人员的工资都发不出来。虽然中信老板荣毅仁和唐克支持我创建深港研究所，但主管我们的公司领导，坚决反对成立中信国际问题研究所。他通知中信香港公司，"一分钱也不要给，让那个深港研究所自生自灭"。于是研究所的经费便彻底没了着落。我对中信的出尔反尔愤愤不平，亲自去找他理论。他蛮横、强硬、寸步不让，我碰了一鼻子灰。还因为他骂人，差点儿在电梯里和他动起手来。

这样的遭遇，激起了我的好斗性格。我决心自力更生解决经费问题。没有经费，我也要把深港研究所办起来，这不仅是对李湘鲁和朱嘉明负责，也是给我自己一个交代。

当时我还管理着《中青年经济论坛》，我找编辑部借了五万元，开始了深港研究所在深圳的创业历程。

我找到深圳市农业银行的总经理王健。王健是南开大学国经系七八级学生，读研究生时上过我的课，算是我的学生。

王健听说我找他，立即安排请我吃饭。

"杜老师，有什么事尽管说，只要能够帮得上忙，我一定尽力而为。"

"我想买两套房，是开发商专门给我留下的。希望你们做个按揭贷款，帮助我把这两套房买下来。"

王健笑呵呵地一口答应："贷款的事好办，在我们的业务范围之内。不过您说的私人住宅按揭贷款业务，我们才刚刚开展，做的还不多。"

二十世纪八十年代，中国的银行全部是国有银行，都还在计划经济体制下运作。四大国有银行都是按国家计划发放贷款，完全没有市场化运作。民间的股份制银行还没有出现，银行业务既没有和国际接轨，也没有市场化。他们只是知道有私人住宅按揭贷款这项业务，但大多尚未实施。

这也确实有时代背景。二十世纪八十年代，中国的城市住宅还都是国有资产。住宅私有化改革是八十年代最后几年才在主要中心城市试点的。

我开始给王健"上课"。

"私人住宅按揭贷款业务的核心，是房产价值评估和确定抵押率。"我开始细致入微地给他讲私人住宅按揭贷款业务的具体操作。

"私人住宅按揭贷款业务有两个核心要点：一是房主要有足够比例的个人投资在房产里面，借贷人有自己的款项在房子里，自然会尽心还款；二是借贷人无法归还贷款本金和利息时，银行有权拍卖该房产，而一个合适的抵押率，才能保证贷款银行能够轻松拍卖房产，快速收回本金和利息。"王健听得津津有味。

"这两点汇集在一起，就形成最终的要点：抵押率。一个合适的抵押率，既保证了私人住宅主人可以轻松地买进房产，并有能力按期归还利息和本金，还可以保证贷款银行规避风险，及时处理房产，收回贷款本金和利息。"

我继续说下去："我要买的这两套房在碧波花园，是罗湖最好的地段。现在市价是一千四百八十元每平方米。开发商愿意用去年的开盘价卖给我，每平方米九百六十元。"

王健瞪大眼睛听我讲，好像当初在南开大学听我讲课一样。

"如果你们银行的评估价和市场价一致，也是每平方米一千四百八十元的话，那么按每平方米九百六十元给我发放贷款，抵押率仅为65%，完全符合国家规定的70%按揭贷款抵押率的上限要求。"

"听您的分析和解释，确实是那么回事。不过，如果这样的话，银行按每平方米九百六十元贷给您购房款，等于您一分钱也没出呀？这会让我们的贷款部门感到紧张和不舒服。"王健从逻辑上已经同意了我的分析，但还是觉得哪里有点不合常规。

我继续给他上课：

"碧波花园这两套房子现在的市价是每平方米一千四百八十元，还在迅速上涨之中，估计明年会涨到每平方米两千元以上。如果你们按照每平方米九百六十元实施按揭贷款，一旦我还不上贷款本息，银行随时可以以九百六十元或更高的价格，把房子出手卖掉。不仅可以快速收回贷款，还可以大赚一笔差价。相信这笔按揭贷款业务，银行只赚不赔，没有任何风险。"

"况且从九百六十元到一千四百八十元的差价部分，本质上已是我的个人财产。如果现在把这两套房转卖给任何人，我都会赚得这笔差价。这部分潜在收益，相当于房产价值的35%，这就是我投进按揭房产中的资金。"

王健被我彻底说服。

按照他的要求，在办理这两套房产的按揭抵押贷款之前，我还去农业银行给他们新成立的按揭贷款部门开了一堂课，专门讲解了私人住宅按揭贷款的理论和实践案例。

一个星期以后，深圳市农业银行按揭贷款部门、地产开发公司和我本人三方一起，在深圳市农业银行同时签订了《房屋买卖合同》和《抵押贷款合同》。合同签好后，农业银行当场把二十五万元的贷款打入我的银行账户。而我立即把其中的二十四万两千元购房款支付给了房地产开发公司，一次性付清了全部购房款。

我一分钱没出，纯粹空手套白狼，得到了碧波花园两套一百二十六平方米的住房。付完房款后，用剩下的八千元钱买了一整套家具和过日子的家用电器和锅碗瓢盆。

不久，我们一家搬进了碧波花园新居。由此，我在深圳拥有了两套住房，成为当时深圳少有的"有产阶级"。

四个月以后，深圳房地产价格疯涨。我把其中一套卖给了深圳中国租赁总公司，成交价是每平方米两千九百八十元。仅卖出一套房，我就收入了三十七万五千元。随即还清了全部贷款和利息。

空手套白狼买房四个月以后，我不仅拥有了一套自己的住房，还净赚了十二万元。这样，深港研究所的经费就有了，我家的生活费用也有了。这笔交易的成功，使我们全家有了在深圳立足的基础，也使深港分所的各个研究项目得以开展。

有了经费，研究工作便立即全面展开了。这才有了后来关于"泰国经济奇迹"和"香港免税港建设"的研究成果。

54.引进麦当劳

虽然空手套白狼使我手里有了十二万元，但这些钱最多能维持一年。要想永久性地解决研究所的经费问题，不能再去求中信公司或其他什么人，只有靠自己才行。在这个世界上，依靠别人活着，肯定不如依靠自己活着痛快。

我决定立即成立一间公司，去尝试自己赚钱养活自己。我的优势是熟悉改革和对外开放的诸多政策，而且这几年来，和深圳的主要领导及各个职能部门都建立了良好的关系。因此，利用在深圳的人脉资源，成立一家专门为跨国公司提供投资服务的顾问公司，应该有很好的前景。

很快，"克瑞斯（CRIS）经济事务代理有限公司"在深圳注册成立。令人意想不到的是，公司挂牌不到一个月，一家大型跨国公司就找上门来。这就是世界最大的餐饮连锁集团，举世闻名的麦当劳。

1978 年改革开放初期，麦当劳就想进入中国市场。但那时国家引进外资的重点是先进的工业技术和出口创汇类项目。像麦当劳这样的快餐企业，既没什么先进技术，又不能大量创汇，因此，中国政府一直拒绝麦当劳进入中国。

为了能得到中国政府的批准，麦当劳投入了海量资源，挖掘各种渠道，花费了十年时间，碰了无数钉子，也还是没能获得政府的批准。

1987 年 11 月 12 日，麦当劳最大竞争对手肯德基在北京开业了他们的第一家快餐厅，这个消息燃爆了全球餐饮界。

这家坐落在北京前门的肯德基，一开业便火爆异常，不仅刷新了肯德基历史上的所有营业纪录，也创造了世界餐饮界史上的诸多纪录。全世界媒体对肯德基北京店开业的大肆报道，为肯德基做了一个超级成功的广告。一时间，肯德基不仅在中国老百姓眼里风光无限，也把主要竞争对手麦当劳弄得灰头土脸，在全世界面前打了一个大胜仗。

这件事给麦当劳带来的挫败感让他们心急如焚。

他们决心搞明白，麦当劳努力十年未能登陆中国，肯德基却能突破障碍，根本原因到底是什么。

原来，把肯德基带进中国的，是位美籍华人，叫王大东。王大东曾是肯德基南加州区域经理。1982年李瑞环访问旧金山时，向王大东发出邀请，希望他能到天津开创现代快餐业，以帮助天津创造更好的投资环境。在李瑞环的盛情邀请下，王大东辞去肯德基的工作，在天津开了一家美式快餐店，取名"傲奇快餐"，获得巨大成功。

"傲奇快餐"的成功在美国快餐界引起轰动。1986年肯德基邀请王大东出任远东地区总裁，由他领衔开发中国市场。

在李瑞环市长和北京常务副市长张百发的帮助下，王大东和他的肯德基，以为在京外国人服务的理由，获得了北京市的特殊批准，从而开创了外资连锁快餐业进入中国的先河。

肯德基给麦当劳上了一课。麦当劳可不想把这么大的中国市场拱手让给死对头。他们从肯德基的成功里，懂得了要想迅速打开中国市场，必须找一位像王大东这样的中国人，全力帮助他们才行。

麦当劳把开拓中国市场的任务交给了香港麦当劳的创始人伍日照。

伍日照的副手韩德杨是南开大学老校友，曾是谷书堂教授的同班同学。通过谷书堂，韩德杨知道了正在深圳的杜厦曾和李瑞环关系密切，在深圳也是个"手眼通天"的人物。他相信杜厦就是可以帮助麦当劳进入中国的那个人。于是韩德杨陪同伍日照，一起前来深圳拜访我。由于韩德杨和谷书堂的关系，我们一见如故，聊得非常开心。

伍日照早年任职于美国太空总署，是NASA的高级工程师。1972年，伍日照阴差阳错地成为麦当劳香港地区合伙人，开创了香港麦当劳的辉煌事业。

从 1975 年 1 月香港第一间麦当劳开始，伍日照陆续在香港开了三百家麦当劳。香港麦当劳是全世界最赚钱的餐厅连锁系统，全球十大麦当劳餐厅中，有七家是伍日照的餐厅。伍日照被称作香港的"麦当劳之父"。

伍日照恳切地请我帮忙，协助他把麦当劳引进中国。他希望中国的第一批麦当劳餐厅能够从深圳开始。这样香港麦当劳可以就近提供管理协助，而且大大缩短了供应链长度。他坚信深圳麦当劳可以获得不亚于香港麦当劳的成功。

我当然乐意做这笔生意。我们迅速签署了《麦当劳餐厅投资代理协议书》，克瑞斯经济事务代理有限公司成为麦当劳在中国的全权"投资代理人"。

图 10-2　韩德杨来深圳找我，促成了我把麦当劳引进中国。

我亲自替麦当劳撰写了可行性研究报告和投资项目建议书。我引经据典，利用中国现有的引进外资政策，论证了把麦当劳引进深圳的诸多好处。之后，我带着这两份文件，去见了深圳主管外商投资的副市长朱悦宁。向他解释了把麦当劳引进深圳后，对深圳进一步引进外资和对外开放的诸多好处。并强烈说明，在引入麦当劳的问题上，并没有任何实质性的政策障碍，朱悦宁副市长听得频频点头。

我和朱悦宁副市长早就相识。1985年天津中青年经济理论研讨会期间，朱悦宁是与会代表，我是大会的秘书长。我们之间有一面之缘，遂成为朋友。

朱副市长直接带我去见了市委书记李灏。

李灏书记是老熟人。他一如既往地客气、儒雅、彬彬有礼。我向他汇报了引进麦当劳的意义，我对李灏书记和朱副市长说：

首先，麦当劳是全球最大的现代餐饮业态。对于深圳特区来说，有麦当劳，是深圳融入外部世界的一种象征，对于深圳有百利而无一害。

其次，大量到深圳谈生意的外籍人士，尤其是每天大量涌入的香港白领，都需要这种既快捷又卫生的就餐方式。这是中餐的大排档所无法做到的。因此，引进麦当劳，成为深圳投资环境改善的实际需要。

再次，北京已经批准肯德基开店。麦当劳比肯德基在国际上重要得多，他们才是世界快餐界的老大。因此引进麦当劳已经没有政策风险。

最后，深圳本身就有省级审批权限，所以，我们不能把麦当劳这么好的项目推到别的省市去。

其实，最后一点我是在明显地暗示，如果深圳不批，我也会把麦当劳项目拿到其他城市去批（例如天津），那样，深圳就丢掉了一个向全世界扩大影响的机会。

一番侃侃而谈之后，李灏和朱悦宁都觉得有道理，没有理由不批麦当劳进入深圳。

很快，我就拿到了麦当劳投资深圳的批准证书。麦当劳十年没有办到的事，我一周就做到了。

　　这大出伍日照所料，他既惊讶，又佩服。见到我他连连称赞说："杜先生，太谢谢你了！深圳这个投资项目，我们就全都交给你了。"

　　接着，伍日照任命我们公司里的一位经理，担任麦当劳深圳筹备组总经理。我向伍日照推荐了选址地点，并代表他去和开发商谈判购买价格。于是，选址、洽购房产、招聘员工、组织餐厅改建和装修、进口通关、员工的初步培训，都是由克瑞斯公司全权代理完成。

　　全部筹备工作历经两年。1990年10月8日，内地第一家麦当劳餐厅在深圳东门老街正式开业。这家店也是全中国唯一一家被特许使用港元支付的餐厅。

　　开业那天，解放路步行街光华楼巨大的金色"M"字拱门下，一个红黄相间的"麦当劳叔叔"端坐在光华楼顶上，笑容可掬地俯瞰着人山人海。无数深圳人举家前往，人们满腹新奇，从餐厅二楼外廊排队到一楼，再绕着整个光华楼转了好几圈。

　　餐厅共有四百六十个座位，第一批员工有四百多人，但根本忙不过来。伍日照从香港紧急调来五百名员工帮忙。一个餐厅，有上干名员工同时提供服务，而且每人都要忙十小时以上。这在世界快餐店历史上绝对空前绝后。餐厅只能采取"出多少人，进多少人"的办法来调控店里的客流。

　　深圳麦当劳准备了一个星期的备料和食物，竟在一天之内全部卖光。深圳麦当劳当天的营业额、入店人数，均创造了麦当劳五十年历史的世界纪录。

　　这不仅是克瑞斯经济事务代理有限公司最成功的一笔代理业务，还催生了我职业生涯中一个重要的标记：我是把麦当劳引进中国的那个人！

　　深圳的中国第一间麦当劳，共投资了四千余万港元，这在当时是个天文数字。由于审批、购买物业、装修改造、进口通关、招聘员工、筹备开业等，都是由克瑞斯公司代理，因此，我在麦当劳身上好好地赚了一笔大钱。

图 10-3 把麦当劳引进中国，在我的经商生涯里具有纪念意义。

图 10-4 中国内地第一间麦当劳，开业第一天曾创下多项麦当劳世界纪录。

55.路见不平拔刀相助

1988 年年底，我认识了体操王子李宁。那次相识，建立了我们之间长达三十多年的深厚友谊。

李宁是中国历史上最伟大的运动员之一，他整个运动员生涯共摘取过十四项世界大赛桂冠，赢得过一百零三枚金牌。二十世纪的最后一天，李宁被国际体育记者协会评为二十世纪最伟大的运动员。于是，他与飞人乔丹、足球皇帝贝肯鲍尔、拳王阿里并列在一起，成为世界体育史上最伟大的传奇之一。

二十世纪相当长时间里，中国一直深陷在战争、饥荒和内乱之中。长期无休止地折腾和随之而来的国民经济羸弱，使中国在经济、国防、科技、教育、文化等各个方面，和国际先进水平比，都存在巨大差距。只有竞技体育中的少数项目，是使中国人能体会到民族自豪感的有限亮点。

1984 年，新中国历史性地第一次参加奥林匹克运动会，竟获得了十五块金牌，这给中国人带来了从未有过的惊喜和激励。乒乓球、女子排球、男子体操、射击、跳水等达到世界先进水平的项目，瞬间成了整个国家的珍宝和希望。奥运金牌和中国的竞技体育成为全民族的精神寄托。

1988 年汉城奥运会，全国人民都对中国奥运代表团寄予无限期望。这给国家体委和中国奥运代表团以巨大压力。为了得到更多金牌，国家体委强令已准备退役的李宁重新回到中国奥运代表团，出战汉城奥运会体操比赛。而此时的李宁，已经停止系统训练达五个月之久。

在汉城奥运会的比赛中，李宁勉为其难地出现在吊环、跳马和其他各项体操比赛中。结果，李宁遭遇他十八年体操生涯中最为惨烈的失败。吊环比赛脚挂在环上，摔了下来；双杠项目出现倒立失误，摔了下来；鞍马项目出现最低级失误，直接从鞍马上掉了下来；跳马项目一屁股坐在垫子上……所有的比赛项目，几乎无一成功，这引起世界体育界一片哗然。

但在全球直播的奥林匹克赛场上，李宁需要体现出中国运动员的体育精神，即使失败，他仍然保持着微笑。

然而李宁这微微一笑，使金牌梦碎的中国观众难以理解。他们脆弱的自尊心大受挫伤。全国上下愤怒无比并怨气冲天，嘲讽声、谩骂声，铺天盖地扑向李宁：

"输了还笑，李宁像什么样子，丢尽中国人的脸！"

一个辽宁观众寄来的信里，装了一根挽好的塑料绳扣，写了一句话："李宁，你不愧是中国的——体操亡子，上吊吧！"

在国内强大的抱怨和谴责声中，中国奥运代表团返回北京时，只允许获得奖牌的运动员从大厅正门出去，接受欢呼簇拥。没有获得奖牌的运动员，一律要走侧面的小门，悄悄上车返回驻地。

李宁此时已成为众矢之的。现场没人理他，他只能从工作人员的灰色通道，一个人偷偷溜出机场。

尽管如此，李宁还是受到机场人员的揶揄："你在哪儿摔不好，偏偏跑到那儿去摔！"他去银行取钱，银行职员竟对他说："你还有脸回来呀，待在汉城算啦！"

那时的中国人是输不起的。因为这些奥运金牌，是浇灌他们不多的民族自豪感的唯一祈盼。

李宁从万人敬仰，瞬间成为被人奚落和讥讽的对象，这令我的几位体育界朋友愤愤不平。更使人气愤的是，中国所有专业媒体竟然没人出来给李宁说些鼓励的话，这使人感到无限悲凉！

把李宁捧上天的是他们，把李宁踩进泥里的还是他们。

李宁对中国的体育事业作出过非凡的贡献，他曾给亿万中国人带来过惊喜和荣耀。他是中国人应该永远感谢和崇敬的民族英雄。

深圳体育馆馆长杨雨是我的好朋友。他气不过，找我商量要在他的体育馆里给李宁办一场特殊的告别体坛活动。要在全国人民面前，重新肯定李宁作出的伟大贡献，也要告诉国家体委和全国媒体：不能这样对待李宁！

杨雨和朋友樊渝杰一起去北京找了李宁，除了慰问并表示声援以外，还向李宁建议，在深圳搞一场特别的"李宁告别体坛活动"，以期拨正舆论，振奋精神。他们希望以此帮助李宁更好地规划今后的人生道路。

李宁还陷在汉城失败的沮丧之中。此时的他，觉得自己已经颜面丧尽，无法抬头。况且，在汹涌的全国舆论面前，国家体委也不会批准这样一场"李宁告别体坛活动"。他没有信心再次面对媒体，再次面对公众。

杨雨不肯放弃。

他告诉李宁：我替你找了一位高人。他可以想出办法，使我们堂堂正正地面对国家体委，面对全国媒体和全国公众。我已经和他商量好，只要你委托他来全权办理，相信他能克服一切困难，给你弄出个前无古人、辉煌无比的告别体坛活动来。

"谁有这么大的本事？我倒是想见见他。"李宁让杨雨说得半信半疑，心里开始松动。

"他叫杜厦，是南开大学一位年轻的经济学副教授。现在深圳办了一间对外开放研究所。他神通广大，十年未能获准进入中国的麦当劳，他一个星期就全部'搞掂'。现在麦当劳正在深圳做着开业准备。"杨雨把我说得似乎无所不能。

"他思想活跃，敢说敢为，又浑身正气。我觉得只有他能给你办成这件事。"杨雨说得有些夸大，这倒刺激了李宁，使他心底重新燃起了一种希望。而我，心里想的却只有一件事，就是"路见不平，拔刀相助"！

三天以后，我飞到北京。

李宁请我在便宜坊烤鸭店见面。一见面，我就表达了对他的理解和支持。对于汉城惨败之后的国内舆论，也表达了和杨雨一样的义愤。但李宁仍然抑郁而沉闷，还没从那场沉重的打击中恢复过来。

1984年洛杉矶奥运会后，李宁一直被巨大光环所包围。媒体和公众给了他无穷无尽的褒奖。可这一切，在汉城一夜之间化为乌有。他理解不了，一场比赛的失败，为什么会给他带来如此天差地别的变化。

他把走出北京机场的那条灰色小路称作"世态炎凉之路"。他还纠结在汉城的失败里。此时的他，心灰意冷无法自拔。

我没有安慰他，反而非常激烈地批评了他，这令李宁感到意外。我想，能够成为世界冠军的人，绝不是一般人。如果没有坚忍的精神，强大的意志，是不可能成为一名伟大的世界冠军的。我相信，李宁这样的人，需要的不是同情，更不是怜悯，他们需要的是理性的分析和规划。

我告诉他：你没有准备好就贸然答应去参加一场你根本不想参加的奥运会，这是个不可原谅的错误。这个错误的责任首先在你自己。你内心深处的侥幸和大意轻敌，是最终同意参加并造成这场惨败的根本原因，这赖不得别人。

你不想搞这场"李宁告别体坛活动"，因为你害怕再次面对媒体和公众，这将会犯另一个更大的错误。也许，对你自己来讲，这个错误比你贸然参加汉城奥运会还要严重。

李宁完全听不懂我的话，他睁大眼睛看着我，满眼的疑虑和不解。

我给他作了如下解释：

首先，你不振作起来，是对自己的不负责任。你二十五年的灿烂人生，是用无数个日日夜夜，千辛万苦的努力换来的。你不能如此轻易地放弃这一切。这不仅对不起你自己，也对不起为你付出了无数努力的教练、队友。更对不起对你寄予无限期望的父母和家人。

其次，你是体育界的一面旗帜。你倒下并就此沉沦下去，每个中国的世界冠军看在眼里，都会噤若寒蝉。今后，他们怎么面对失败？怎么面对竞争？他们还会不会选择继续拼搏？你必须从这次失败中重新崛起，为他们做个榜样。

最后，中国的媒体和公众，最大的毛病是只接受成功，不接受失败。所谓"胜者为王、败者为寇"的观念，是英雄史观的重大缺陷。作为过去的成功者和今天的失败者，你担负着改变中国人"只能成功、不能失败"这种观念的任务。如果你就此一蹶不振，那么这个国家和这个民族，在"李宁汉城惨败"上所表现出来的浮躁，就丧失了一次医治机会。因此你有责任告诉全国人民和全国媒体：你不惧失败，你是真正伟大的世界冠军。

李宁是个绝顶聪明的人。

听完这番话，他破涕为笑，居然开起玩笑来："杜老师，这么说，这场'李宁告别体坛活动'成了我的责任，不干还不行了？"

"绝对是这样。"我肯定地说。

"红红火火地搞这场'李宁告别体坛活动'，既给了你重新起飞的机会，也让所有中国运动员感到振奋。还可以纠正公众和媒体的不正确舆论，这绝对是件大好事，我们非做不可。"我继续坚定他的信心。

我们达成了协议。

"李宁告别体坛活动"计划已全部做好。时间定在 1988 年 12 月 16 日到 18 日，活动一共举行三天。

我建议李宁把他所有家人、队友、教练、老师都请到深圳来，往返路费和深圳酒店费用都由我承担。同时，把全中国最耀眼的文艺明星也都请来，用三天时间，搞一场辉煌的"李宁告别体坛活动"，让李宁的形象重新矗立在全国人民面前。我要让这场活动，永远镌刻在中国体育运动的灿烂历史上。

然而，想举办这样一场活动，最大的障碍来自政治层面。

1949 年至今，中国在体育、艺术、科技等方面取得的所有成绩，都被归功于党的领导，归功于人民群众的集体智慧。荣誉集中于个人身上是很难被接受的。

和李宁达成协议以后，抱着试试看的态度，我拜访了国家体委的几位主要领导。不出所料，他们给我的答复是：国家体委不支持这样做，也不鼓励这样做，更不会参与这项活动。我理解汉城惨败的阴霾还没有散去，他们也是压力巨大。

回到深圳后，我找了深圳体委主任马志久和副主任苏穗，他们已经得到国家体委指示，对这场"李宁告别体坛活动"采取"不支持、不鼓励、不参与"的"三不"政策，他们感到相当为难。他们一直说，这个时期的李宁太过敏感，深圳体委不便出面……

我给杨雨出主意，把"李宁告别体坛活动"视为一个单纯的文艺晚会，按照一般性文艺晚会来签场地合同，我们来个"明修栈道，暗度陈仓"。这样，马志久和苏穗便沾不到任何责任，他们便会睁一只眼、闭一只眼。我负责把市委书记李灏和深圳主要领导都请上主席台。这样，有深圳市委、市政府出面，国家体委只能干瞪眼，一点辙也没有。

我跑到李灏家，说得他热血沸腾。他对李宁无比同情，表示自己一定会出席这场晚会。在晚会上，他还要代表深圳市委、市政府表达对李宁的坚决支持。

我心里清楚，由于李宁无可替代的特殊身份，加上汉城奥运会失败给中国舆论界带来的巨大冲击，"李宁告别体坛活动"必定在全国引起轰动。索性"一不做，二不休"，我把十位曾经给中国体育事业作出过巨大贡献的体育人也一起邀请来参加这场盛会。

和李宁一样，这些人曾给中国体育带来过诸多荣誉。现在大多已被人忘记，甚至个别人还被打入另册，受到不公正待遇。应该把这些英雄永远地记录在新中国的体育历史上，给他们足够的荣光。这十人是：

庄则栋：连续获得三届世界乒乓球锦标赛男子单打冠军，是四届世界乒乓球锦标赛男子团体冠军主力成员。

戚烈云：1956 年打破百米蛙泳世界纪录，成为中国第一个游泳世界纪录的创造者。

郑凤荣：1957年打破女子跳高世界纪录，成为中国第一个打破世界纪录的女运动员。

王富洲：1960年5月25日与贡布、屈银华一起，从北坡登顶世界最高峰——珠穆朗玛峰，实现了人类历史上首次从北坡登顶珠峰的壮举。

陈镜开：1956—1964年，先后九次打破最轻量级和次轻量级挺举世界纪录。

朱建华：1983年6月至1984年6月，连续三次打破跳高世界纪录。

除以上六位，还有穆祥雄、楼云、张蓉芳、容志行。

我和李宁商定，请中央电视台文艺部导演袁德旺出任此次晚会的总导演。袁导德高望重，由他领衔，晚会的号召力自然不用担心。

袁德旺导演带给晚会一个强大的演艺阵容，几乎囊括了中央电视台春节联欢晚会上的主要演员。

1988年12月16日至18日，"李宁告别体坛"晚会在深圳体育馆盛大演出三天。

这场告别晚会对李宁一生影响巨大。直到将近三十年后的2017年，在我撰写本章的时候，李宁还告诉我，是那场晚会把他从沉沦和绝望中拯救出来。重新点燃了他的自信，给了他继续努力的希望。从那一刻开始，他焕发了无限激情和一往无前的奋斗意志，这为他随后创办"李宁"运动品牌，打下了坚实的思想基础，获得了根本的创业动力。

值得自豪的是，在李宁人生最沉沦的时刻，我把应该属于他的辉煌再次还给了他。直到今天，每当看到李宁和李宁品牌的任何一个成功，我都会发自内心地感到无比骄傲。

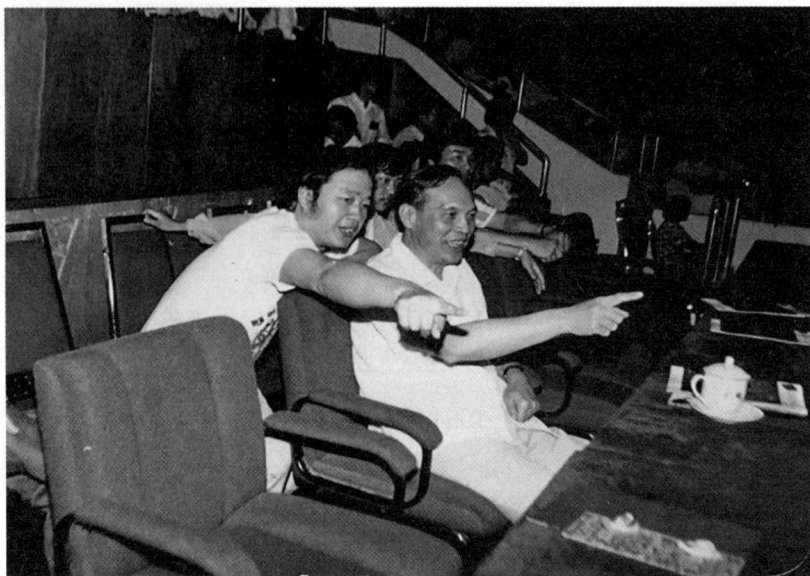

图 10-5　李灏的支持至关重要。"李宁告别体坛活动"主席台上，我陪李灏书记看节目。

当然，我和公司也没白干。尽管干这次活动的初始动机是看到社会舆论和有关部门对李宁太过不公，颇有"路见不平，拔刀相助"的意味，但我哪里有这么大的财力，去办这样一场耗资巨大的演出活动呢？租赁场馆、舞台布景、音响设备、演出服装是一笔很大的开销。把李宁的所有家人、队友、教练、老师都请到深圳，这两百来人的旅费、酒店、饮食也是一笔巨大支出。

既然话已经说出去了，只有穷尽自己的所有力量，从广告、门票、赞助等各个方面来筹措资金。我们干得不错，演出结束以后，扣除所有开销，我们还净赚了二十几万元人民币。

这场活动是我经商生涯中最有意义的一次尝试，我们取得了非凡成功。

图 10-6　左起：容志行、王富洲、朱建华、郑凤荣、庄则栋、楼云和晚会主人李宁。

图 10-7　这是"文革"结束十二年后，庄则栋第一次在媒体上露面。他对我和李宁十分感激。

图 10-8 活动结束后，李宁专门表达了他对我的感谢。

图 10-9 在这个时刻，所有著名的明星都支持了李宁。仔细看，我们能从这张照片里找到他们。

十一、惊涛骇浪

56. 掉进旋涡

1989 年，成立仅一年的深港研究所已经有了可观的研究成果。《泰国经济快速发展的启迪与借鉴》和《香港免税港政策研究》两份报告，得到了国家有关部门的认可。报告的核心观点已被 1988 年国务院《关于进一步扩大沿海开放区范围的通知》所采纳。对于一个没有经费，又缺兵少将的新研究所来说，这已经是令人骄傲的成绩了。但我并不满足，另一项大得多的计划，已在紧锣密鼓地准备之中。

第二次世界大战以后，国际金融市场的规模飞速扩大，早已成为推动世界经济发展的主导因素。虽然中国的改革开放已经推进了十年，但在国际外汇交易、股票交易和期货交易市场上，还没有中国人的身影。无论学术界还是政界，都对国际金融市场的概念和操作一无所知。

我希望通过自己的实际操作，真正弄懂国际外汇、股票、期货等金融交易，写出相关理论著作，填补中国经济学界在这方面的空白。现在深港分所已经站稳脚跟，到了该实现这个计划的时候了。

当时，克瑞斯已经累计盈利三百多万元人民币，在二十世纪八十年代，这是很大一笔钱了，可以用来在这个项目上试试水。

1989 年年初，以香港地区为操作平台，我正式进入了国际外汇市场。我投入两百万港元，在国际外汇市场开立了账户。安装了专门接驳国际外汇市场的"路透"专线，可二十四小时直接在伦敦或香港从事外汇交易。我成为国内极少数拥有国际外汇交易专线，并可以直接参与国际外汇交易的中国人。

为使生意规模迅速扩大，我和境外银行达成了二十倍的杠杆资金使用协议。即我所从事的外汇交易，只有5%的资金是自己的实际投入，其余95%都是银行垫付，这样便可以使交易规模扩大二十倍。这意味着如果盈利，会有二十倍的放大。反之，如果亏损，也会有多达二十倍的损失。

外汇交易是典型的风险生意，无论大或小，经营者都是在"大赢"和"大输"之间跳舞，这些人都是赌徒和风险玩家。

能否在这样的市场上呼风唤雨，在充满刺激的大风浪中获利，一是要看有没有经验，二是要看把握经济环境的能力，三是要看资本实力。最后，还要看玩家有没有个好运气。

进入外汇市场的初始阶段，我真是一帆风顺。

最初，我频繁地在英镑、马克、日元和美元之间买进、卖出，做的几乎都是短线交易。当时是想多体验在国际外汇市场做交易的感觉。学习各种技巧，验证自己对国际经济形势的理解，以及对各国货币敏感性的认识。由于还处在刚刚进入的学习阶段，从事的都是小额交易，快进快出。我给自己设置了苛刻的止损线，把风险防范放在了交易原则的第一位。

其实，这是一种相当稳妥和留有余地的操作策略。只要对外汇行情和主要经济体的经济状况有深入的了解，想在外汇交易中赚点小钱，不是一件太难的事。

每天早上九点香港外汇市场一开市，我便坐在电脑终端前静静地下单，买进、卖出，直到次日凌晨四点，国际外汇市场关门的时候，我才洗脸睡觉。五小时以后又要起来，继续在国际外汇市场上拼搏。除了对潮水般涌来的经济数据进行分析之外，还要关注世界各个角落每天发生的政治事件。由此，不断作出交易决定，买进有增值潜力的货币，抛出手上看跌的货币。

由于策略基本正确，加上经济学理论基础的帮助，我很快掌握了短期外汇交易的门道。短短两个月左右，已经从"快进快出"中赚了很多钱。3月底，我的香港外汇账户余额已经突破了四百万港元。两个月净赚了两百多万港元，令人叹为观止。我的自信心超级爆棚！

这可真是个有吸引力的生意，不用注册公司，不用雇用员工，不用设置办公室，不用见任何客人，也不用缴纳任何税项（香港风险生意免税）。我一度认为，这大概是世界上最好的生意了。

其实，这么短时间获得这么大成功，是一件非常危险的事。我没能及时认识到这一点，不知不觉地掉进一个巨大的旋涡之中。

1989年初春，日元汇率突然出现大幅贬值。全世界经济学家和外汇专家都认为，这次日元突然贬值完全不合逻辑。大家一致认为，二十世纪七十年代开始，日元就已经进入了长期的升值通道。1989年，美元仍然是下跌趋势。不需太久，日元会重回升值通道。

我的感觉也和这些货币专家的预测一样，认为日元应该继续走强，估计很快就要涨回到110日元兑1美元的高位。我摩拳擦掌，准备伺机大规模买入日元。

3月1日，日元跌到130.55日元兑1美元的低位，日本央行决定加息，这是日本政府要维持日元强势的重大信号。

我觉得好机会终于来了，于是投入了大笔资金买进日元。

令人惊讶的是，整个3月份日元仍在持续下跌之中。4月1日，日元已经跌到了132.04日元兑1美元的价位，我买入的日元，大约亏损了两百余万港元。

我坚信日元马上就要掉头向上，于是四处借钱补仓。

5月1日，日元又跌到137.86日元兑1美元，4月份的三十天，我又继续亏损了七百余万港元。

我开始对日元继续下跌的前景感到恐惧，但已经投入了太多资金，"回头"是来不及了，只能硬挺着继续补仓，等待日元重新走强的那一天。

我调动了一切力量，包括向深圳国企的一些朋友借钱。甚至还找了李灏书记的女婿李钢铁，求他的企业给我提供担保，以便从银行借出钱来，支持我在日元上的持续投入。

5月份形势更加吓人，日元可谓"一泻千里"。6月1日，日元跌到143.98日元兑1美元的水平。5月份我又亏损了八百多万港元。

此时，继续融资的渠道已经干涸，资金储备已然灯枯油尽。再也不可能借到任何一分钱了，我只能通知外汇市场"锁仓"。

6月以后，日元还在疯狂地持续下跌，全世界的经济学家和货币专家都被日元的表现吓傻。

1989年这场震惊世界的日元下跌狂潮，是由多重原因造成的。

该年，在东京都地方议会选举中，土井多贺子率领社会党，历史性地首次击败自民党。其后的日本参议院选举中，自民党又历史性地首次失去过半数议席，从而失去对日本国会的控制权。这些日本历史上从未有过的政治大变局，重创了日本经济。

更厉害的是，在不到三个月之内，日本竟然连续更换了三位首相，这在日本历史上也是绝无仅有。全世界对日本经济的信心，被日本这一系列政治地震所摧毁。而我恰恰是在这样一个年份里，买进了大批日元，受到日本百年不遇的巨大政治动荡的拖累。

人有时命好，但不会永远命好，1989年我的命就太差。

进入国际外汇市场初期的成功使我头脑膨胀、忘乎所以。对自己分析能力的过分自负、不断胜利带来的骄傲与轻敌、一个外汇业务新手的经验缺失以及内心深处难以抵御的贪欲，不可避免地使我掉进了这场由日元烹制的"最后的晚餐"。我变成了别人餐桌上的一盘小菜。

1989年9月1日，日元跌到145.07日元兑1美元。最为夸张的是，1990年4月日元居然跌到了158.46日元兑1美元，这确实匪夷所思。如果1989年6月我没有及时"锁仓"，到1990年4月时，我将亏损近八千万港元，这大概相当于现在的十亿元人民币！

煎熬了一年以后，我真切地感到自己已无力回天，既无计可施，又心灰意冷，我已经彻底绝望。刚刚一年，进入国际金融市场的伟大计划都成了一堆笑话。我在国际金融市场上大展拳脚的理想已经灰飞烟灭！

1990年1月27日是农历马年春节，香港外汇市场不放假。我已经承认彻底失败，遂拿起电话，通知将我的外汇交易账户全面斩仓。

那次斩仓以后，陆续在外汇交易市场上投入的一千八百余万港元，只剩下了3487港元。直到今天，那个账户还继续留在那里，已经三十三年没再动过。里面的港元一直静静地待在那里，我永远不想再去触碰那场可怕的噩梦。

我在外汇交易中亏损的这一千八百余万港元，除了本金两百万港元和头两个月两百万港元的盈利以外，陆续加仓赔进去的一千四百万港元，都是通过朋友帮忙，从各个银行借来的钱。这在二十世纪八十年代，绝对是个天文数字。

怎么偿还这笔钱呢？此时我公司账面上只有九万多元，连一个月的利息都不够。这一千四百万港元牵扯到许多朋友，如果真的还不上，他们就要替我还钱。银行经办人也面临很大风险，尤其他们中有许多是我的学生，不能让他们受到我的连累。

我只有十个月的时间。

也许应该从我办公室所在的国贸大厦五十层的天台上跳下去，一了百了，我真的这么想过。

儿子杜宇村这年正好十二岁，这是他第一个本命年。此时，离他生日还有十五天。这年妈妈正好六十六周岁，这是个颇为吉利的数字。在她熬过坎坷无比的一生后，终于迎来了可以舒舒服服颐养天年的美好生活。妻子王致华才三十九岁，正在风华正茂的年龄，对她来说，真正享受人生的时候才刚刚开始。

我不能让她们失去我，也不能失去我们已经拥有的美好生活。

我站在国贸大厦的顶层，望着深圳周边跌宕起伏的翠色山峦，凝神远眺，不禁潸然泪下。

我哭了，真的哭了，而且哭得很伤心。

这是三十年商海沉浮中我第一次哭，也是唯一一次哭。俗话说，"男儿有泪不轻弹，只是未到伤心处"。我对自己说，必须接受这个现实，你不能死，也不能逃避。你必须是条好汉，必须是活在世上的一个英雄。

除了死，应该还有另外一条道路，就是去寻找奇迹。在十个月的时间里，赚出这笔钱，把一千四百万港元的债全部还上！我必须大踏步迈过这道坎，勇敢地爬上这个坡。相信在某个地方，幸运女神正在等待着我的到来。

57. 只能自己救自己

债务像压在心上的一块巨石，使我寝食难安。既然决定不跳楼了，就必须绞尽脑汁想出办法，赚出这一千四百万来。只有如此，那些帮助过我的朋友才能转危为安，那些支持过我的学生才不至于跌入深渊。

意想不到的是，一些天马行空的想象力，不仅真的帮我赚回了这一千四百万，还让我在中国对外文化交流史上创造了十项空前绝后的纪录。至今想起来，这故事仍让人啧啧称奇。

这要从戈尔巴乔夫 1989 年那次访华说起。

1989 年 5 月 15 日，戈尔巴乔夫在一个敏感的时间点访问北京。次日上午，电视直播了邓小平和戈尔巴乔夫双手紧紧握在一起的画面，这让全世界震惊不已。有人计算过，邓小平和戈尔巴乔夫握手时间长达三十八秒钟，两人兴致勃勃地向全世界宣布："中苏关系实现正常化"。

正是这句"中苏关系实现正常化"，刺激了我的商业嗅觉。我断定，中苏和解将意味着两国关系在各个领域的全面解冻，两国间的各种交流活动也会跟着解冻。而首先解冻的，一定是中苏两国间的文化交流活动。

1957 年，我曾在北京看过苏联大马戏团的演出，那场演出精彩绝伦，虽然已过去三十多年，仍让我记忆犹新。趁着中苏关系解冻，如果能够把苏联大马戏团请到中国来做商业巡演，也许会获得意想不到的成功。我刚刚举办过盛大的"李宁告别体坛活动"，已经有了大型商业演出的经验。我的商业直觉告诉我，如果苏联大马戏团的中国商业巡演能够实现，一定可以赚出一笔大钱来，说不定可以帮我一举还清外债。

虽然只是脑海里的一闪念，但我已被这个念头打动，决心一试。

大年初一把国际外汇交易全部斩仓后，第二天我便乘火车奔赴北京。火车上，邓小平和戈尔巴乔夫在北京握手的画面和1957年苏联大马戏团在京演出的画面交替在我大脑里出现。这两个画面，一个让我激动不已，另一个使我走火入魔。

火车上的两天，我反复构思和推敲和文化部沟通的细节。不仅要说服文化部邀请苏联大马戏团访华，还要说服他们让我来承办这场商业巡演。

如果这场大型商业巡演真的能够实现，不仅给文化部开创了由民间承办对外文化交流活动的崭新形式，还可以给他们节约大量经费。对文化部来说，岂不是一举两得？

对于一个没有任何政府背景，也没有对外文化项目承办经验的个体户来说，这个想法近乎天方夜谭。确实，我和文化部八竿子也搭不上关系。如果真的能如愿以偿，那肯定是太阳从西边出来了。这会让全中国所有的对外演出团体都惊讶不已。

通过天津的张炜，我结识了中国杂技团团长林建。我向他阐述了邀请苏联大马戏团访华，并承办商业巡演的想法。他的中国杂技团也正处在入不敷出的窘况之中，新当上团长的林建，正想干点什么事，来改变中国杂技团的处境。我说服林建与我合作，林建求之不得，我俩一拍即合。

有国字号专业演出团体的支持及合作，我办成此事的机会大增。通过林建，我约到了文化部外联局局长游琪女士，她负责审批国际文化交流活动。大年初五刚过，我约林建一起来到文化部外联局。

局长游琪是位典型的知识分子，温文尔雅，平易近人，和一般中央机关司局级干部有很大不同。她和林建很熟，一直欣赏他、器重他。游琪仔细听我阐述了邀请苏联大马戏团来华做商业巡演的全部设想。对于我的提议，她表现出了浓厚兴趣，尤其对不用国家一分钱，全部由我出资来承办这次巡演的提议，更使她感觉兴奋。

游琪优雅而不失精明，她提出了最为关键的问题。她和蔼地向我发问：

"杜厦同志，你提出了一个全新的对外文化交流设想，这就是走'商业化演出'的新路子，这是个大胆的创新。新中国成立四十一年来，文化部几百次涉外文化演出，无一例外，全部是国家花钱，没有赚过一分钱。如果这次你们能够创新成功，既完成了国家对外文化交流任务，又不用国家花一分钱，还闯出了涉外商业巡演的新路子，这当然是件大好事，我们会全力支持。"说到这里，游琪局长一笑，顿了一下，继续说下去：

"可是，如果商业巡演赔钱，你们半途干不下去，撂挑子走人，我们就被动了。文化部就要重新把项目接过来，再加倍地花钱，继续完成巡演任务。国与国之间的文化交流项目，有着相当高的外交严肃性。如果文化部被迫去给你们'擦屁股'，接过你们丢下的烂摊子，不仅比我们自己从头干要艰难得多，还要在中央各部委间丢人现眼。"游琪很真诚，说的话没有任何官腔。

"挨批评是小事，造成外交上的不良影响是大事。况且，你们的失败，会彻底堵死以后涉外商演的大门。如果发生那样的事，你打算怎么办？有什么可以让我们放心的保障措施吗？这些你想过吗？"

问题尽管很尖锐，但很客观。

"游局长，我知道您会有这样的担心。任何惊天动地的承诺都没有力量，也消除不了您和文化部的顾虑。您看这样行吗？如果文化部领导和外联局决定批准邀请苏联大马戏团访华，并且确定由我们来全权承办该项目，我们将给文化部提供一份五十万美元的不可撤销担保函。该担保函由金融机构提供。有了这一担保，您和文化部便不会有任何财务风险，更不会使外联局陷于您所担忧的'擦屁股'的境地。您觉得如何？"

我的这番话，让在场的人都颇感意外，也大大出乎游局长的预料。而我的语气坚定，显得胸有成竹。

第二天，游局长带我和林建去见了文化部常务副部长高占祥，他主管对外交流业务。

林建大名鼎鼎，曾任七七级北师大学生会主席，是全国出名的青年才俊，也是文化部所属各文化院团中最年轻的掌门人。高占祥很了解他，这大大增加了文化部领导对这次苏联大马戏团访华巡演成功的信心。

一周后，我接到游局长亲自打来的电话：文化部党组批准了邀请苏联国家大马戏团访华的建议，并同意由深圳克瑞斯公司全程承办，自负盈亏。

我欣喜若狂。

但问题来了，现在我是一个地地道道的穷光蛋，不仅身无分文，还欠了一大屁股债。拼命去鼓动文化部邀请苏联大马戏团访华，不就是为了赚钱还债吗，哪里还有五十万美元去给文化部提供担保呢？况且，也没有银行会为我这个身无分文的穷光蛋提供担保呀。

但我心中早有策划。

买我碧波花园房子的人叫李西元，他是中国租赁总公司深圳公司的总经理。由于我们住隔壁，交往甚多。我决定说服他和我合作。其实，大年初二去北京的火车上，我就已经盘算好了这步棋。

李西元热情有加。举办"李宁告别体坛活动"时，我曾邀请他坐上主席台，和李宁、楼云、朱建华、庄则栋坐在一起，这让他骄傲了好一阵子。更重要的是，他亲眼见证了李宁活动的成功，也亲眼看到了我把深圳弄得热火朝天的场景。

我和他讲，文化部已经同意邀请苏联国家大马戏团访华，在全国做上百场的巡回演出。而且，还将指定我的公司承办这场涉外商业巡演。

我说："李总，我有一个建议，在这场势必轰动全国的商业巡演中，我在近百场的演出中，给你一块重要的广告位置，放置中国租赁总公司的横幅场地广告。"

李西元眼睛发亮："这肯定是件好事。1957年在北京，我也看过苏联国家大马戏团的演出，确实好看。中苏交恶几十年，他们再也没来过。这次重来中国，肯定会引起轰动。"

原来李西元和我一样，也看过 1957 年那场苏联大马戏团的演出，这就有了共同语言，接下去就更好谈了。

"广告费你打算要多少钱？"李西元有兴趣和我做成这笔生意。

"是这样，为了让文化部放心，我需要一份五十万美元的担保函。如果中国租赁总公司给我出这份担保函，我将给你们的广告全程免费。"我的表态让李西元惊讶，他觉得捡到一个大便宜。

"你知道，做大型体育馆商业演出，我们有成熟的经验。无论媒体、广告、售票、组织、安保等，你已经从'李宁告别体坛活动'中，看到了我们的运作能力。更何况苏联国家大马戏团万众期待，商业巡演成功是可以预期的。因此，实际上，除了这份名义上的担保函以外，你们可能一分钱也不用付，白落下一个非常有价值的全国性广告。"

李西元是个精明的商人，我说的这些话，他深信不疑，频频点头。

"李总，这单广告生意你们稳赚不赔。但你们还是要垫付一笔小钱。估计马上就要和文化部官员一起访问苏联，建议你也跟我们一起去。除了谈判访华具体条件，还要选择节目。文化部代表团所有成员的出访经费，由你们租赁总公司垫付。演出开始之后，我将从票款收入中如数偿还。"我还是让李西元出了点"血"，否则连代表团出访苏联的费用我也拿不出来。

李西元和我愉快地达成了协议。

几天以后，我带着中国租赁总公司五十万美元的正式担保函来到北京。

别看是位温文尔雅的女性，游琪局长却雷厉风行。收到我的担保函后，她亲自布置，马上组织了赴苏谈判代表团，开始办理赴苏代表团的出访手续。

代表团由文化部外联局苏联东欧处袁学处长任团长，我、李西元、林建和中国对外演出总公司周总在内，一共七个人。二月底，我们飞赴莫斯科。

58. 莫斯科的较量

从首都机场起飞那天，天气不好。飞机起飞后，立即钻入青墨色的云层之中。舷窗外彤云密布，乌云不断翻滚，我的心情也和这乌云一样，七上八下，忐忑不安。文化部这一关，让我匪夷所思地"搞掂"了，那真是这辈子我遇到的最幸运的事之一。还有看上去"难于上青天"的五十万美元担保函，也靠我的"三寸不烂之舌"弄到手了。此时，你不能不信上帝。即使不是上帝，头顶上也有个什么神灵，在暗中帮助你，否则怎么会有这么好的运气呢？但幸运之神不会永远眷顾你，莫斯科那边到底会怎么样？我还是心里一点底都没有。矛盾已经转移，苏联文化部和苏联大马戏团打算为这次巡演收多少钱，成了问题的焦点。

莫斯科的天气也和从北京出发时一样，阴沉沉见不到一点蓝天。二月底的莫斯科还处在冰天雪地之中，冷风刺骨，气温绝对有零下二十多摄氏度。天地间到处灰蒙蒙，像是笼罩在无尽的悲伤与无奈之中。

在飞机场迎接我们的苏联文化部官员，也像被这里的恶劣天气所感染，各个阴沉个脸，一副冷冰冰的样子。即使偶尔挤出一丝笑容，也是"皮笑肉不笑"。不仅他们这样，大街上看到的每一个苏联人，脸上都比这里的天气还"冷"。看得出来，他们的生活似乎没有任何快乐而言。

我们住在莫斯科最好的酒店，号称五星级。酒店对面就是红场和克里姆林宫。清晨一起床，看到宾馆对面的马路牙子上，百多个苏联人在寒风中站成一排。他们穿着厚厚的大衣，不停地左右踮着脚，佝偻着身体，左顾右盼。不知这是些什么人，走近一看，原来他们怀中大多抱着各种各样的食物或其他小物件：有的是一两瓶酸黄瓜，有的是几块奶酪，有的是一小罐白糖，也有人抱着自家烘制的大列巴（俄式面包）。甚至有人抱着雪爬犁、旧冰鞋和锅碗瓢盆等，不一而足。奇怪的是，寒风中站立的这些人，都静静地一声不吭，没人吆喝，也没人叫卖。他们都想用自己怀里东西，和我们换上几美元。

1990年的苏联，老百姓的生活已经困顿到一个临界点。

这是我第一次踏足曾经那样辉煌的苏维埃社会主义共和国联盟。而我们所见到的一切，大大出乎我的想象。

第二天一上班，我们先去拜访苏联文化部领导并说明我们的来意。双方客气一番以后，我们便去拜访苏联文化部对外演出总公司，商量邀请苏联大马戏团访华的具体事宜。

苏联对外演出总公司在文化部六楼。不知什么原因，电梯没有开，我们只好步行爬上六楼。

从底层恢宏的大厅开始，沿着折返而上的宽阔楼梯，一个挨一个，挤满了苏联各地文艺团体的代表。他们有序地从一楼大厅一直排到六楼对外演出总公司办公室的门口。大多数人手中拿着录像带和节目说明书，争先恐后地把这些说明书和录像带塞在我们手里。

从他们祈盼的眼神中，我看到两个明确信号：他们极其渴望出国演出，并极其渴望挣到钱。而我们这些外国人，正是他们的愿望得以实现的救世主。

负责和我们谈判的，是苏联对外演出总公司总经理，叫马克西莫夫。他五十岁上下，体态肥硕，经验丰富。

看得出来，马克西莫夫掌控着全苏联的对外演出活动。他拥有认定或否定任何对外演出项目的权力。对楼梯上那百十个排队的人来说，马克西莫夫就是上帝，他手里握着节目的生杀大权。

确实，所有出国演出的细节，如出访项目交给谁、上哪些节目、演出多少场、出访时间多长、演出费标准、对方的接待标准等，都由马克西莫夫决定。而他的这些决定，关系着谁能获得出访机会，以及他们能从出访中挣到多少钱。

进屋落座后，我们直切主题。

节目根本不必担心，马克西莫夫有几十套节目组合。全苏联各加盟共和国一级的马戏团，大大小小一共有八十几个。凡经过对外演出总公司把节目重新组合后，都统一称作苏联国家大马戏团。也就是说，我们理解的苏联国家大马戏团，其实都是各个加盟共和国马戏团的重新组合，苏联并没有官方的国家马戏团。

由于各加盟共和国马戏团的代表都在等马克西莫夫分配给他们出访机会，因此，给中国凑一个像样的苏联大马戏团，完全不成问题。只要马克西莫夫一声令下，这些演员和他们的动物，就会立即整装待发。让他们演多少场都行，谁也不会有二话。他们在苏联国内已经很难获得有收益的演出机会。

关于演出的技术性谈判都简单得要命，只要马克西莫夫一扬手，一切都分分钟"搞掂"。

唯一真正需要谈判的，只有演出费问题。

马克西莫夫告诉我，在美国正同时巡演着三个苏联国家大马戏团。根据节目不同，美国人给的演出费从五千美元一场到八千美元一场不等。一般来说，马戏团配备的猛兽越多、大型动物越多、空中器械越多，演出费也就越高。他决定给这次中国商演配备十二到十四头猛兽、十头以上的大象和骆驼等大型动物、全套的空中飞人节目以及必不可少的趣味小丑节目和杂技节目。节目总长度不会少于一小时四十五分钟。

马克西莫夫的要价是每场五千美元。据他讲，这是充分考虑了中国的实际情况后，给出的最优报价。言外之意，没有什么讨价还价的余地。

诚实地说，五千美元一场确实不贵。而且大致算起来，马克西莫夫建议的节目清单，要涉及八十多位苏联演职人员和一百四十多头动物。

这个报价不能说不合理。

可是，我还是立即回绝了马克西莫夫的报价。

"马克西莫夫同志，五千美元按中国市场上的实际汇率，大至相当于四万五千元人民币。如果再把演职人员的伙食与住宿费用、动物的饲养费用、城市间运输的费用、舞台搭装与灯光音响的费用，以及中方专业演出团体的配合、市场推广、工作人员工资等费用和税费都算起来，一场演出的成本就要超过十五万元人民币。而在中国的绝大多数城市，这类演出的平均票价不会超过十元。"我用在苏联电影里常见的动作，向他耸耸肩，摊开双手，一脸的无奈。我用这个动作向他表达我实在无法接受他的报价。

我继续说下去：

"马克西莫夫同志，您知道，这是新中国成立四十年来，中国的第一次涉外商业巡演。而您的报价，会使这场商业巡演以惨败告终。因为按照您的报价，承办巡演的单位，必定会出现巨额亏损。"

马克西莫夫瞪大了眼睛看着我，好像半天才听懂我的意思。他沉下脸来说："请您注意，在苏联对外演出总公司的历史上，还是第一次遇到有人和我讨价还价。"他那显示着不满的嘴角里，藏着对于我的不屑与嘲讽。

"准确地说，我给您的报价合理而且公道。我们对外演出总公司永远不会从这里赚任何一个卢布。这些演出费都是付给我们那些伟大艺术家的。因此，这里没有任何降价空间。"他先彻底封死了继续进行价格谈判的余地。

他接着说："各位中国同志，我们两国已经三十多年没有任何文化交流活动了。因此，你们大概不了解我们外访演出的原则。"

接着，他把那双肉嘟嘟的厚手伸到我的眼前，说：

"杜先生，我给你报出演出费标准，然后你选择同意或者不同意，事情就结束了。"说完，唰地一下，他把伸出的手臂收回来，然后双手摊开，也还给我一个大家都熟悉的无奈表情。

马克西莫夫表达立场的方式，非常"苏联"，非常"俄罗斯"，蛮横且毫不退让。

我们代表团的人都面面相觑。他们看着我，不知我会怎样回答。

59. 看谁挺得住

"对不起，马克西莫夫同志。看来我们双方相互的了解还太少。因此，我觉得需要给您一些说明。"我面不改色心不跳，侃侃而谈。

"我同意每场演出，给您的马戏团一万元人民币的演出费。"还没等马克西莫夫从惊愕中缓过神来，我又接着说下去：

"不过需要给您作两点说明。首先，一万元人民币在中国的实际购买力，要远高于五千美元在美国的实际购买力。无论家用电器、服装、鞋类、日用品、食品，任何产自中国的工业品，都比美国市场上的同样商品便宜得多。因此，对苏联的艺术家来说，每场收入一万元人民币比在美国收入五千美元要划算太多。因此，这绝对是个公平的价格。"

没等他插话，我又接着说："其次需要说明的是，每场演出我们都会根据演出效果，给予演员不同的演出奖金。这些奖励，并不计在一万元的演出费之内。这是用来刺激演员卖力演出的奖金。这也是他们赴美演出不可能得到的。况且，我们全程给苏联艺术家提供五星级酒店的住宿条件，这大约也是美国同行不会提供的。

"我们是在充分估量了中国巡演可能的票房收入后，经过精细计算，给出的这个报价。这也是我们可能给出的最高价格。这场中国商业巡演结束后，除这些参加中国巡演的苏联艺术家得益之外，您的对外演出总公司也是受益的一方。一旦开辟出中国这个巨大市场，对于贵公司今后的长远运作，肯定增加了很大的回旋余地。如果您能够理解我的这些话，我将万分感激！"

听完我这番话，马克西莫夫半天说不出话来，他只是不断地摇头。

"这是不可能的。"他抬起头来，给了我一个坚定的回答。

"马克西莫夫同志，明天我们将去你们伟大的列宁格勒参观，然后从列宁格勒去伏尔加格勒，五天后我们会回到莫斯科。希望再次见到您时，能够听到您改变主意的消息。当然，如果那样，对我们双方来说，都是有益的。"此时，我们谁也说服不了谁，继续争论下去也不会有结果。客观地说，我们都需要一些时间来消化和理解对方的立场。

说完，我使个眼色，暗示大家我们该撤了。

马克西莫夫一脸沮丧，呆呆地坐在他的椅子上，一声不吭。

马克西莫夫并没有按照外交惯例，派车送我们到机场。我们搭上酒店的破面包车到了机场，飞赴列宁格勒。

去列宁格勒和伏尔加格勒没有具体任务，就是参观游览。涅瓦河上的阿芙乐尔号巡洋舰、金碧辉煌的冬宫、涅瓦河右岸的彼得堡罗要塞、涅瓦河南岸彼得大帝青铜骑士像、彼得大帝的夏宫……大家在列宁格勒游览得十分开心。伏尔加格勒尽管没有什么名胜古迹，但第二次世界大战中著名的斯大林格勒保卫战，令我们代表团的所有人，都对这座城市崇敬不已。

当时，我是代表团中唯一忧心忡忡的人。谈判陷入两难境地：同意五千美元一场，将意味着赔钱；而坚持一万元人民币一场，又可能被马克西莫夫拒绝。我在思考着对付马克西莫夫的策略。

五天以后，我们回到莫斯科再次拜访了马克西莫夫。

再次见马克西莫夫，"球"已经在他那边。显然马克西莫夫需要对一万元人民币的报价作出回应。但奇怪的是，马克西莫夫完全不理睬这个问题。问了半天参观列宁格勒、伏尔加格勒的感受。看来他心情不错，谈话云山雾罩，东拉西扯。

这家伙果然是谈判场上的老手，他显然是希望我先开口讨论演出费问题，率先提高报价。搞过商业谈判的人都知道，天字第一号法则就是——绝不要率先开口向对方报价。

图 11-1　谈判陷入僵局，中国文化部代表团访问列宁格勒。左起：团长袁学、我、李西元。

我们俩谁也不提演出费问题，我们代表团的团长开始坐不住了。袁学处长捅了捅我："该谈谈演出费了吧？否则没有任何谈判成果，回国怎么向部里交代呢？"

我悄悄对他说："一万块钱的报价不可更改。马克西莫夫在等待我改变立场，而我们也要耐心地等他改变立场。此时什么也不能说，要让他知道，我们的一万元人民币报价是认真的，坚定的。这就是我们的底线。在这种场合，谁先开口就意味着谁心里发虚。现在比的就是谁更坚定，谁更不在乎，谁更沉得住气。"

袁处长不说话了。尽管他是团长，但他清楚我才是巡回演出的出资人，因此他不能逼我干我不想干的事。

我们稀里哗啦地讲着中文，马克西莫夫一句也听不懂。但他大概能够猜出，我们在争论什么。他足够老辣，还是坚持不提演出费的事。

谈判再次陷入僵局。

回到酒店以后，团长来到我的房间，动员我在演出费上主动妥协，以便双方能够达成协议。他说如果就这样回国了，他真的没法向文化部领导交代。我有些不大高兴，告诉他：如果是文化部出钱来搞这场商业巡演，我马上就去妥协；但如果仍然是由我来承办这场商业巡演，那么，要由我来决定在什么价格下接受这场商业巡演。因此，我不会主动妥协。

不过，我还是安慰了一下他：您放心，今晚他们必来酒店和我们谈演出费问题，不信您等着瞧。

已经过了晚上九点钟，酒店外面黑乎乎一片。莫斯科电力严重短缺，路上没有几盏灯是亮的，红场上也黑黑的，死气沉沉。

马克西莫夫一晚上也没来，我心里非常失望，这次我失算了。

返程飞机的起飞时间是第二天下午四点，时间还很充裕。由于合同没谈成，全团的人情绪都不高。第二天早晨八点了，居然都还在睡大觉。

八点半，我到餐厅去吃早餐。赫然发现，马克西莫夫已经坐在靠窗的一张桌子旁，正在一边喝咖啡，一边等着我的到来。

我又惊又喜。

马克西莫夫显得一身轻松："杜先生，为了能够达成合作，我们决定，把每场的演出费降到三千五百美元。这应该是世界上任何一个国家，邀请苏联国家大马戏团都未曾拿到过的价格，我想您应该满意了。"说完，他举起他的咖啡杯，做了一个准备和我碰杯的样子，同时送给我一个满脸肥肉堆出来的微笑。

同意他？不同意他？我脑中急速做了如何应对的思考。

我装作受宠若惊的样子："尊敬的马克西莫夫总经理，我真不知该怎么表达对您的感激之情。这么早，您就来酒店给我这么好的消息，我郑重地代表中国文化部代表团，对您的提议表示感谢！"

马克西莫夫满脸堆笑，摆了摆手，对我的感谢心满意足。

"不过……"我话锋一转，重提一万元人民币报价的事。

"每场一万元人民币的演出报酬，是来莫斯科之前，和我们文化部领导、党组织都商量过的报价。从苏联艺术家的实际收入考虑，也远远高于他们在美国的实际收入。因此，我十分遗憾地告知您，我不能接受您提出的三千五百美元的报价。但我仍然对您为达成此事所作出的努力，表示我个人的特别敬意。"

马克西莫夫把我笑眯眯说出的话全部听懂以后，整个人一下子呆住了，脸上一副完全不能理解的表情。

"我知道，在苏联大马戏团访华演出的所有细节上，我们都达成了一致。但这个演出费问题，实在是没有让步的余地。从这一点上说，我必须向您表示歉意。在返回中国后的一周之内，我仍然保留着按我们商定的细节，和您签署正式合同的法律准备。只要您能够给中国和中国人民一个机会，我们还是愿意接待苏联国家大马戏团的访问，并安排出色的全国巡演。"

我态度温柔，谈吐优雅，但内容强硬。

马克西莫夫艰难地说了一句："杜先生，那我代表苏联对外演出总公司，祝您和您的代表团一路平安。"说完，他拿起放在餐桌上的皮帽，用手掸了掸，点点头后，离开了酒店餐厅。

几天来在苏联看到的一切，给了我深刻的印象：苏联人已经深度贫困，我甚至怀疑他们能不能填饱自己的肚子。他们每个人都需要收入，哪怕是微薄一些的收入。苏联文化部楼梯上那些等待任务的百十号人，脸上显现出来的焦急和乞求，清晰地告诉我，他们极度渴望出国演出。我相信，如果这些人知道，马克西莫夫"赶走"了中国代表团，使他们丢掉了去中国巡演的机会，他们会"宰"了这个"死胖子"。最后，我相信此时此刻，即使是不给演出费，只要管吃、管喝、管住，这些苏联马戏团的演员也愿意到中国去经历三个月的巡演。

因此，我敢断定，马克西莫夫一定会再来向我妥协，也许就在今天下午，我们登上飞机之前的那一刹那。

然而，马克西莫夫并没有出现在莫斯科机场上。

60. 我赢了

在飞机的轰鸣声中，我们离开了苏联和它的伟大首都莫斯科。这个曾经无比辉煌的苏维埃社会主义共和国联盟，在很长一段时间里，都是我们心中的一片圣土。在童年的记忆里，它是神圣和令人向往的。然而今天，我亲眼看到的，竟是令人惊讶的贫穷、衰败、死气沉沉和了无生机的景象。我们无不为此扼腕叹息。

代表团的每个成员都在俯瞰着窗外逐渐远去的莫斯科。越是这样，他们越是为这次出访没达成最终结果而感到遗憾。他们没人说话，情绪明显有些低落。

我和他们的心境完全不同。虽然在莫斯科和马克西莫夫没能达成最后协议，我也有些遗憾，但达到了最基本的目标。除了马克西莫夫给的节目阵容和质量令我满意之外，他同意在中国巡演九十天，也是我的一大胜利。这远远突破了苏联大马戏团出国巡演不超过三十天的惯例。我心里对这一点是非常高兴的。

另外，马克西莫夫把报价从五千美元降到了三千五百美元，也是一个颇大的成就，这在以前也是没有过的。其实，这个价格已经到了我可接受的范围之内，言外之意，以这个节目质量、时间长度、演出费标准签订合同，已经达到了我可以获得盈利的基础条件。不过，所有这些想法，全部藏在我心里。不要说马克西莫夫，就是我们代表团里的自己人，也不能让他们知道我的真实想法。要让他们每个人都觉得，我无法接受三千五百美元的价格。在这个价格下，我绝对不会签约。

　　此时，谈判并没有结束。我一定要继续施压，逼迫马克西莫夫同意我的报价。我相信在苏联看到的一切，也相信在最激烈的谈判中，更有理性和更能坚持的一方，将会取得最后胜利。此时，绝不能走漏风声。中国代表团成员脸上的一点表情变化，都会让经验丰富的马克西莫夫抓住，进而探得我的真实想法。

　　我不得不让中国代表团的成员都去做一次"蒋干"。尽管他们没有"盗书"，他们每人脸上沮丧和无奈的表情已经让马克西莫夫知道，决定权在我手上，我不仅不满意他的报价，也绝不会在他给我的合同上签字。为此，我宁可带团返回中国。这给了马克西莫夫一个最强烈的信号：妥协和退让的只能是他。

　　我给他预留了一周时间。我的策略是，如果这一周之内，马克西莫夫让步，则我的战术成功。如果最终他放弃签约，那样我才真正摸到了他的底线。一周后，我会立即再飞回莫斯科，和他按三千五百美元一场的报价签约也不迟。

　　这种重大谈判的底牌，不能事先亮给任何人，无论是苏方人员还是中方人员。飞机上，只有我一个人知道，谈判还在继续，大门并没有关死。只不过我需要耐心等待，继续煎熬七天而已。

　　我心里暗暗念叨：马克西莫夫同志，我再等您一周，看您老人家还绷不绷得住。

　　没有达成最终协议就断然离开莫斯科，绝对是一步险棋。其实，马克西莫夫和我，都想把这笔生意做成。但我们都不是省油的灯。莫斯科的激烈谈判，真实地反映了我们各自的利益诉求，不战斗到最后一刻，谁也不会罢休。不过，事情的另一面是，我们又都怕过分的强硬把我们之间的"弦"拉断。如果把这笔生意谈黄了，对于我们俩都是不可接受的结果。

　　马克西莫夫身上有着巨大压力。他楼道里那些嗷嗷待哺的马戏团代表，天天都在寻找出国巡演的机会。一旦把这次的中国巡演任务拿下，不仅实现了他对这些演出团体的责任，对中苏两国间重启的文化交流也是一个开创性的贡献。我相信，在这一点上，苏联文化部也会给马克西莫夫施压。相比之下，我身上的官方压力要小得多。

我的压力都来源于那一千四百万港元的沉重负债。好不容易获得文化部的批准，准许我进行这次难得的商业巡演，这可是赚钱还债的唯一机会。如果这桩好事被过于无理的谈判搞砸了，得罪文化部是小事，几个月后我的银行债务到期时，清偿外债的奢望就成了泡影。

用"麻秆打狼，两头害怕"来形容我和马克西莫夫，非常恰当。不过，我自始至终表现出"谈成最好，谈不成也无所谓"的态度。我认为，我在谈判中的这套表演是成功的。商业直觉告诉我，只要坚持下去不动摇，马克西莫夫一定会让步。

回到北京以后，我天天往文化部跑，希望看到马克西莫夫打来的电报或电传。我期待着我"甩手就走"的谈判策略能够换来马克西莫夫最终的妥协。可是，一周即将过去，文化部电传室一直没有收到来自苏联对外演出总公司的任何电传文件。

说我此时心焦似火，一点也不过分。

尽管已经打算，如果一周内收不到马克西莫夫的电传，我便立即飞回莫斯科。但那不仅证明"甩手就走"的策略彻底失败，还意味着整个商业巡演要多支付好几百万的演出费。这样一来，到期把欠款全部还上的目标将很难实现。

周六下午，我死守在文化部外联局电传室，期待着最后一天能够迎来奇迹。

文化部五点下班，电传室里静悄悄的，电传机没有任何动静。我给马克西莫夫那一周的"宽限期"到了，看来马克西莫夫是"王八吃秤砣——铁了心了"，决心拒绝我那一万元人民币的报价了。因此，我必须准备再次返回莫斯科，向那个苏联胖子投降去。

从文化部回来，我沮丧至极，没有心思吃晚饭，一句话也不想说。一进旅店，我便倒在床上蒙头大睡。

我哪里睡得踏实，八点多便被饿醒了。起来后，我呆呆地坐在床上，望着窗外。喧闹的北京万家灯火，整个城市笼罩在初春的夜幕里。我走出旅店，一阵凉风袭来，我打了一个寒战。

我猛地想起，莫斯科和北京有五小时时差，北京下午五点下班时，莫斯科才中午十二点。这意味着北京晚八点多时，莫斯科才是下午三点多，离我给马克西莫夫的一周期限，还有最后一个多小时呢！

事情还没有结束！也许莫斯科的马克西莫夫，也在等这最后一刻。我立即乘车返回文化部，直接去了电传值班室。

电传室二十四小时都有人值班。我一进屋，墙上的时钟指在九点二十分。这就是说，距离莫斯科下班时间，还有最后四十分钟。

在焦急的等待中，时间一分一秒地过去。

北京时间周六晚上九点四十五分，莫斯科时间下午四点四十五分，奇迹终于发生！马克西莫夫代表苏联对外演出总公司，给中国文化部外联局发来了确认电传：

中华人民共和国文化部：

经研究，同意贵国文化部所提出的邀请苏联国家大马戏团访华巡演的邀请。苏联国家大马戏团由八十三位卓有成就的功勋演员组成。四月中旬，苏联国家大马戏团将从莫斯科集中出发，从满洲里口岸进入中国。敬请收到此电传后，立即与苏联驻中国大使馆文化处联系，商办我方人员入境签证、动物检疫、演出时间、运输及各项具体事宜。

苏维埃社会主义共和国联盟文化部对外演出总公司

1990 年 3 月 × 日

收到这份电传，我欣喜若狂，激动得有些不能自已。

和马克西莫夫这场激烈的商业较量，直到最后一刻才分出胜负。整个过程惊险、刺激、有趣。这是我此后近三十年的创业生涯中，最具戏剧性的一次商业谈判。

请苏联国家大马戏团访华，并做全国性商业巡演，完全出自我自己的奇思妙想。现在居然梦想成真，不能不让我感谢头顶上那个幸运之神对我的眷顾。接下来就看我有没有本事，把这次商业巡演办得既能引起全国轰动，又能赚得盆满钵满了。

我踌躇满志、信心"爆棚"！

61. 空前绝后的奇迹

虽然有了"李宁告别体坛"晚会的成功经验，但比起苏联大马戏团全国巡演来说，那只能算篇"散文"。这一次，要马不停蹄地连续转战七个城市，共有一百多场的大型演出，堪称是部"鸿篇巨著"。

苏联大马戏团在中国不同城市巡演三个月，需要处理的难题多得难以想象。

参加中国巡演的八十三位苏联演员，离家时间长达四个半月，全程需乘坐三十二天火车，总行程达两万四千公里。如何使他们在三个月的演出时间内，一直保持精神饱满、情绪高昂，给中国观众呈现出最好的演出效果，是件让人伤脑筋的事。

中国杂技团几十人随队配合，每场演出的道具、灯光、音响、服装，都要准备得丝丝入扣。由于有空中飞人等高风险表演，任何一点差错，都会导致无法收拾的严重后果。几场演出容易，但三个月之久的上百场的演出，要想一点差错也没有，真比登天还难。

巡演期间，我们要拉着一群老虎、狮子，辗转一万五千公里。这些猛兽每天要吃新鲜牛肉，而当时购买牛肉还需凭票供应，如何解决？骆驼、马、大象每天要吃大量新鲜的青草和水果，哪里去买这些稀缺食材？

在这些挑战面前，我的团队还必须分散成七个工作组，分别入驻要演出的各个城市。提前进行包括：市场预热、广告安排、售票准备、动物检疫、公安配合、酒店住宿、膳食与夜宵、防暑降温、购物导游，以及急诊看病、驻地安全等诸多工作，哪样不弄得妥妥当当的也不行。

一般来说，只承接一场这个规模的大型马戏团演出，也会使组织者焦头烂额，更何况要在七个不同城市，组织上百场演出。

我把自己关在屋里好几天，要从千头万绪的事情和困难中，逐渐梳理出思路。

要想访华巡演获得轰动性成功，而且能取得足够高的收益，必须在以下六个方面都干得漂漂亮亮才行。

1. 要使出绝招，提高演出奖励的诱惑性，让苏联演员们个个血脉偾张，拿出全部本领来卖命演出，这样才能有好的口碑，使整个巡演成功。

2. 必须大面积、重复不断地在全国各大媒体上，做超大规模的宣传，甚至达到"狂轰滥炸"的程度，以创造火爆的市场氛围。

3. 要最大限度地增加演出场次，还必须做到场场爆满。这是最考验经营技巧的地方，我必须亲自操控。

4. 必须强有力地控制演出成本，包括场地租金成本、人员吃住成本、城市间运输成本等三项核心成本。

5. 有效地掌控时间，是巡演成败的关键。每个城市演多少天？提前多少天进行市场预热？提前多少天卖票？如何造成观众对购票的"饥渴"？都需要切实可行的策略。

6. 当然，成功的根本因素是票房收益。因此，保持高票价是必须的，但确定合理价位是个大学问，既要能挣到钱，还不能让市场反感。而且要想办法形成抢票狂潮。

事后的实践证明，我们做到了以上所有这六条，而且做得非常漂亮，堪称完美！

从五月初开始，马戏团先后在武汉、深圳、广州、上海、沈阳、天津、北京举行了一百零八场演出，引起了全国性的巨大轰动。总计售出一千零四十万张票，全国近千万人现场观看了苏联大马戏团的演出。

8月1日，马戏团车队到达北京的第二天，文化部在北京国际饭店举行正式官方宴会，祝贺苏联国家大马戏团访华演出成功。全国人大常委会副委员长习仲勋代表国家领导人参加宴会，表达了对苏联艺术家的感谢。

8月7日，在京的中央政治局四位常委：中共中央总书记、国家主席江泽民，国务院总理李鹏，全国政协主席李瑞环，中央组织部部长宋平，来到主席台就座，观看苏联国家大马戏团的演出。中共中央总书记、国务院总理、全国政协主席、中央组织部部长，同时出席观看一场商业演出，这在中国历史上大概是史无前例的。

我在主席台上陪同这四位中国领导人观看了整场演出。

我总共创造了中国涉外商演五项空前绝后的奇迹，三十二年了，这些纪录无人打破：

1. 一百零八场演出的场次纪录，这在中国涉外演出史上，绝对空前绝后；

图11-2　苏联大马戏团访华巡演第一百场演出现场，我和中国杂技团团长林建在一起。

图 11-3　第一百零八场演出结束后，我与苏联大马戏团全体合影。

2.一千零四十万人的观众入场纪录，在中国涉外演出史上，绝对空前绝后；

3.全国一百三十四家各类媒体，超过三千四百次的不断报道，在中国涉外演出史上也属空前绝后；

4.超过一千五百万元人民币的净盈利，在中国涉外演出史上，更是空前绝后；

5.在京的中央领导人集体观看一个个体户搞的商业演出，这恐怕也是空前绝后了。

回到深圳后，我按时还上了银行的全部欠款。

十二、寻觅新业态

62. 退一步海阔天空

尽管马戏团巡演创造了诸多空前绝后的奇迹,但这个项目也几乎耗尽了我所有的精力和智慧。半年的殚精竭虑,精神接近崩溃。巡演的成功虽然使我还清了全部债务,卸下了肩头的千钧重担,我却一点也高兴不起来。这只不过使我从泥淖里爬出来而已,心里真没什么成就感。

回深圳还完欠账以后,我又变得两手空空。滑稽的是,一个自认为本事很大,而且自始至终努力拼搏的人,拼了好几年老命,得到的结果却是个"两手空空",这难道不让人沮丧吗?

尽管这一生承受过无数苦难,但我都激情满怀,从没有像现在这样沮丧过。在商业角斗场上的死里逃生,没有给我带来喜悦,反而对我精神上造成了很大打击。

对于一个被折磨得遍体鳞伤,一度濒临绝境的水手来说,再次起航绝不是件简单的事。也许,该找个地方医治创伤,平复心境,储蓄能量,好好反思一下,才可能再次投入狂涛汹涌的商海中去。

回到深圳,我什么也没干,只是闭门思过,反省了大半年。

1989年以后,以美国为首的西方国家对中国实施制裁,国内的投资环境空前恶化,新的外商投资完全停止,已经在华建厂的西方企业,都在争相撤离中国。由此引起深圳地产价格狂跌,大批依赖国际市场的外向型企业陷入困境。

深圳石化总公司也处于这种困境之中,经营萎缩,资金链面临断裂。他们急于变现手上的各种资产,以归还到期贷款,解除资金链危机。几年前，深石化用五千多万元人民币买了宝安区的一块住宅用地，足有十万平方米。现在，他们迫不及待要低价出售这块土地，以解燃眉之急。

1991 年 10 月底，这家企业的总经理助理给我打电话，询问我是否愿意接手这块土地。这位朋友给我打电话时，我已经休养生息了将近一年。当得知他们的底价后，我下意识地感觉到，重新起步的机会似乎来了。

其时，深圳早已风声鹤唳，各公司的土地储备都成了烫手山芋，没人敢接。但我感觉西方跨国公司肯定舍不得中国这个大市场，他们一定会卷土重来。我相信深圳的土地形势，马上会有根本性的变化，遂下决心买下这块土地。

我始终相信，商场上的许多重大决策都靠的是企业家的嗅觉，在这样的时候，可行性研究基本没有什么用处。

我立即返回深圳，借钱并贷款，从深圳石化总公司手里买下了这块住宅用地，一共用了两千万元人民币。

上帝真的很会开玩笑。1989 年他用日元匪夷所思的疯狂贬值，几乎将我置于死地。之后，他又在苏联大马戏团访华的项目上，让我赚得盆满钵满，得以还清巨额负债。当我买下这块土地之后，邓小平意想不到地来了，使这块土地的价值，疯狂暴涨，这难道不是他在变幻自己的法力吗！

1992 年 1 月，在我买下深圳石化总公司的这块土地三个月之后，邓小平视察广东和深圳，面对全世界发表了著名的南方谈话。他亲自宣布，中国将坚定不移地继续执行改革开放国策，决不会走回头路。

邓小平的讲话传遍了世界，深圳经济和土地价格立即复苏，之后更像火箭般疯狂上涨。几个月以后，这块土地的市场价格就恢复到了1989 年前的水平。之后更似脱缰野马，继续狂飙。到 1992 年年底，这块土地的价格已经涨到一亿八千万元人民币。仅一年时间，我买的这块土地价格暴涨八倍，着实令人难以置信。

遗憾的是，直到此时，这块土地的土地证还没有办下来。

深圳石化总公司悔得肠子都青了。他们陈总约我吃饭，席间支支吾吾，欲言又止。

从老陈的眼神里看得出来，他们想反悔这单生意。也许他们想趁土地证还没办下来，把这块价值连城的土地，重新拿回去。

作为商人，不能迅速地判定自己的谈判地位和处境，进而作出符合客观现实的决策，绝不能算个好商人。如果不顾现实，一味坚持纸面契约，很可能会碰得头破血流，遭遇惨败。

现在，土地证还没有办下来。如果我贪婪于一亿八千万元的价格预期和巨额利润，一旦深圳石化总公司打算强制收回土地，他们必定找理由推翻合同，打一场硝烟弥漫的官司。在这样的变局面前，我必须审时度势，妥为周旋，以应对深圳石化总公司的毁约企图。如果我不顾一切，强硬坚持既得利益，可能"鸡飞蛋打"，一无所获。手里没有土地证，便没有任何可以阻止他们的法律手段。如果和他们打官司，我就会满盘皆输，甚至连本钱都拿不回来。

想来想去，和深圳石化总公司战斗我毫无胜算。与其让他们蛮横地抢回土地，不如见好就收，退而求其次。

我抢在老陈开口之前，定下妥协的基调："陈总，真感谢您当初把宝安这么好的地块卖给了我。现在土地价格飞涨，据说，市价已经达到了每平方米一千八百元，真让人难以想象。"我还没触及主题，就把陈总脸上的汗给说下来了。他尴尬地冲我直点头，我却没给他开口的机会。

"陈总，我知道您请我吃饭的意思。当初您卖土地是为了救公司，我在形势极差的情况下，肯接手这块土地，也冒了极大的风险。而您瞧得起我，价格给的也够意思。现在整个形势发生了重大变化，我不能不仗义。您看这样好不好，虽然我已经买下了这块土地，但我想和石化总公司共同分享这块土地的潜在利益。您拿大头，我只要个小头，您看如何？"

老陈脸皮也够厚，他完全没有推辞：

"怎么个'大头''小头'？"陈总眼睛瞪得溜圆，等着我把话说完。

"那块地的市价已经涨到了一亿八千万元，想卖随时可以找到买主。但关键是土地证还没有办下来，没有你们的全力配合，这个土地证想办也难，这一点我非常清楚。"我先下手为强，把我在这笔交易里的弱点主动挑明，下面的话就好说了。

"我只想拿这块土地市场价值的一个零头，把其余的大头全部还给石化总公司。您给我七千万元现金，我立即和您办理土地回购手续，您看如何？"说完，我冲着陈总会心一笑。

老陈有点不好意思。其实他知道我和李灏、朱悦宁都有着不错的关系，而他又归朱悦宁直管，因此态度极好。

"七千万元不是个小数目，你让我回去商量一下，看看能不能做得到。"他故作为难状。

石化总公司的这位陈总精明、干练，是深圳著名的劳动模范，有名的十大企业家之一，当然不是一盏"省油的灯"。他这番话，明显是在和我讨价还价。我必须堵死他，让他现在就从我给他的这个"台阶"走下来，不然后果难料。

"明天我就去见老朱（副市长朱悦宁），他昨天刚给我打过电话，说如果我乐意，一家央企找了他，要一亿二千万元拿走这块土地，土地证他们自己办。不过，我急着用钱，再加上念着您当初把这块地卖给我，我还是要先问一下您的意见。"我编了个朱悦宁的故事说给他听，意在给他施加压力，逼他现在就和我成交。

老陈一定会相信我的话。因为如果我说的是假话，他只需给朱悦宁拨一个电话，就会立即露馅儿，因此他对我编的"一亿二千万"的故事深信不疑。

精明的谈判技巧在于，你要把一个非要他相信不可的假话，放到对手绝对不会产生怀疑的环境中去，对手才会相信你的假话，从而自愿进入你为他预先设计好的谈判通道。

"不过，即使老朱出面，以一亿二千万元和那个央企成交，他们能够给我多少现金，我也不知道。这是我先找您的第二个原因。"

陈总态度马上发生了变化：

"那怎么好意思。本来就是想和您商量一下，尽快帮助您把土地证办下来。您这样的提议，我们怎么也不敢想呀！"老陈客气极了，听起来，你会觉得他好真诚。我知道他到底想的是什么，也不抱任何幻想。如果能够迅速给我七千万元现金，我绝对心满意足。

细算起来，扣除两千万元的成本，我净赚五千万元利润。深圳石化总公司则收回了这块价值连城的土地。这等于在这一年多的土地增值中，我只拿了五千万元利润，而老陈却拿走了九千万元的土地增值。不过，我对这个结果已经非常满意。

我早已算好，断定他不会不干。

一碰杯，我们达成了协议。一个星期之内，我们签署了土地回购合同，七千万元人民币一分不差，打到了我的账上。

不到一年时间，还掉购买土地的借款和银行贷款后，我净赚了五千万元人民币！在二十世纪九十年代初，这绝对是一笔天文数字。这笔钱，成为我日后创业的基础。

63. 重新开始创业

1992 年年底，我携带这次赚到的五千万元人民币，把公司总部搬回天津。

深圳是中国经济最为活跃的改革开放特区，到处充满商业机会，可以说是中国的创业天堂。在这点上，任何内地城市都无法和深圳相比。但为什么要离开如此有吸引力的城市，返回相对保守的天津去呢？很多朋友对我这一决定迷惑不解。

这要从一笔收购四川大厦的交易谈起。

赚到五千万元利润后，我正在揣摩这笔巨款的投放方向。恰逢此时，公司所在的深圳四川大厦决定出售，正在寻找买主。四川大厦地理位置优越，租客满满，买下这栋大厦绝对是个零风险的保值投资。考量再三，我决定参与收购四川大厦。

我联合了几家有兴趣的公司，找好了贷款银行，经过近两个月的艰苦谈判，达成了四川大厦的收购协议。

双方商定，1993 年春节后，双方签署买卖合同并立即交割。

春节后一上班，我即被对方告知，春节期间，四川大厦已经卖给了一家大型国有企业。

四川大厦买卖双方的成交价格，就是我谈定的那个价格。双方的买卖合同，也是用的我起草的那份合同，只是换了买家的名字而已。双方所有的交易细节，都照抄了我那份合同文本。

听到这个消息，我感觉自己像被强盗拦路抢劫了一样。

其实这并不奇怪，在这些大型国企面前，我们这些民营企业很难说有什么竞争力。

四川大厦收购的功败垂成，就生动地说明了这一点。

比起深圳，天津经济体制改革的步伐相对缓慢，经济发展滞后很多。在那些背景深厚、权力巨大的人眼里，深圳就像一条肥得流油的大肘子，大家都想咬一口，和深圳比起来，天津就差了很多，就像一根已经被剃掉肉的棒骨，乏人去啃。

但这里反倒成了我的机会。我相信，深圳今天拥有的创业机会，日后天津也都会有。天津的明天一定会和深圳的今天一样。因此，我毅然决定放弃深圳的"大肘子"，回到天津去啃那块看上去没什么肉的"大棒骨"。

重要的是，我在天津曾工作过六年，积累了相当丰厚的人脉。在别人眼里，我在天津是有一些天然优势的。

另外，在深圳的几年，我学会了许多做生意的逻辑和技巧，在天津这个相对保守的城市，这些知识和经验，成了我的另一大优势。

实践证明，我的"猪腿理论"有一定道理。

1993年回到天津以后，我先后开发了天津开发区的国际发展大厦，建设了天津第一个大型别墅区——南开学府花园，收购了山西太原的柳巷百货大楼，购买了东丽区四十万平方米的综合用地，还创办了中国北方第一个城市企业家俱乐部。

不到两年，我迅速成为天津最大的房地产开发商。不仅开发规模大，而且门类齐全：办公楼、公寓、别墅、工业厂房，几乎每一样都干过。当时，我已经成为天津房地产业的开拓者，既成绩显著，也获利颇丰。1995年，我的公司被天津市政府认定为"天津十大民营企业"的第一名。

不过，我心里的担忧也与日俱增。

最大的担忧是"寻租"行为。开发任何一个房地产项目，不仅土地转让价格、地面物补偿价格要由政府决定，一系列政府控制的指标，例如土地可开发面积、土地的使用性质等，也都要由政府各个权力部门的关键人物说了算。

在房地产开发项目的规划审批方面，有"容积率""覆盖率""绿化率""层高""退线距离"等关键规划指标。这些指标的最终确定，也基本没有明确的法规依据。但这些指标同样决定着项目能否成功，以及最终能赚多少钱。

即使开发商以合理价格拿到了土地，并获得了政府给予的各项规划指标，项目开发过程中，还是会继续受到政府诸多部门的牵制。例如"规划许可证""开工许可证""防火验收合格证""房产销售许可证""房产证"等一系列证照，都要由政府各个部门颁发。但这些证照的申领过程，充满不确定性，这个过程往往把开发商搞得七荤八素。

实话实说，由于二十世纪八十年代我在天津是著名学者，又是市领导十分器重的"红人"，因此审批部门的官员对我还是相当尊敬和客气的。所以，凡是我的项目，审批部门还是会给予一定程度的优待。即使这样，任何一个项目在开发过程中，也还是要不断地与土地局、规划局、消防局、房管局和项目所在地政府的有关处、室、科进行无数次联络。

静下心来思考了很长时间，我希望自己正在寻找的新生意，具备以下三个特征：

1. 基本不需要和政府各个权力部门打交道；

2. 可以拥有相对稳定的现金流；

3. 比较容易实现平行扩张。

1993 年年末，我在美国发现了具有这三个特征的好生意，这就是当时正如日中天的现代连锁零售业。

1993 年下半年，为重新装修我在洛杉矶买的房子，前后将近一个月时间，我天天徜徉在家得宝（Home Depot）、宜家（Ikea）和沃尔玛（Walmart）等大型连锁超市里。这些现代化大型连锁超市的商业模式，给我以很大的启发。

这种比足球场还大的商店，像个巨大无比的仓库，里面整齐排放着看不到头的钢铁货架。货品琳琅满目，应有尽有。商店里居然没有柜台，也没有传统意义上的售货员，商品可以自行挑选，随便拿、随便放。

1993年，改革开放才进行到第十五年，中国还是一个典型的发展中国家，人均GDP只有500美元，只相当于美国人均GDP的2%。全中国还没有一间美国这样的大型超市。

尤其令人印象深刻的是，家得宝承诺自己卖出的所有商品，都是市场最低价。如果在同一城市里，客人买到任何比家得宝更便宜的同样商品，家得宝不仅退还差价，还给予奖励。

客人所购得的商品，如果有任何不满意，均可以退货，不需费任何口舌。即使买的是油漆、壁纸，消费者用了一半感觉不满意，也可以拿着剩余的商品退回全部价格，连发票都不用。

所有这一切，完全超出我这个中国"土老帽儿"的想象。显然，这种新型商业模式正在全美国急速扩张。这样的连锁商店，完全颠覆了几百年来的商业传统。任何有经济学知识的人，都可以判断出来，这种零售商业模式，即将彻底替代那些传统商店。不用多久，这些新式商超将席卷全美国，乃至全世界。

我更感兴趣的是，这些大型连锁超市普遍建在城市郊区，有着巨大无比的停车场。若干个卖不同类别商品的大型连锁超市扎堆在一起，共享停车场以及餐馆、银行等服务设施。而便捷的高速公路系统，为这些大型综合购物中心解决了后顾之忧，使它们变得更有吸引力。

这使我热血沸腾。我决心把这种大型连锁超市以及现代化综合购物中心引进中国。

首先，在城市郊区建这样的大型购物中心，会繁荣城市周边，促使土地升值，扩大就业，并增加税收来源。因此，任何城市的政府都渴望得到这样的项目。于是开发这样的项目，就不用去游说政府，反过来，政府反而希望开发商把这样的项目带进自己的城市。

其次，这些大型连锁超市，商品琳琅满目，价格低廉，质量上乘。这些特质非当时的中国传统商店所能比。因此大型连锁超市一定会有良好的现金流和持久性。

最后，由于这种大型连锁超市的竞争力来源于"连锁"，因此，一旦供应链建成并完善，复制和扩张就变得非常简单。迅速扩张是这种商业模式的基本属性。

这样，我苦心寻找的，具有"不求政府""良好现金流""易于扩张"三个特征的新生意，居然在美国找到了。正所谓"踏破铁鞋无觅处，得来全不费工夫"！

不仅如此，把一片巨大的郊区廉价土地建成超大型的综合购物中心，土地本身也会获得巨大增值，因此，这种连锁零售业也是潜在的地产增值项目。

64. 伯尼·马科斯和家得宝

在我接触和考察过的所有这些大型连锁零售业中，家得宝是我最喜欢的零售经营业态。

家得宝在美国的创业故事，也使我感佩不已。

家得宝的创始人伯尼·马科斯（Bernard Marcus），原是圣地亚哥一间建筑材料商店的采购经理，由于经常提出与老板经营理念不同的想法，而被老板开除。伯尼不服气，下决心要建一间自己的建材商店，去实践他的商业思维。他找到了副店长阿瑟·布兰卡（Arthur Blank），鼓动阿瑟辞职，于是两个野心勃勃的犹太人，共同创办了属于自己的新型建材超市。

1978 年，伯尼和阿瑟从加州圣地亚哥搬到亚特兰大，租了一间仓库，创办了一间专门经营建筑装修材料的仓储式商店，取名"Home Depot"，中译名是家得宝。

一开始，这间经营建筑装修材料的仓储式商店，完全不为人们所注意。伯尼和阿瑟每天站在商店门口，手里握着厚厚一叠美元现钞。他们给肯于进店的人，每人奖励两美元。直到这间非比寻常的建材超市，在亚特兰大家喻户晓并人满为患为止。

到 2006 年，伯尼的家得宝商店已经达到两千二百三十四家，他们已经成为全球第三大的连锁商业集团。其商店遍布美国、加拿大、墨西哥和欧洲。此时，家得宝在《财富》美国五百强企业中，已经排名第十七位，在《财富》全球五百强企业中名列第四十三位。该年，家得宝被美国《财富》杂志评为全世界"最受仰慕的专业零售商"第一位，全球"最受仰慕的公司"第十三位。

这不啻是个伟大的创业故事，我喜欢这个故事。

1993 年 12 月的一个月中，我先后去了家得宝商店二十多次。我买了红外线测距仪，把家得宝商店的长、宽、高，货架之间的距离，通道的宽度，收银台的位置，停车场的布局等，全部测量下来，画出了详细的草图。我下决心要把这种商店一丝不差地复制到中国去。此时，我心里已经认定了家得宝，不管有多么大的困难，我也要把这家连锁店带进中国。

想把如日中天的家得宝带进中国，谈何容易？

首先，我没有零售业背景，对现代连锁商业一窍不通。任何世界著名零售企业都不会考虑让我这样一个没有零售业经验的人，来做他们的合作伙伴。

其次，我基本上没有钱。赚到的钱都用来购买土地和物业了，手头上现金少得可怜。和家得宝这样的世界巨头合作，不要说建设众多的连锁商店，就连第一个合资商店的建设资金，我也拿不出来。

最后，家得宝是世界建材和装饰材料行业的龙头老大，他们对独占全球建材销售市场充满野心。对于像中国这样充满无限前景的市场，他们一般会选择"独资进入"，很少有哪个富可敌国的跨国企业会考虑和一个毫无经验的个体户去分享这个充满想象力的巨大市场。

朋友们都认为，我这个想法是天方夜谭。这个设想放在今天，就像一个既没经验又没钱的创业者想和苹果、谷歌、微软在中国建立合资企业一样，如同痴人说梦。况且，家得宝根本没有进入中国的计划。

不过，我不在乎这些。小时候妈妈曾经告诉过我一句话，我牢记了一辈子：

"任何事情，你只要去试，就有两种可能——成或者不成；但如果你不去试，那就只有一种可能——不成。"

她给我的这句箴言，使我珍重自己的梦想，珍重脑子里的那些异想天开。不但珍重，我还会全力以赴地去实现。我决定去试，即使不成功，也没有任何损失。

况且，我还是有一些优势的，那就是我做事不达目的决不罢休的气质。比起大多数保守谨慎的中国人，比起那些光会"耍嘴皮子"的中国人，我做事都会百分之百地投入，义无反顾地去干，直到取得成功。从这个意义上讲，大概只有我会想着把家得宝带进中国，并去实现它。

在走过的人生几十年中，我干的许多事都是从梦想起步，并在永不退缩的坚持里获得成功。很少有人像我一样，有过这么多次的绝处逢生，有过这么多次的百折不挠，有过这么多次的"不撞南墙不回头"。

我相信家得宝的创业者们，在中国这样一个有着完全不同的文化、社会制度，以及市场环境的国家里，需要找到一个熟悉中国、熟悉当地市场，并能够不要命地去实现合资双方共同目标的合作伙伴。在这些方面，我充满自信。我就是家得宝在中国能够找到的最好合作伙伴。

尽管有这样的自信，但这次的梦想不同以往。这是一个世界级的梦想了！我能够实现它吗？

1994年春节前，我给家得宝的创始人兼CEO伯尼·马科斯写了一封热情洋溢的信。我把这封贴上邮票的信，放进了洛杉矶路边的邮筒里。如预料的一样，我没有得到任何回音。可以理解，一个素不相识的中国人发来的一封这么不靠谱的信，肯定早被伯尼的秘书扔进废纸篓了。

中国与所有西方发达国家最大的不同，就是政府在控制市场和资源。我相信家得宝和伯尼·马科斯深知这一点。因此，想引起家得宝和伯尼的注意，必须借用中国政府的力量。如果有中国中央政府的相关部门出面，一定会使伯尼·马科斯相信，迅速占领中国市场对家得宝有多么重要。

带着这个设想，春节后我从洛杉矶回到北京。

通过朋友，我约到了国家建材总局常务副局长杨志远见面。

杨志远当时统管全国建材工业，尽管介绍我认识杨志远局长的朋友在中央某部委担任领导工作，面子很大，但杨志远还是没怎么把我当回事。他坐在硕大的办公桌后面，低着头躺在转椅里，一边剪着指甲，一边听我的汇报，完全没抬头看过我。我知道，他见我完全是因为驳不开那位朋友的面子，至于我要和他谈什么内容，他根本没挂在心上。我不生气、不失望，求人办事，遇到什么情况都要忍着。我完全不在乎杨志远不以为然的态度。

要想让杨志远支持我"引进家得宝"的想法，必须使他兴奋起来。

一通神侃。我向杨局长描述了家得宝是一个怎样的连锁商店，描述了家得宝先进的经营理念，还坚定不移地断定，一旦这样的业态引进中国，会对中国建材行业的健康发展有着非比寻常的推动作用。接着，我提出了我的建议：请杨局长带队，组建中国建材工业考察团访问美国。考察期间，分别去洛杉矶、拉斯韦加斯、亚特兰大、纽约，考察家得宝的众多商店。最后在亚特兰大，杨局长带队拜访家得宝总部，洽谈家得宝和中国建材工业的合作。

最重要的一点是，这次中国建材工业赴美考察团的一切费用，都由我来承担。

听到这个建议，杨志远一下子兴奋起来。

杨局长立即指示局外事司，按我的提议起草报告，上报建材总局党委和外交部。两个月后，在杨局长亲自推动下，报告获得国家建材总局和外交部的批准。我也成为中国建材工业总局赴美考察团的正式成员之一。

家得宝接到中国驻美国大使馆的洽商函后，同意接待杨志远为首的中国建材工业考察团。

家得宝的合作大门，终于被我撬开了一条小门缝，最终能不能打开这扇门，还要看我接下来的运气。但拿下家得宝的努力，总算成功走出了第一步。

中国建材工业赴美考察团于 1994 年 9 月初出发。

1994 年 9 月中旬，我们来到了家得宝在亚特兰大的总部。

家得宝总部坐落在亚特兰大西北部的山丘上，这里是整个城市的制高点。总部建筑群由七座褐色的花岗岩大厦组成，整个建筑群巍峨、庄重，俯瞰着亚特兰大。

我们按时来到了家得宝总部专门接待国际访客的会议室。令人意外的是，没有任何家得宝的高级管理人员出现在会议室里。接待我们的，只是负责接待外国客人的国际部秘书汤姆·罗杰斯。这使我们大失所望。而且我们十一个人的庞大代表团，浩浩荡荡地坐在汤姆·罗杰斯一个人的对面，显得既尴尬，又可笑。

看到这种场面，杨局长脸色非常难看。他手下的两位司长，也满脸愠色，很不高兴。

汤姆察觉到这个场面太过尴尬，他开始向杨局长表示歉意，说负责国际事务的执行副总裁吉姆·英格利斯目前不在亚特兰大。他是受吉姆·英格利斯委托，来专门接待中国建材工业考察团的。不过，他很清晰地向我们说明，家得宝正在美国本土蓬勃发展，暂时还没有时间和精力，去考虑开拓北美以外的市场，更没有进入中国的任何计划。如果希望讨论双方在中国的合作问题，那就没有必要了。不过，他会派出人员，安排明天的参观和考察行程，并乐于解答考察团感兴趣的任何问题。

汤姆·罗杰斯不卑不亢，清晰、明了地表明了家得宝的态度：他们没有兴趣去中国，也没有合作兴趣。显然大门已经堵死，我们的"热脸"贴上了"冷屁股"。

杨局长和整个考察团都认为此行已经结束，该是回家的时候了。我却不死心，告诉随行的王月留在亚特兰大哪里也不要去，一直等到吉姆·英格利斯回到亚特兰大为止。同时，我请求杨局长把同来的国际合作司魏司长也留在亚特兰大。

我告诉王月，任务只有一个，就是要求吉姆·英格利斯安排我和伯尼·马科斯见面。只要给我机会和他见面，我就有信心说服伯尼·马科斯同意我的建议。我告诉王月，没完成这个任务，不要离开亚特兰大。

一周以后，亚特兰大传来消息，王月和魏司长如期见到了吉姆·英格利斯。他是家得宝的四名执行董事之一，是家得宝的"三把手"。双方进行了很好的交流。经吉姆请示，伯尼·马科斯决定于12月24日下午，在他的办公室接见我。那是1994年圣诞节的前一天。

直觉告诉我，如果伯尼·马科斯对中国完全没有兴趣，不可能答应和我见面。可以肯定地说，和家得宝合作的大门已经被我打开了一半。

1994年12月24日下午，在伯尼的办公室，我和家得宝传奇创始人伯尼·马科斯见了面。原计划见面时间是半小时，我们竟然聊了近两小时。

伯尼第一句话就是："听说你建议家得宝到中国去开店，我从没有去过中国，对中国基本上一无所知。因此，为搞清这些，我大约有一千个问题要问你。"伯尼不失诙谐，笑眯眯地和我打开话匣子。

"伯尼，我有足够多的时间，来回答你无穷多的问题。你现在的上千个问题，听完我的陈述以后，可能最多会剩下十个，我有信心给你满意的回答。"我这段话，向他明明白白地传递了两个信息：1.只要你同意，我会一辈子和你在一起，去迎接开拓中国市场的一切挑战；2.我对中国市场有着清晰客观的理解，家得宝需要我这样真正了解中国市场的人。

我向他介绍了中国的改革开放进程与中国经济腾飞的内在原因，还花了很多时间，向他介绍了我从零开始的创业生涯。

伯尼听得津津有味，尤其是我从一无所有开始的创业故事，令他感动。

犹太人打心眼里尊重那些白手起家的创业者。他们会认为，和这样的企业家合作，符合他们内心深处的创业哲学和价值观。

很显然，第一次谈话，我就在伯尼心中获得了非同一般的好感。伯尼也侃侃而谈，谈了他创办家得宝的诸多理念，以及他的人生哲学。

我们洋洋洒洒地聊了将近两小时，居然意犹未尽。我问他："伯尼，你那一千个问题，现在还剩下多少个呢？"

"大概还剩下不到五个。"伯尼还是那么诙谐，他伸出了右手，五指张开，冲我会心地笑着。

"Mr. DU（杜先生），剩下这五个问题，应该由吉姆·英格利斯来和你解决了。如果不出意外，我希望我们俩的这次谈话，是开启家得宝进入中国市场的一部分。"

伯尼站起来，紧紧握着我的手说："祝你一切顺利！"

此时的他同我一样，心中已经被一个伟大的中国梦想所填充。

我知道，把家得宝引进中国的伟大梦想，有可能实现了。

65. 吉姆·英格利斯

　　吉姆·英格利斯五十多岁，满头银发，高大、英俊、风度翩翩。吉姆是典型的美国西部白人，他原是圣地亚哥一所大学的市场学教授，后来下海做生意，在圣地亚哥木材批发公司负责市场营销。伯尼·马科斯创办家得宝初期，三顾茅庐请出吉姆·英格利斯加盟。

　　吉姆·英格利斯刚到家得宝时，负责美国西海岸的业务。由于工作十分出色，被伯尼·马科斯提升为执行副总裁，主持家得宝全球采购业务，成为家得宝核心人物之一。家得宝"天天最低价"的经营理念，就是吉姆的创造。今天，"天天最低价"已成为全球现代零售业的核心理念之一。吉姆·英格利斯一直是家得宝采购和市场营销的大脑和灵魂人物。

　　1993年，吉姆·英格利斯离开家得宝全球采购总监的位置，转而负责全球战略发展。据说这种"明升暗降"的安排，是因为阿瑟·布兰卡与吉姆·英格利斯一直不和。两人一个是公司总裁，一个是采购总监，伯尼·马科斯则在这两个家得宝强人之间"和稀泥"。

　　我来家得宝见伯尼·马科斯时，吉姆·英格利斯正憋着一口气，要在全球战略发展上大展拳脚。我和伯尼的有效沟通，以及伯尼接受进军中国市场的建议，让吉姆·英格利斯兴奋不已。

　　知道我也曾经是一名大学教授后，吉姆·英格利斯对我有了一种天然的好感。由于有着类似的经历，我们在很多方面有共同语言。

　　其实我来家得宝之前，吉姆就是个彻头彻尾的中国"粉丝"。他一

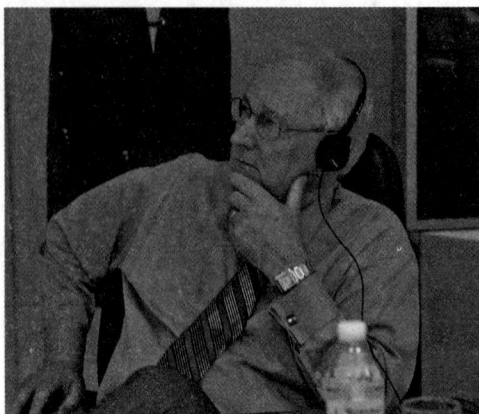

图 12-1　负责家得宝全球战略发展的灵魂人物吉姆·英格利斯。

直认为中国一定会发展成为仅次于美国的世界第二大市场。因此，他同意家得宝应尽早进入中国。这样不仅有利于塑造家得宝的品牌，打好市场基础，开发出更有效的供应链。还可以在中国装修市场蓬勃发展以后，获得先发的市场地位。于是，我和吉姆·英格利斯在许多问题上达成了一致意见。

吉姆动作很快，1995 年元旦一过，他就带着一位叫瑞克·契威的战略设计师来到中国。

我带着他和瑞克来到天津市东丽区。当他站在已经建成完工的商店建筑前时，他完全惊呆了。

在中国的土地上，一座和美国家得宝一模一样的大型商店建筑矗立在他眼前。这座商店建筑的高度和美国家得宝完全一样；长短、进深也和美国家得宝一样；甚至门的大小和位置，门与门之间的距离，办公区的设置，收货区的卸货平台的高度和坡道长度，都和家得宝的一模一样。

他的惊讶在于，我和伯尼·马科斯见面仅是两个月前的事，现在居然已经有一座和美国家得宝一模一样的建筑，这太夸张了，完全像是个神话。他根本不能理解，为什么我能够这么快就把一座标准的家得宝商店放在他的眼前，这太不可思议了！

他告诉我，在这个世界上，他想象不出有第二个人会这么干。

其实，1994 年春节后，当杨志远同意我的建议，决定派国家建材工业考察团访美时，我就感觉把家得宝引进中国的事"有门儿"了。于是，按照在家得宝偷偷测量的数据，在天津市东丽区那块商业用地上，我模仿家得宝，建设了一座一模一样的商店建筑。停车场的面积也完全按照家得宝店停车场的大小建造完成。这座建筑外墙涂装的颜色、构图，也和家得宝如同孪生。甚至顾客卫生间、办公区域都和家得宝美国商店的设计布局分毫不差。

吉姆·英格利斯来天津访问之前，这个建筑物和停车场刚刚完工落成。

这确实有点超乎寻常。不过这样做的理由很简单：我已经下定决心，要把家得宝引进中国。这就意味着，家得宝同意和我合作，我要干这件事；家得宝不同意和我合作，我也要干这件事。反正这件事我是干定了。于是不管三七二十一，我提前建成了自己的家得宝商店。

事先就想好了，我要用这种破釜沉舟的方式，最大限度地感染家得宝和伯尼·马科斯：中国的家得宝，已经箭在弦上，不得不发。而且，这里面还隐含着某种警告：如果家得宝不和我合作，我也有了和英国百安居（B&Q）、德国欧倍德（OBI）谈合作的基本条件。这些都是与家得宝竞争的同类企业。无论如何，家得宝不会容忍这些竞争对手比他们更早进入中国市场。

退一万步讲，即使没人和我合作，我们自己先干起来，然后"待价而沽"，也是个不错的选择。总之，不管怎么说，我的这种做法清晰地告诉了家得宝，中国的家得宝即将"横空出世"。不和我合作，他们一定会失去一个重大机会。

我由此展现出来的决心和做事风格，让吉姆·英格利斯惊叹不已。

吉姆和瑞克，在天津一共住了三天。他们考察了天津和北京，参观了这两座城市众多的新建居民小区，了解了中国建材装饰材料市场的现状。我们边参观边聊天，整整三天的沟通相当顺利。

我们决定，1995年春节一过，在双方律师团队的参与下，于亚特兰大开始关于成立合资企业的商业谈判。

从1994年9月第一次访问家得宝开始，不到半年，我已经把家得宝牢牢地绑在了自己的战车上。

吉姆·英格利斯一走，我马不停蹄，立即筹建自己的谈判团队。我飞去纽约找了连成平，动员他加入我的谈判团队。连成平是我在南京大学经济系的同门师弟，现在纽约大学的博士课程已经修完，正在等待博士论文答辩。接着我去了多伦多，找了在皇家银行工作的田浩，动员他也加入。他曾是我的学生，在麦克马斯特大学拿到工商管理硕士学位。这两人都有北美学历，英文也好，他们的加入，让我的谈判阵容如虎添翼。

王月也有南开大学国际经济系的硕士学位。他在经商上的理解力和执行力，一直被我欣赏，自然成为这个谈判团队的重要成员。

现在我这个谈判小组，最低学历是经济学硕士，这在当时的中国，算是个挺唬人的谈判团队了。

谈判开始之前，我把团队成员集中到多伦多，认真学习了国际兼并重组的各类实施方案、股权关系、董事会构成、资金投入节奏、合同成立前提、美国及中国的法律差异及影响等。还仔细研究了家得宝在墨西哥和加拿大的兼并和合资案例，研究了家得宝的谈判思路和习惯，以及他们特别关注的一些关键点。

我对谈判团队的培训持续了整整两个星期。对于我和整个团队来说，这两个星期的"恶补"意义重大，正所谓"临阵磨枪，不快也光"。看起来我们已经像是一个具有经验的谈判团队了。当出现在家得宝的谈判桌上时，我心里已经有些底了。

但意想不到的是，谈判一开始，我们便陷入了巨大的困境。

66. 谈判桌上的生死

　　家得宝从香港地区雇来两位律师，都是女性。一位大律师姓张，是律师事务所的高级合伙人。另一位年轻的小律师叫温蒂（Wendy），是张大律师的助手。她们是作为家得宝的法律顾问来参加谈判的。

　　温蒂比张大律师早到了一天，在餐厅和连成平邂逅。两人一见如故，颇聊得来，迅速成为好朋友。当然，除了连成平纽约大学的博士学历让这位香港小律师仰慕以外，连成平这个百里挑一的美男子，也使这位尚未谈婚论嫁的香港小迷妹陷入了想入非非的境地。

　　大约是为了拉近和连成平的关系，温蒂竟把家得宝谈判主将瑞克·契威给她的谈判提纲，送给了连成平一份拷贝。她说："你们事先准备准备，也许对你们谈判成功有好处。"连成平自然不会拒绝，收下了温蒂的这份特殊礼物。

　　然而温蒂的那位老板，却和温蒂完全不同。这位资深的香港大律师，从谈判一开始，就不停地打断谈判进程，提出一系列既离谱又无法解答的刻薄问题。摆出一副不把谈判搅黄，绝不善罢甘休的态度。

　　张大律师提出的这些不靠谱的问题包括：

　　"合资公司盈利如何安全汇出？中国的外汇管制极为严格，外资企业盈利汇出十分困难，你们怎么解决？"

　　"据我们了解，中国的场地租赁合同最长只能签二十年。请问，如果家得宝在中国租赁商店场地，二十年以后如何继续经营？这类风险你们如何防范？"

"中国商业土地的出让期只有短短四十年，那些自建商店的土地，四十年以后怎么办？商店怎么办？你们如何解决合资企业四十年以后的永续经营问题？"

这些都是中国涉外投资政策的一些基本问题，只有中国政府才能给出答案，完全不是一个中国企业能够回答的。但问题是，作为谈判一方，如果你不去回答这些问题，就会使谈判气氛变得十分尴尬，好像我们对合资企业的前景完全没有做过任何考虑。这给整个谈判带来了无法克服的障碍。

还有一些问题更不靠谱，本身就带有明显挑衅的意味，例如：

"据我们了解，你们是个注册金额只有几百万元人民币（几十万美元）的公司。作为合资企业的一方，你们如何能够保证长期、持续地跟进家得宝在中国的快速扩张步伐？你们所需要的巨大资金从何而来？"

"在中国经常出现的情况是，民营公司签下一个与跨国公司合作的大合同后，会用这份合同去从银行套取资金，然后悄然离去。你们如何保证你们不会这么做？"

"你们现在的账户上到底有多少钱？如何使我们相信，你们和家得宝的合作，是有雄厚的资金背景的？"

…………

张大律师提出的这些问题，一些是基于推测，一些是基于个别案例，一些是因为她完全不懂中国内地法律。这些问题潜含着对我们的侮辱和鄙夷，有一些甚至是故意刁难。

对于她提出的政策问题，我们既无法替中国政府作出任何承诺，也没有有效的反击手段。因为我不想使这场谈判变成一场剑拔弩张的对抗。

其实这位张大律师，如果出于公心，这些问题完全可以在谈判开始以前，私下和家得宝方面沟通。或向家得宝提出风险提示，或出示一些中国案例，给家得宝作为参考。在谈判中，突然袭击式地提出不在我们可控范围之内的问题，是无理且有害的做法。

　　我完全不知道这位张大律师为什么会这样。难道她真的觉得我们是一群骗子，而她自己是家得宝的保护神？没有她的把关，家得宝就会被我们骗得体无完肤？或许她觉得，把谈判对方考问得张口结舌，才能体现出她的价值和对家得宝的重要性，以至于让家得宝聘请她作他们的永久律师？

　　我甚至认为，这位张大律师一定是看好这单生意，想把我们挤走，然后把家得宝去中国投资的机会，转让给她在中国的生意伙伴。否则，她为什么一定要用这些实在没有道理的诘问，置这场谈判于死地呢？真让人无法理解。

　　要命的是，张大律师的这些问题由于太不靠谱，我们又无法作有效的回答，造成了在一旁的吉姆·英格利斯和瑞克·契威的迷惑不解。他们很快就坠入五里雾中，渐渐对我们，对中国，对合作前景，都产生了怀疑。

　　张大律师这些无解的问题，把谈判引向了一个非常不好的境地，谈判形势急转直下。

　　总之，不管张大律师的动机是什么，她即将杀死这场谈判。

　　我意识到，要想获得谈判成功，必须把这个无知、蛮横，且祸害我们双方合作进程的张大律师赶出这间谈判室，否则谈判将无法正常进行。

　　我想到了温蒂给连成平的那份谈判提纲的拷贝。

　　我只能来狠的了。

　　我向吉姆提出短暂休会的建议。此时距谈判开始还不到一小时，吉姆同意了我的建议。我悄悄让连成平告诉吉姆，请他到另外一个会议室，我想和他开个小会。我说，你告诉吉姆，我有重要的信息要紧急告诉他。

　　吉姆、我和连成平到了另外一个小房间。

　　我让连成平从他的文件箱里拿出了那份标明"绝密"字样的家得宝谈判提纲。

"吉姆，不知为什么，你的香港律师在谈判之前的一天，已经把你们公司标明'绝密'的谈判提纲交到了我们手上。不管对我们是否有利，我都觉得这不是一个律师应该有的道德操守。我觉得你的律师已经丧失了她们的忠诚性和专业性。"说完，我把那份谈判提纲递到了他的手里。

吉姆·英格利斯看到谈判提纲上的"绝密"字样后，顿时暴怒，脸一下变得煞白。他想也没想，立即转身回到谈判会议室。我和连成平也跟着他回到了会议室的谈判桌前。

戏剧性的一幕发生了。

吉姆·英格利斯怒不可遏，吼叫着喊来他的秘书："请你立即订好这两位律师从亚特兰大飞回香港的机票，让她们一刻也不要再在这里停留，马上飞回香港，她们被解雇了。"

张大律师和那位可怜的温蒂，刹那间惊得不知所措。

不出所料，吉姆·英格利斯赶走了这位张大律师之后，我们之间的谈判立刻变得一帆风顺。

说句心里话，经商三十余年，我还从未听说过在重大的国际谈判中，为了清除谈判障碍，一方谈判者把对方的律师从谈判桌上驱赶出局的事。而 1995 年和家得宝的这次谈判，迫不得已，我把他们的谈判律师从谈判中赶走了。这个事件的离奇性质，大概找遍全世界，也很难找到第二桩。这次谈判中的这个戏剧性插曲，不知是否会列入某些大学的谈判教材之中？

赶走了中国香港的张大律师，谈判几乎没有了障碍。我和吉姆迅速就在中国内地建立我们的合资企业达成了一致意见。

我们的共识主要有以下各点：

1.尽快建立家得宝中国有限公司，家得宝占 60% 股份，我占 40% 股份。

2.这是一个排他性的合资合同，即我是家得宝在中国的唯一合作伙伴，家得宝也是我的唯一合作伙伴。

3. 首期双方共投入一亿美元资金。我方投入四千万美元，美方投入六千万美元。

4. 家得宝中国的第一家商店，用天津市东丽区已经建成的商店建筑，该商店建筑物将作价计入我方应该投入的四千万美元之中。

5. 双方将尽全力推进合资企业合同的尽快签署，计划于1995年4月底，在亚特兰大签署《合资意向书》；于1995年6月底，在亚特兰大正式签署家得宝中国的《合资企业合同》。

双方就《合资意向书》条款细节的谈判和讨论，又持续了三天。在确定所有细节以后，2月17日，历时四天的谈判终于结束。

谈判刚开始，两位律师就被驱赶回香港。对于这两个香港律师来说，后果是灾难性的。张大律师必须为把客户的绝密谈判文件泄露给对方负起全部责任。由于这个案子涉及家得宝这样的世界著名企业，张大律师今后在香港的职业生涯将会变得非常困难。今后还有谁会雇用她这样既无法保证忠诚于客户，又不懂装懂，满口胡说八道的律师呢？也许在谈判桌上，她再也没有问那些不靠谱问题的机会了。

当然，最倒霉的是那位叫温蒂的香港小律师。在她们被吉姆驱逐的那天晚上，她痛哭流涕地找到连成平，要求在临走之前，能再见我一面，希望可以给她一个解释和一份澄清的说明。

我见了她。

我告诉她，虽然我很同情你，但是，第一，你无论如何不能够把客户的绝密文件泄露给你的谈判对手。不管你的初始动机是什么，这样做都是重大错误，无可原谅。第二，你的老板无知、蛮横，试图破坏我们双方谈判的恶劣行径，才是这场悲剧真正的罪魁祸首。要恨，你只能恨她。第三，我不会给你道歉，也不会给你解释。犯了过错的是你们，不是我。世界上总是有一些教训要吸取的，有这次的教训，对你将来的职业生涯未必是坏事。

不过说实话，我痛下杀手，激怒吉姆·英格利斯，使其驱逐香港律师，也是迫不得已。直到今天，我也还是觉得那个小姑娘很可怜。不过，张大律师的所作所为，是这场有点冷酷的悲喜剧的起因，小姑娘要怪，确实也只能怪她了。

商场本来就是战场，不是你死，就是我亡。如果你可怜别人，一旦到了生死存亡的关头，又有谁会可怜你呢？

67. 签约，我将血赚十四亿

亚特兰大谈判结束后，我心里一块石头落了地。仔细想想，这个过程真的挺神奇。

因为装修房子而喜欢上了家得宝，继而就动心思想把人家引进中国。而我既不是中国的零售巨头，也没有任何零售业经验，而且还是个几乎身无分文的个体户。如果这不是天方夜谭，那什么是天方夜谭呢？况且家得宝根本没有进入中国的计划，对在中国建立合资企业连想也没想过。但我凭着锲而不舍的努力，和那"能把死人说活"的"三寸不烂之舌"，居然把这件事搞成了。不能不说，这绝对是一次"神操作"！

两个月的时间里，吉姆的家得宝团队和我的团队均紧锣密鼓，夜以继日地工作，几乎都玩了命。为完成《合资意向书》的签署，双方都雇了华尔街最著名的律师事务所。我们雇的是布朗·伍德，家得宝雇的是鲍威斯。这是华尔街最大的两家律师事务所，他们在许多中国项目上有过合作，因此效率也非常之高。《合资意向书》的起草工作进展顺利，最终的《合资企业合同》也在草拟之中。

事情进展得越顺利，我心里就越发虚。首期需要投资的四千万美元，还一点儿着落也没有。不过我心里明白，拿到与家得宝的合作意向书，就相当于手上有了王牌，寻找投资人不会太困难。誉满全球的家得宝加上中国巨大的潜在市场，构成了一幅美轮美奂的未来画卷，能给人以充分的诱惑和想象空间。在投资人眼里，这绝对是个让人梦寐以求的好故事，有哪个投资人会不感兴趣呢？

我决定亲自去华尔街，闯闯几家大的投资银行。

华尔街排名靠前的几家大型投资银行中，对家得宝中国项目最感兴趣的是 DLJ，该行在华尔街所有投资银行中排名第七，专门投资零售业和赌博业，规模足够大。

美国所有大型零售业巨头，几乎都是 DLJ 的客户。唯独家得宝的投行业务，在第一波士顿手里，这让 DLJ 颇为不爽。DLJ 曾千方百计尝试从第一波士顿手中，抢走家得宝的投行业务，他们试图一统天下，但屡屡碰壁。这回在我这里，他们意外发现了家得宝中国项目，这是暗度陈仓，从侧面获得家得宝投行业务的最好机会。这是 DLJ 对家得宝中国项目格外感兴趣的原因。

由于 DLJ 非常迫切想进入家得宝中国项目，我们之间的估值谈判一下子变得容易了很多。

几经周折，3 月底我和 DLJ 在纽约签署了《投资入股协议》。DLJ 承诺购买我 25% 的股份，金额为四千万美元。入股协议规定，在我和家得宝正式签署家得宝中国《合资合同》后，这四千万美元一周内汇入我的账户。这意味着在即将成立的家得宝中国里，家得宝占 60% 的股份，我占 30% 的股份，DLJ 通过投资四千万美元，占有了家得宝中国 10% 的股份。

DLJ 给家得宝中国的总估值是四亿美元。这应该算是个令人满意的估值。能够获得这么高的估值，完全得益于在过去这些年里，家得宝在华尔街股票市场上的非凡表现。

家得宝中国项目对 DLJ 的诱惑力，给我带来了始料未及的巨大经济利益。

和家得宝签署《合资合同》后，我把从 DLJ 拿到的四千万美元全部投给合资企业，随即占有家得宝中国项目 40% 的股权，其中我占 30%，DLJ 则占有 10%。此时，我拥有的这 30% 股份，市场价值相当于一亿二千万美元。以当时的汇率计算，约合十四亿元人民币。二十世纪九十年代中期，十四亿元绝对是个天文数字。当时，柳传志的联想公司刚刚在香港上市，市值只有九亿港元。声名赫赫的青岛海尔，全部股东权益才六亿六千五百万元人民币。而当时中国最大的房地产公司万科，全部股东权益也不过十亿八千九百万元人民币。这意味着，仅从资产规模上看，我在家得宝中国的股权价值远远超过了联想、海尔和万科的市值。这不能不算是个商业奇迹。

这一切让我莫名兴奋。

从 DLJ 总部大楼出来，原来昏暗、肮脏且杂乱无章的曼哈顿，在我眼里明亮了许多，也亲切了许多。我的心情一下豁然开朗起来。

拿着 DLJ 的《投资入股协议》，我立即返回亚特兰大。

和吉姆·英格利斯签署《合资意向书》的谈判进展迅速。1995 年 4 月上旬，我和伯尼·马科斯在亚特兰大家得宝总部，郑重签署了投资建设家得宝中国项目的《合资意向书》。

签约完成后，伯尼把我领进了他的办公室。

图 12-2　签署《合资意向书》后，在家得宝总部合影。左起：吉姆、伯尼、我、连成平。

伯尼办公室的会议桌前，有一个真人大小的美国西部牛仔的立体人像，那个惟妙惟肖的牛仔手里，端着一支双筒猎枪，正虎视眈眈地注视着会议桌。

我惊奇地问伯尼，在他办公室里，放个端着枪的牛仔干什么。伯尼笑了，他回答我："这个牛仔手里的枪，是对准家得宝在市场上的敌人的。我们会毫不犹豫地和任何竞争对手开战，无论他们是谁，我们都会追杀到底，直至把他们杀死或驱赶出我们的地盘为止。"

亲耳听到这位世界级零售业领袖，这样描绘他面临的市场竞争，真让我大开眼界。

这个话题使伯尼·马科斯格外兴奋。他把我引到他办公室的窗前。他推开窗户，一片翠绿的小草坪映入我的眼帘。那草坪很小，大约只有几十平方米。草坪尽管不大，但在深褐色的花岗岩楼群中，格外显眼。

显然，这块草坪不是家得宝总部楼群原设计的一部分，这是伯尼·马科斯给自己留的一块特殊草坪。

伯尼指着立在草坪端头的十几块白色木牌对我说：

"杜先生，你知道那十几块白色木牌是什么吗？"

我一头雾水，全然不知道那些写着英文字母的木牌，到底是干什么用的。

"那全都是被家得宝打垮的竞争对手的墓碑。你看到的那些英文字母，全是他们破产前的企业名称。"说到这里，伯尼脸上露出笑容，那笑容里有自豪，有骄傲，更多的是他在殊死战斗之后，取胜者特有的那种成就感。

"每当我们淘汰一个竞争对手，我就会为这个曾经的对手立上这样一块墓碑。这样做，既纪念了那些在竞争中死去的对手，也给我们提供了无穷的动力，还给我们提出了新的任务。无论在世界上任何一个角落，都会有家得宝的竞争对手存在。这就鼓励着我们继续去竞争，去战斗，直至把所有竞争对手，全部消灭为止。"

伯尼脸上充满战士特有的自信与骄傲。

　　伯尼一边说，一边指给我看草坪边缘，那里还整齐堆放着的几块还没竖立起来的白色墓碑。那些墓碑已被刻上了竞争对手的名称。也就是说，伯尼和家得宝打败竞争对手的决心如此坚定：不消灭竞争对手，家得宝绝不善罢甘休。

　　伯尼这番话，虽然仅仅几分钟，但我一生不会忘怀。他对我关于"竞争意识"的培训，显然是成功的。日后，每当我在市场上遇到你死我活的竞争环境，都会使我想起伯尼·马科斯那持枪的西部牛仔，以及他窗外那片竞争对手的墓地。我职业生涯中的许多竞争和奋斗故事，追根溯源，都和伯尼的这次谈话有着非常大的关联。

68. 煮熟的鸭子飞了

　　伯尼建议我去纽约和肯·兰岗（Ken Langone）见个面。肯是家得宝的创始投资人，是华尔街著名的投资大亨。他是家得宝的最大股东。肯一生中最出色的一次投资，正是扶持伯尼和阿瑟，创建了家得宝。因此伯尼说，赢得肯·兰岗对于中国项目的支持，非常重要。

　　1995 年 4 月 18 日，纽约全天大雨，整个曼哈顿笼罩在阴沉沉的雨雾里。由于天色太暗，下午四点已像是傍晚时分，路灯都亮了。我和家得宝战略顾问约翰·霍华德（John Howard）一起，到曼哈顿中城肯·兰岗的办公室，拜访了这位传奇的投资大亨。

　　我和约翰分别向肯介绍中国市场和家得宝的中国项目。这位华尔街著名金融家，一共就听了二十五分钟，没问任何问题。他只是嘟嘟囔囔说了几句中美贸易战的事，就匆匆结束了我们之间的对话。很明显，肯·兰岗对这个中国项目毫无兴趣。

　　不过，令人印象深刻的是，自始至终，肯半躺在他巨大的真皮转椅里，把双腿伸到办公桌上。他那双灰褐色的皮鞋底，不停地左右摇晃。一个商人，面对来访的外国客人，躺在皮转椅里，用他的鞋底对着客人的脸，双眼盯着天花板和客人说话。在我三十多年的经商生涯中，这是第一次遇到。

　　他用自己的肢体语言明确地告诉我，在他眼里，这个中国项目无足轻重。

　　我从未见过这么无理和傲慢的华尔街商人。

肯·兰岗绝对是个华尔街暴发户。他出生于纽约贫穷的罗斯林高地（Roslyn Heights），父母是意大利血统的蓝领工人。父亲是个水管工，母亲是个食堂工人。肯·兰岗上大学期间，做过高尔夫球童，做过屠夫助理，还做过挖沟工人。他主要的金融教育，是在纽约大学斯特恩（Stern）商学院的夜校里完成的。他一生所获的绝大部分财富，都来源于对家得宝的这次冒险投资。

也许被他的无理所激怒，我看上去也不是太绅士。此次会面，我和肯·兰岗彼此都没留下什么好印象。用不欢而散来形容，十分恰当。

和肯·兰岗的不愉快见面，并没有影响我和伯尼、吉姆以及家得宝的合作进程。伯尼和吉姆向我建议，双方在1995年6月30日，于亚特兰大正式签署家得宝中国的《合资合同》。

5、6两个月，双方的律师团队和相关人员进入了最后的鏖战。一份厚达八十多页的《合资合同》及七个附件，在6月中旬如期完成。

伯尼决定，6月30日《合资合同》的签署仪式，在亚特兰大一家有特殊意义的餐馆举行。

这间建在亚特兰大郊区山顶上的别墅，是亚特兰大1864年惨遭北军焚城之后，唯一存世的房屋。家得宝中国《合资合同》的正式签约仪式，将在这个有特殊历史意义的别墅里举行。

签约仪式定在傍晚六点。我和我的团队成员早早就到了那栋美丽的庄园别墅。布朗·伍德事务所的律师也提前到了现场，DLJ的代表也来到现场。

吉姆·英格利斯和让（家得宝的CFO）比我们到得更早。我们一边举着香槟酒杯，一边海阔天空地攀谈着。

伯尼·马科斯和阿瑟·布兰卡也到了。伯尼罕见地穿了一套正儿八经的深色西装，还扎了领带。这是我第一次，也是唯一一次见伯尼穿得这么正式。

大家满面笑容，气氛热烈。王月、连成平、田浩都喜形于色，他们都感到这个使世界零售业震惊的消息，将在今晚诞生。近半年的辛苦，总算有了最后的结果。

伯尼亲自带着我和所有团队成员参观了这栋著名的别墅。每到一个房间，他都会讲一些有趣的故事。看得出来，伯尼也为我们能够顺利签约而感到异常兴奋。

回到一层的鸡尾酒会现场，伯尼接到一个电话，就去另外一个房间，吉姆接着和我们继续聊天。

一会儿，伯尼把吉姆叫了出去。很快，阿瑟、让也被伯尼叫到了隔壁那个小房间。

气氛突然变得有些诡异，我心头一紧，是不是发生了什么意想不到的事情？这时，吉姆推门进来，在我耳边说，伯尼请我到隔壁房间说点儿重要的事。

伯尼·马科斯、阿瑟·布兰卡、吉姆·英格利斯和让，家得宝的四大巨头都在，伯尼坐在我的对面：

"尊敬的杜先生，刚刚接到家得宝最大股东肯·兰岗先生的电话，他在最后一刻改变了主意，明确表示反对我们在中国的合资项目。他说，作为家得宝的创始投资人和最大股东，他正式通知我，取消中国合资项目，要求我们优先去南美洲发展。"

我目瞪口呆，脸色煞白，人完全冻结在那里。

伯尼接着说：

"在这样一个马上就要签署《合资合同》的特殊时刻，给您这样一个坏消息，我和今天在场的同事们，都对您和您的团队的每一个人，表示万分的歉意和内疚。"

伯尼双手垂下，向我微微点了一下头。他面色凝重，肌肉僵硬地维持着一丝苦笑。吉姆·英格利斯则满脸的愤怒，扭过脸去，看着窗外。

失望还是绝望？我不知自己是一种什么心情，刹那间不知所措。就像百米赛跑，即将以冠军的姿态冲过终点时，却突然失足跌进万丈深渊一样。

我已经四十七岁，这样惨烈的功败垂成，还是第一次遇到。

我保持了足够的绅士风度，尽量装得面不改色。我把内心里的极度失望与愤怒，都藏在了我镇定的语调背后：

"伯尼，尽管我对于这个突如其来的消息毫无准备，也几乎崩溃，但我相信你们的内心，是希望和我签署这份《合资合同》的。因此，我理解你们的处境，也理解你们此时的无奈。"

我确实被这个令人沮丧的消息震惊了，但我还是能够清醒地处理这种局面。

"我建议大家把今晚的晚宴友好地吃完，暂时不把这个消息告诉我的团队。我们只需说合同还需要再做一些修改，签约日期再定。我只希望，无论如何保持我们之间已经建立起来的合作关系。因为我已经下定决心，即使肯·兰岗先生否决了家得宝的中国项目，我还是会把家得宝这样的业态带进中国。即使我们自己独立干，我也会义无反顾。因此，我希望你们能够给予我最大限度的支持和帮助。"

"杜先生放心，尽管我们没有签署最后的《合资合同》，但我们之间已经签署了《合资意向书》，那上面所有我们应该做的事情，我们都会继续把它做完。对于你们在这件事情上所遭受到的打击，以及遭受的损失，家得宝将会尽全力地帮助你挽回，直到您的伟大理想实现的那天为止。"

伯尼从椅子上站起来和我握手。从他的眼神里，我看到了愧疚。

相信从此时开始，他和吉姆·英格利斯，一生都会是我的好朋友和生意伙伴。如果我需要，他一定会倾尽全力去帮助我，我绝对相信。

我们重新回到了签约晚宴的大厅。

那顿饭上，我不露声色，依旧神采飞扬，侃侃而谈。居然没有人察觉发生了什么。可酸楚、懊恼、愤怒充斥着我的内心。我压抑着这种情绪，一丝都不想流露出来。因为我知道，我的任何情绪表露，都会使伯尼和吉姆陷入尴尬的境地。他们和我一样，也是无辜的受害者。

那晚回到酒店，我才把真相告诉伙伴们。大家都面面相觑，一声不吭。痛苦和极度失望笼罩在每一个人的心头。大家都觉得这是他们一生所遇到过的最大和最残酷的打击之一，他们根本无法接受。

我告诉大家，没什么了不起。无非是和伯尼、阿瑟一样，从在仓库前给人发放美元开始，我们也去创办属于自己的"中国家得宝"！只要像他们那样努力，像他们那样怀揣梦想，我们也会得到属于我们自己的成功。

事后吉姆告诉我，促使肯·兰岗签约之前突然变卦的最重要原因，是1995年春天那场震惊世界的中美贸易战。

1994年年底，中美知识产权谈判经过七轮的磋商未果，谈判终于破裂。美国代表在谈判中指责中国的知识产权保护只是一纸空文，说中国使用的计算机软件100%为盗版，要求中国修改《民事诉讼法》，还要求中国在1996年1月1日前，修改知识产权法律，并定期向美国汇报查抄侵权的情况，直到美国满意为止。

美国的这些要求，是对中国主权的干涉，中国坚决不让步。

1995年2月4日，美国贸易代表坎特公布了美国严厉的贸易报复计划，2月26日生效。中方随后也公布了同样严厉的贸易报复清单，甚至暂停批准美国公司及其子公司在中国设立控股公司，及不允许美国生产商在中国开设办事处。

中美贸易知识产权战一触即发，全世界为之瞠目结舌。

尽管在贸易战开战前的最后一个晚上，中美达成了和解协议，但肯·兰岗等对中国完全不信任的华尔街商人，还是对去中国投资心存疑虑。这成了肯·兰岗否决家得宝中国投资项目的主要原因。

中国人真是聪明，他们居然能够创造出"煮熟的鸭子飞了"这样一句充满哲理的典故。通过家得宝这件事，我也相信，煮熟的鸭子确实能够飞走，而让鸭子飞走的原因，竟然是这么不着边际。

煮熟的鸭子真的飞走了。十四亿元人民币的股权价值，也随着这只飞走的熟鸭子，一起飞走了。我却不能沮丧，不能哭天抢地。因为我心中的那个梦并没有飞走，我要用十二万分的努力，去实现我心中那个美丽的梦。

十三、凤凰涅槃

69. 我们自己干

　　家得宝项目的功败垂成，给整个团队的打击是巨大的。

　　连成平垂头丧气地回到了纽约，继续准备他的博士论文答辩，原准备回国大干一场的万丈雄心，瞬间化为灰烬。

　　田浩第二天就跑回了多伦多，一连好几天看着天花板发愣，整个人像丢了魂一样。他完全陷入不能自拔的无比沮丧之中，对家得宝项目的满腔激情，顷刻间荡然无存。

　　只有王月相信没有家得宝的参与，我们也能把这样的业态引进中国，可是，如何开始，他也是一片茫然。

　　更严重的是，和家得宝进行合作谈判的一年多，公司其他生意都已暂停。员工们都在为即将上马的中国家得宝做着浩繁的准备工作。这一年多的时间里，公司每天都有着不菲的开支，却没有任何进项。巨大的国际旅差费用、国际律师费用，大量的人员招聘，都在吞噬着公司的生存能力。

　　更令人担心的是，得知家得宝取消了中国项目，公司上下士气低沉，对前景忧心忡忡。

　　尽管前几年赚的钱，暂时还够公司继续维持，但我必须立即作出决断：是下决心在中国复制家得宝，沿着这条创业之路走下去？还是承认失败，赶紧回头，重新回到熟悉的房地产上去？

　　从哪个方面讲，抛弃房地产这条熟悉的赚钱道路，冒险去开拓家得宝这种新业态，都是一条艰难得多，风险大得多的选择。一旦创业失败，公司将万劫不复。

但我打心眼里厌恶中国房地产业的赚钱方式。我肯放弃名牌大学教授的名头和社会地位，就绝不仅仅为了赚钱。更不可能为了赚钱，去做一个猥琐的、毫无人格的"下三滥商人"。下海经商赚钱，也必须有自己的尊严、理想和价值观。把家得宝这种业态引进中国，无疑是对中国经济发展的贡献，这对中国零售业的迅速现代化有很大意义，这才是我应该做的事。为了这个理想，我宁可选择一条更为艰难的路。即使失败也无所谓，因为我做了自己想做的事。

我下定决心，继续往前走，决不回头。

想在中国"拷贝"家得宝这样的超大型商店，有浩如烟海的事情要做。

商店的硬件系统，在当时的中国根本找不到供货商。叉车、货架、防盗、照明、监控、收银、仓储等一系列设备，都要从美国和欧洲采购。软件系统更是复杂到极点，收银系统、仓库管理系统、订货系统都需要从美国进口专业软件，当时中国还没有任何人使用过这些软件。商店使用的计算机系统，和国家计委、国家统计局是一个水平，极其昂贵。商店内的货品有近十万个 SKU(品种型号)，来自全世界各地，我们要一样一样地买来，放到货架上。

所有这一切，对公司都是极为严峻的考验，更何况，我们没有一点儿零售业经验。说实话，只有我这个"无知者无畏"的人，才敢干这件事。

想在中国复制家得宝，不扒掉几层皮，是无法实现的。而我当时的身体状况却极为糟糕，不足以应付这么大的挑战。

从 1989 年开始，香港外汇交易失败、苏联大马戏团访华、天津重新创业起步，和家得宝历时一年多的艰苦谈判，每次都是拼命搏杀。一次次的殚精竭虑，使我的精力消耗殆尽。经商的这几年，我一直生活在巨大的精神压力之下，严重地透支了我的身体和精神健康。

从亚特兰大回到中国后，我就住进了医院。此时我的体重已暴增到两百多斤，患上了严重的高血脂病。血脂指标竟达到合格值上限的十一倍以上。心脏也随之出现问题，二十四小时的早搏次数，已达一万次以上。消化系统也全乱套了，十二指肠球部溃疡、幽门糜烂出血、浅表性胃炎一齐出现。食道和直肠也都出现黏膜白斑，被医生称作癌前病变。牙齿也出来捣乱，严重的牙周病，时不时整得我疼痛难眠。由于体型过胖并且没有时间锻炼和养护，体力也变得极差，上半层楼都要在拐弯处停下来，喘半天粗气……

我清醒地认识到，为了完成心中的伟大目标，现在必须下决心"刹车"，对身体做一次彻底的"大修"，在精神层面上也要做些修复。只有找回原来那个身体健硕，精力充沛，激情澎湃，斗志昂扬的杜厦，这项前无古人的事业才有赢的希望。那年我四十八岁。

吉姆·英格利斯已经成为我的私人朋友。得知我住进了医院，他更加为家得宝6月30日签约前的变卦，感到羞愧、自责和内疚。他请我到洛杉矶去做一次全面身体检查。吉姆告诉我，伯尼非常支持他这个建议。伯尼说，杜先生是家得宝最为尊敬的中国朋友，因此，家得宝会像对待自己的公司高层一样，给杜先生安排医生，千方百计地保证杜先生的健康。

洛杉矶希望之城是全世界最大的癌症医院，家得宝每年会捐八百万美元资助这家医院。吉姆告诉我，医院会为我做全面和深入的身体检查，并针对所有存在的病症，提出他们的治疗方案。

我接受了吉姆和家得宝的建议，去洛杉矶做了一番严格、全面的身体检查。希望之城的专家排除了我食道与大肠黏膜白斑发生癌变的可能。接着又对胃做了彻底检查，根治了幽门螺杆菌，治愈了胃部的多种疾患。对血液的甘油三酯超高问题，美国医生给我制订了一系列的治疗方案和减肥计划。最后，给我做了牙床手术，根治了我的牙周病。

两个月后，我觉得自己焕然一新。

身体检查和治疗全部结束以后，遵循医嘱，我又开始了精神保养和减肥治疗。我去法国巴黎住了一段时间。这段时间，我几乎走遍了巴黎所有的博物馆。去巴黎任何一个博物馆参观，我都是步行前往，每天都累得我人仰马翻。在巴黎期间，我严格控制饮食，每天饮食只有沙拉、酸奶和瓶装水。

巴黎苛刻的减肥计划，完全达到了美国医生的要求，精神也获得了全新的清理和保养。加上璀璨的法兰西文化的熏陶，我的精神面貌发生巨变，从家得宝项目功败垂成的颓丧中，彻底恢复了过来。

巴黎之行过后，我又重新踌躇满志起来。那艘"中国家得宝"之船，大修完毕，油箱已经灌满，只需一声鸣笛，这艘巨轮就会起航，乘风破浪地驶向大海远方。

70. "中国家得宝"横空出世

1995年初秋，从巴黎回到天津后，我立即宣布全面启动"中国家得宝"项目。筹建中的商店，被命名为"家居"（Home Way）。

我告诉家居筹建团队，家居的建筑外形、平面布局、设备配置要和美国家得宝一模一样。商品构成、货架陈列、收银设备、软件系统，也要模仿美国家得宝，尽量原样照搬。家居的经营理念，更要学习家得宝在美国的成功模式。一句话，不要投机取巧，要分毫不差地把美国家得宝复制到中国来。

我认为，家得宝能够成功必有其成功的道理，我们尚缺乏这方面的专业知识和经验。对他们为什么能够成功，我们也没能完全搞清楚。在这种情况下，全面复制，可能是最接近真理的方法，在这上面，耍任何小聪明都是愚蠢的。

完全"拷贝"家得宝，是个一举两得之举。如果家居在中国的发展获得成功，那我们就抱上了一个金娃娃。一旦家得宝进入中国，我们这些和美国家得宝一模一样的商店，必定是他们优先考虑的收购对象。这样，也会获得可观的财务收益。因此，全力按照家得宝的模式去建设家居，一定是条非常宽阔的发展道路。

年底，我选派了三十多人到美国，去接受家得宝的培训。这是伯尼给我的一个超级大礼包。

其实，和家得宝签署的《合资意向书》里明确载明，只有在双方签署了正式《合资合同》后，家得宝对中国员工的培训项目才能启动。但中国项目已被肯·兰岗枪毙，家得宝就没有合同义务去实施这项培训计划。但伯尼仍然遵守他的承诺，帮助我免费培训专业人员，这在世界级大公司的历史上，很难遇到第二例。

在这一点上，伯尼这个犹太老头儿，做得绝对够仗义。

家得宝为我的受训人员提供了难以置信的便利。他们让受训队伍中的核心人员，持有最高级别的"门禁卡"。于是我的主要干部，可以接触到家得宝最核心的经营数据和商业机密。

三个月培训结束时，伯尼让家得宝特别给中国受训团队拷贝了厚达一米的标准操作手册（SOP）。这套标准操作手册，包括了家得宝所有部门、所有工种、所有经营环节的运作程序和考核标准。说这套标准操作手册是家得宝的经营秘籍，一点也不过分。这是一部全球零售业的无价之宝！

1995年年底，伯尼以家得宝的名义，在亚特兰大召开了全球供应商大会。伯尼本人亲自主持了这个大会。对于我来说，这个全球供应商大会意义非凡。

全球五百个家得宝的供应商，都派出最高级别的管理层参加这次大会。大会在亚特兰大最豪华的凯悦酒店举行，全世界最重要的装饰材料生产商几乎全部到齐。

伯尼上身穿了一件白色黑花的圆领毛衣，下身是一条褪了色的牛仔裤。举目望去，会议大厅里五百位CEO全部西装革履，伯尼的这套装束显得极为特别。他一米九的身高和满头银发，成为全场的焦点。伯尼·马科斯的这身装束和他的气派，凸显了家得宝的王者地位。伯尼本人无可争辩的控制力，刹那间充斥全场。

台下五百多位供应商领袖，一律正襟危坐，恭恭敬敬，等着伯尼向他们发表讲话。

伯尼的开场白诙谐、霸气："各位供应商朋友，今天是家得宝历史上极为特殊的一次供应商大会，我代表家得宝感谢你们的到来。"

"我身旁的这位杜先生，来自中国，是一位令人尊敬的企业家。他也是未来家得宝在中国唯一的合作伙伴。我们之间已经于今年4月份签署了一份《合资意向书》。我们双方商定，家得宝在中国的发展，由杜先生的公司按照家得宝的模式先做起来。为此，在我和吉姆·英格利斯的指导下，三十多位杜先生的高级员工已经完成了在家得宝的专业培训。我们相信，杜先生的家居，将会像家得宝在美国一样，在中国掀起一场建材零售业的革命。不久，在合适的时机，家得宝会全面融入杜先生的家居，完成进入中国市场的目标。"

"今天请大家来，就是希望大家全力支持杜先生的家居（Home Way）。不仅要以优惠价格及优惠条件，给杜先生的家居提供适销商品，还要帮助他和他的员工，学会如何正确经营。我们要一起帮助杜先生的家居在中国一炮打响。"

"我相信，在各位供应商持续的大力帮助下，杜先生的家居，一定能够取得成功。"

"当然，去不去中国，和不和杜先生合作，是你们的权利。不过，家得宝的要求很简单，如果哪家供应商不想给杜先生支持，不打算到中国去和杜先生一起开拓家居业务，现在就请站起来，离开这个会场。"

伯尼讲完这番霸气且坦诚的话后，环视了一下整个会场。全场鸦雀无声，五百多位西装革履的大老板都老老实实地坐在座位上，没有一个人敢站起来离开会场。

我从来没有见过这么开会的，也从来没见识过这么霸气的老板。

接着，我即席发表了关于中国市场的演讲，当然也把家居和家得宝未来的合作前景着重讲了一番。

终究是十几亿人的巨大市场，中国正在进行的住宅市场化改革又给装修行业带来了巨大商机，供应商们都理解，中国的机会来了。

与会者听说家居的三十多位核心骨干已在家得宝完成了培训，天津的家居商店建筑也已完工。所有这一切，都让到会的供应商们兴奋不已。

最后，吉姆·英格利斯上台，宣布家居正式的供货谈判和合同签署大会，将于 1996 年 2 月 5 日，在香港尖沙咀喜来登大酒店举行。所有到场的供应商，都明白了家得宝的态度，表示一定会出席家居香港供货商大会，并全力以赴给予家居支持。

有了伯尼和吉姆·英格利斯的鼎力支持，家居成功的可能性大大增加，但这也只是外因。家居要想成功，不仅要使自己获得顾客认可，最终还要能够取得盈利。否则，公司就会在不断亏损中死去。因此，我必须保证商店一开业，就能火爆津城。

1996 年 9 月 28 日，中国第一间，也是全亚洲第一间家得宝标准的建筑装修材料大型超市——家居，在天津市东丽区津塘公路旁开业。

万事开头难，如何让家居开业一炮打响，进而在全国引起轰动，颇费心思。1988 年，在深圳组织"李宁告别体坛活动"时，我与李宁以及中央电视台导演袁德旺建立了深厚的友谊。参加那场活动的演艺界明星，也都感佩我对李宁的拔刀相助。于是，我请李宁和袁德旺帮忙，再次请出文艺和体育界明星们，前来为家居开业助阵。李宁和袁导非常仗义，亲自打电话给这些明星大腕。没几天，袁导就又组成了一个堪比中央台春节联欢晚会的明星阵容。这些明星朋友听说是给老杜帮忙，都乐意来天津为家居开业站台助威。尽管二十五年过去了，今天提起这些人的名字，仍会让人如雷贯耳，激动莫名。

他们是：

赵忠祥、倪萍、宋世雄、李谷一、赵本山、黄宏、陈佩斯、朱时茂、侯耀文、石富宽、殷秀梅、韦唯、杭天琪、解晓东等。这是当时中国最为耀眼的演艺界明星阵容。

李宁、李小双、李春阳、王义夫、杨凌等中国体育界炙手可热的奥运会冠军们，也都来为家居开业现场祝贺。

家居开业那天，这些大明星都客串了一把家居的店员，为光顾家居的客人提供服务。老百姓惊讶地看到，赵忠祥、倪萍、李谷一、陈佩斯、赵本山、黄宏和李宁，这些以往只能在电视上看到的超级偶像，今天却穿着家居的橘红色工作服，活生生站在他们面前，一个个笑容可掬地为他们取商品、搬东西并帮助他们推车结账。那一天到家居购物的天津老百姓，都激动得快要疯掉了！这一景象，造成了天津市街头巷尾的空前轰动。

需要说明的是，这些明星们来天津给我助阵，纯粹是为了帮我，他们不取任何报酬。在今天，这是无法想象的事情。

家居琳琅满目的商品，宽大舒适的购物空间，毫无约束的自选方式，方便快捷的收款流程，巨大无比的停车场，都给了前来参观和购物的消费者以前所未有的体验。

天津老百姓第一次感受了没有柜台的购物环境，以及自选购物的方便。人们以前没想过会有这样的大型商店，此时他们才明白，什么是美国最现代的大型零售自选超市。

我们特意买了二十辆二手的公交汽车，全部漆成家居鲜艳的橘红色，画上醒目的家居标记。我还把家居店长——美国人梅森·劳德鲁的巨大头像印在车体两侧。用这些中国人感到十分新颖的形式，把天津市内的消费者和看热闹的老百姓，免费拉到东丽家居来参观购物。

从9月28日开始将近一个月，我们专设的市内免费停车站点，从早到晚永远挤满人。市民们排着队乘坐我们的免费大巴，去家居！

家居货架上的两万余种装修商品，50%以上是中国市场从未见过的西方进口商品，而且价格非常实惠。这给整个中国建材装修市场造成了另一种巨大轰动。

由于世界上几乎所有最知名的装修材料生产厂家都成了家居的供货商，国内生产厂家都生怕被挤掉，纷纷给家居提供最优惠的价格和供货条件。由于价格实惠，货物种类齐全，品质又绝对有保障，家居开业伊始就生意火爆，顾客盈门。

尽管家居开业取得了巨大成功，但我们仍然面临巨大难题。

71. "家居" 火爆津城

最大难题是市场上狂飙般涌现的各类假冒伪劣产品。这些品质低劣的假冒商品，消费者很难辨别。加上这些冒牌货价格极低，给家居循正常渠道进口的商品，造成极大冲击。

家居不仅要和冒牌进口商品作殊死斗争，还要同"偷逃税进口商品""销售回扣""造假商品""虚假价格"等中国建材市场上的种种恶劣行径，浴血奋战。为了能够在这样恶劣的市场环境下生存，进而战胜这些假冒伪劣商品，家居必须另辟蹊径。

开业伊始，我在天津和全国的报纸上，毅然公布了家居对消费者的五大承诺。

这五大承诺是：

市场最低价保证。任何人在市场上如果发现比家居销售的同样商品价格更低，家居立即负责退赔差价，并给予提供此价格信息的消费者一定比例的奖励。

无条件退换货保证。任何顾客在家居购买的商品，均可以在十天内无条件退货或换货。不需任何理由，也不需提供发票，没有任何其他附加条件。

优质、真货保证。家居出售的商品，保证绝无假货、冒牌货、劣质货。一旦发现，家居负责退货并给予十倍赔偿。

无走私商品保证。家居向全国消费者保证，家居销售的进口商品，都已足额缴纳关税，绝无任何走私货和水货。

　　无返佣及回扣保证。家居向所有消费者保证，绝对不会以任何方式给予购买者返佣或回扣，这有力杜绝了采购人员为私利，给业主采购不当商品。

　　这掷地有声的五大承诺，对于1996年的中国消费者来说，不啻是个重磅炸弹。全中国消费者，从未听说过商家有过这样的保证。这五大承诺，在中国装修材料市场上刮起了一阵决绝而强劲的飓风。由于中国零售市场上从没有人做过这样的保证，这使家居的市场信誉度异军突起，摧枯拉朽地冲击了中国混乱无序的装修市场。家居开业以后不到一个月，以某超级大国驻华使馆为首的几乎所有西方国家驻华使馆，大型跨国公司驻京办事处、代表处，都在自己的采购手册中规定，本单位使用的建材装修商品，必须到天津家居采购，否则不予报销。北京的各中央机关，天津市政府各部、委、办、局，也都要求自己的后勤部门，去家居购买相关商品。许多大型房地产开发企业，为了提升自己住宅产品的市场信任度，也纷纷公布自己和家居签署了专属供货协议，保证自己商品房的油漆、墙纸、胶合板、门窗、灯具、洁具等建材、装修产品，全部采购自家居。

　　家居牢牢抓住了当时中国建材、装修材料市场的软肋和痛点，取得了道义和经营上的双重胜利。我们用自己对消费者的一片诚心，赢得了这场生死大战。

　　家居迅速从天津火到了全国！销售额也随之迅速飞涨。

　　一天，一位家住天津市河西区的老大娘来到家居，投诉她买的瓷砖贴到墙上以后，发现颜色不大一致，提出要商店予以解决。当时家居店长梅森·劳德鲁不在，副店长蒋新康接待了这位委屈的大娘。

　　"大娘，您是想退钱还是想换货呢？"蒋新康问。

　　"当然想换货呀，不过我的瓷砖都已经贴到墙上去了，想换也没法换了吧？"大娘有些遗憾。

　　"不要紧，大娘。如果您的真想换货，我们马上给您再发一次货，不需要您再付一分钱。您可以重新选择瓷砖，全店所有瓷砖品种，您随便挑，您喜欢哪一款，就给您换哪一款。无论有多少差价，都算我们补偿您的。您原来已经贴到墙上的瓷砖，全部砸掉，算是我们的损失。您花过的工钱和现在再砸瓷砖用的工钱，我们今天都一并赔偿给您。这样处理您能够满意吗？"

蒋新康和蔼可亲。

"你们真的不用到我家看看，查一下我买的瓷砖是不是真的都贴上墙了吗？"大娘有些疑惑。

"不需要，大娘，我们信任您。您是我们的上帝，哪有查上帝的道理？"蒋新康风趣、幽默。

大娘一时说不出话来，她不敢相信眼前的事实。

大娘办完手续，刚要离开商店，蒋新康又追了出来，"大娘，刚才忘了问您，您贴那些瓷砖用了多少袋水泥呢？"

大娘想了想，"大概三袋水泥吧。"

蒋新康又把三袋水泥钱和来回乘出租车的钱交到大娘手上。大娘激动得直哆嗦，抓住蒋新康的手，久久不放。

之后，这位大娘逢人就讲家居如何如何好，她的亲戚、朋友、邻居、同事都被感动，纷纷成为家居的铁杆粉丝。

家居给中国零售业竖立起了一面崭新的旗帜。以上所有这些，让我心里悬着的那块大石头终于落地，现在我有理由相信，未来，家居必定会获得成功！

72. "家世界"诞生

家居开业的成功，使我全面复制美式购物中心的愿望更加强烈。我知道，现在公司实力尚小，仅一个家居不足以支撑公司未来的发展。况且，把鸡蛋都放在一个篮子里，也不是一个明智的发展战略。索性趁着家居开业的热乎劲，把美式超级购物中心也一并建起来。

这就是说，我要把沃尔玛、宜家、玩具反斗城等大型超市都"拷贝"过来，一起放到家居的巨大停车场四周，组成一个相对完整的购物中心。在这个购物中心里，有建筑装修材料、家具及室内用品，有食品、生鲜、烟酒、副食调料，也有服装、箱包、鞋类、文化用品和家用电器，以及儿童玩具等若干商品类别。这将是中国第一个完整的美式购物中心。

这样的美式购物中心，各类别商品齐全，购物环境优异，价格低廉且品质有充分保障。巨大的停车场，将使购物停车变得格外方便，这是天津市从来没有过的购物环境。一旦建成这样的美式购物广场，必定会使中国消费者感到更加震撼。

同时，投资建设这样的购物广场，使我们有机会在实践中找到能够长久且稳定盈利的业态，再以此去规划未来的发展方向。

各类大型连锁超市的经营理念基本是类似的。我手上这三十多名业务骨干，在家得宝进行过深入培训。他们对这类新业态的运营技巧，有比较深刻的理解。其他任何中国企业，都没有这样一支队伍。由于我们理解了大型连锁超市的经营理念，即使照猫画虎，也能把这四类不同的连锁超市同时引进并建立起来。永不缺乏的自信心，帮助我做出了这个冒险的投资决定。

一个从来没有任何零售业经验的中国人，居然要把四类经营不同商品的大型连锁超市，一股脑儿引进中国，是不是挺疯狂？

不干则已，干就干一件足以震动全中国的事！人生本不容易，不干出点惊天动地的事，枉来这个世界一遭。

我把家得宝培训的三十多人分成四个团队，分别筹备以家得宝为模板的大型建材超市"家居"、以沃尔玛为模板的食品和百货大型超市"家乐"、以宜家为模板的大型家具超市"家园"、以玩具反斗城为模板的大型玩具超市"玩具王国"。

接下来的几个月，我亲自带领各个团队，到美国的沃尔玛、宜家、玩具反斗城，日复一日地学习并"偷艺"。这些商家和我们没有合作关系，我们只能以顾客身份，悄悄绘制商店的平面布局、摸索商品的陈列规律、熟悉服务流程、搞清不同商品的定价原理。

在美国的一个多月，各个团队每天讨论、揣摩、研究和剖析，逐渐把这些不同品类的大型超市的运营逻辑弄清楚。

国内的建设工作和人才招聘、市场调研、运作流程设计、企业文化建设等一系列筹备工作，也都全面开展起来。

从 1996 年夏天开始，除已经建好的家居以外，家乐、家园、玩具王国三大商店建筑，都进入建设高潮，整个工地热火朝天。中国第一个美式购物广场，在天津东丽家居旁初见雏形。

家居开业三个月后，专门经营百货、服装、食品的大型仓储式超市"家乐"，在天津东丽的家居停车场旁开业。

由于受过家得宝三个月的深入培训，加上用一个多月时间到美国沃尔玛、法国家乐福等商店"偷艺"，再借鉴家居开业的成功经验，家乐筹建团队的压力感觉没那么大。

经过家得宝精心培训过的这支干部队伍，在中国零售业里独一无二，这是我手中最骄傲的资产。我们的业务骨干，对现代化仓储超市的理解，对零售业计算机的应用，对商品选择和价格制定的技术，都远超过当时任何一家中国零售企业。因此，家乐的商店平面布局、计算机系统的掌握和运用、商品摆放的专业技巧、仓库收货和上货的管理制度，不同类别商品的定价逻辑，都令我们的美国顾问极为满意。

现在我担心的只有一件事：家乐售出的核心商品，能否做到市场最低价？

所谓核心商品，是指那些销售量大，价格极为敏感，消费者需求刚性很强的商品。老百姓判断一个商店便宜不便宜，是以这些核心商品的价格水平作为依据的。

我给家乐的商品采购团队提出了最为苛刻的要求：家乐卖出的核心商品，不准比当地农贸市场上的同样商品价格高。这包括大米、白面、肉类、调味品（油、盐、酱、醋、糖）、蔬菜、软饮料（可乐等）、方便面、烟酒以及老百姓每天都离不开的各类生活和文化用品。有些时候，这些需求刚性强的商品的价格，还要明显低于农贸市场的售价。

这太难了。农贸市场除了人工费用外，几乎没有任何其他成本，甚至税收都是定税制。而家乐是大型超市，有巨大的人工费用、场地维护费用、空调和照明费用、货物存储费用、内外部盗窃损失、严苛的税收负担、商品损耗以及财务成本和总部成本。要想让家乐这样的现代化超市在价格上和农贸市场的小贩们竞争，没人相信我们能够做到。

我却不这么看。

我告诉家乐所有干部，如果不能打败农贸市场，在老百姓眼里，我们就是一个高档商店。那他们就不会来我们的商店买东西。如果这样，我们就没有生存下去的可能。因此，要想在所有消费者心中赢得口碑，无论如何也要使我们的核心商品售价低于农贸市场。这件事决定家乐命运，做得到要做，做不到也要做，否则我们将死无葬身之地！

我给家乐筹建团队分析可以战胜农贸市场的理由：

我们大批量采购，可以得到比农贸市场小贩们低得多的进货价格，要依靠我们巨大的购买量，去压低商品进价。农贸市场价格不透明，小贩的商品标价一般要远高于他们的底价，这就给了我们机会。我们会按照一个低于农贸市场标价的价格销售商品。在消费者眼里，就会得出我们比农贸市场价格更低的结论。

因此，我强制性地规定，家乐必须以农贸市场价格作为价格标杆，给市场一个最便宜的长久口碑。

我嘱咐家乐的经营团队，即使是出现价格倒挂，赔着钱也要获得"比农贸市场价格低"的口碑，对此我们在所不惜！无论如何，绝不准许我们的任何核心商品价格，高于天津农贸市场同类商品。我心里清楚，只有比农贸市场的价格低，才是真正的市场最低价，才能征服天津消费者的心。

这才是沃尔玛一切经营逻辑的核心。

在这样的指导思想下，家乐一开业便火爆全城。开业之后仅几天，家乐商品比农贸市场还便宜的消息爆炸性地传遍天津，进而迅速发酵。每天从城里来家乐购物的顾客人满为患。我们又紧急租了二十辆公交汽车，免费拉着全天津的老头老太太们，到家乐来参观购物。那些日子，天津老百姓见面已不再问"吃了吗"，而是改问"去家乐了吗"，这让我开心不已。

家乐是全天津第一家现代化大型仓储超市，此时，沃尔玛、家乐福都还没有进入天津，我们抢占了天津现代化零售业态的制高点和先发优势。这是一个战略性胜利！

73. 踏进成功之门

1997年2月4日是中国农历腊月二十八，采购春节年货已到了最后阶段。那天在家乐发生的事情令我终生难忘。

图 13-1　家世界超级购物广场停满车的巨大停车场。

早上，家乐的开店时间还没到，停车场已是人山人海。商店门口等待进店的人群已经排了百十米长，整个停车场已被各种大小车辆挤得水泄不通。

八点一开门，整个商店里到处都是人。四十台收银机前等待结账的人越排越多。到中午十二点左右，四十台收银机前等待结账的人流，已经浩浩荡荡地排到了商店最后面的墙下。四十条横贯南北的长龙，加上人人推着的装得满满的购物车，使商店内的交通完全瘫痪。商店外还挤满了等待进店的人群。整个家乐里已是人挤人、货挤货，人们根本无法继续选购商品。

最困难的是，由于排队时间太长，人们无法顺利结账，一些脾气较大的人，便开始骂街并愤怒地摔砸商品。

人们对不能及时结账感到愤怒，但又不愿意放弃已经抢得的商品，更不可能什么不买就转身离开。于是，四处都是骂声，场面已经无法控制。

谁也没有料到会出现这种局面，家乐的管理人员个个手忙脚乱，无计可施！

家乐店长实在没辙，灵机一动，去隔壁请来了家居店长，那个美国老头儿——梅森·劳德鲁。

梅森·劳德鲁是吉姆·英格利斯推荐给我的超市经营专家。他经验丰富，既是家居第一任店长，又是我的经营顾问。

梅森赶忙跑到家乐，让人找来一个木制包装箱，放到家乐商店的正中央。他手里拿个大喇叭，拉着他的女翻译跳了上去。

店内的顾客们，很多是乘我们的免费班车来的。他们都在车身上看见过梅森的大幅头像，认识他。大家一看是家居那个白人老头儿，全场立即一片笑声。

梅森一上去，先是环绕四周，鞠了四个躬。接着发表了他的简短演讲。

"顾客朋友们，真是对不起！最初设计商店的时候，我们犯了个错误，不应该只设置四十台收银机，而应该设置四

图 13-2　2008 年，梅森·劳德鲁夫妇专程从美国来北京，参加我六十岁的生日会。

百台收银机。尽管全世界都没听说过，一个超市会设置这么多台收银机。"这显然是个笑话，梅森一下改变了商店里的气氛。

他接着说："这个错误赖我，因为我在美国干了一辈子零售，也没见过这么多人同时来商店里买东西！因此，必须为我的错误道歉。不过，这么多人，我怎么能向你们一一道歉呢？怎么能平复你们的愤怒呢？怎么能让你们高兴起来呢？想了半天，我决定，一会儿我躺在旁边这块地板上，任由你们每人过来踹我一脚。只要让大家出了这口气，能够变得开心，我就是躺在这里一下午，也没问题。"梅森的话引得满堂大笑，顾客的怒气顿时烟消云散。

最后，老梅森又趁机做起了广告："只要大家以后继续来我们家乐买东西，您踹我多少脚，我都不会生气，我还会高高兴兴地谢谢您！"说完，梅森又拼命地四处抱拳、作揖。他的中国文化学得真不错。我深深地为梅森的商业智慧折服，也为他无所畏惧的职业精神感动。

如最初所愿，我们迅速把天津老百姓从农贸市场拉到了家乐，从1996年年底开始，家乐成为天津最为火爆的大型零售超市。

1997年春节期间，家居、家乐成为天津街头巷尾议论的中心话题。人们津津乐道的，不仅是从未体验过的购物方式、琳琅满目的商品、巨大无比的停车场，还有那比农贸市场还低的价格，这是最让天津老百姓感到兴奋的地方。

天津市的老百姓们，无论老少，都争先恐后地搭乘我们的免费班车，到东丽来看个究竟。他们不仅想体验一下"想拿啥就拿啥"的感受，也想看看家乐的商品到底便宜到什么程度。

因此，即便春节过后，家乐的购物人流仍然源源不断。

梅森·劳德鲁的巨幅头像，贴在几十辆巴士上招摇过市，已成为天津街头的一大风景。许多市民都以为，家居、家乐是这个外国老头儿开的，对他充满好奇和尊敬。天津的交警几乎都认识梅森，有时梅森开车，交警往往会乐哈哈地先给梅森敬个礼，然后慷慨地给他放行。短短半年时间，家居、家乐已经赢得了天津老百姓的心。

从市内到东丽来，有的消费者要乘将近两小时的公交车，可他们大多乐此不疲，这极大地增强了我的信心，迅速扩张的欲望随之强烈起来。更何况家乐福正在筹备他们在天津的第一间大卖场，我的紧迫感愈加强烈。

我看到了家居、家乐等大型超市在中国的生命力，从 1997 年到 1998 年，我一鼓作气，又陆续开出了家园、玩具王国，以及为整个购物中心配套的巨型海鲜餐厅家和。

"玩具王国"是为了吸引孩子们的注意力，从而让家长们每个星期天都到购物中心来而创立的。玩具王国也是全中国第一个仓储式大型玩具超市，大约有四千平方米的面积，商品门类和商店布局也是模仿美国玩具反斗城设计的。

专门卖家具的"家园"营业面积最大，约有一万五千平方米。商店平面布局、商品类别之间的陈列顺序、顾客浏览商品的动线、体验式的家具陈列方式、收款和取货方式，甚至商店外檐的蓝和黄的标志性颜色，都在模仿宜家。

巨型海鲜餐厅"家和"是我的独创。家和共有营业面积一万二千平方米，是当时中国最大的餐馆。所有服务员都脚穿旱冰鞋，在餐厅内穿梭送菜。而送汤和收拾碗碟则全部都由电瓶车完成。所有海鲜鱼类，都是在客人面前宰杀。家和的兴旺，从周末一楼等候区往往会有五百个以上等位的客人

图 13-3　某个家世界超级购物广场开业仪式上，我在发表开业祝词。

图 13-4　家乐仓储式超市人满为患。

可以看出来。

至此，家居、家乐、家园、家和、玩具王国"五位一体"，相互依托，中国第一个真正意义上的美式购物广场在天津东丽创建完成。

我把这个购物广场命名为"家世界"购物广场。

1995 年，我在亚特兰大给自己设立的目标，最终在 1998 年完成。

当家居、家乐、家园、家和、玩具王国五种完全不同的现代零售业态，在天津东丽家世界购物广场陆续建成以后，全国零售业都轰动了。前来天津参观的人络绎不绝，东丽家世界购物广场从来都是热闹非凡。

不过，热闹归热闹，我可没有得意忘形。我清楚不能按照这样的布局长期发展下去。如果五种业态齐头并进，不仅效率高的会被效率低的拖死，而且所需的建设投资巨大，必定使我们总体发展缓慢。我要在这五种业态之中，选择出最有生命力，最适合我们长期倚重的主营业态，来规划我们进军全国的战略发展方向。

到底哪个业态更适合在中国发展？哪个业态更能够给家世界集团带来更加长久的盈利前景？不试一试是不知道的。已经有了一年的市场检验，到了果断作出决定的时候了。

十四、铸造辉煌

74. 确定主业，振翅腾飞

一年多的实践证明，家乐成为家世界的主营业态是毫无争议的。从腊月二十八梅森跳上木箱，让抱怨交不上钱的顾客每人踹他一脚的那刻起，我心里就明白了，家乐势必是家世界的五种业态中最受欢迎、最能赚钱，也最容易扩张的业态。

家居和家和将成为家乐的辅助业态。

家居的价值在于，它不仅能够赢利，而且能够持续地为我们带来富庶客户和机关团体的购物人群。不仅如此，家居还具有潜在交易价值。一旦家得宝进入中国，他们必定会花大价钱把家居买过去，这一点我坚信不疑。我把家居做得越大，家得宝购买的欲望就会越强烈，我肯定会在他们身上赚一笔大钱。

另一个辅助业态家和（天津老百姓称家和为海鲜巨无霸，既亲切，又形象），是个奇葩的餐饮企业，在京津两地声名显赫。家和每天人满为患，能够一年四季为家世界购物广场带来大量客流，因此也成为家世界购物广场另一个有价值的辅助业态。

随着1996年家居、家乐陆续开业并取得成功，尤其是家世界五种业态全部开业以后，家世界创造了中国零售业一个火爆的传奇故事。家居、家乐掀起的热潮，迅速引起了全中国各个省市的瞩目。时任天津市委书记张立昌来家世界参观，并鼓励我们在天津迅速扩张。北京市常务副市长张百发也亲自来天津东丽和我见面，建议我把这些新型零售业态开到北京去。陕西省委书记李建国托人给我带话，希望我尽快把家居、家乐开到西安去。许多北方省会城市的市领导，也都纷纷来天津与我见面，给出非常优惠的条件，希望我能够把家世界购物广场复制到他们的城市里去。

尽管外面红红火火，可我知道，家世界仅是刚刚起步，许多东西我们只是照猫画虎，还没真正搞明白。全公司不仅经验不足，人才匮乏，发展资金也是捉襟见肘。面对这些突如其来的发展诱惑，我决定放低身段，立足于天津，三年内不去其他城市发展。我给公司制定了十字方针：先积攒实力，再谋求发展。

在家世界不断给中国零售市场带来好消息的同时，美国沃尔玛、法国家乐福、德国麦德龙、韩国易买得、泰国易初莲花、中国台湾大润发，也相继进入中国大陆。中国零售市场一片"山雨欲来风满楼"的架势。这些世界著名大型连锁零售商，均颇具实力，对中国市场这块巨大蛋糕，他们觊觎已久。

在这些"力拔山兮气盖世"的商业巨头面前，中国连锁零售企业就像是刚刚出生的婴儿。和这些巨无霸竞争，就像让幼儿园儿童去和泰森进行拳击比赛。他们一拳，就能把我们打飞到太平洋里去。他们都有几十年的发展历史，几千家连锁店遍布全世界。更可怕的是，他们有相当成熟且无法与其竞争的强大供应链。而我们的家居和家乐，各自仅有一个店，不仅谈不上连锁，供应链更无从谈起。

我没有因家居、家乐开业的火爆乐晕过去。

开始，许多国人没把沃尔玛、家乐福放在眼里，认为这些"老外"不懂中国国情，不熟悉中国消费者。他们断定这些外国零售企业在中国会水土不服。历史无数次证明，盲目自大是祸害我们这个民族的最大通病之一。

我很清醒，没像他们那样瞧不起这些"老外"。我已经在伯尼·马科斯的办公室里，见过那个端着枪的西部牛仔。也领教过他窗外的那块竞争者墓地。我深知这些世界上最伟大的零售企业手里有多么强劲的竞争武器。也知道他们骨子里的竞争意识是多么地让人不寒而栗。

　　我不能再等待，更不能在家世界的成功里沾沾自喜。只有在天津及周边城市，迅速开出多个家乐和家居来，才能趁着这些巨无霸到来之前，取得数量和布局上的领先，保住已经取得的先发优势。

　　1998年春节一过，第二个家世界购物广场在天津市北辰区西青道动工，唐山首个家乐也同时开始建设。此时的实践已经证明，大规模开设家乐，放缓家居的扩张步伐，是最正确的战略选择。家乐已经成为我们的主力业态。

　　西青道家世界购物广场和唐山家乐，正在热火朝天建设的时候，天津市河西区商委主任张秉素找到我，说打算拆掉他们的南楼百货商场，把土地出让给我，让我在天津市中心建设一座大型家乐。

　　这真像天上掉下个大馅儿饼，一下子砸在了我脑袋上。

　　河西区政府有两个要求：一、南楼家乐必须雇用原南楼百货商场的员工；二、南楼家乐必须在1998年之内开业。如果我答应这两个条件，价格问题好谈。

　　我当然答应，一丝犹豫也没有。

　　1998年5月初，我们签署了合作协议。

　　签完合同仔细一算，从签约到年底，仅有不足八个月的时间，南楼家乐年底开业，似乎是个不可能完成的任务。

　　南楼居于市中心一个五岔路口，地块狭小，只有建设两层或两层以上的建筑物，才能容纳下家乐巨大的卖场面积。一般情况下，建成这个总面积一万五千平方米的两层商业大楼，最短的建设周期也要一年以上。

　　由于施工地点在市中心，为了避免扰民，每天的施工时间被严格限制在十二小时之内。基础打桩，渣土清运，运入大型钢结构，都要受到严格的时间限制，正常工期很难保证。况且在建筑完工以后，怎么也要有三个月的开店筹备期。而前期的规划报批、地质勘探、建筑设计等，也需要几个月的时间。算来算去，从规划报批开始，总共需要两年时间，南楼家乐才有开业的可能。

　　但年底开业已成为河西区政府的明令要求，我自己当然也不想错过元旦和春节的销售旺季。我希望北辰西青道店、唐山店和河西南楼店，年底一起开业。一方面给我们自己一个巨大鼓舞，又给所有供货商一个强烈信号，我们发展迅速，很快会成为他们最重要的合作伙伴，以此奠定今后和所有供货商的合作基调。

　　一天都没敢耽搁，我立即和设计师、建筑师和钢结构供应商组成设计团队，夜以继日，很快拿出设计图纸。我直接去找了天津市规划局局长赵友华，请他设法帮忙特批，结果，赵局长那里一天也没耽误，很快就批准了我的规划设计。

　　尽管如此，从破土动工到建完一个一万五千平方米的商业大楼，一共也只剩下一百一十二天的时间。在这一百多天里，要拆除原有建筑，挖出基坑，打好基础，完成一万五千平方米的钢结构主体安装。还要交叉安装中央空调系统、电梯系统、照明系统、广播系统、电子防盗系统、防火喷淋系统和计算机系统。从工程施工惯例上讲，这好像一点可能性都没有。

　　这还不够，商店开业之前，还有安装货架、调试收银台、收货、商品录入、货物上架、核实价签以及卫生清理等工作，还需要足够多的工作时间。而这些浩如烟海的工作量，最少需要三个月，但我们仅有二十六天时间，这看起来也没有任何可能性。

　　我不信邪，7月底拿到了规划局的动工批准证书后，我在全公司干部大会上宣布：河西南楼家乐店，8月8日破土动工，12月28日正式开业。

　　家世界历史上最激动人心的"南楼会战"，由此打响。

75. 走向辉煌

我给南楼筹备组开了个特别的动员会。一开场，我先讲了两则寓言故事。这是吉姆·英格利斯曾经讲给我的。这两段颇富哲理的寓言，让我一辈子也不会忘记。

吉姆说，在东非塞伦盖蒂的广袤草原上，一头狮子清晨醒来。它知道，自己必须跑得飞快，起码要比跑得最慢的瞪羚要快，否则它就要饿死；同样，一只瞪羚清晨醒来。它也知道，自己必须跑得飞快，起码要比跑得最快的狮子还要快，否则，它就要被狮子吃掉。

"快"是商业竞争的根本逻辑之一。

吉姆还告诉我，在草原上顶风狂奔的马群里，跑在最前面的那匹马，呼吸的永远是草原上的新鲜空气，那空气芬芳清甜。而跑在它后面的所有几百匹马，呼吸的都是前面马蹄腾起的灰尘，那灰尘苦涩而肮脏。

吉姆的意思是，家世界要像那美丽的瞪羚一样，必须比跑得最快的狮子还要快，只有如此，它才可以自由自在地在草原上生存下去。

同样，家世界也必须成为跑在最前面的那匹骏马，只有如此，才可以呼吸到沁人心脾的新鲜空气。而不能跟在别人屁股后面，呼吸那些遮天蔽日的苦涩尘土。

我要求南楼筹备组，拿出敢于创造历史的勇气来，在天津的零售市场上，去做那匹跑在最前面的马，把遮天的苦涩尘土，留给别人。

1998 年 10 月 5 日，钢结构运到现场。工期又被挤短了将近一周。

12月1日，到了必须进场安装货架的时候，商店建筑物还没有竣工。门窗、暖气系统、照明系统都还没有到位。电梯井还是几个黑黑的大洞，电梯尚未安装。窗口毫无遮掩，北风疯狂地往建筑物里灌。十冬腊月，建筑物里比室外还要冷。

筹备组负责人再次向我申请延后开业。他们说得有道理：这样的寒冬，既没暖气，又没电梯，几十吨货架如何运到二楼？手都伸不出来，货架如何安装？刚刚完工的水泥地面，滴水成冰，如何清理？时间只剩下二十几天，怎么能够开业？

尽管他们的申诉有道理，但还是被我严词拒绝了。

我告诉他们：南楼家乐12月28日开业的消息，已经公布了近六个月，周围老百姓都翘首以盼。如果连开业这么大的事，我们都不能信守承诺，老百姓会怎么看我们？政府会怎么看我们？他们该如何评价家世界？今后我们的承诺还会不会有人相信？

因此，12月28日必须开业！天上下刀子也要准时开业！只有如此，才能锻炼出一支铁军，才能培养出不畏艰难困苦，貌视一切困难的强人企业文化。

一个企业的文化，全看企业一把手。我如此坚决，上上下下就跟着坚决起来。

12月2日，南楼家乐的八十余名员工冒着零下十几度的严寒，进场筹备开店。

由于没有电梯，几十吨重的货架全部用肩膀从室外扛上二楼。由于戴手套安装货架不方便，几乎所有的员工都扔掉手套，徒手安装货架。他们几乎所有人，都因为冻疮而双手溃烂。

由于照明系统还没安装到位，员工们拉上临时照明线路，挑灯夜战。

店内所有筹备工作均昼夜不停，自从进店以后，几乎没人回过家。各个部门的分工和完成时间表一经下达，所有员工都是饿了吃口面包，渴了喝口凉水，困了裹上军大衣，在货架上睡一小觉。一被冻醒，马上又投入工作中去。

近二十天时间，没人洗过澡，甚至连洗脸刷牙都免了。百十来人吃在店里，睡在店里，完全拼了命。他们这样做，只有一个目的——12月28日按期开店，实现对老百姓的承诺！

副店长王松，带队伍进店的第三天，父亲便因癌症住院。父亲手术期间，王松请朋友陪同老婆去医院看护，自己却整整十七天，一步也没离开南楼店。在那段时间里，他老婆早晨送孩子上幼儿园，白天正常上班，下班后做晚饭，然后去医院送晚饭，夜里还要顶替婆婆，看护癌症手术后的老公公。

五十四部经理孙晓军是在店里时间最长的。他从12月2日进店，直到12月28日的凌晨六点，才和王松一起回家。此时，他的双手、双脚已全部因冻疮溃烂。

12月28日凌晨五点，商店筹备工作完成。商品全部上架；窗明几净；室内气温二十三摄氏度；电梯快速、安全；水泥地面被拖洗了将近九十遍，已经微微泛出亮光。

凌晨六点，王松带着和他一起奋战了二十六天的战友，看着几小时后便要开业的南楼店，回家洗澡睡觉去了。

这是南楼家乐催人泪下的开业故事。

北辰西青道、河西南楼、唐山新开的家乐，都取得了很大的成功。接下来的几年里，我们陆续开出天津市南开区红旗路家世界购物广场，天津市河东区十一经路家世界购物广场，天津市河西区友谊路家世界购物广场，西安莲湖路家世界购物广场，并在青岛、郑州、沈阳、兰州等多地建成了大型购物广场。以家乐和家居为主，逐渐扩展到整个中国北方。

1996年以后的近十年时间里，家世界迅速在中国北方建立起自己的先发优势。我们集中在华北、西北、东北等二线城市，陆续开设出六十多家家乐和若干家家世界购物广场。建成了十四家家居建材连锁店。

2001年，家世界集团以年销售额32.67亿元人民币，位居全国商业企业第十二名，成为当时中国北方最大的商业零售集团。2002 年，家世界集团继续飞速发展，年销售额达到 44.039 亿元人民币。2003 年，家世界集团年销售额达到 52.7204 亿元。2004 年达到 72.25 亿元。2005 年，家世界集团营业额突破了 100 亿元人民币，终于成为全国本土大型连锁超市的"龙头老大"。

不仅家居、家乐的销售额获得惊人的成长，家世界各个商店的购物环境、商品丰富程度、员工服务水平、价格的市场号召力，已经和国际大型零售商相差无几。

2003 年，中国销售额前十名的超市连锁系统，平均毛利润率只有 12.8%，而家世界超市的平均毛利润率却达到了 19.27%。家世界超市的单平方米年销售额，比中国本土企业平均水平高了 71.4%。即使和外资零售业相比，家世界也高出他们 16.5%。家世界业态新，效益好。说家世界代表了中国本土新型零售企业的未来，不算自吹自擂。

家世界实现了腾飞，前途一片光明。

76. 儿子杜宇村

2000 年秋天，儿子杜宇村以优异成绩从伯克利毕业。参加完毕业典礼，我们从奥克兰出发，驱车六百公里返回洛杉矶。路上，他郑重其事地征求我对他毕业后去向的意见。

从小，杜宇村对我既敬重，又畏惧。随着年龄不断长大，敬重的成分越来越多，畏惧的成分逐渐减少。上大学以后，他已经是个大人了，我们之间的关系，逐渐变成了朋友关系。两人不仅可以坦诚交流，也能相互尊重对方的不同意见。甚至在我们的谈话中，针锋相对的辩论也时常出现。

他考伯克利，是首批被电脑自动录取的，免除了电话面试环节和能力考察，这非常不容易。刚到美国时，他几乎一句英语也不懂，三年后居然被全美最难考的伯克利录取，真让人刮目相看。我心里不仅为他骄傲，甚至还有些佩服他。

和同龄的孩子相比，杜宇村显得更加成熟，也更加独立。

例如，十六岁他就开始谈恋爱，直到二十四岁结婚，从来没征求过他妈妈和我的意见。他们决定结婚，也只是通知我们一下而已。在一般中国家庭，这是不可思议的事。但他这样独立地处理自己的事情，符合我对他的教育和期待。

大学二年级时，互联网创业火热，杜宇村竟然决定休学，和几个同学一同下海创业。这么离经叛道的事，他也只是告知我一下，没有事先征得我的同意。

　　杜宇村这么有主见，这么自立，是我暗自欣赏的。在他的成长过程中，我极少说"应该怎么做"或"必须怎么做"。只有他主动征求我的看法时，我才会告诉他，我认为怎样做更好。但说完意见之后，我都会加上一句：最后还是你自己拿主意。

　　这次也不例外，我告诉他：

　　"我觉得有四条道路可供你选择：

　　第一条路，继续沿着你所学专业，做一名工程师。只要勤奋和努力，你一辈子会过得比较轻松。有休假、有闲暇，没有太多的烦恼。你会成为一个令人羡慕的白领中产阶级。

　　第二条路，去读工商管理硕士，然后到一个大公司去做职业经理人。这样会比做工程师辛苦，但有机会去展现你的能力和聪明才智，从而体现你的人生价值。

　　第三条路，如果你喜欢，我可以给你一笔资金，去尝试自己创业。这将走上一条非常艰辛的道路。你每天要和各种困难与挫折作斗争。你会一辈子爬坡且永无宁日。不过，这是最具挑战性的生活方式，乐趣无穷。

　　最后一条道路，是回国和我一起干。这条路既有第二条路的挑战，也有第三条路的精彩。因此，这是所有四个选择中，内容最丰富，挑战性最强，也拥有最大发展空间的道路。

　　该怎么选，是你自己的事。无论你选择了哪条道路，我都会支持你。"

　　两天后，在我即将返回中国的时候，杜宇村告诉我，他决定回国加入我的公司，认真学习现代零售业的经营，跟着我一起去经历中国零售业的这场革命。他相信他的前途和事业都在中国，绝不会在美国。

　　2002年4月末，杜宇村带着他的女朋友从洛杉矶返回中国。此时，小伙子眼睛发亮，踌躇满志，野心勃勃。

　　我派他去友谊路家乐做粮油副食部经理。这是店里最累的部门。他和普通员工一样，骑自行车上班，每月工资一千八百元。

别看只是个部门经理，涉及的知识和技术十分庞杂。这包括：平面布局设计、堆头设计、货品陈列与摆放、供货商关系、仓库面积利用、补货和发放订单、部门销售计划制订、员工奖惩、企业文化建设……所有这些，对于一个刚从美国归来的年轻人来说，充满挑战。

友谊路家乐定于 2002 年 12 月 18 日开业，粮油副食部是开业促销的核心部门。而且，任何大型超市开业时，粮油副食部也都是最累的部门，尤其在年末和春节期间。

据杜宇村自己讲，12 月 18 日友谊路家乐开业后的那个星期，是他一生中最难熬的一个星期。

从 12 月 18 日周三直到周日的五天里，他的粮油副食部每天销售额都占到全店销售额的四分之一以上。粮油副食部卖的都是价值低、分量重、体积大、上货累的商品。开业促销的小站稻米，比原价格低了20%，几乎每个顾客都要拿上一两袋。每天卖出的大米白面，在六十到七十吨之间。这意味着他部门的员工每人每天平均要把十吨商品从一楼仓库运到二楼销售区。还要一袋一袋码放到货架上，这是难以想象的工作量。

开业周刚过，又迎来元旦周，接着就是一年一度春节周。这三个促销周，一个比一个火爆。所有这些促销周，粮油副食部都会累得死去活来。

杜宇村差点被这"三连周"击垮。

据他讲，在这最繁忙的三周里，他每天从早上七点一直干到凌晨一点，晨会、核检商品、销售、搬运补货、查库存、发订单、清理包装物，每天工作十八小时，没有一刻休息。

在这三周中，他始终身先士卒。他自称，自己大概是整个友谊路家乐里最累的那个人。那段时间他才知道，原来被累垮的状态不是倒头便睡，而是忽睡忽醒，根本睡不踏实。深夜一点多躺下后，常常三点就会惊醒，以为已经到了天亮，该去开晨会了。

开业的那一周，他体重掉了十斤。他坚持说那是他这一辈子所经历的最累、最艰苦的七天，他几次觉得自己已经濒临崩溃。

　　由于工作十分出色，2003年春节一过，杜宇村就被提拔为友谊路家乐的店长。

　　此时，距离他从美国返回中国仅一年时间。从友谊路家乐开业及日后的经营中，他充分展现了自己的创业精神和职业素养，也培养了克服一切困难的勇气。从这些表现看，他决定回国创业，是个完全正确的选择。

图14-1　杜宇村所在的家世界友谊路超级购物广场鸟瞰。

77. 他值得我骄傲

在杜宇村很小的时候，我就开始对他进行性格方面的诸多训练。

他刚刚蹒跚走路时，经常摔倒，我禁止家里人去扶他。无论妈妈还是奶奶，都不可以去帮他，一定要让他自己爬起来。我告诉她们，要让孩子从小知道，摔倒是自己的事，从地上爬起来当然也是自己的事。

有时不小心碰到桌角或窗台，磕破了眼角，我也不允许奶奶像一般的中国老奶奶一样，用手打那个磕破他的桌角或窗台，以给哭泣不止的孩子出气。我告诉奶奶，磕破眼角是他自己的责任，和桌子或窗台无关。要让他明白，磕破了要自己承担后果，不能把责任推给他人。

因此，杜宇村从小遇到这样的事，从来不哭闹。因为他知道，谁的错就是谁的错。自己惹上的事，就要自己扛。没人会在这种事上对他表现出同情。这样的训练和培养，让他从小懂得了正义与公平，也知道了谁的责任谁担当的道理。

1981年春节，我放寒假从南京回佳木斯度假。决定开始锻炼他不惧困难的意志与胆量。那时他差一个月满三周岁。

我家住在佳木斯西郊，离王致华上班的中医院有十华里左右。每天，杜宇村都坐在妈妈自行车前面的小座位里，跟着妈妈一起去中医院的幼儿园。

那天我问他："你认识妈妈的医院吗？"

"认识。"杜宇村回答。

"如果你自己去找妈妈，你能找到吗？"

"能。"这回他回答得更干脆，更有自信。

"那好，我给你穿好衣服，今天自己去医院找妈妈，好吗？"

他点点头答应了。

那正是十冬腊月、滴水成冰的季节，室外温度大概有零下二十摄氏度。我给他穿好皮衣、皮裤，戴上皮帽子和皮手套，全身上下捂得严严实实，让他自己去医院找他妈妈。

北风呼啸，寒风刺骨。路上不时会有汽车卷起的白色雪雾。未满三岁的杜宇村，艰难地在路边挪行。我偷偷地、紧紧地跟在后面，相隔三至五米。

路上行人稀少，杜宇村顶着寒风，挪动着双腿，一步一步地前行。他不懂得四下张望，也没有回头看过。他根本不知道我就在他的身后，在一步就可以抓到他的地方。

往常，骑自行车走这条路大约要四十分钟。未满三岁的小杜宇村，歇歇、走走、停停，一共走了将近三小时。

到中医院见到妈妈后，他脸上没有任何表情。既不懂得兴奋，也没有感觉委屈，更没有哭泣。他不知道自己做了一件多么了不起的事。王致华完全不知道我会让他自己来医院找她，见到儿子后，她惊讶得说不出话来。

这就是我希望儿子应该建立起来的性格：坚韧不拔，无所畏惧。我希望他永远不会在困难面前畏缩不前。只要认识那条路，不管多远、多艰难，都敢于走到终点。

1982年夏天，我从南京大学研究生毕业。我带着来南京的王致华和杜宇村去游黄山。黄山有三大主峰，莲花峰、天都峰、光明顶。我们都想爬到峰顶，体验一览众山小的感觉。杜宇村却成了我们的难题。不要说这么高的大山，就是小土丘，他也没爬过。而且黄山的石阶又太高，他才刚满四岁，很难迈得上去。

我给他雇了个背夫，想让背夫背着他上这三座山峰。但小家伙坚决拒绝，说死了也不肯让背夫背他。他坚持要和爸爸妈妈一样，自己爬上去。之后，他始终跟着我们，既没让我们抱，也没有喊过累。一步一步跟着我们，依次爬上了莲花峰、天都峰、光明顶、玉屏峰、始信峰。

他所展现的这种性格特点，是我想看到的。

1983年搬回天津，住在南开大学校园里。学校对面是天津市游泳馆，天津游泳队就驻扎在这里，我便带他去投考。他那时只有五岁。

一见面，考试的教练问他："会不会游泳？"

"不会。"他回答。

"怕不怕？"教练又问他。

"不怕。"他抬着头，眼神坚毅地盯着教练。

谁也不知道教练的考试是什么。猛地一下，教练拎起杜宇村的双手，就把他扔进游泳池里！

突然被扔进水里的杜宇村，拼命挣扎。一边扑腾，一边喝水，一边拼命想抬头。但他根本踩不着游泳池底，不知道他是不是觉得自己就要被淹死了。

教练跳下去，把他举了起来，笑眯眯地对我说："这孩子我们收了。"

教练说，他录取杜宇村的原因是他始终没哭。

从那年开始，杜宇村每天下午去游泳队训练。开始是我和他妈妈送他，等到训练课结束，我们再接他回来。半年以后，我们给了他一辆自行车，他就"掏裆"骑车，自己一个人骑车出校园，过马路，去游泳队训练。那时他才刚满六周岁。

我不允许他以任何理由，缺席游泳训练课。每周七天，每月三十天，每年三百六十五天，从不间断。

五年下来，杜宇村懂得了什么叫坚持，什么叫纪律，什么叫竞争，也懂得了什么叫责任。这些素质，已经成为习惯，刻在了他的骨子里。

我对他性格的培养和塑造，给了他一生的裨益。在许多方面，他继承了我性格中的优点。

也许他的故事，对许多中国的富二代会有些启发。不过，杜宇村不承认自己是富二代，他说自己是"富1.5代"，因为父亲创造的财富里，真的有他自己的一份努力在里面。

2002 年年底，我把友谊路家乐改名叫家世界超级大卖场，杜宇村是这家店的店长。他这家店的销售额和经营质量，在全国所有的家世界超级大卖场中，始终名列前茅。

2003 年 4 月下旬在多伦多，我正在高尔夫球场打球，突然接到一位陌生人从中国打来的长途电话。打电话的人自称是中央办公厅官员，问我是不是家世界集团董事长杜厦，我说是。他告诉我，五一期间，中央某位首长要去天津参观家世界超级大卖场和购物中心，叫我务必紧急回国，准备接待前来视察的这位中央领导。

2003 年 5 月 1 日，中共中央总书记、中华人民共和国主席胡锦涛先生，在国务院副总理、政治局委员吴仪和天津市委书记、政治局委员张立昌陪同下，参观了天津市河西区友谊路家世界购物广场。作为店长，杜宇村全程陪同，回答了胡总书记感兴趣的许多问题，赢得了中央领导的赞许。

胡锦涛总书记在家世界超市与人民群众在一起的新闻，在中央电视台《新闻联播》中头条播出。从那天以后，近一年的时间里，《新闻联播》的片头画面，都是胡锦涛参观家世界超级大卖场，并和人民群众亲切聊天的镜头。中央希望用这样的镜头，表达在"非典"的重大考验面前，党和国家领导人对全国广大人民群众的关心和爱护。

我很荣幸胡总书记造访家世界。他后来还和副总理吴仪专程来了天津一趟。这既说明了家世界超市的经营水平和口碑，也在客观上肯定了家世界在中国零售品牌里无可替代的地位。

值得一提的是，只有二十五岁的杜宇村，见到总书记这样的大人物，能够镇定自若，侃侃而谈，是件了不起的事。他圆满地完成了这个非同一般的任务。他是一个足以让我骄傲的孩子，我为他感到自豪。

78. 零售业"国家队"

2001 年 11 月 10 日，世界贸易组织（WTO）审议通过了中国入世的决定。依据中国加入 WTO 的承诺，经过三年过渡期，中国零售市场将对外资零售企业全面开放。在那以后，外资在中国开店将不再受数量和地域的限制。因此麦肯锡的研究报告断言，中国加入 WTO 后，面临冲击最大的领域，将是商业零售业。

中国加入 WTO，使沃尔玛、家乐福看到了雄霸中国市场的前景。在此之后，他们便可凭借雄厚的资金实力、庞大的销售网络、科学的管理手段、高超的营销技巧，大踏步进入中国市场。一旦三年到期，他们便会疯狂地抢占各大城市的最佳开店地点，挤压本土连锁零售企业。他们要用实力，把刚刚萌芽的中国连锁零售业消灭在摇篮之中。

加入 WTO 之前，本土零售业和跨国公司的经营差距已十分明显。据中国连锁经营协会统计，外资连锁零售业平均每平方米年销售额为 2.06 万元，而本土连锁零售业仅为 1.40 万元。中国销售前十名本土连锁零售企业，平均毛利率只有 12.8%，而外资连锁零售企业平均毛利率是 20.56%。

一旦中国零售市场对外资全面开放，本土连锁零售企业想在沃尔玛和家乐福面前生存，将是非常困难的。

而家世界却是个例外。作为本土最成功的大型连锁零售企业，经过八年的积累和发展，家世界已经脱颖而出。2003 年，家世界超级大卖场每平方米销售额达到 2.34 万元人民币，平均毛利率为 19.27%，净利率已超过 3%。此时的家世界，是经营水平最接近外资的本土零售企业。虽然经营水平和家乐福比还有差距，但在天津、西安、郑州、青岛等地，家世界的经营业绩均超过沃尔玛。家世界是唯一在各项经营数据上，可以和沃尔玛、家乐福掰掰手腕的本土企业。

也就是说，只要有支持企业持续发展的资金投入，加上发展战略得当，努力掌握连锁零售业的经营技术，中国加入 WTO 以后，本土的零售企业还是有可能存在并继续发展壮大的。

中国本土商业零售业面临的挑战引起了国家最高领导层的重视。2004 年 2 月 20 日，吴仪副总理在中南海召开了"流通企业改革与发展座谈会"。中国前十五大商业零售企业的掌门人，均被邀请参加了这次会议。会上吴仪承诺，中央计划重点扶持十五至二十家具有国际竞争力的本土大型流通企业。为此，中央不仅要在上市融资、银行贷款、技术进步等多方面给予本土零售企业扶持，还打算拿出五百亿元人民币，设立专项基金，由国家开发银行运作，支持这十五到二十家商业零售企业的发展。

我是被邀请参加这次会议的十五位代表之一。会上我还就外资零售企业实际存在的超国民待遇，及本土零售企业上市困境两个问题，直接向吴仪副总理进言。

这次会议后，国务院钦定的"中国商业国家队"正式出炉。进入"国家队"的二十家企业，均为本土零售和物资类企业中的"大哥大"，他们是：

上海百联集团、浙江物产集团、大连大商集团、广东物资集团、国美电器、武汉中百集团、天津家世界集团、北京华联集团、山东三联集团、上海农工商超市、安徽徽商集团、北京王府井、苏果超市、深圳华润万家、北京物美投资集团、苏宁电器、天津物资集团、重庆商社、深圳新一佳超市、武汉武商集团。

在这个"国家队"名单上，家世界集团排在第七位。

"2·20"会议上，国家承诺给这二十家企业以特殊支持，使得这些零售业者兴奋不已。其实所有新兴国家，在加入WTO之前，都会出台各种政策，以保护本国受冲击最大的行业。中国的连锁零售行业刚刚起步，还处于极为弱小的阶段，正是急需国家重点扶持的行业。说实话，如果国家再提早几年召开这个会议，也许效果要比现在好很多倍。不过，亡羊补牢未为晚也。那天散会以后，我为吴仪副总理和国务院的"国家队"计划，感动了好长时间。

商业流通领域的"国家队"出炉，以及即将出台的国家特殊扶持政策，对家世界是一件大好事。我断定，有了国务院全方位的扶持政策，家世界集团终于可以与沃尔玛这些跨国公司掰掰手腕了。

在和沃尔玛、家乐福的竞争关系上，我心里一直不太服气。无论是沃尔玛还是家乐福，他们的发展资金都来自股市，既没有任何利息成本，又不存在还款这件事。他们在上海、深圳、北京大摇大摆地跑马占地，无非是因为他们有无穷无尽的后续资金。他们敢于肆无忌惮地打价格战，也是因为在资金上有着无法比拟的优势。

而我们这些白手起家的本土民营企业，资金来源上先天不足。本土民营企业的扩张，只能根据自己的盈利能力和资金储备，量入为出地考虑发展计划。即使能够从银行得到少量的商业贷款，不仅利息极高，而且大多是短期贷款。如果动用这些短期贷款，投资在建新店等长期项目上，到了还款日，一旦企业流动资金不足，就会造成资金链断裂。因此，跨国公司和本土企业，尤其是和本土民营企业的竞争，完全不在一个公平的平台上。

在我的内心深处，当然希望家世界在中国这块土地上，有朝一日能够打败沃尔玛和家乐福，然后一统天下。这几年的实践证明，在和这些巨无霸的一对一较量中，家世界并不落下风。随着家世界经营水平一步一步地逼近沃尔玛和家乐福，这一野心在悄悄长大。但我仍然无法摆脱发展资金不足的残酷现实。这块短板，就像一块巨石，死死地压在我的心上。从这个意义上讲，家世界目前极为谨慎的发展战略，正反映了我们在发展资金上的无奈。

有了"2·20"中南海会议，有了那五百亿基金和优先上市的承诺，我觉得，家世界的春天好像真的来了。原先韬光养晦的发展战略，似乎已经到了可以调整的时候了。

在外资全面进入中国的形势下，如果仍想在中国的零售业版图上占有一席之地，总往二、三线城市跑一定是不行的。我下决心调整家世界执行了将近八年的发展策略。要抢在沃尔玛、家乐福之前，强化和巩固我们在北方的优势。还要把原定2008年才"渡过长江"的计划，提前到2006年施行，尽快挤进商家必争的中心城市。总之，中国零售市场将面临全面对外资开放的形势，这强烈刺激了我在心底蛰伏了将近八年的竞争欲望，被"2·20"会议点燃。

我一改低调、谨慎、量力而行的发展原则，祭出了一条和过去八年谨慎发展完全不同的发展路径，这就是：

想尽一切办法，迅速全面占领华北、西北、东北的二、三线城市，努力为上市积累业绩和素材。同时，全面提升公司的管理水平，在经营效率和运营质量上，追上家乐福。在这样的基础上，积极争取上市。上市成功以后，再加大家世界大型超市在中国北方的覆盖密度，2006年正式渡过长江，挑战家乐福、沃尔玛占据优势的中心城市。

"2·20"会议一散，我立即开始实施新的扩张计划，在唐山、石家庄、保定、洛阳、丹东、吉林、呼和浩特、包头，甚至甘肃的白银，陕西的咸阳、宝鸡等地，跑马占地，拼命建设家世界购物广场。

从2004年开始，家世界进入了快速扩张的时期。

十五、我的情感世界

79. 事业与家庭

自 1972 年兵团十连的初恋开始，到 1988 年举家搬去深圳，我和王致华在互敬互爱中，已相伴了十六年。

这十六年，从下乡知青到著名学者，我始终在不停的奋斗之中。而她，一直是我背后那个稳定的支持力量。十六年里，我们从未红过脸、吵过架。虽谈不上举案齐眉，但一直相互恩爱，相互尊重，这在一般家庭中并不多见。

我们夫妻关系之和睦，让朋友们钦羡不已。

但 1988 年举家搬去深圳后，我们之间的关系开始出现了一些微妙变化。

搬去深圳是我的决定，这完全是从我的事业规划和前途考虑的。作出这一决定之前，我并没有和王致华做过非常认真的讨论和意见交换。当然，在我的思想里，我的前途就是这个家的前途，也就是王致华的前途。

像以往我作的每个重要决定一样，王致华对举家搬去深圳，也没明确表示反对。但在她内心里，并不希望我们的家庭生活，发生这么剧烈的变化。

到深圳后的第一天，我们就把所有行李丢得干干净净。接着，用全部积蓄买的三辆自行车，又被人全部偷光。这给王致华的心头罩上了巨大的阴影，她疑虑重重。

为什么要放弃南开大学令人羡慕的职业和社会地位，来到深圳一切从头开始？

为什么要放弃天津舒适并已经习惯的生活环境，来到深圳这么个连语言都不通的地方？

为什么要放弃天津众多的朋友与亲人，来到深圳变得举目无亲？

还有，在天津不仅我是位被人尊敬的学者，她也是南开大学校医院最好的中医大夫。她有很多病人朋友，受到他们的尊敬和信任。每天在中医科的门诊室，她都能遇到喜爱自己的病人、同事和朋友。这构成了她独有的社交环境。她从医已经十九年，她热爱医生这个职业，也热爱她的病人。到深圳后，这一切都没有了，她成了一个地地道道的家庭妇女。她从没想过自己会成为一名家庭妇女。"家庭妇女"这个称谓，在中国知识女性眼中是个卑微的称谓。在王致华心中，宁愿回去做个知青或者牧民，也不愿意被人称作"家庭妇女"。她此时的失落和彷徨，是可以想象的。

她不是一个想到什么就直接吐露的人，也不想让我为难，更不想由于她的纠结，而改变和阻止我的奋斗方向。因此，她选择了隐忍，她把这一切都埋藏在心底深处。

由于这些原因，深圳没有给王致华带来愉悦和快乐，她整天情绪低落，郁郁寡欢。还常常半夜哭泣，有时把我吓一大跳。

尽管嘴上不说，她心里那些苦楚和疑虑，我看得清清楚楚。但我认为，只有在深圳这样的环境里，我才能得到改革开放的眷顾。不仅在学术上会获得新的成就，还可以创办自己的企业，挣很多钱，使我们的家庭永远摆脱贫穷带给自己的羞辱。

不久，我们就有了自己的大房子。再不久，我们又有了自己的汽车。仅仅一年之后，不仅我的学术新成果令人瞩目，还成功创办了自己的公司。我们在深圳不仅出了名，还确实成了有钱人。我初到深圳的这些成功，无论怎么评价也不过分。

在深圳，我们的生存环境和经济状况有了巨大改善，短短一年多的时间，我们得到的物质财富，在天津二十年也无法得到。这使我更加坚定地相信，举家搬来深圳的决定是正确的。

然而，物质财富和金钱，始终不是王致华最在意的东西。她精神上的失落感仍然存在。我看不到在天津时，经常洋溢在她脸上的那些快乐与微笑。

我真不是一个好丈夫。对于她的这种精神状态，和由此流露出的情绪，我不仅没能温柔体贴、循循善诱，反而心烦气躁、颇有不满。

我的不满也有我的理由：我何尝不是放弃了如日中天的学术地位，舍弃了令人尊敬的职业，来到深圳从零开始创业？又有谁知道，在毫无事业基础的环境中，重新开创自己的新道路有多难？这要经历多少磨难和痛苦？我才是那个更应该得到鼓励、体贴和安慰的人。作为一位著名学者，离开学术中心，来到深圳这个学术上的不毛之地，会被学术界同人耻笑。我顶着诸多压力，一边从事研究工作，一边含辛茹苦地改善着这个家的生活质量，而且取得超出预期的成功。因此，我觉得自己无愧于这个家，无愧于王致华对我的期待，也无愧于举家搬来深圳的决定。从这个意义上说，她没有埋怨我的理由。

外汇生意的惨烈失败，把我的乌托邦理想击得粉碎。这更加重了王致华对我们举家搬来深圳的疑惑。她嘴上虽然不想给我的痛苦雪上加霜，但她心底的那份抵触却越来越强烈。

凭借苏联大马戏团全国巡演的成功，我跳出了可怕的负债火坑。她还是劝我离开深圳，重回南开大学教书。此时她的最大愿望，还是想离开深圳这个令她痛苦和不快的地方，让我们的生活重回过去的轨道。毕竟我们相知相敬了十六年，即使不说，她心里的想法我也明白。

马戏团项目结束时，尽管还清了欠债，几年的成功却已化作乌有。所有的含辛茹苦都付之东流，一切又都重新回到原点，这种内心里的失落，让人无法忍受。我曾一度同意她的想法：干脆回大学教书算了。也曾和马戏团期间的好伙伴，中国杂技团团长林建商量，把公司赠送给他，然后金盆洗手，回南开大学重执教鞭。

最终我还是没这样做。一想到从深圳灰溜溜地返回南开大学，心里就是一片难忍的耻辱感。这使我愤怒，不是对其他人愤怒，而是对我自己愤怒。我血液里的自尊和骄傲，不允许我在失败的情况下走回头路。况且，我一辈子也没有走过这样的回头路。

本来我的脾气就不好，这次巨大失败带来的挫败感，使我那段时间脾气更为暴躁。王致华持久的情绪低沉与不快乐，更加滋长了我的坏脾气。家里的阴郁气氛，改变着我的性情，我开始经常对她发火。

人就是这样：如果夫妻之间经常用宽容和理解的态度去处理矛盾，不向对方发火，两人之间就可以建立起和谐的气氛。一旦这样的理解形成习惯，无论遇到任何事，双方都会友善沟通，很难向对方发火。反之，一旦有任何一方，开始用发火来宣泄情绪，那么这火就会迅速蔓延起来，成为双方处理分歧和矛盾的主要方式。客观地说，到深圳后我经常莫名其妙地发火，有我的责任，也有王致华的责任。

一个温馨的家庭，除了夫妇之间的相互尊敬、相互理解之外，对相互责任的一致认同，也是保证一个家庭和睦、稳定的基石。

我从来都认为，男人是承担家庭主要责任的一方。不仅男人对社会的贡献应该比女人更大，对家庭的责任也应该比女人更多些。当一个家庭遇到苦难与煎熬的时候，男人理所当然地要把担子扛在自己肩上。要用自己坚实的肩膀，把一切困难都扛起来，让女人和孩子在自己的呵护下，免受这些磨难。因此，我必须为自己的家庭争取到令人羡慕的生存环境，我绝不愿意放弃努力，回归平庸。

而家里的女人，也有着不同于男人的特别责任。

除了在抚育孩子、操持家庭生活方面，女人承担着主要责任以外，女人的另一个重要责任是使这个家庭能够成为一个温馨的港湾。男人在外面拼搏，期待着回家能够有人安慰，得以抚平伤痛，焕发斗志。因此，女人就必须要扮演好男人背后的那个角色。能够做到这点的女人，一定是个伟大的女人。

我的这些观点，是否有些大男子主义？我不知道。

虽然王致华话语不多，但她的耿直和倔强是出了名的。骨子里，王致华对我的大男子主义并不买账。对于我的发火，她不会屈服，即使是小小的妥协和退让，她也不容易做到。于是，我们常常处在冷战之中。

从 1988 年去深圳创业，到外汇交易的惨烈失败，再到马戏团巡演结束，我在精神上是死去活来。这是我人生中遭受最大挫折的一段时间。在这个时期，我特别需要身边亲人的鼓励、慰藉和理解，而我得到的这些并不多。我极端讨厌在拼了老命之后，得到的却是埋怨。

王致华也一样。从 1977 年我考上大学以后，一路高歌猛进。我的每一个成功与进步，都给她的人生增添了光彩。她满意自己的选择，庆幸自己的命运。然而从 1988 年搬来深圳开始，平静的生活没有了，受人尊敬的地位没有了，连自己热爱的工作也没有了。她同样需要亲人的理解、安慰与体贴，而她得到的这些也不多。

我们都在期待着对方给予自己这些东西，可我们却谁也没有得到。

越是这样，我发火次数就越多，王致华也就越倔强。

一面是海水，一面是火焰。

在家里经常发火的直接结果是我开始不愿意回家。王致华也越来越不希望看到我回家。在全家搬到洛杉矶以后，这种状况不但没有改善，反而愈演愈烈。

80. 遇到了她

在这样的背景下，我生命中的第二个女人出现了。

1990 年 7 月初到 8 月中旬，苏联大马戏团的巡演到了天津和北京。此时，各个大专院校都已放暑假，巡演的工作人员都是从南开大学暑期留校大学生中招募来的。

当时她正在经济系读研究生。马戏团到达天津，她就加入了我的巡演队伍，而我正式与她相识，却是在北京。

她身材高挑、瘦弱。一双很大的眼睛，眼神总是有点抑郁而略带伤感。她是深度近视，据说，她曾对着自己撞到的电线杆，连声说"对不起"，不过她始终不承认有这样的事情。总的来说，她身体不好，患有严重的哮喘病。由于哮喘造成休息不好，导致她眼睛四周，总是有明显的黑眼圈。近视加上这对黑眼圈，使那双大眼睛，总像是在诉说着痛苦而不是欢乐。

厚重的近视眼镜和哮喘导致的病态，严重地伤害了她的美丽。初看上去，你绝不会说这个瘦弱的姑娘，是个漂亮姑娘。只有当她笑起来，脸上泛出光彩的时候，你才会发现，她其实是个颇有气质的姑娘。

她命运多舛。四岁时，母亲在染上肺结核不幸去世。缺乏母爱的童年远谈不上幸福，可她却是个非常努力的女孩儿。1977 年恢复高考时，只读过三年小学的她，竟考上了南开大学经济系，成为著名的七七级大学生中的一员。

毕业后在市委政策研究室工作的她，又以优异成绩考取了著名经济学家朱光华的研究生，重新回到南开大学攻读硕士学位。

她姓虞，叫虞晓璇。

和她真正的相识并相知，缘于我无意中卷入一场她的感情纠葛之中。

她的前夫陈昆是她大学同班同学，高大帅气，江浙人的相貌、北方人的身材，是位极有女人缘的美男子。再加上他脾气温和，对人体贴，微笑永远挂在脸上，因此他对虞晓璇的追求卓有成效。

马戏团到天津时，陈昆是南开大学党委办公室的秘书，此时也在我的马戏团巡演里帮忙。

当初，我刚刚决定去深圳时，陈昆就希望我能带他一起去深圳创业，被我拒绝。那时我们并不熟悉，也不知他是否有这方面的才干。这次马戏团巡演，他又来申请加入巡演团队，禁不住他软磨硬泡，我同意了他的请求。

陈昆干得不错，为降低运输成本，他谈成了购买二十八辆二手大卡车的生意，这对马戏团全国巡演成功，作出了很大贡献。这件事之后，他又接连完成了我交办的其他任务，结果都让我满意。渐渐地，他成了马戏团巡演中举足轻重的人物。

我们之间的关系也迅速变得亲密起来。陈昆谦和、有礼貌，无论遇到什么事都不着急，这点我很喜欢。很快，我们之间就变得无话不谈。

然而不到两个月，陈昆的婚外情就暴露了。

一天，他怒气冲冲地找到我，向我告状。

我从没遇到过这种事，更没处理过这种事。

我非常奇怪，陈昆不是已经成家了吗？那个大眼睛，得了哮喘病的虞晓璇，就是他妻子呀！怎么又多了一个女朋友呢？而且陈昆说话的时候，好像自己是个受害者，否则他怎么这么理直气壮呢？他把我彻底弄糊涂了，我只是傻傻地望着他，不知该怎样回答。

等我明白了个中原委，怒火被瞬间点燃，对他一顿臭骂。我有些语无伦次，瞪起了眼睛，头上血脉偾张，脸色发青，一副要抽他一个大嘴巴的样子。

陈昆自以为是马戏团的红人，是我最倚重的干部，作为老大，我肯定会替他撑腰出气。或许，他以为我跟他已经是哥们儿，一定会护着他。

没过两天，这件事就在巡演团队里传开了。自然，也传到了虞晓璇的耳朵里。

过了几天，一次在马戏团驻地的酒店吃早餐时，虞晓璇端着早餐盘，刻意坐到了我的桌前。

其实在市委研究室时，虞晓璇就知道我。那时我在市委、市政府系统里很出名。在她心目中，杜厦高高在上，似乎离她很远。她把我视为学术界的老师和前辈，尽管我只比她大九岁，她也是像对待她的导师朱光华一样，对我保持着心里的敬重。

这次参加马戏团巡演工作，她亲眼看到了我所做的一切，以前的敬重，现在已经变成了油然而生的崇拜。

听说了这件事我对陈昆的态度，她对我心存感激。向我道谢并把她和陈昆的事讲给我听，是她来找我的主要原因。

那天，她穿了一件天蓝色底、有白色斑点的布料连衣裙，显得端庄、优雅，有着浓浓的书卷气，浑身散发着柔弱和忧郁的气质。

令我惊讶的是，虞晓璇很平静。她告诉我，陈昆已经不是第一次出轨了。

当初虞晓璇父亲觉得陈昆人品不好，反对虞晓璇嫁给他。但从小缺失母爱的虞晓璇，特别珍惜陈昆给她的温暖和体贴。她没有听从父亲的劝阻，在众人的反对声中和陈昆结了婚。她希望用自己一生的爱，去俘获陈昆那颗不安分的心……

难以想象，她曾经受到的伤害远不止这些，她也曾撕心裂肺、五脏俱焚，而且羞愧难当和无地自容，是最没有尊严的女人。听到这里，任何人都会觉得，虞晓璇大概是这个世界上最可怜的女人了。

这场婚姻带给虞晓璇的伤害，太过残酷，给她精神上的打击几乎是毁灭性的。在此之前，虞晓璇对自己的感情生活已经彻底绝望。因此我

图 15-1 虞晓璇最喜欢的一张照片，摄于 2009 年。已经五十二岁的她，依然美丽并无比快乐。

们才能看到，在马戏团的事情发生后，虞晓璇脸上已经没有了任何反应。只有当一个女人受到的感情伤害达到极致，心如死灰，才会在听到丈夫出轨的事情后，麻木不仁。

她承认自己的婚姻彻底失败，后悔当初没听老爸的话。可这杯自酿的苦酒，还是要自己咽下。她下决心离开陈昆，现在她心里的痛苦已和陈昆无关，她是为今后不能再给儿子一个完整的家而忧心忡忡。

听完这些难以想象的故事，我茫然无措，根本不知道该怎样去安慰这个苦命的女人。她的爱情生活失败得太惨烈、太疯狂。陈昆几乎夺走了虞晓璇作为女人的全部幸福与期望。他可能毁掉了这个柔弱女人的一生。

从那一刻开始，虞晓璇成为我在这个世界上最为同情的女人。

81. 感情出轨

马戏团巡演结束不久，陈昆离开了公司。心理上作为虞晓璇唯一的保护人，我开始呵护着她，给她温暖，给她安慰。每次来天津出差，我都要去看望她，希望能看到她高兴，看到她快乐。

虞晓璇天天盼着我来天津，和我在一起确实成了她唯一快乐的事。似乎只有我，才能在她孤独的世界里，打开一扇小窗。和煦的阳光会从这扇小窗照进来，给她冰冷凄苦的感情生活带来一点点温暖。

她拿我当作大哥哥，我已经成为她在这个世界上唯一可以倾诉的人了。

同情确实可以成为一种伟大的力量，但它却难以控制。有时，在男女之间产生的感情，谁也不知这到底是同情、友情还是恋情。总之，半年以后，我们相爱了。

真没想到，外表沉静还带着一丝忧郁气质的虞晓璇，一旦打开这扇地下恋情的闸门，那喷薄燃起的情感烈火，竟是如此炽热。这火焰灼烤着我，使我也同样享受在疯狂的热浪里。激动、战栗，让人脱胎换骨，无法自持。

对虞晓璇来说，对我产生的爱慕与依恋，是她一生对其他任何男人从未有过的。陈昆多次拈花惹草，恶习不改，虞晓璇心里那脆弱的情感宝塔，早已崩塌殆尽。再加上令人发指的录音带事件和贺雁萍事件，虞晓璇的感情世界已经千疮百孔，一片荒芜。从这个意义上讲，这么疯狂地爱一个男人，在她的生命里，竟然是第一次。

必须承认，在开始进入并享受这份婚外情的时候，我也有无数次的内心挣扎。传统意识的道德约束，已经多次警告我：这是严重的感情背叛。这样做，不仅对不起和我一起经历过无数风雨的王致华，也对不起见证和祝福过我们的那些朋友，更对不起我们可爱的儿子和深爱着这个儿媳的老母亲。

甚至我也知道，深陷这场婚外情，从道德上讲也对不起虞晓璇本人。她已经遭受了那么多的磨难，这场没有结果的地下恋情，难道不是给她充满悲剧的情感世界雪上加霜吗？更何况我是以一个"道德卫士"的身份，出现在虞晓璇身边的。不管什么起因，也不管是谁的主动，终究是我占有了虞晓璇的感情世界。这难道不该被唾弃、被谴责、被鄙夷吗？

可当真掉进这样的情感旋涡之后，我自己竟然没有能力，从这个疯狂的旋涡里逃离出来。因为它太刺激、太让人眷恋。反之，这情感的巨大吸引力，使我越陷越深，完全无法控制自己。我第一次感到，世上确有一些事情，是我的超强意志力也无法控制的。

我必须找出许多理由，去躲避自己对自己的道德谴责。

我觉得有可能做到，完全不让王致华知道发生过这件事。天津和深圳相隔那么遥远，况且，这不过是一次感情偶遇而已，相信事情很快就会过去。如果在王致华根本不知道的前提下，这件事就结束了，对她并没有真正的伤害。

我并没有想离开王致华，也没打算和虞晓璇最终有个结果。因此，这段时间，我和虞晓璇也只是享受地下恋情所带来的美好感觉而已。尽管我们两人在偷尝禁果，但享受这种刺激的欲望却是与生俱来的。当然，作为男人，对和不同女人产生情爱的好奇心，婚外情带来的神秘感，也可能会随着时间逐渐淡去。我相信自己依然可以变回原来那个一尘不染的杜厦，那个忠实于王致华的杜厦。

对虞晓璇我也完全理解，理解她所受到的情感伤害，理解她的孤独处境。我打心眼里心疼她，希望她重拾快乐。因此，我也在她身上，找到了给自己开脱的理由。

于是，我一边享受着虞晓璇给予的性爱欢愉，一边在自责的道德泥淖里挣扎与煎熬。

虞晓璇和王致华是完全不同的两类女人。

在王致华的眼里，对就是对，错就是错，不管你是谁。她永远是非分明。一旦发现是我的错，她也会毫不留情面，鲜明地表达立场。即使是直言我的痛处，她也毫不在乎。

虞晓璇却打心眼里认为，我永远是对的。这里，一点拍马屁的成分也没有。即使是她的观点和我不同，听完我的道理之后，她大多会心悦诚服地改变自己的看法。在她那里，但凡听到反对我的舆论，她永远认定那是一派胡言。

王致华正直、倔强。未被我说服之前，她永远不会改变态度。无论我们之间发生了什么冲突和矛盾，如果王致华觉得是我的错，她会沉着脸几天不理我。在这样的短期冷战或中期冷战之后，大多是以我首先承认错误而告终。

虞晓璇处理矛盾的方式却完全不一样。在我们发生争执以后，最先认错的永远是她。她看不得我生气，只要我真的生气了，不管谁对谁错，她第一时间想到的，是如何不让我生气。为此，她会花言巧语地哄我高兴，有时她甚至会痛哭流涕地向我道歉，以平息我的怒火。当第二天我醒过味来再向她道歉时，我会惊讶地发现，她已经把昨天的事忘得一干二净。

王致华胆大、强悍，对于一切事情都有她的独立思考。她不惧怕任何挑战，在政治上和我完全站在一起。即使有一天我成为反革命，或被判处死刑，她也会毫不犹疑地支持我到底。

虞晓璇却对政治毫无兴趣。我在政治与社会问题上的许多看法，她完全不关心。对于这类问题，她大多是充耳不闻。她关心的是电影、电视连续剧，对演艺明星和八卦新闻，她也兴趣多多。中央政治局有几个常委，除了邓小平还有谁？她完全不知道，也根本不想知道。

王致华生活俭朴，没有任何物质要求。即使非常有钱了，她也是粗茶淡饭，简单无华。即使今天，她已年逾古稀，又足够富裕，她还是舍不得坐头等舱和商务舱，飞越太平洋的十几小时，她仍然乘坐经济舱。

虞晓璇却不同，她信奉的哲学是"有钱就花，没钱拉倒"。她喜欢去巴黎、米兰、罗马和纽约第五大道。她享受奢侈品，享受名牌。她觉得生活就是生活，生活不是道德观念和政治观念的附属品。因此，她充分地享受生活，从不为此感到有任何不好意思。

王致华在生活上不拘小节，家里经常杂乱无章。吃完饭，经常会把碗堆在水池里，不知什么时候再去洗。晚上洗澡水也常常没有及时放掉，上面还漂着孩子的玩具。家里所有东西，都经常随手放到哪个找不着的地方，让我大伤脑筋。

虞晓璇却在另一个极端。她把家里的一切整理得井井有条。每次出差，从来不用我自己打理行李。即使是长途国际旅行，她也会把每一张机票、酒店入住单、租车凭据、商业会议的名片，按照前后顺序放进一个大信封里，安排得丝毫不差。连所有外衣、内衣、衬裤、袜子都熨帖整齐、叠好，安排得妥妥当当。从配色到数量，全部丝丝入扣。

因此，王致华一定是我最好的战友，哪怕在战场上的最后时刻，我们也绝不会背叛对方，直至一起壮烈地死去。而虞晓璇却是那个温柔港湾的伴侣，会在我最需要的时候给我抚慰，给我温柔，给我甜蜜的生活享受。

两个完全不同的女人，我都舍不得离开。我的灵魂也和情感一样，被撕裂成两半。一半长在王致华的心里，一半留在了虞晓璇的身上。

1992年秋天，王致华又怀孕了。尽管当时的生育政策不允许，我们还是决定生下这第二个孩子。我特意在泰国曼谷成立了一家贸易公司，作为公司的工作人员，我把王致华送到了曼谷。

在曼谷住了将近一年，王致华开始变得高兴起来。1993年4月20日，我们的第二个儿子在曼谷出生。我到中国驻泰国大使馆，给这个儿子办理了中国护照。半年以后，我带着王致华和全家，去了美国。

几乎与此同时，受联合国教科文组织资助，虞晓璇于 1993 年 7 月去了英国著名的伦敦印刷与分销贸易学院（London College of Printing & Distributive Trades，即后来的伦敦传媒学院）留学。

把她们全都安顿好以后，我返回天津。此时，公司已经从深圳搬回天津。王致华和虞晓璇都远在天边。折磨了我两年多的情感困惑，暂时获得了缓解。

留学英国的虞晓璇，依然把我看作她在这个世界上唯一的倾诉对象。她每月几百英镑的生活费用，都用来给我打长途电话。那时英国到中国的长途电话，每分钟要三英镑，她一个月的生活费，打不了几天，就被她宿舍里的公用电话"吃"掉了。接着，她就去伦敦唐人街的中餐馆打工。挣到的每一个英镑，都用来给我打昂贵的长途电话。

1993 年 11 月，我专程去伦敦看她，在伦敦待了三天后，我就带她到了美国，去纽约、芝加哥、洛杉矶玩了十天。为此，伦敦印刷与分销贸易学院，还专门发文给中国国家教委留学生司，点名抗议了虞晓璇的逃学行为。

虽然我们分别在中英两地，感情却如暴发的洪水，不可阻挡。

王致华却是另外一个故事。

到达美国之后，在一个完全不同的生活环境和社会氛围下，王致华非常适应。她重新变得充满朝气，除照顾好两个儿子以外，学英语、做义工、教汉语、学习中国画……生活安排得丰满而有趣。她每次见到我都说："现在我懂了。你尽管在生意场上全力拼搏，这个家里有我，你完全不用担心。"

看到王致华这种精神面貌，在为她高兴之余，我几乎不敢直视她的眼睛。她越是这样，我越觉得心里发虚。我没办法告诉她我在感情上的变化。我觉得自己如此的龌龊和猥琐，和她相比，我完全不像是个男人。

不得不承认，1992 年让王致华到泰国待一年，1993 年又安排全家去美国，都有为了我和虞晓璇持久地延续地下恋情而创造安全环境的因素。我耍的这些鬼心眼，和王致华的坦荡胸襟相比，真让我觉得无地自容。

正因为如此，我一辈子都觉得欠王致华一大笔债，到今天也没有还清。这债不仅是移情别恋的债，还包括我欺骗她的债。

1994 年虞晓璇英国留学结束回国。此时的中国，除我之外，已经没有任何能够让她留恋的地方。当年夏天，她只身去了加拿大。当然，我一直无法给她一个婚姻的保证，是她离开中国的重要原因之一。

从这以后，我经常在天津、洛杉矶和多伦多之间飞来飞去，不仅充当着两份情感的当事人，还是这两个不同家庭的男主人和"准男主人"。

82. 爱的煎熬

纸终究包不住火。

1998 年秋天，虞晓璇回国看望父亲，我们一起去了趟苏州。在苏州的酒店里，我接到王致华越洋打过来的电话。电话里王致华只说了六个字："你真是个混蛋！"说完，电话就被她撂了。

一位好朋友的老婆，向王致华出卖了我婚外情的秘密。我和虞晓璇长达七年的地下恋情，终于暴露在王致华面前。

尽管我知道这段地下恋情迟早有暴露的一天，但当王致华把电话撂下，听筒里传来"哐当"一声的时候，我还真像是听到一声巨雷炸响，震得我肝胆俱裂。我顿时像傻了一样，大脑里一片空白。

此时心里一团乱麻，既不知该如何回复王致华，也不知该对虞晓璇说些什么。我自认为是个久经沙场的人，什么样的场面我没有经历过呢？但王致华电话里那区区六个字，却弄得我狼狈不堪、手足无措。

几天以后，虞晓璇要回加拿大了。走之前，她要求和我正式谈一次话。七年多了，她主动要和我正式谈话，还是头一次。

"老杜。"她一直这样称呼我。

"我说的话，你听了如果不同意，也不要生气，好吗？"她还是一如既往地不想让我生气，这一点使我非常感激。

"我慎重地考虑过了，我觉得你还是应该回去。"她语气平和，态度真诚，没有任何赌气的成分。

"你和她相敬相爱已经二十八年了，你们之间的感情基础比你我之间的要深厚得多。杜宇村刚上大学，又正在谈恋爱，家庭的巨大变动，他根本无法接受。Kevin（我的小儿子）才五岁，正是需要你们给他家庭温暖的时候，这时候家庭的任何变故，对他来说都是最不好的。"

"建议你把王致华和 Kevin 接回天津，我彻底离开。"说到这，虞晓璇原本平静的脸，微微泛红，显得有些紧张。泪水已经在她的眼圈里打转，她强忍着，不想让泪水夺眶而出。

看得出来，这番话尽管背离她内心的炽热情感，但绝对是真诚的肺腑之言。在这样的关键时刻她所展现的善良和理性，让我浑身战栗。我冷得发抖，心都快碎了。

"那你怎么办？"我望着她那双美丽的大眼睛，心里怀着不安、内疚与自责，怯怯地问她。

"我正好该坐'移民监'了，无论如何也要在加拿大待三至五年。也许三五年后，你能够和王致华完全复合，我们之间的事也就渐渐过去了。那样，我也可能会有一个新的开始。"说到这里，她扬起头，看着天花板，尽量不让眼泪掉落下来。

我能说什么呢？从理性上讲，这是王致华梦寐以求的。对我的家庭来说，也是最完美的结局。

但对她呢？此时虞晓璇已经四十一岁，青春早已逝去。三五年后，对虞晓璇意味着什么，我们都一目了然。

如果真是这样，我又变成欠虞晓璇一生的感情债了。在过去的七年，我不仅占有了她的青春以及全部情感，还让她背上了"第三者"的骂名。更不可以原谅的是，我还曾经使她三次打胎，一次人工引产。虞晓璇一直想再要个孩子，但我考虑，这会引起杜宇村和 Kevin 的严重感情问题，就拒绝了虞晓璇的想法，劝她做了这四次手术。这是多么大的罪孽，这笔欠债即使用我整个下半生去偿还，也还是无法还清。更何况现在，我要把她抛到万里之外，我怎能做得到呢？

虞晓璇则斩钉截铁。她最后告诉我："我不会反悔，这次去多伦多，我就不会再回中国了。真诚地希望你把王致华接回来，不仅你们可以重新开始，也许我也可能有一个新开始。"她的眼泪终于没能忍住，从那美丽的大眼睛里滚落而下，直落在我的胸前。她紧紧地抱着我失声痛哭，很久很久。

虞晓璇的主动退出，给我和王致华都带来了一个未曾想到过的机会。

当王致华稍许平静之后，我到了洛杉矶。我们冷静地商量了很长时间，都觉得我们的婚姻基础似乎还在。她和我都想再试一试，看看我们能不能恢复到以前的状态，有没有可能继续生活在一起。说到底，即使为了孩子，我们也不愿意让这持续了二十二年的婚姻，就此解体。能够继续保持一个完整的家，对每一个家庭成员来说，都是最好的结果。

四个月以后，王致华卖掉了洛杉矶的房子，带着小儿子回到了天津。我们又努力地重新生活在一起，这时已是二十世纪的最后一年。

1999年到2000年，带着小儿子，我和王致华又在天津共同生活了一年。这一年中，虞晓璇遵守承诺，连一个电话都没打来过。即便如此，我和王致华的复合尝试并不成功。

我们都努力地让对方感受到自己的诚意，包括陪着孩子一起出去游玩，一起去学校接送孩子，共同参加一些朋友的晚宴等。但每当这样的时候，我们都会感到尴尬和无奈。因为我们内心都知道，脸上的笑容是装出来的。我们之间几乎没有任何实质性的情感交流，甚至长达一年的时间里，我们之间话都很少，更甭说像夫妇一样的吵吵闹闹了。我们双方都客客气气，相互都能感到对方离自己很远，有时竟觉得，像是和一个普通朋友生活在一起一样。

重新在一起生活的这一整年，尽管双方都在努力，但这种尝试实际上是一种煎熬。对于我们来说，这个过程是残酷的，难以忍受的。

每天似乎都是在演戏，都想装出来让对方相信，我们还爱着对方，还有重新生活在一起的愿望。而实际上我们内心都沉重无比。

每天下班我都拖时间，尽量晚点回家。即便如此，即将进家门的那一刻，心里还是有着很沉重的负担。偶尔的做爱，也变成了某种与刑罚类似的过程。因为我们之间已经不可能产生那种炽烈的性冲动了。每到此时，我必须把灯全部关上，让屋里漆黑一片。在黑暗中，我脑子里想的全都是远在天边的虞晓璇。王致华比我还要痛苦，她明知道我心里想的是别人，爱的是别人，却还要完成自己此时的角色，甚至还要装出幸福和享受的样子。她心里的痛苦，比我尤甚一百倍。我们都是在艰难地履行着责任和义务，只有无尽的苦楚，没有任何愉悦而言。这个过程的残酷性，怎么形容也不过分。

几次以后，这无比的痛苦让我们都无法再继续下去，以后的十一个月，虽然住在一起，我们再也没有过任何一次性生活。

暑假一到，王致华就带着小儿子返回洛杉矶了。尽管失望，我们俩人却都如释重负，一下子轻松了许多。

在这无比艰难的一年中，我、王致华和远在加拿大的虞晓璇，三人都生活在各自情感的监狱里，都在煎熬中度过每一天。我们的真实情感，被传统的道德观念禁锢着、强奸着、蹂躏着。不得不承认，我们的努力以彻底的失败告终。

83. 既然爱，就去爱了

直到现在我都在反思，明知破镜难圆，为什么还要用一年的时间，去尝试这次痛苦的复合呢？

在传统的中国道德观念里，成功男人的移情别恋是可耻的，是要被激烈谴责的。无论是谁，只要这样做了，就是抛妻弃子的坏蛋，就是忘恩负义的陈世美，就是不仁不义的卑鄙小人。一般情况下，社会舆论不会给这样的情感变化以任何正当存在的理由。在中国的传统道德里，即使没有了爱，夫妻间感情已经丧失，也必须维持婚姻关系，否则就是破坏家庭，就是不道德的背叛。我和王致华也不能免俗，这种传统观念的压力，是我们进行这次失败尝试的原因。

另外，杜宇村和 Kevin 兄弟俩，也是摆在我们面前的另一个重大压力。中国的父母们，仿佛都是为子女活着，不是为自己活着。因此，考虑他们兄弟的内心感受，给他们维持一个完整的家，也是必须努力尝试的原因。

其实，一个已经丧失了爱情的婚姻，是各种家庭悲剧产生的主要原因。每日父母间司空见惯的吵架、时而出现的家暴，不管大事小事，家里总是鸡犬不宁……父母已经不再相爱，是造成这些家庭问题的原始起点。如果痛苦地维持已经死去的婚姻，包括子女在内的所有家庭成员，都不会从这样的家庭里享受幸福，得到快乐。

王致华是善良的。我相信她肯于尝试这次复合，首先是为了这个家，为了我。她珍惜这个来之不易的家，这个家曾经给过她太多的幸福和满足，她深深地爱着这个家。我们的两个孩子可爱、懂事、聪明，他们继承了父母身上许多的优秀基因。每想到这两个孩子将要失去完整的家，她就心如刀绞。为了他们，再次牺牲自己，尝试保持这个家庭的完整，她觉得值得。

王致华自从决定嫁给我，就从来没想过我会出轨。从南开大学开始，所有看到我在学术界迅速蹿升的同事，都会告诫她要"看紧点"，她从不以为然，只是说："老杜？我一百个放心，无论谁会这样做，老杜也不会，永远不会。我一辈子相信他。"

人生几十年，为了人格的尊严，我宁可一死也绝不低头。为了事业的成功，几十年如一日的奋斗，永无止境。这都使得王致华不想放弃这样一个有血性、有才气，又坚韧无比的伴侣。她真的舍不得我离她而去，她还深深地爱着我。

所有这一切，都激发了她全力争取复合的动力。不过，我真的对不起她，让她彻底失望了。

每想到这些，不用别人说，我也觉得自己对于王致华来说，就是一个混蛋，一摊臭狗屎，我真不值得她的这份爱。

不过，经过这次彻底失败的尝试，我也认识到，社会舆论也好，朋友谴责也好，同事异样的目光也好，其实都不必在乎。这些传统的眼光和观念，从没考虑过当事人是否真的能够获得幸福。他们那些冠冕堂皇的谴责和议论，只是出于人们对传统观念的认知。至于这些传统观念，到底能给当事人带来什么，他们完全没有考虑。

那时我已五十二岁，早已是知天命的人了。我在想，这些社会舆论和我到底有什么关系呢？他们是谁？为什么要听从他们的议论和评判？我心里真正应该在乎的，只有王致华、虞晓璇和两个孩子。

虞晓璇心中的凄苦，比王致华一点也不少。

中国人大概是世界上最喜欢打听别人私生活的了，尤其是名人的私生活。在南开大学时，我就有不小的名气。家世界成为天津最大的民营企业后，我更成为这座城市的传奇人物。于是，我和虞晓璇的婚外恋情，理所当然会成为一个不小的新闻，成为人们茶余饭后议论的话题。

不过，改革开放已经多年，人们对于恋爱和婚姻的观念，正在迅速发生着变化，对名人感情生活的变化，社会上已经宽容多了。加上王致华和虞晓璇，都是受过良好教育的知识分子，又都有一定的社会地位，这样的故事，已经能够被大多数人所接受。

在朋友圈里，由于我的好斗和强悍，从没有人敢在我面前聊起虞晓璇这段事。其实本来这事和他们也没有什么关系，何必因为在这件事上的多嘴，让老杜狠狠地臭骂一顿呢？他们都不想惹是生非。

虞晓璇在南开人缘极好，她脾气好，从不和任何人产生矛盾，对于身边的事，她也经常是不闻不问。因此，在老杜、王致华、虞晓璇的关系问题上，南开几乎悄无声息。认识我们的老师和同事们，私下聊起来，也是理解的居多，没听到过任何指责和批评，这倒使我感觉奇怪。

不过，在中国总的社会环境和道德观念下，我和虞晓璇敢于走在一起，是做好了让人们臭骂的思想准备的。不管人们骂得多难听，都是应该的。事实上只要我们两人在一起，既彻底伤害了王致华，又毁了一个曾经十分幸福的家。从这个意义上讲，我们俩都是有罪的，我从不打算在这点上有任何的申辩。

自从和虞晓璇相恋之后，我们从来没有提起过婚姻问题，那问题太敏感，好像谁也不敢触碰。我总觉得，和王致华离婚是一件难以想象的事。我心里一直觉得，这件事既对不起无辜的王致华，也对不起两个孩子。另外，我还不知道和虞晓璇的感情会持续多长时间。我不想因为匆忙决定，最后伤害了这四位亲人。我诚恳地告诉虞晓璇，我暂时还不想和王致华离婚，只想在婚姻之外，保留我和她之间的感情交往。如果她不喜欢，随时可以结束。

虞晓璇就像孤寂地生长在感情沙漠里的一棵小草，只有我是她感情的雨露，而我却又没有给她任何希望和承诺。这样的状况已经九年了，虞晓璇难道不凄苦吗？

尽管这是我的真实想法，但这话说的既冷血又自私。虞晓璇却默默地表示理解，她又能说什么呢？说实话，此时的我，对于虞晓璇来说，也和对于王致华一样，真的就是一个混蛋和一摊臭狗屎。

她真的爱我，爱得真切，爱得死去活来。我相信，为了我，她肯于牺牲自己的一切。如果需要，她会毫不犹豫地用自己的生命和鲜血，去浇灌心中这朵艳丽的爱情之花。

这简直成了一场罪孽。三个当事人都承受着巨大的痛苦，这一切当然是我造成的，我理所当然应该承担所有责任。

可是，我究竟做错了什么呢？

确实，王致华曾经是我的挚爱，我们相濡以沫地一起生活了大半辈子。我们之间的感情，已经从爱情演化成亲情。如果要问这个世界上最信任的人是谁，我的答案仍然是王致华。她永远在我的精神世界里，占据着第一的位置。

不过，爱情是人类一种奇特的感情，尽管非常美好，却在不断改变。以前曾经挚爱过的人，如果有一天发现已经不再爱她了，为什么不敢承认呢？此时我才懂得，敢于面对感情变化，敢于面对离婚，也是一种勇敢，也是一种诚实。甚至可以说，这是对对方的一种尊重。坦诚自己感情已经发生了变化，绝不是一项罪过。

一个生命，拥有什么样的情感与爱，完全是自己的事，任何人都无权干涉。从这个意义上讲，我过去爱王致华，没人可以干涉。今天不爱了，仍然没人可以干涉。进一步讲，爱上了虞晓璇，也只是我自己的事，和其他任何人无关。作为一个人，我拥有这份权利。

说得更极端一些，即使身在婚姻里，我们仍然拥有爱与被爱的权利，这种权利与生俱来，任何法律和契约都无法剥夺。从这样一个观念出发，我和虞晓璇又什么都没有做错。

我内心深处，还是存在着对王致华沉重的负罪感和内疚，但这是我和王致华之间的事，和世界上任何其他人无关，也和道德观念无关，更和谁对谁错，没有一丝关联。

爱就是爱，所有的爱都是伟大和崇高的，没有区别。因此，当初对于王致华的爱是真诚的、高尚的、值得尊敬的；今天对于虞晓璇的爱，仍然是真诚的、高尚的、值得尊敬的。只有那些虚假的"爱"，那些为了某种目的而撮合的"爱"，或纯粹为了让别人满意，而被迫装出来的"爱"，才是龌龊的和不道德的。

经过了这刻骨铭心的一年，我彻底明白了应该如何面对自己的真实情感。我也明白了和王致华已经不可能再回到从前那种关系里去了，一切都已经改变。现在我爱的是虞晓璇，我们俩已经谁也离不开谁，我们将要一起生活，这不需回避和隐瞒。我必须勇敢地承认这种改变，并迎接这种改变。

我想，既然已经爱了，那就去爱吧！

几年以后，我和王致华决心面对现实，和平分手，正式办理了离婚手续，来到了虞晓璇身边。

2001年，王致华从天津搬回洛杉矶之后，我去了多伦多，正式向虞晓璇承诺，在办完三件事之后，我一定正式与她完婚。这三件事是：和王致华正式办完离婚手续；等杜宇村结婚；把全部生意卖掉。不过，我告诉虞晓璇，所有这三件事，都会在我六十周岁之前完成。无论如何，我都会在六十周岁生日之前，给她一个盛大、隆重的婚礼。

2008年11月18日，在钓鱼台国宾馆十号楼，我和虞晓璇举行了一场隆重的婚礼。那天是我六十周岁生日的前一天。我遵守了自己七年前对虞晓璇许下的承诺。

从1991年算起，我们一起走过了十七年的苦恋历程。这十七年中，虞晓璇成为我在商海的跌宕起伏中，身后那个永远支持我的力量。是她给了我一个温馨、平和、惬意的港湾，每每回到她的身边，我就可以沉静地休息，安稳地养伤，平复自己心里的苦楚和委屈，梳理好自己的情绪，继续投入惊心动魄的战斗中去。

没有虞晓璇，就没有我创办家世界那光彩的十年。

一百多位中外宾客前来北京见证了我们的婚礼。

吉姆·英格利斯夫妇，不远万里，从美国佛罗里达来北京参加我们的婚礼；肖尔顿·葛若斯夫妇从多伦多飞来北京，向我和虞晓璇祝贺；夏威夷、孟菲斯、多伦多、纽约、新泽西、洛杉矶、旧金山、东京、中国香港等世界各地，我和虞晓璇的众多亲密朋友们，期待这一天已经很多年了，他们都关山万里地过来祝贺我们走进婚姻的殿堂。

天津主管对外经贸的两任原副市长张昭若和王述祖，都偕夫人参加了我们的婚礼。几十位我人生各个时期的好友，也来了。

那天的婚礼典雅而庄重。我从云南买了几乎装满一架飞机的玫瑰花，装饰了婚礼现场的每个角落。天津市原副市长张昭若和我是忘年之交，他和虞晓璇的导师，著名经济学家朱光华，分别作为主婚人和证婚人，给了我们鼓励和祝福。每一个参加这场婚礼的朋友，无不被我和虞晓璇十七年的苦恋历程所感动。

图 15-2　我们都向往着人生最美好的前景，也许，前面已是一片海阔天空！

到今天，我和虞晓璇已经一起生活了三十年，我们依然相敬如宾，恩爱有加。上帝把虞晓璇送到我身边，是我一生最大的幸运，我永远珍爱她，感激她。

图 15-3 2018 年，我们在地中海邮轮传奇号上，度过了我的 70 岁生日。

十六、功败垂成

84. 追赶家乐福

快速扩张的同时，家世界必须大幅提升自己的经营水平和盈利能力。此时，和家乐福相比，我们还有相当大的差距。他们是挡在家世界面前的一座大山，一座必须攀越的大山。

家乐福创办于 1959 年，是超级大卖场的开山鼻祖。1963 年家乐福即在法国开设了世界首间超级大卖场。尽管家乐福的经营规模不如沃尔玛，但他们的盈利能力，绝对是世界第一。

早在 2002 年，家世界超级大卖场的销售毛利率就已经达到19.27%，这远远超过国内前十名的连锁超市，也超越了中国沃尔玛。但家乐福的销售毛利率，却在 22% 以上。不要小看这 3% 的毛利率差距。这等于说，家乐福一个店的获利能力，超过我们两个店。如果家乐福想击垮我们，只需把商品平均售价降低 3%，便可以轻易地抢走我们的客人，进而打败我们任何一家店。而他们降价以后，仍然可以保持很高的盈利水平，这相当可怕。

我既羡慕，又嫉妒。

一旦和家乐福形成这样的竞争态势，我们便陷入两难境地，如果在价格上和家乐福硬拼，顷刻之间，我们就会变成亏损企业；如果不理他们，继续维持自己的利润水平，那客人将被他们抢走，最终，还是会输给他们。

要想赶超家乐福，首先要找出这 3% 的毛利差距是怎么产生的，再针对这些差距，补齐短板，迎头赶上。

从 2002 年到 2004 年，我集中店长助理以上的干部，以家乐福为学习和赶超目标，召开各类研讨会六十七次。几乎每两周就要召开一次研讨会，总共历时三年。我发动家世界所有干部开动脑筋，查找和家乐福的经营差距，探索改进办法。

每次研讨会，大家都用图片、录像、访谈、市场调查等各种手段，剖析我们和家乐福之间的差距。三年研讨会期间，我多次亲自进入家乐福店，在助手的掩护下录像或拍照，然后做成 PPT，给全公司干部分析、讲解。

按照不同专题，我仔细分析了家世界和家乐福，在商品陈列、货品选择、定价策略、顾客服务上的差距。用这些现实存在的差距，引起全公司的重视。在公司管理层中，不断刮起头脑风暴，集思广益，寻找追赶家乐福的办法。

2003 年夏天，我索性派出一支三百人的庞大队伍，乘坐八辆大巴，浩浩荡荡从天津出发，到上海虹桥家乐福店，现场剖析家乐福的经营技巧。我让这三百名干部在上海住了一周。

他们白天在虹桥家乐福考察，晚上回到旅店开研讨会。大家情绪高涨，经常讨论到深夜一两点钟。

这一周，家乐福上海虹桥店被我们折腾得天翻地覆。

每天虹桥家乐福店一开门，最先涌入商店的都是天津家世界的员工。他们一进店，马上各就各位：收银组的人，记录家乐福的人流、客单结账时间、不同时段的收银员调配数量；商品摆放组的人，记录商品摆放和陈列方式；价格组的人，搜集各种不同商品的价格及分布曲线；收货组的人，伪装成供货商的送货人员，混入虹桥店的收货区，记录家乐福的收货流程、时间消耗、订单发放等；人力资源小组的人，则每小时一次，记录虹桥店上岗员工的数量，考察在顾客高峰 / 低谷时的不同人员配置。总之，这三百人都有事先安排好的调查任务，要一个部门一个部门地寻找差距，分析彼此的不同，汲取先进的经验。

整整一周，我们三百人搞得虹桥家乐福店惶惶不可终日。他们觉得，天津家世界这么明目张胆地来家乐福考察，是在偷窃他们的经营技术。他们认为这种做法匪夷所思或者说"不要脸"。家乐福法国总部也气愤已极。不过，有什么办法呢？从法律上讲，这三百人也是他们的顾客，他们没权力把这些人赶走。家乐福拿这些胆大妄为的家世界管理人员毫无办法。

这次前无古人的"敌意学习"，完全是为了最终打败家乐福，这事在当时的中国零售业界，传为佳话。

这三年，我们确实调动了全公司每个人的能力和热情，刻苦学习，不断改进。三年下来，我们的运营系统确实有了大幅进步。但公司的盈利能力未见改善，和家乐福的差距还再次被拉大。到了 2004 年年底，我们的销售毛利率从 2002 年的 19.27% 降到了 18.39%，而家乐福仍然保持在 22% 以上。

看到这个结果，我痛苦、失望、无奈，也百思不得其解。

若干年以后，当我完全冷静下来，重新回过头去再仔细看时，不得不承认，和家乐福在盈利能力上的差距，是我们根本无法追赶的。

其一，早在 2002 年，家乐福就把自己的全球采购总部从法国搬到了上海。他们还在北京、天津、大连、广州、深圳等十个城市，设立了采购分中心。此时，他们已经与一千四百二十五家中国供应商建立了强大而稳固的采购关系。2003 年，家乐福在中国的全球采购额已达到一百七十八亿元人民币。加上国内家乐福的本土采购额，他们在中国的采购总额达二百八十亿元人民币。这是家乐福强大砍价能力的依托，是我们无法比拟的。由于有了巨大的采购量，家乐福的货品采购价格往往比我们同样商品的采购价低三至八个百分点，有些商品的采购价差甚至在 10% 以上。在这方面，任何中国本土企业也无法和家乐福抗衡。这是家乐福比我们经营毛利一直高 3% 的根本原因。

其二，早在二十世纪六十年代，家乐福就开始开发他们的自有品牌商品。四十年来，他们一共开发出了四大门类，两千多个单品的自有品牌。这包括生鲜自有品牌、杂货自有品牌、家电自有品牌、百货自有品牌。这些自有品牌商品，都有着家乐福独特的价值设计，省去了许多顾客不需要的功能，也省去了市场推广和广告费用，因此这些自有品牌商品，比市场上的同类商品综合成本低得多。再加上是自产自销，家乐福的自有品牌商品价格比一般采购商品低得多，而利润率却高得多。

自有品牌是家乐福利润高企的撒手锏，这是他们的绝对优势。

由于我们的销售规模仅为家乐福全球销售额的 1%，因此没有足够的能力来实施自有品牌战略。在这一点上，我们根本没办法追赶。

2004 年时，我还不懂这些，总觉得全公司上下这么努力，为什么三年时间还是赶不上家乐福呢？这使我非常沮丧和愤懑。

我一生憎恨失败，尤其憎恨全力拼搏以后的那种失败。几十年来，我经历过各种各样的挑战，还没有像这次这样，花了三年时间，全力追赶家乐福，不仅一点儿没有追上，还让人家越甩越远。

85. 改造家世界

追赶家乐福的失败，使我自信心受到很大伤害。我开始怀疑自己的能力，进而也开始怀疑我们整个团队的运营能力和管理能力。

为了能够追上家乐福，也为了能够尽快上市，我决定彻底更换我们的管理团队，也像家乐福一样，组建一个国际化的专业团队，接手家世界超级大卖场的运营和管理。

首先要下决心改变的，是公司董事会。

1992 年我就建立了公司董事会。不过，由于我拥有公司 100% 股权，这个董事会更像是个总经理办公会。董事会一共九名董事，除了我，都是各个公司的总经理。他们八人中有六人是我的学生，或者学生的学生。其余两人，一位是我妻子的亲戚，另一位是南开经研所古教授的儿子。看得出来，这个董事会其实是我的一言堂。每位董事都会对我言听计从，在重大问题上，他们不会有任何反对意见。关键是，我们这些董事，既不懂经营技术，又没有管理经验。

这样的董事会有两大风险。其一，没人会对我的决策提出不同意见。即使有些不同意见，一般也会看我的脸色行事。如果我真的要坚持，他们也会让步。这样，董事会就不可能真正起到防范决策风险的作用。其二，由于没有董事真的懂得现代零售业的经营与管理，董事会对公司的长远发展、技术进步、成本控制、市场推广、竞争策略，都缺乏能力。一句话，这样的董事会起不到董事会应起的作用，不可能带领家世界打败家乐福。

　　在跟着我干之前，这些董事都没做过生意。他们对公司的那些管理办法，都是我教出来的。对于经营大型连锁超市，这些董事其实都是零售业的"雏儿"，最多能算小学一年级水平。

　　当然，只要我一声令下，这些人会不遗余力，舍生忘死地拼命干。不过，仅仅如此，他们能够在公司董事会层级上发挥真正的作用吗？

　　此时的家世界，销售额已超过百亿元人民币。尽管在沃尔玛和家乐福面前不值一提，但这个销售规模，已经是中国业内数一数二的大型企业了。面对规模如此巨大的创新企业，这些跟着我创业的草莽董事，已显得无所适从。

　　显然这个董事会不能算是个合格的董事会。中国已经加入 WTO，在这山雨欲来的竞争形势下，如果没有一个足够强大的董事会，是无法和世界级连锁超市巨头竞争的。超越沃尔玛、家乐福就更没有丝毫可能。三年时间的拼死努力，却没能赶上家乐福，就是个令人失望的反面例证。

　　未来，家世界必须上市。只有上市，家世界才有和沃尔玛、家乐福竞争的本钱。而家世界上市，更需要一个诚信、合法、透明、有效和专业的董事会。从这个意义上说，家世界现在的董事会，有着诸多让海外投资人不能放心的地方。因此，目前这个董事会，不足以让香港联交所批准我们的上市计划，也不足以说服投资人购买我们的股票。只有下决心建立一个符合香港上市要求的国际化董事会，公司才可能具备和家乐福竞争的条件，也才可能得到资本市场的青睐。

　　我决心改造董事会，选择真正的专家进入家世界董事会。

　　我首先想到的人选，自然是吉姆·英格利斯。他不仅是我的朋友和合作伙伴，还应该算是我在零售业上的导师。他肯定会不遗余力地帮助我，成为这个新董事会的核心人物。

　　通过吉姆引荐，我还请了英国翠丰集团前董事长兼 CEO 杰夫·马尔卡西爵士参加我的董事会。翠丰集团是欧洲最大企业之一，杰夫·马尔卡西爵士也是世界零售业最著名的领袖之一。他和吉姆·英格利斯一起在董事会里"挑大梁",将使家世界的董事会具有世界级的威望。

第三位被我请入董事会的,是英国特易购集团亚洲区总裁麦克·雷克莱夫特。特易购是沃尔玛和家乐福之后,世界第三大连锁超市公司。我亲自到新加坡拜访了麦克·雷克莱夫特,请他出任家世界董事,他接受了我的邀请。

第四位被我请进新董事会的,是原美国凯玛特国际部总裁保罗·赫伯。凯玛特是世界级连锁零售企业,他们曾是沃尔玛最主要的竞争对手。

除了以上四位世界零售业权威之外,我还请了著名经济学家张维迎教授担任我的独立董事。张维迎教授是我几十年的老朋友,他从来不给任何公司担任独立董事。但对于我的邀请,他还是接受了。他几十年在学术研究领域所展现出来的凛凛傲骨,为许多有正义感的知识分子所推崇,有他做我们的独立董事,会极大增加资本市场对家世界集团的信任感。

原先的董事于鹏、古风、张伟明三人留任,这样我为家世界组建了一个世界级的全新董事会。无论专业能力还是道德操守,这个新董事会都会成为家世界的耀眼"名片",有了这个董事会,会极大提升我们在香港上市的可能性。

经提议,新董事会委任保罗·赫伯担任家世界大型连锁超市集团的首席执行官(CEO)。聘请原凯马特国际部运营总监伊恩·斯科特担任了首席运营官,德勤会计师事务所的埃里克·哈斯凯尔担任首席财务官,来自英国的著名物流专家科林,负责仓储物流业务。

2004年,我花费巨大心血,为家世界搭建了一个世界级董事会和一个世界级经营管理团队。与此同时,还雇用了德勤做我们的审计机构。花费巨资,请世界级的会计师事务所给自己做审计,这在全中国民营企业中尚无先例。

德勤把我们的所有账目都翻了个底朝天。在他们的帮助下,我们重新建立了符合国际会计准则的公司财务体系。家世界请德勤来为自己做审计，是业界从未听说过的新闻，这引起了很多人的好奇心。这是一系列改革中的重要一环。

家世界的董事会，已经被改造成一个世界级的董事会，管理层也发生了翻天覆地的人事调整，一线管理权已经全部交给保罗·赫伯领导的国际化专业团队。原先和我一起打天下的"老臣"们，都退居到了二线。这在中国零售业中引起很大震动。

许多人奇怪，家世界在中国连锁零售业中已处在领先地位，盈利能力也是本土企业中最强的。为什么会用一个国际化的团队换下原有的创业团队呢？又为什么每年花好几百万元去请个国际会计师事务所给自己做审计呢？

我的回答很简单：这一切都是为了迅速提升家世界的经营管理水平和风险防范能力。同时，也为家世界尽快赴香港上市奠定基础。当然，最终的目标，还是超越沃尔玛，超越家乐福，把家世界建成中国最好的现代零售集团。

86. 香港上市万事俱备

　　重组董事会，我的那些草莽创业伙伴们，起初还是理解的。毕竟，吉姆·英格利斯和杰夫·马尔卡西爵士，不仅是世界零售界的领袖人物，还都在世界最大的零售公司担任过常务董事甚至董事长，没有人会怀疑他们对现代零售业的理解力和战略思考能力。麦克·雷克莱夫特和保罗·赫伯，也都曾经是世界最大连锁超市公司的著名高管，他们的资历和经验，绝非我们这些零售业新兵可比。

　　说实话，作为一家中国民营企业，能组建这样一个世界级董事会，绝不是件容易的事。如果不是对我本人的行为操守和职业精神有高度认同，这些功成名就的世界商界领袖，是不会冒着毁掉职业声望的危险，去参加一个中国民企的董事会的。当然，中国巨大的发展前景和家世界集团所表现出的进取精神，也是吸引他们来家世界担任董事的原因。他们希望能够有一个平台，可以把他们积累了一辈子的零售知识和经验，奉献给这个正在崛起的东方大国。

　　尽管对组建新董事会，公司上下是赞同的，但让保罗·赫伯带领外国专业团队全面接管公司管理，还是在公司内部掀起了轩然大波。

　　公司这些高管们，从跟随我创业的那天起，就把自己的命运拴在了这个企业上。几年来的倾心投入，换来了家世界今天的成就。他们和我一起，含辛茹苦地把美国若干个零售业态先后带进了中国，还让家居、家乐取得了举世瞩目的成功。现在，家世界已是销售额超百亿元的巨型公司，在中国零售业里，家世界早已稳居在一个让人羡慕的位置。这一切都在客观上证明，他们的工作是卓有成效的。正因为如此，他们听到了太多的赞扬，一直生活在充满成就感的舆论环境中。他们有时把家世界看成自己的孩子，又有时把家世界看成自己的家。

现在，他们发现，自己的孩子被几个毫不相干的"老外"抢走了。自己这个家，也被这几个"老外"彻底霸占。他们怎么能想得通呢？

我的感觉却与他们不同。三年追赶家乐福，尽管我们投入了巨大的心血和努力，最后还是以失败告终，这使我既痛苦，又失望。痛苦在于，我们已经倾尽全力，却完全没有达到目的。失望在于，我的高层管理团队，竟然对此无动于衷。

此时的家世界高层，普遍对我们已经取得的成就相当满足。他们认为，即使追不上家乐福也没有什么了不起的。而在我心里，说轻了是我们没本事，说重了是我们根本就没有这样的斗志和进取心。

我痛恨这种不思进取的满足感，也痛恨公司个别高管，天天热衷于酒宴佳肴，每晚酩酊大醉。我不能接受有些人已经在利用权力，和自己的女下属不干不净。尤其不能容忍的是，高管层中的少数人，已经开始偷偷地收受供货商贿赂，利用公司攫取各种私人利益。

我敢肯定，家世界创业初期那个充满朝气，所向披靡的高管团队，现在已经发生了质的变化。随着不断到来的成功，那些曾经令人生畏的精神力量，渐渐开始消退。奇怪的是，这些高管看不到自己身上的这些变化。他们沉醉在自己曾经作出的贡献里不能自拔。他们每个人都觉得，自己永远是家世界不可或缺的领导者。

我突然决定，让外国人空降去接管他们的权力，使他们每个人都感到吃惊、失望、不满，继而怨声载道。

冰冻三尺非一日之寒，追赶家乐福的三年，就是我对自己的管理团队逐渐失去信心的三年。

此时我已经管不了这么多了。为了迅速改善正在下滑的家世界经营业绩，为了建设一个让投资人信服的公司法人治理结构，我必须在董事会和管理层两个层面，同时进行"大手术"。

之所以去境外红筹上市，是为了避开国内严苛、复杂、冗长的上市审批过程。这需要以个人名义在开曼、百慕大或英属维尔京群岛等地，设立一个空壳公司。再把中国境内股权或资产，以增资扩股的方式注入空壳公司。之后以这个境外公司的名义，申请在美国、中国香港、新加坡等地上市，这就是俗称的红筹上市。

与大型国有企业的香港 H 股上市相比，证监会对于红筹上市的管理较为宽松，上市费用也更低。另外，上市后再次融资的能力也更强——企业上市半年后，便可发行新股再融资。

2003 年 3 月 25 日，中国证监会取消了所谓"无异议函"。这意味着民营企业海外红筹上市，已经不需要中国证监会的事先同意。这样，民营企业海外红筹上市的根本障碍已被解除。对于我们来说，这是个天大的喜讯。证监会从此不再对民营企业海外红筹上市进行审核及管辖。于是从 2003 年 4 月份起，国内民营企业红筹上市风起云涌，家世界恰好赶上了这个千载难逢的好时候。

我紧锣密鼓，拼命加快香港上市的步伐。

中南海"2·20"流通企业改革与发展座谈会之后，我立即向天津市市长戴相龙汇报了家世界集团赴港红筹上市的想法，他表示天津市会给予全力支持。

有了天津市政府的支持，我立即去中国香港寻找负责保荐的投资银行和主要投资人。

家世界香港上市的项目，很快获得香港资本市场的关注。美国中国零售基金的总裁刘辉、贝恩资本大中华区 CEO 竺稼、花旗集团所罗门美邦主席梁伯韬，都亲自来天津和我见面。新加坡主权基金 GIC、世界银行所属的 IFC、德意志银行、法国巴黎银行（BNP）也都派人到天津来找我，希望成为家世界集团赴港上市的保荐人或投资人。凡到天津来的这些投资银行和私募基金，都表示出和家世界合作的愿望。

美国中国零售基金和所罗门美邦，在所有潜在投资人中的投资意愿最为强烈。

梁伯韬是香港最有影响力的投资银行家，他所创办的百富勤，在二十世纪九十年代，几乎包揽了所有央企和国企在港上市的业务，因此，梁伯韬有"香港红筹之父"的称号。

梁伯韬表示，所罗门美邦愿意做家世界集团香港上市的保荐人，同时包销家世界的两亿美元新股。之后，梁伯韬又和我见过两次面，确认所罗门美邦做我们赴港上市的投资银行和保荐人，梁伯韬也再次表达了包销家世界两亿美元新股的意愿。

2004 年 9 月中旬，我先后两次通过天津市对外经贸委和天津市商委，向中国商务部提出了家世界集团赴香港上市的申请。我认为，有了吴仪副总理和国务院优先上市的承诺，有了"零售国家队"的名号，家世界赴港上市的事，应该很快就能拿到商务部的批准。

此时万事俱备，只欠东风。

87. 香港上市出现变数

　　10月下旬的一个周五,天津市对外经贸委的一位副主任,请我到他的办公室。他告诉我收到了外经贸部的回复,经过研究,外经贸部不同意家世界集团去香港上市。外经贸部不批准有自己的考虑:家世界是国务院认定的"中国零售国家队"成员,又是中国零售行业重要的民族品牌,一旦赴港红筹上市,家世界势必变为一家外国公司,外经贸部不希望这样的民族品牌流失。

　　家世界香港红筹上市不被批准,绝对是一场悲剧。

　　福无双至,祸不单行!

　　两个半月以后的2005年1月24日,国家外汇管理局突然颁布了11号文,其中第二条规定境内居民换取境外公司股权的交易,必须取得外汇管理部门的核准。

　　紧接着,2005年4月8日,国家外汇管理局又补充颁布了29号文,规定境内居民换取境外公司股权的交易及日后一切变更,都应到外汇管理局办理境外投资外汇登记手续。

　　国家外汇管理局这两个文件,给民营企业海外红筹上市,设置了无法逾越的条件。实际上,海外红筹上市的通道已经被封死。

　　从11号文和29号文颁布开始的三年内,中国没有任何一家民营企业成功实现海外红筹上市。

　　现在回过头去看,当时家世界可以顺利实现香港红筹上市的窗口期,仅仅出现了四个半月。即从2004年9月,我向外经贸部提出红筹上市申请开始，到 2005 年 1 月 24 日，国家外管局颁布 11 号文时为止。在这四个半月的窗口期内，家世界完成了海外红筹上市的所有准备工作。但结果却令人万分失望。

　　在我漫长而艰难的经商岁月中，这是第二次刻骨铭心的功败垂成。十年前的那一次，是个叫肯·兰岗的美国人，一个电话毁掉了家得宝中国的合资项目。尽管肯·兰岗是一个资本巨人，但在我眼里，他就是华尔街的一个丑陋的刽子手。对他的决定，我没有力量作出任何反制和回应。这次因为"民族品牌"的身份，以及一系列政策的制约未能实现赴港红筹上市，同样让我无能为力。

十七、奏响最后乐章

88. 上市出现转机

　　随着家世界海外红筹上市的通路被彻底堵死，危机随即到来。

　　在此之前，为符合上市条件和国际投资人的胃口，我们已经花了大把金钱，把董事会重组为一个世界级的董事会。管理层也已经由保罗·赫伯率领的美国专业团队所取代。德勤也成为家世界的财务审计团队。所有这些均花费不菲。短短两年多的时间，家世界大规模的扩张行动已经全面展开，北方二、三线城市的二十几家新店，已陆续开工。

　　之所以这么激进地进行扩张，原本是认为国务院那五百亿零售基金的相应份额应该马上可以到手。即使只拿到那五百亿的百分之一，也有五亿元人民币，那是相当可观的。而且当时香港红筹上市也没有任何障碍。我还把希望寄托在红筹上市后所罗门美邦所包销的那两亿美元上。那两亿美元的到来，足以使家世界成为中国超级大卖场行业的霸主。

　　为了海外上市采取加速扩张的做法，其直接结果是经营成本大幅上升，经营效益却直线下降。而且，因为新店比例过高，大大拖累了家世界的总体经营利润，使整体经营从大幅盈利逆转为连续两年亏损。但为了上市，我认为这些都是暂时的。只要资金一到位，一切都不在话下。

　　家世界为上市采取的所有行动，大规模扩张所投入的巨额资金，只能占用家世界日常运营的流动资金来解决了。不足部分，就拼命争取各家银行的流动资金贷款，然后再"短贷长用"，投入新店建设中去。再不够的部分，就被迫占用供货商的应付货款。

　　2006年年初，家世界要求供货商给予的付款"账期"（货物到店后，商家延后付款的时间称作"账期"），已经从几年前的六十天，渐渐延长到了二百四十天，这已经是全国所有大型零售企业中最长时间的账期了。供货商怨声载道，有的供货商开始寻找各种理由，拒绝给家世界继续供货。

家世界在各个银行的流动资金贷款总额已经超过了二十个亿，每年需要还给银行的利息总额就接近两亿元人民币。

最要命的是，这二十亿元流动资金贷款，大多是一年期的短期贷款。这样，家世界所在的各个城市，每个月都有不同银行的数笔贷款到期。我每天都要为这些到期贷款千方百计地筹措新的资金，以便还上到期贷款，再寻求借出新的贷款。

各种情况显示，家世界两年多的大规模扩张，使现金流出现了从未有过的紧张状况。加上新店的经营情况普遍不好，使家世界原本良性的运营状况迅速恶化。这就凸显了家世界资金链的潜在危机。

自从 1996 年第一间家居和家乐开业以来，家世界的经营一路顺风顺水，无往不利。2004 年到 2006 年间，商店数量的大幅增加，使经营状况每况愈下，这是我从未遇到过的情况。唯一出路，只有继续努力，再去争取香港上市，拿到所罗门美邦那两亿美元。只有如此，家世界的资金链危机才可能彻底解决。

2006 年夏天，我再次到香港会见我的上市律师，希望通过深入研究，找到可以绕开政府红筹禁令的其他上市渠道。

家世界赴港红筹上市，确实还存在这样一条隐秘的通道。

1997 年到 2006 年，中国针对涉及海外红筹上市的权威政令，一共发布了五份：1997 年的国务院 21 号文，2005 年的外管局 11 号文、29 号文、75 号文，以及 2006 年 8 月商务部等六部委的 10 号令。

这些陆续发布的政令，总的趋势是对海外红筹上市的监管越来越严格。这样做的出发点，是针对大批国有企业的高管，通过海外红筹上市，化公为私，变相侵吞国家财产。到了六部委的 10 号令时，国内公司去香港红筹上市，要经过商务部、外管局、证监会、工商局四个部委，共需八道严格的审批手续，使中国境内企业海外红筹上市，变得几乎不可能实现。本来家世界这样的纯民营企业，根本不存在"国有资产流失"的问题，但也稀里糊涂地成了"城门失火"所殃及的"池鱼"。

但所有这些严厉的政令，都是针对中国境内公司的。外国居民以境外公司名义，并购其在中国境内企业的股权，然后再赴香港红筹上市，却不在这些政令的管辖范围之内。换言之，只要国内公司的实际控制人是位外国公民，去香港红筹上市就不需要任何政府机构的批准手续。

真是山重水复疑无路，柳暗花明又一村。当然，我们还是遇到了一点点麻烦，家世界的三百多位国内居民小股东是不可以直接成为香港上市公司股东的。

1999年时，家居和家乐都已经取得了成功，家世界集团已经成为中国零售界令人瞩目的新兴企业。我希望骨干员工都能成为公司的主人，和我共同分享公司未来的成功。于是拿出自己的部分股份，无偿赠送给了这部分员工。包括所有公司骨干和就职超过八年的员工。享受这次无偿增股的员工总数，一共有三百多人。

香港律师建议，家世界这三百多名中国居民股东把自己的股份重新委托给外籍人士代持，完成这一代持手续后，利用在开曼设立的壳公司，并购家世界的全部股份，然后由这家开曼公司直接在中国香港上市。代持后形成的公司股权结构，将是100%由外籍人士拥有，这样就可以避开中国政府对境内企业赴港红筹上市的种种审查和限制。而这三百多位具有国内居民身份的小股东，通过香港律师出具的代持合同，仍然享有未来香港上市公司的所有股东权益。因此，香港律师认为，完成这些代持手续后，家世界赴港红筹上市就没有任何障碍了。

从香港回到天津以后，我立即安排保罗·赫伯和伊恩·斯科特准备香港上市的商业计划书；安排埃里克·哈斯凯尔和德勤会计师事务所准备尽职调查的数据库；安排杜宇村和美国布朗＆伍德的香港律师事务所准备有关小股东代持的所有法律文件。

这次的赴港上市，应该不会再有任何问题了。

89. 怎么会这样？

　　尽管赴港上市的工作已经安排妥当，我还是要面对家世界紧张的资金状况。我把农、中两大贷款银行的还贷事宜安排好之后，决定出去散散心。

　　2006 年 9 月，我背上全套摄影器材，只身一人赴四川、云南、西藏去摄影采风。我要放松放松心情，缓解一下已经绷得很紧的神经。

　　摄影是我一辈子的爱好。从初中二年级开始，我就喜欢上了摄影。经商以后，每当进入难以解脱的困境，遇到很难爬过的坎儿时，我就会背上相机和一大堆摄影器材，到杳无人烟的西藏、新疆去采风。只身一人进入荒原深处，风餐露宿，把自己融入大自然之中。这时，在那些摄人魂魄的大山大川面前，在那些存在了几百亿年的博大与浩瀚面前，我觉得自己那些烦恼，真不值一提。坎儿过去了能怎样？坎儿过不去又能怎样？这些大山大川还在那里，丝毫不会改变。

　　此时的我，仿佛进入了另一个世界，从早到晚，都是单独一人和上天对话。于是，世间的一切困苦，都被我忘掉。我常用这样的办法消除心灵上的伤痛和精神上的创伤，休养生息，等待光明的重新到来。等我再次从雄浑壮美的西部大山里走出来时，往往觉得自己已焕然一新，浑身上下充满了新的能量。

　　从北京飞到成都以后，司机小邢的车早就等在那里了。上了越野车，直奔 318 国道。翻二郎山、折多山，到达了新都桥。这是我第六次来新都桥。新都桥是个令人神往的摄影天堂，一片如诗如画的世外桃源，永远碧蓝的天空，在白云的烘托下清碧如洗。绵延无垠的草原，恬静的小河泛着涟漪，连绵起伏的山峦，点缀着金黄的柏杨。这一切，给新都桥增添了独有的和谐与华丽。牛群、羊群和藏寨，慵懒地散落在山脚下，在夕阳的照耀中，给人和煦的暖意。新都桥是个光与影的世界，是个神仙待的地方。在这里，我真的可以忘却世间的一切烦恼。

9月中旬，拍摄计划已经完成了大半，我和小邢从稻城、亚丁重又回到新都桥。此时，我接到了杜宇村从天津打来的紧急电话。

"爸，于鹏、古风和王维祥，都拒绝在代持协议上签字。"杜宇村的口气里，有委屈，有惊恐，有愤怒，更多的是不理解。

"他们好像开过会，统一过思想。现在公司所有高管都没有签字。"杜宇村这句话，把我也说愣了。

"他们的理由呢？"我问。

"他们说，你赠给他们的股份，是他们人生中最重要的一份财产。现在我们想做的海外红筹上市，等于把家世界所有资产都转移到了海外。他们觉得自己这份财产，一下子变成了自己在海外的虚拟资产。再加上是由一人代持，他们觉得自己好像完全没有了处置权。他们说，无论多少，他们只想拥有一份看得见、摸得着、自己可以随意处置的资产。"

宇村接着说："我给他们开了会，解释了红筹上市的相关规定和代持协议的法律效力，但他们仍然坚持不签字。"

宇村有些无奈："其实在你重用'老外'，重组董事会和管理班子以后，他们每个人都有被甩开的感觉。他们有强烈的危机感，看来只有您亲自回来和他们解释，才能解决问题。"

对香港红筹上市所必须安排的股份代持，居然有这么激烈的反应，这完全出乎我的预料。而于鹏、古风、王维祥这三个人能够统一行动，更是我万万没有想到的。这凸显了事态的严重性，因为这三个人都和我有着特殊关系，而且他们都在家世界有着举足轻重的地位。

于鹏是我的学生。1984年曾以第一名的成绩考上"天津对外开放管理干部培训班"，成为我的"黄埔一期"里成绩最好的学生之一。毕业分配时，我亲自推荐，把他分配到天津外经贸委研究室。于鹏成为我手下的一名研究人员，当时我是研究室的第一副主任，主持天津对外经贸的研究工作。

1991年，我把公司搬回天津后，鼓动已经当上研究室主任的于鹏，弃政从商，和我一起闯一番事业。因此，从南开大学"黄埔一期"开始，于鹏已经在我手下学习和工作了二十二年。在这期间，我曾经做过他的老师，当过他的顶头上司，现在则是他的老板。从这个意义上讲，我对于鹏既有师生之情，又有举荐之义，更有提携之恩。

初来公司，于鹏对经商一窍不通。我让他负责公司贸易部，从事内贸和外贸业务。他除了出过几次大纰漏，给公司造成许多麻烦以外，没给公司挣过一分钱。他为此内疚、痛苦、自责，甚至想打退堂鼓。但我一直不放弃，继续鼓励他，信任他，手把手地教他。直到1996年，让他领衔创办家乐时，于鹏才显露出他的管理才华，把家乐和超级大卖场开得红红火火。

正因为于鹏在创办家乐上的贡献，1999年我给骨干员工赠送股份时，特别赠送给他六百万股，这是全公司数量最多的一笔股份赠送。

古风则是另外一个故事。

1991年公司搬回天津以后，南开大学经济研究所的古教授把我叫到他家里。古教授在中国经济学界德高望重，是我的前辈。在经研所工作时，古教授对我很欣赏，也为我的许多研究工作给予过很大支持。我尊敬他，喜欢他，感激他。

古教授开宗明义，要求我把他的大儿子古风带走。

古教授说："古风大学学的是计算机专业，毕业后在一家机关的计算机室里从事计算机管理工作，每天无所事事。我怕长期这样下去，他会待废了。他也想换个环境，出去闯荡闯荡。不如把他带到你的公司里，让他干什么都行，经经风雨，见见世面。"

古教授的要求，我是没办法拒绝的。

尽管古教授没教过我，和我纯粹是同事关系，但我一直把他看作我的前辈和师长，他的恳求我不能不答应。第二天古风就来我公司上班了。

和于鹏一样，古风也从未在任何公司里干过，没有任何经商的经验。我也是手把手地教他，从公司建筑工地的一名现场员干起，逐步成长为公司的管理骨干。

在古风不断成长的过程中，几乎每周我都要找他谈话，或表扬，或批评，有时甚至把他骂得狗血淋头。说心里话，古教授的委托像是副重担，使得我对古风的成长格外关心。很多时候，我会觉得古风就像我的一个晚辈一样。看着他的每一个进步，我都喜不自禁。

1998 年，古风被提拔为家世界集团发展公司的总经理，负责在全国范围内开发和建设新店。1999 年赠送股份时，他也获得了全公司最高的六百万股增股。

我赠送的全部股份中，只有于鹏和古风两人，获得了最高的六百万股。

王维祥是我前妻王致华的亲戚。

1982 年南开大学经济系毕业后，王维祥在天津城建学院教书。天津城建学院最多算个三流大学，加上他不是学习建筑和规划的，因此在学校里一直处于"姥姥不疼，舅舅不爱"的边缘状态。他只能教教《政治经济学》等基础课程，在这样的学校里，既工资微薄，又了无兴趣。

王维祥通过王致华，向我转达了想来公司发展的渴望，这触碰了我的底线。在经商之初，我就给自己立下了两条规矩：

其一，永远不和朋友做生意。

我认为，"朋友道"和"生意道"是两种完全不兼容的关系。

朋友之间讲的只是友情，绝对不该讲利益。某些时候，朋友之间甚至可以不计代价，两肋插刀，以命相许。而生意伙伴之间却是另外一回事。本质上商业合作是一种利益关系。双方合作的目的是赚钱，共同获利。因此生意伙伴之间讲的是利益，不是友谊。如果把这两种关系混在一起，不是生意毁掉了朋友关系，就是朋友关系弄砸了生意。

因此，我一生从不和朋友做生意。

其二，除儿子外，我不会让任何亲属进入我的公司。

亲属有一种超出一般人际关系的特殊属性。在中国人的观念和文化传统里，亲属之间一定是要互相关照的，因此在亲属之间很难讲究原则和规矩。而公司是一个以营利为目的的严格组织，所有雇员必须遵守公司的规矩，任何雇员都没有无视原则的特权。除此之外，公司雇员必须达成公司的业务要求，没有任何人可以例外。

如果公司里出现了亲属雇员，这些人往往会成为公司里的特殊人物。亲属之间的特殊关照，往往会削弱甚至毁掉公司严格的管理制度。这些特殊照顾，还会破坏公司薪酬体系的公平性。总之，亲属雇员天然得到的某种关照，会腐蚀公司的肌体。

因此，不用亲属是我在聘用人员上的一个底线。

但王维祥是个例外。从 1971 年我和王致华谈恋爱时算起，我们已经相识了三十五年。我认识他的时候，他还是个十七岁的少年。说我看着他长大的，一点儿也不过分。在我们相识的这三十五年中，我一直把他当作亲弟弟看待。我们没有过任何隔阂和矛盾。1987 年搬去深圳时，我还把在南开大学的住房无偿赠送给了他。在当时，那是一个重得不能再重的礼物。

1991 年把公司搬回天津后，应王致华的要求，打破惯例，我在公司里给王维祥安排了一个重要的职位，并悉心帮助他，培养他。使他从一介书生，成长为公司的重要管理人员。1999 年赠送股份时，王维祥得到了五百万赠股。

怎么也无法想象，这三个人会联合起来拒绝签署那份代持协议。

90.我仍在尽力挽回

　　他们三人不仅拒绝在代持协议上签字，还趁我不在公司，私下召集了若干次小范围会议。会议有十几位家世界高层管理干部参加。在他们三人的主导下，参加会议的每一个人都被告知：杜总打算把所有家世界资产都转移到海外去。一旦签署这份代持协议，我们每个人的财富，将立即化为乌有。如果大家不签署这份代持协议，不管发生什么事，家世界还是在国内，是我们看得见、摸得着的资产。因此，会议的主持者奉劝大家，无论如何也不能签署这份代持协议。

　　不签署这份股份代持协议，就从根本上毁掉了家世界赴港上市的唯一路径。难道他们不知道，不能赴港上市，就意味着家世界既无法扩张，也无法继续健康运营。而且，资金链断裂的危险将无限扩大。不签字，绝对关系到家世界的生死存亡！家世界的生命和未来，完全取决于他们是否签署这份代持协议！

　　从 2001 年到 2004 年，家世界都取得了很好的盈利记录，加上家世界在中国北方零售市场上绝对"老大"的市场地位，因此资本市场一定会看好家世界的股票。梁伯韬包销的两亿美元，必会如期到账。即使2005 年至 2006 年，家世界出现了短暂的经营困难，但巨大的市场占有率仍然会使家世界上市受到资本市场的热捧。

　　不仅如此，只有赴港上市成功，我赠送给他们的这些股票才真正具有市场价值。不仅公司价值会翻上几倍，他们个人的财富也将会翻上很多倍！

　　不，这些他们应该懂。即使别人不懂，于鹏作为曾经的天津外经贸委研究室主任，对于红筹上市的所有政策规定，应该是非常清楚的。很明显，于鹏知道这样做的全部逻辑，只不过没有解释给其他人听而已。

　　或许他打心眼里，就不愿意作这样的解释和说明。

　　也可能他们三人认为，我已经不再信任他们，不仅不会重新重用他们，也不会继续把他们看作创业伙伴。在这样的判断下，他们不相信我会继续考虑他们的个人利益。他们拒不在代持协议上签字，正是所有这些情绪的集中表达。

　　实事求是地说，2005 年更换董事会和管理团队，确实伤害了于鹏、古风、王维祥在公司里的原有地位，其他许多原高层管理人员，心里也不太舒服。他们知道，为了打开上市融资的通道，对于这些人事调整，我是非常坚决且不容挑战的。他们委屈、心痛，又觉得万般无奈。

　　作为曾经的创业骨干，他们普遍感觉被我抛弃了，进而产生了严重的抱怨情绪。他们觉得，如果家世界成功在香港上市，这些并不能让他们信服的"老外"，会完全取代他们在公司里的地位，成为公司的新主人。他们也就没有被公司重新需要的理由了。

　　但他们错了。在我的心里，公司的这些创业高管虽从管理第一线退到了幕后，但他们仍是我的创业战友和伙伴，我当然会和他们荣辱与共，有福同享，有难同当。国际管理团队不可能永远在中国干下去。一旦上市成功，国际管理团队的专业技能被我们学习和掌握以后，我当然还会重新起用中国人。尽管可能是更年轻，更有朝气，更有竞争企图心的一代年轻人，但于鹏、古风、王维祥他们，仍然是公司的创业者和领袖，他们在家世界的领导地位，永远不会改变。

　　他们应该知道，在现在的形势下，拒不签字将意味着大家"集体自杀"。而且他们的这一行动，是发生在家世界最为困难的时刻，这无异于突然在我背后狠狠地捅了我一刀。他们这样做，如果不是鬼迷心窍或大脑进水，那一定是下定决心，要和我摊牌并彻底决裂。

　　最令我伤心的是，他们这一行动已经公开表明，他们不相信我赴港上市是为了公司的长久发展。他们在怀疑我借机收回他们的股份，而让他们重新变得一无所有。他们的这种判断，是在侮辱我的人格。受到他们的这种侮辱，我的心如同刀绞一样疼痛。我的一生中，凡遇到有人侮辱我的人格，我都会殊死战斗的。

不过，这一次的敌人竟然是我创业的伙伴和战友。

显然，作出拒绝签字决定，说明我们之间的信任出现了重大危机，或者，我们之间已经完全没有了信任。想到这里，我惊出一身冷汗。他们这是要不惜一切代价，保护他们能够看得见、摸得着的最后利益，哪怕置公司于死地，置我于死地，他们也在所不惜。一辈子经历的所有事情中，最亲近的人的背叛，是最使人难以忍受的。何况这次集体背叛，又造成了如此巨大的创伤和惨烈的恶果。

新都桥时而刮起的秋风，浸满凉意，吹得我不时地打起寒战。美轮美奂的景色，此刻都渐渐模糊起来，离我越来越远，慢慢地从我的视野里消失。

撂下杜宇村的电话，我的伤心、失望和不时燃起的怒火，交织在一起，使我几乎不能自持。我拿起笔，颤抖着，强压着就要火山爆发般喷出的怒火，给于鹏、古风和所有的高管团队，写了如下这封信：

各位股东：

知悉部分拥有百万股以上股份的股东，拒绝在代持协议上签字，我万分惊讶。

在过去的两年中，由于扩张过于迅速，新店运营状态又不能令人满意，经营效益渐趋恶化。与此同时，公司资金链也出现了断裂的风险，公司经营遇到了前所未有的困难。之所以产生这样的局面，是为了追求迅速上市，而在公司的发展和经营上，采取了各项激进战略造成的。当然，我要承担造成这种局面的主要责任。

不过，令我们尴尬的是，迅速上市的想法带给我们的困难局面，竟然还是要用迅速上市去解决。这似乎有些不可思议，但这正是我们面临的现实。按照当前的政策，只有所有国内居民股东，把股份交给拥有外籍身份的人来代持，才有可能完成在香港红筹上市。

　　尽管我委托杜宇村，已经把所有赴港上市的相关政策、代持的道理和重要性、各位股东权益如何保障，都和大家说得清清楚楚了，还是有一些股东不肯在代持协议上签字。我把这看作是大家对我本人的不信任。

　　在合作伙伴之间，信任就是一切。

　　既然不信任，怎么还能继续在一起合作？在这样困难和关键的时刻，设置障碍，置公司的生死于不顾，客观上就成了公司的敌人和破坏者，我们之间不仅不可能再继续合作下去，还会成为不共戴天的仇人。如果不肯签署这份代持协议，那我会认为，这些人是要和我彻底决裂。

　　希望在下周一以前，所有希望继续合作的股东，签署那份股份代持协议。

　　我在祖国西部的大山之中，谢谢大家。

杜厦

于 2006 年 9 月 16 日

　　这封措辞强硬的信发出六天后，我赶回了天津。除宇村之外，谁也不知道我已经回到天津。

　　和儿子见面以后我才知道，事情远比我想象的严重。

91. 他们狠狠捅了我一刀

收到我这封措辞强硬的信后,于鹏、古风、王维祥又秘密召集了好几次会议。据说,这一阶段会议的主题,已经不再是要不要签署代持协议了。现在已经开始讨论"一旦决裂,杜总如何赎回已经赠送给我们的股份?""如何向杜总争取最大利益?"

与会者还在讨论,"现在的家世界到底能值多少钱?""我们究竟可以分到多少?""如何与杜总谈判?""谁来出面最合适?"……

集团财务总监倪之泽,拥有三百万股增股,他也是这些会议的主要参加者之一。倪之泽向所有参加会议的人证实:家世界集团的财务状况已经到了破产的边缘。从资产负债表上看,家世界早已"资不抵债"!

倪之泽的旁证似乎证明,于鹏早前所作的判断和猜测,都是正确的。这样的家世界,怎么可能去香港上市呢?如果把股份给杜总代持,海外壳公司一旦破产,所有小股东最终都将两手空空。

家世界的高管们,每参加一次这样的秘密会议,就被洗脑一次。大家似乎都看到了家世界破产的那个时刻。那时,杜总将携杜宇村出走海外,家世界的剩余资产,将全部进入杜总拥有的开曼公司。这些辛辛苦苦了十几年的创业者们,将一无所获。

在会议召集者的推动下,大家逐渐态度一致:不管多少,我们要求杜总现在就赎回股份。我们既不想等到家世界破产,也不会眼馋家世界的再次辉煌。我们分到钱以后,剩下的,都是杜总自己的事了。

听到这些,我的失望已经变成绝望。我怎么也没有想到,在家世界面临重大危机的关头，他们没有一个人想站出来，和我讨论如何扭转危机，让家世界重回正轨。也没有人想认真探讨海外上市的可能性，寻找彻底摆脱困境的办法。更没有人试图说服我，改变经营方针，寻找使公司重新营利的道路。他们十几次秘密会议的主题，其实只有一个：怎么能够从处在危机中的家世界，分到属于他们自己的那笔钱！

1999年我主动赠送给大家股份，是想让这些跟我奋斗了很多年的伙伴，共同分享创业成功的成果。我当时真的没有想过，如果有朝一日公司陷入危机，这些曾经一起创业的伙伴，会是怎样的表现。现在，我领教了在危机到来时，这些人的真实表演。我怎么也想不到，1999年我赠送给他们的巨额股份，竟然演变出这样一个结果。

我惊叹个人私利，竟是如此地无坚不摧，它真是个令人恐惧的魔鬼。它能使这些和我一起经历过无数艰难困苦，相互扶持，相互信任，如兄弟一样的伙伴，在争夺个人利益的时刻，完全不顾情义，完全不懂感恩，宁可恩断情绝，也要把自己的一点私利放在所有选择的第一位。想到这里，我不寒而栗。

但无论如何，我必须做最后一次扭转局面的尝试。

到了天津的第二天晚上，在一个隐秘的咖啡馆，我分别秘密约见了何秀国和王维祥。他俩都是公司原董事，也都拥有我赠送的五百万股家世界股份。在苦口婆心地解释和沟通以后，他们两人分别承诺，在第二天下午要召开的最高层会议上，他们会率先举手同意签署代持协议。

事情似乎有了转机和突破。

但第二天的会议上，不仅其他与会者没有一个人站起来举手，同意签署这份股份代持协议，就是何秀国和王维祥，竟然也背弃了诺言！

除了愤怒与失望之外，我还为他们感到悲哀。他们这么做，实在是好愚蠢。不仅毁了公司，更重要的是毁了他们自己。之后的十几年，事实一再证明，他们这样做确实是愚蠢至极。

会议上，我面对面地激烈痛斥于鹏是在发动"政变"，声称从未见过这么忘恩负义和自私自利的人。作为我曾经的学生、下属和雇员，他得到过我诸多的信任和提携。但令人不可思议的是，在公司陷入危机的时刻，他不是从公司的利益出发，主动来和我商讨如何渡过危机，而是为了个人的私利，背地里组织多次秘密会议，破坏公司赴港上市的机会，争夺公司的最后财产。

接着，当着会议上所有人，我又指着古风骂他忘恩负义。我告诉他，所谓忘恩，不用解释，大家有目共睹。所谓负义，是说古风无数次地在各种场合说过："杜总，您说打到哪里，我们绝无二话，马上打到哪里。即使有枪林弹雨，我也会挺起胸膛，为杜总挡住射过来的子弹！"现在幸亏还没有子弹，只不过是要去香港红筹上市。"指到哪里就打到哪里"的诺言，到哪里去了呢？这一切不是忘恩负义，又是什么呢？

至于王维祥，仅仅在昨天夜里，还承诺"明天我先举手"，今天立即背弃诺言。一个已经五十三岁的男人，不能做到言必信，行必果，还叫什么男人！

我真不知道，这帮曾经的兄弟，在一点点私利面前，竟然把"仗义"两字完全抛到九霄云外。且不说知恩图报、结草衔环，起码做事不能违背良心。今天他们的做法，猥琐不堪，丧失了一个人的正义和尊严。

此时的他们，大概只关心自己到底能够分到多少钱，我和他们就此分道扬镳，也就没有什么可惜的了。

开完那场双方宣布决裂的会议以后，暴怒夹杂着心痛，折磨了我好几天。还没有平静下来，于鹏就通知我，他已经获得授权，代表所有的小股东，要开始和我谈判股票回购的价格了。

这次见面，只有我们两个人在场，场面极为尴尬。准确地说，我没有什么尴尬，只是脸上还残留着没有消化干净的情绪而已。但于鹏却不然，我的眼睛与他对视时，他还是躲躲闪闪。怎么能不感到羞愧？怎么能不尴尬呢？作为学生，对着我这个曾经对他有知遇之恩的老师、上级和老板，用我赠送给他的股票，来和我讨价还价，而且是在我最困难的时刻。

　　我对于鹏只说了一句话："说吧，无论你们想要多少钱，只要我能做到，我都会答应。"

　　显然他们已经算过很多次了。于鹏告诉我，大家打算以人民币三元一股的价格，把他们拥有的股份，全部卖回给我。我很惊讶他使用了"卖"这个字。我"送"给他们的股份，现在他说要"卖"回给我！

　　我点点头，既没有和他算公司的账，也没有跟他还价。此时我的心里真是五味杂陈，一句话也不想说，也实在是没有什么话好说。

　　我们大约一共只用了两分钟，就结束了这场谈判。他提议，用三元一股的价格，把我赠出的所有股份，卖回给我。如果我能够在一年之内把所有的钱全部付完，价格可以酌情减一毛钱，按两元九毛钱一股结算。我没有任何犹豫，和于鹏达成了这份不可思议的股票回购协议。

　　奇怪的是，他们不是已经确凿地认定，公司已经"资不抵债"，濒临破产了吗？那么这三元一股的价钱，是根据什么算出来的呢？而实际上，企图从一个"资不抵债"的公司里，赫然拿走一大笔现金，无论是对公司，还是对仍然留在公司里的其他股东来说，都是件既不合法，也不合理的事。

　　况且，既然他们信誓旦旦地认定，我赠送给他们的股份，就是他们自己的固有资产，他们就是法理上明白无误的"股东"。那么，此时公司里尚未偿还的二十二亿元人民币的银行负债和欠供货商的十六亿元的应付货款，作为股东，他们怎么能够拿着钱一走了之，而不承担之后可能发生的财务责任呢？

　　最有趣的是，当初我赠送给他们这些股份时，是按照每股一元人民币的票面价格赠予他们的。现在于鹏回过头来向我索要三倍的价钱，而且是在明明知道，家世界已经面临资金链断裂危机的背景之下。

　　我最伤心的地方在于，此时没有任何一个人站出来，问过这样一个问题："如果我们按三元一股的价钱回购，拿走这么多钱，那以后杜总怎么办？那二十二亿元的银行负债怎么还？供货商的十六亿元欠款怎么处理？如果家世界真的资不抵债而宣布破产，杜总和他的家人今后怎么活下去？杜总会不会背上法律责任而被投入监狱？我们所有人拿着钱安全上岸了，甩下杜总一个人收拾这个烂摊子，杜总的命运会怎样？"

这特别像是在硝烟弥漫的战场上，在四面楚歌的环境下，一场决战即将打响之前。于鹏、古风、王维祥三人，鼓动所有战士，趁着黑夜和他们一齐逃跑。临逃跑前，他们还把最后一点食物、水和弹药也一起抢了带走。甚至连我身上穿的棉衣棉裤，他们也强行扒下拿走了。

此时，我只剩下了一副赤裸裸的身体和一颗倔强的心。

92. 政府审计，驱散谣言

　　结束价格谈判之后，我不想再对于鹏说任何一句话。

　　和于鹏、古风、王维祥等人的彻底决裂，不仅使家世界赴港上市变得绝无可能，对家世界的重新振兴也是个毁灭性的打击。这场始料不及的变故发生以后，由世界级专家组成的董事会和高级管理团队，就没有继续存在的必要了。没过几天，我就解散了那个苦心建立起来的董事会，同时辞掉了以保罗·赫伯为首的美国管理团队。作为补偿和感谢，我赠送给吉姆·英格利斯和保罗·赫伯各一百万股家世界的股份，其余董事也都赠送了相应的股份。

　　家世界的内部分裂，加大了社会上对家世界的忧虑和担心。有关家世界的各种谣言，在众多供应商之间迅速蔓延。各家银行也都收紧了对家世界的贷款支持。家世界已经资不抵债的流言，一下子灌满天津的大街小巷。这些流言包括："家世界即将破产""家世界资产已经被杜厦转移海外""杜厦已经被边防控制禁止出境""巨额银行贷款的大部分，已经被杜厦个人侵吞""杜厦已经携全家卷款外逃"……

　　危机每天都在加重，我必须建立紧急的危机管控机制。

　　辞掉国际管理团队后，我紧急任命杜宇村出任家世界集团CEO。任命王松担任家世界超级大卖场的总裁。由两个年轻人担纲，努力调动家世界新管理团队的热情，恢复供应商和消费者对家世界的信心。

　　在极为困难的情况下，我给王松紧急拨款一亿八千万元人民币，用来充实货品，调降价格，想办法恢复家世界经营的正常局面。接着换掉倪之泽，任命李坚出任集团新的财务总监，协助我处理家世界的融资问题。我则腾出精力，亲自处理家世界的社会舆论危机。我深知，澄清社会误解，阻止谣言蔓延，是管控危机最重要的优先事项。

我拜访了天津市市长戴相龙。

当时家世界是天津最大的民营企业，连供货商驻店代表在内，在家世界上班的员工，接近八万人。牵一发而动全身，家世界的任何异常动荡，都会对天津社会经济造成重大影响。一旦有不测事情发生，不仅影响我，政府也会牵涉其中。

我申请戴市长派出政府稽查组，进驻家世界，对家世界的财务状况、资金流向、存量资产情况、税收缴纳、正在进行的资产交易，做一次全面的联合稽查。这一提议前无古人。从来没听说过有民营企业主动要求政府对自己进行稽查，更不用说由市政府多个部门组成的联合稽查。

戴市长听到这个建议也觉得新鲜。他也正想彻底弄清家世界的情况，以便在意外发生时，能够对可能出现的社会性危机作出有效应对。因此，由政府出面对家世界实施联合稽查的方案，我们俩一拍即合。

我当然心里有底。德勤会计师事务所已经给家世界做了三年财务审计，政府部门再稽查，也查不过德勤那些专业审计师。最重要的是，只有由政府来进行全面稽查，才能权威地说明家世界是否已经资不抵债；资产是否已被杜厦转移到海外；所有银行贷款，是否被挪作他用；家世界是否有偷逃税款行为，等等。

另外，即使我不主动让政府来查，最终政府也会弄个明明白白，只不过是时间早晚而已。与其如此，不如主动出击，这样反而显得我胸有成竹，光明磊落。这对迅速平复社会上日益发酵的流言蜚语，有百利而无一害。

由市政府主导，审计局、国税局、地税局领衔的庞大联合稽查组，迅速进驻家世界。

联合稽查进行了近一个月。稽查结束后，政府联合稽查组给天津市政府和戴相龙市长提交了稽查报告。大致内容是：

1. 没有发现家世界集团有任何偷税、漏税、欠税行为。

2. 家世界对各家银行的贷款总额为二十二亿元人民币，无欠息和到期不还的记录。

3. 家世界拥有的固定资产和在建项目的市场价值，远大于家世界的贷款总额。

4. 从 1992 年至 2006 年的十五年间，未发现杜厦有任何外汇汇出记录。

5. 家世界获得的银行贷款，均用于家世界购物中心建设和商品采购，未见异常使用。

6. 家世界正与美国的家得宝进行家居业务的出售谈判，交易协议已呈报商务部，即将签署正式的交易合同。

7. 家世界超级大卖场整体打包出售的计划也在实施之中。若干意向买家已和家世界签署了收购的框架协议。

市政府联合稽查组给天津市政府和戴相龙本人一个详尽、真实、客观的稽查报告。很快，这个报告的内容，经由天津市政府对外发布，社会上对家世界的流言蜚语，迅速消弭。

社会舆论危机虽然平复了，但资金紧张的状况还远没解决，这才是家世界的根本性危机。如果不能迅速解决资金链危机，家世界还是面临着随时崩盘的危险。

考虑到这么严重的局面，我觉得到了该作出最重大决定的时候了。思考再三，我打电话给在洛杉矶的王致华，让她带着小儿子 Kevin 紧急返回中国。他们回到中国以后，连同已经在中国的杜宇村夫妇，我们五个人开了一个正式的家庭会议。

我告诉他们，公司内部已经严重分裂，公司的财务状况又危机四伏。虽然政府联合稽查缓解了社会舆论，但资金链断裂的危险还是存在。我觉得，只有尽快把家世界卖出，才能从根本上解决当前的财务危机。至于出售公司会得到什么样的结果，我也不知道。召开这样一个会议，是想让家里每个人都做好最坏的思想准备。

尽管和王致华已经离婚，我们还都把对方看作最信赖的亲人。我们都相信，在人生最危急的时刻，我们都可以成为对方的最后依靠。

王致华和孩子们都理解公司现在的处境，大家一致同意，尽快把公司卖出，无论最后是什么结果，大家都会接受。

Kevin 才十三岁，他在会上认真地问我："爸，最坏的结果会是什么呢？"听儿子这么问我，我险些哭出来。这完全不像一个十三岁的孩子该考虑的问题，我惊讶于他的成熟和懂事。

"放心，政府的稽查刚刚结束，我绝对没有任何违反法律的地方。最多是把所有欠账全部还清以后，我又重新变得一无所有。不过你不用担心，即使爸爸身无分文，出去开出租车，也一定是最棒的出租汽车司机。"

小儿子说："那我就放心了。"他的眼神里都是对我的信赖和鼓励。看到这样的眼神，我的心都快碎了。

93. 成功出售"家居"

一个月以后，我和山西"美特好"正式签订转让协议，将家世界在烟台、太原、包头和呼和浩特等地的八家超级大卖场的经营权，以两亿元人民币的价格，打包转让给了"美特好"。这些店，都是经营不善的赔钱店。把这些店剥离出去，既有利于改善总体经营，又甩掉了一大笔供货商欠款，还为将来家世界超级大卖场的整体出售，提高了资产包的交易价值。

从 2004 年年底开始，我和家得宝已经在秘密谈判。2004 年圣诞节前，家得宝 CEO 鲍勃·纳达利请我到上海和他见面。我们在他的总统套房里，一起吃了顿早餐。鲍勃·纳达利表达了他想全资收购家居的意愿，我也向他表达了乐观其成的态度。

从 2005 年年初开始，双方花了一年半时间，进行了一场马拉松式的艰苦谈判，直到 2006 年 5 月中旬，双方才就所有收购细节达成一致意见。最终，我同意以一亿美元的价格，把家居十二家店的经营权卖给家得宝。

股权交易协议送去商务部后，迟迟没有得到批准。我知道，还是那个民族品牌的问题，阻挠着这个协议的顺利批准。

我太需要和家得宝尽快成交了，只有如此，才能解决家世界的财务危机。市政府也在不断地帮我催促，希望商务部尽快给予批准。不过，商务部仍然没有任何积极回应，急得我火烧眉毛。

好人还是会有好报。

2006 年 8 月，胡锦涛主席应约同美国总统小布什通电话。两人同意开启中美两国在经济领域的战略对话，以使两国经贸关系继续保持强劲的发展势头。于是，9 月 20 日，中美双方发表了《中美关于启动两国战略经济对话机制的共同声明》。中美同时宣布，两国首次战略经济对话，将于 2006 年 12 月 14 日在北京进行。

中美战略经济对话期间，为向全世界显示中美两国的合作愿望，美国希望选择几个有影响力的项目，在北京现场签约。美方提出了四个项目，希望把这些项目拿到中美战略经济对话的现场，在两国代表见证下签约。

首个被美国选中的，竟然是家得宝收购天津家居的项目。美国商务部选这个项目，是要向全世界证明，中国已经对美国开放了自己的国内市场。

我真的又一次被上帝安排，成了一个"幸运儿"！

在这样的背景下，家得宝一亿美元收购家居，得到了商务部的迅速批准。

2006 年 12 月 13 日下午 4 点 45 分，在北京东方君悦大酒店君悦宴会厅，全球最大的家装零售商家得宝宣布，他们已经完成对天津十二家大型建材超市经营权的全资收购。美国商务部部长古铁雷斯、中国商务部副部长易小准、家得宝亚洲总裁阿妮塔女士和我本人，出席了发布仪式和交易揭牌仪式。

签约完成之后，家得宝董事会主席兼 CEO 弗兰克·布雷克，在全球记者发布会上表示："此次收购为我们提供了一个进入全球最大和增长速度最快市场的切入点。家居是一个著名品牌，已成为中国消费者心目中价格的标杆。我们热忱欢迎家居的管理层和员工们，加入家得宝的大家庭，并衷心期望能为中国的消费者提供服务。同时，我们也非常感谢中国政府各级官员，对此次收购给予的支持。"

家得宝亚洲总裁阿妮塔女士也表示："我们对杜厦先生，以及他在家居所建立的企业文化，充满敬意。他的企业家精神和领导才能，对于我们进一步增进两家公司的合作关系和拓展中国业务，至关重要。"

古铁雷斯提前亮相

签下四笔大单为中美对话铺路

昨天，古铁雷斯（左三）成为4项协议签署仪式的见证者。

晨报讯（记者　刘映花）全球家装用品零售霸主"家得宝"收购中国同行"家世界"的交易，伴随美国政府高级代表团的到达一锤定音。Oshkosh卡车公司、Verisign公司和通用航空也满载而归。

作为中美首次战略经贸对话的"序曲"，昨天，先期抵华的美国商务部长古铁雷斯在华一举收获4笔大单。仅通用航空和上海航空公司签署的采购合同就价值5.5亿美元，而家得宝则以"非常满意"

的价格，拿下了中国同行——家世界在6个城市的12家门店。

"五年前，中国加入世贸组织跨上了经济改革和开放市场之路。今天所签的合同将使美国名牌产品很快在中国风行。"古铁雷斯乐观地表示，在开放有效的市场，以及在其中进行的商业合作是中美经贸合作的基石。

古铁雷斯的热情也得到了中国的回应。昨天，同样出席签约仪式的中国商务部副部长易小准表示，中美双边贸易额已是1979年

的80多倍。"今年前11个月，美国对华出口达到了增长23%，中国是美国出口增长最快的市场，美国则仍是对华投资主要来源地之一。截止到目前，美国对华投资金额已经超过1213亿美元。"

不过，昨天签署的4项合作协议并非此次对话的成果，而是上个月古铁雷斯率领25家美国公司来华"推销"的硕果，双方选择在此时公布，无疑是要创造更为宽松的环境，为今天艰难的磋商铺路。

图17-1　中美战略经济对话上，中美双方共同见证了家得宝收购家居经营权的交易。左起：我、家得宝亚洲总裁、美国商务部部长古铁雷斯、中国商务部副部长易小准。

至此，家居完成了它的历史使命。1996年，我以两千万元人民币的投资开始，九年后赚回了八亿四千万元人民币。如果这笔资金全部到位，家世界的资金状况应该可以得到彻底缓解。

2007年2月底，我收到家得宝首笔付款五亿元人民币，用了一个星期时间，完成了个人所得税的缴纳。

对公司来说，家得宝这五亿元人民币的收购款，是比命还重要的一笔钱，但我没有再投放到家世界的生意上去。

2007年3月10日，是我一生中无法忘怀的一天。那天上午十点，三百多位曾在1999年得到过我增股的老员工，在我办公室楼下的停车场上，排起了长长的队伍。我的秘书李苓，把事先准备好的个人缴税证明和银行存折，一份一份地发到他们手上。那天一共发放了三亿四千万元人民币。那天，于鹏、古风两人，税前各自得到了一千七百四十万元

人民币，这在当时是十分惊人的一笔巨款。公司十几位高管人员，瞬间成了千万富翁；一百多位中层干部，也都成为百万富翁。其余不到两百名普通员工，也分别得到几万到几十万不等的现金。

交完个人所得税，发完这三亿四千万元人民币，五亿元人民币的首批交易款瞬间干干净净。公司的资金状况还是岌岌可危。此时，公司仍欠着银行二十二亿元贷款，供货商欠款也有十四亿元尚未偿还。资金链断裂的风险仍未解除。

在公司这么困难的情况下，我把收到的首笔交易款，发给了这三百多位老员工，这是于鹏、古风和王维祥三个人，怎么也想不到的。

94. 悬崖上的独舞

开完家庭会议之后，我立即给沃尔玛、家乐福、乐购、大润发等发出邀约。告诉他们，我打算出手超级大卖场的全部业务。如果有意，请尽快派人来津考察并洽谈。

沃尔玛、家乐福对我的邀约反应积极。他们两家是世界上最大的连锁超市集团，相互又是主要竞争对手。无论哪家收购了家世界六十家超级大卖场，便立即形成压倒性优势，成为中国市场的绝对老大。家世界在天津、西安、郑州、青岛、沈阳、兰州等北方主要城市，占据着统治地位。收购了家世界，就意味着占领了中国北方。因此，他们觊觎家世界已经很长时间了。

从2006年11月开始，我和沃尔玛、家乐福玩起猫捉老鼠的游戏。有时在同一天，我先后安排他们两家在我的办公室里谈判，还会刻意让他们在我们公司里"偶遇"。他们两家都心知肚明，对方也在努力争取这笔交易，因此都竞相提高报价，简化交易条件。谈判过程进行得热热闹闹。

一天，于鹏突然来找我，小心翼翼地说："杜总，华润的陈朗也想收购家世界超市的全部业务，不知您是否愿意把生意卖给华润？"

我非常惊讶于鹏敢来找我。如果没有极特殊的动力，他是不会冒着碰个大钉子的风险来找我的。我笑着回答："哦，陈朗我们认识，'2·20'的中南海会议上，我们见过面，还在一起聊过不少。你告诉他，我既然想卖，就不在乎买家是谁。反正他们去和沃尔玛、家乐福竞争，价高者得是我的唯一原则"。

其实，卖给华润是个好的选择。如果卖给沃尔玛或家乐福，因为涉及外资收购，都要经过外经贸部、商务部及外汇管理局批准，不仅耗时太久，还可能遭到否决。华润是中央驻港企业，如果以华润国内公司的名义实施收购，不需要任何审批手续，这是和华润达成交易的最大优点。

得到我的回答以后，陈朗立即飞来天津，我们一起吃了顿饭，迅速以三十七亿元人民币的总价格，达成了收购家世界超级大卖场全部经营权的交易。

2007年3月21日，家世界和香港华润集团，在天津和香港同时宣布，华润股份有限公司和家世界集团达成交易，全资收购家世界在华北、西北及东北地区的全部五十八家超级大卖场。这场收购完成以后，华润不仅弥补了在西北、东北地区的市场空白，还强化了华北地区的运营优势。"华润万家"瞬间变成覆盖全国的连锁超市集团。收购完成以后，无论门店数量还是销售额，他们都超过沃尔玛、家乐福，跃居全国第一，成为中国连锁超市集团无可争议的行业老大。

冒着碰个大钉子，甚至被我骂个狗血淋头的风险，替华润促成这笔交易，于鹏是有他的盘算的。

收购交易完成后，华润决定家世界的原有业务体系维持不变，陈朗任命于鹏为这个新公司的CEO兼总裁。所有五十八间家世界超级大卖场，又重新回到于鹏手中。于鹏戏剧性地重新回到了他久违的那间办公室，坐到了2005年之前他的老座位上。

和于鹏开了无数次秘密会议，最终和于鹏一起毁掉了家世界的那些高管们，此时都被于鹏的老谋深算惊掉了下巴。虽然他们都拿着钱回了家，但他们失去了自己的公司，丢掉了工作，丧失了自己的奋斗平台。日后的十余年中，他们中没有任何一个人，再找到让自己满意的工作，也没人任何一个人能够自己创业成功。他们每个人都无可奈何地成为居家男人，每天只能跑跑步，打打球而已。

　　无论如何他们也想不到，于鹏早已把自己日后的每一步都安排得妥妥当当。他气定神闲，带着复仇者的微笑，重新回到了自己原先的岗位上。

　　从 2006 年 10 月开始，不到半年时间，我接连把家居、超级大卖场的两项零售生意，分三次售出，初步完成了历史性的转身。

　　卖掉家世界，社会舆论一片哗然。毕竟家世界曾是全国著名的大型零售企业，不仅在业界有相当影响力，尤其是在天津、西安等城市，家世界更是一家独大。况且在上海东方电视台的著名节目《波士堂》的现场采访里，我曾信誓旦旦地说过，要在竞争中超越沃尔玛、家乐福，成为中国最伟大的连锁超市企业。那一幕，全国许多观众记忆犹新。现在，这番雄心壮志，因家居和超级大卖场的售出，而成了负面舆论。家世界和我本人，都成为各种媒体竞相嘲笑和讥讽的对象。

　　"家世界资金链断裂，被迫抛售零售业务""家世界商界神话破灭，杜厦黯然退场""家世界扩张过快，遭遇滑铁卢"等话题，被各种媒体翻来覆去地炒作，所有财经类媒体，均乐此不疲。

　　对于媒体的这些反应，我早有思想准备。"成王败寇"是中国媒体和舆论判断企业家的根本逻辑，对于这些，我基本无动于衷。

　　另外，我也无暇顾及这些，因为资金链断裂的危机还没有彻底解决。

　　虽然和美特好、家得宝、华润万家的三次交易，总额将近四十七亿元人民币，但在归还了对供货商拖欠的十六亿元货款、缴纳完巨额的各项赋税、兑现了三百多位员工的股权款，以及支付所有工程欠款之后，剩下的现金仍不足以归还银行的全部贷款。因此，必须继续努力，把家世界在全国的十八处购物中心物业也尽快脱手，以彻底还清银行的剩余贷款。

　　我筹划出售家世界十八处购物中心物业时，新加坡政府主权基金GIC 正想大规模进入中国的商业地产领域。家世界准备打包出售十八处大型物业的消息，使 GIC 产生了很大兴趣。

GIC 是新加坡政府的全球性投资基金，2006 年总资产已超过两千亿美元。他们的资产规模，比淡马锡还要大一倍。GIC 除股权投资外，主要的投资方向就是商业地产。他们对中国新兴的商业地产业雄心勃勃。

从 2007 年年初开始，双方频繁接触和试探。经过一段不长时间的了解后，GIC 即提出了收购家世界所有商业地产的邀约。

2007 年春节之后，双方签署了保密协议。GIC 对家世界所有十八处物业开始了尽职调查。一个月后尽职调查完成。GIC 没想到，家世界提供的所有资料，居然没有任何"水分"，所有数据清楚、干净、真实。这个结果，解决了 GIC 心头的最大疑虑。

GIC 惊讶地看到，一个中国民营企业，在土地获得、规划批准、建设指标、经营操作上，不仅资料完整，而且全部合法合规。他们认识到，家世界是中国大陆民营企业中，少有的没在财务报表里作假，没有任何欺瞒和虚假信息的企业。GIC 非常满意尽职调查的结果。

此时，GIC 刚刚获得中国证监会批准，成功控股了上市公司阳光股份。GIC 派阳光股份的总裁万林义，来天津和我谈判收购价格，讨论接管所有十八处商业物业的相关细节。

在谈判桌前坐定后，万林义便侃侃而谈，给出了他们准备好的一大堆数据分析。我静静地坐在他对面，仔细听他讲。既不打断，也不解释，更不和他争辩。

他讲完之后，轮到我讲了。

我讲的内容极简单，万林义没想到我会讲这么一番话：

"万总，在任何交易谈判中，买家一定会提供大量信息，来证明他们报价的合理性。卖家也是这样。买家永远希望成交价越低越好。卖家永远希望成交价越高越好。结果呢，双方各有依据，争论得无尽无休，最终很难达成一致。"我讲得很坦白，但万林义却不知道我想要表达什么。

"总之，高过买家心中的合理价位，不会达成交易。反之，低于卖家心中合理价位，交易也不会成功。"

"不如这样。"我撕下两张记录纸，把一张递到万林义手里。

"你把你满意的收购价格，写在你那张纸上，叠起来交给我。我把我想要的出售价格，写在我这张纸上，叠起来交给你。然后咱们各自打开，看看双方的差距是否在'可谈'的范围之内？如果咱们都觉得有谈判空间，就换到旁边那个小谈判室里，一对一磋商，看看能不能最终成交。如果两张纸上数字差距太大，大家都觉得没有继续谈下去的必要，那我们也不必再费时间。一起吃个饭，喝点酒，就算彼此交个朋友。你看如何？"

我告诉万林义："万总，这叫'一翻一瞪眼'，既简单明了，又节约时间。"

万林义大笑。他从来没听说过有这样谈判的，毕竟涉及八个城市的十八项重大物业，怎么也要几十个亿的交易，居然用"一翻一瞪眼"的办法确定成交价，像是在农贸市场上头萝卜、大葱一样。他觉得不可思议。不过，他还是接受了我的提议。

我们俩小心翼翼地打开对方递过来的那张叠好的纸，看到对方写在上面的那个大大的数字以后，抬起头，目光碰到一起。我们同时都笑了，我们知道，GIC 和家世界大约可以成交了。

万林义那张纸上，写的是"三十五亿"。

我那张纸上，写的是"四十亿"。

随后我们进入一间小谈判室，把五亿元的差价一拆两半，二一添作五，以三十七亿五千万元成交。

2007 年 6 月，新加坡政府主权基金 GIC 和家世界集团在天津达成了《股权转让框架协议》，家世界把在天津、北京、沈阳、郑州、青岛、西安、兰州等八个城市的十八家物业及土地使用权全部转让给 GIC，交易价格最终确定为三十七亿元人民币。

和 GIC 这笔交易，由于牵扯到十八个实实在在的物业，比和家得宝、华润进行的商店经营权交易要复杂得多，也困难得多。

由于牵扯到八个城市的政府，牵扯到十八个购物中心物业的当地合作伙伴，牵扯到上千家的租户，再加上地方税务部门的具体利益，整个交易的复杂程度和艰苦过程难以描述。还好，毕竟我久经沙场，祸又是我惹的，这个难我不扛谁扛？

到 2008 年下半年，我们拿到了 GIC 的大部分交易款。至此，美特好、家得宝、华润、GIC 四笔交易全部完成。合同交易的总价值达到八十四亿四千万元人民币。其间，我又售出了呼和浩特和长春的在建项目，到 2008 年年底之前，家世界一共卖出了将近八十七亿元的资产，还清了二十二亿元银行贷款、十六亿元供货商欠款，缴纳了总额五亿元的股权交易所得税，兑现了三百多位员工的股权利益，实现了十八个项目所有本地合作伙伴的利益诉求。

这是我经商史上最惊心动魄的两年。这两年中，一方面要应对资金链随时可能断裂的风险，另一方面要周旋于从中央到地方的几十个政府部门，在层出不穷的各种审查面前，找到有效的应对办法。另外，还要应付供应商、合作伙伴的各种利益诉求。最可怕的，我还要承受曾经的战友，从我背后捅来的狠狠一刀。

此时的战场上，只剩下了我一个人。除儿子陪伴在身边以外，所有那些曾经和我一起开创了这番事业的人，都和于鹏、古风、王维祥一起，拿着钱离开了这个舞台。这真像是在悬崖绝壁上，完成了一场精彩绝伦的个人独舞表演。我要在令人难以想象的巨大压力下，还清银行贷款。还要把上千个供货商的货款，一分不差地全部还上。另外，十八处物业的地方小股东，也要无数次沟通和谈判，用特殊的经济利益，使他们支持我和 GIC 已经达成的交易。所有这一切，都是我一个人带着儿子去完成的。

我特别感谢儿子杜宇村。年仅二十九岁的杜宇村，在这场交易中一直待在第一线，他所受到的压力和折磨，完全超出了他这个年龄所能承受的极限。在这场近乎绝望的灾难中，他始终和我坚定地站在一起，勇敢地和我一起挑起了那副重担，协助我解决了以上所有难题，他的表现，令我骄傲。

我们父子的共同努力，使我们得以从那个生死一线之间的巨坑里爬出来，逃离险境。

总之，危机结束了，飓风中的精彩独舞也完美落幕。

十八、尾声

95. 友谊与感恩

此时我才发现，我马上就要到六十周岁了，即将进入花甲之年。

刚开始下海经商时我只有四十岁，转眼之间过去了二十年，我已经是一个花甲老人了。这二十年商海里经历了无数狂风暴雨，面对数不尽的各类挑战。这个过程非常刺激，非常疯狂。许多时刻，可以说是惊心动魄！

二十年，七千二百多个日日夜夜，兴奋与痛苦交织，希冀和绝望相伴，既让人热血沸腾，又使人肝肠寸断。可我，一直享受着这一切，因为这些给我的人生带来了无限的精彩。虽然在这二十年的漫长过程中，痛苦要远远多于快乐，但我还是在这些波澜壮阔里，充分体验了人生的价值。

二十年商海里的殊死拼搏，结果是什么呢？我到底是成功了，还是失败了？每个人都试图评判杜厦。但对我来说，这些根本不重要。重要的是在这二十年里，每时每刻我都在干着自己喜欢干的事情，这才是最重要的。我沉醉于这二十年的非凡经历，钟爱着这二十年中的每一天。

四大交易完成以后，所有欠款都还得干干净净。现在我不欠任何人哪怕一分钱。还有一大笔钱，存在我的私人账户里。这些钱，不是普普通通的人民币，是我二十年心血的结晶，也是由无数刻骨铭心的磨难锻造而成的一尊奖杯。此时的我，感到从未有过的轻松，甚至有了一丝"终于成功"的喜悦。

喜悦归喜悦，我内心深处还是有许多的惴惴不安。

回想这二十年商场上的跌宕起伏，给过我帮助的人太多太多，一直没有一个正式的机会，对所有这些人表达我的感激。

再往前想，自从我来到这个世界上，在将近六十年的人生中，给过我快乐，给过我友谊，给过我帮助的人，更是数不胜数。我同样没有一个机会表达内心深处对他们的感激。

现在，我的创业生涯已经结束，即将步入花甲之年，该到了对所有这些人，真诚地道一声感谢的时候了。

2008 年 11 月 19 日，是我六十岁生日。宇村和我商量，准备在那一天，在钓鱼台国宾馆，给我举办一场隆重的生日庆祝活动。借这个机会，把一生中曾经给过我友谊和帮助的朋友们，都请到现场，面对面地向他们道一声感谢，表达我内心深处对他们的这份感激之情。

粗算了一下，大约有四百位应该被邀请的客人，包括：

中小学时期，和我两小无猜的儿时玩伴和同窗好友；

内蒙古草原上，和我一起骑马、放羊、住蒙古包，共同经历苦难的插队战友；

大学和研究生期间，与我有着同样上山下乡经历，又有着同样奋斗理想的同学；

二十世纪八十年代，和我一起战斗在改革开放前沿，向着中华民族的美好未来，共同给国家出谋划策的学术界朋友；

在我毅然下海经商之后，和我一起勇闯创业大潮的公司同事和生意伙伴；

还有在过去的二十年里，曾经和我有过合作关系并给过我帮助的商界朋友和政界朋友；

以及，无论在任何时候都坚定地站在我身边的子女和家人。

我想说，在这个世界上，最应该感谢的人，首先是我的母亲。

母亲一生所遭受的精神蹂躏和身心磨难，痛彻心扉。尽管在他们那个时代，痛苦和煎熬在他们人生中普遍存在，但母亲一生所遭受的折磨，尤为惨烈。好在 1978 年"文化大革命"结束后，母亲的生活翻开了全新的一页。

她亲眼看到了自己儿子考上大学，考上研究生，进而成为知名学者，她感到骄傲和满足。之后儿子在人生中的每一项成就，都让她感到荣光和喜悦。她也亲眼看到儿子 1989 年后弃笔从商，给全家带来的巨大生活改变。尽管儿子的创业也历经了无数坎坷，但她每天都能体会到儿子身上焕发出的创业激情，这让她欣慰。

母亲甜美地享受着儿子带给她的晚年幸福，这一切都是她从没想到过的，既让她惊喜，又让她觉得苦尽甘来。尽管六十八岁她就因病离开了这个世界，但即使离去，我相信她心里也是含着微笑的。从这个意义上讲，在这位苦命的母亲面前，我尽到了做儿子的责任，没有让她失望！

父亲赵怀麟八十岁时离开了这个世界，他这一辈子，因为身世和三段不成功的婚姻，痛苦，失落，以致绝情。

尽管父亲的政治背景和弃家行为，曾经给我带来了灾难和打击，但我并没有怪罪他。在他晚年的很长一段时间里，疾病缠身，我尽了最大可能去照顾他，给他提供了最好的医疗条件和生活条件，直到他的人生终了。

我还是感激他把我带到这个世界上来。也感谢他和母亲，给我的血管里注入了坚韧和不屈不挠的基因。可以肯定，我身上那些永不止息的激情和不惧任何困难的精神力量，一部分来自我的父亲。

尽管我不曾爱过他，甚至恨过他，但我仍然感激他。

父母都不在了，六十岁生日的时候，我把唯一生活在世界上的长辈——我的叔叔赵怀鹏夫妇，从加拿大请回北京。也许作为我父母亲都曾宠爱过的小弟弟，可以代表他逝去的兄嫂，来接受我的这份感激吧。

一生中与我休戚与共的张农生、段伟钢、武山根、冯群、艾援、陈刚，连同他们的夫人，都来了。冯群、艾援夫妇，都是从美国专程赶回。

这六十年中，我们有将近五十年的时间生活和奋斗在一起。他们已经成为我生命里的一部分。

他们每个人都是我此生最可信赖的朋友，都是可以以命相交的知己。我感谢他们五十年来对我矢志不移的信任和爱护！

内蒙古草原上，和我们肝胆相照的朋友刘浩颖、孙志昌、庄珠扎布、魏金城、张熹冈、李国强，无论在七连还是十连，他们也始终和我站在一起，给了我很大的精神支持。我把他们也都请来了。和他们一起来的，还有给了我许多理解和支持的天津知青们，他们都是我的好朋友和插队伙伴。

草原上的牧民兄弟也派出了代表，专程来北京参加了我的生日聚会。撒格拉夫妇、元登夫妇、特木勒夫妇，带着草原牧民朋友的祝福，来到钓鱼台国宾馆。在七年的草原生活中，这些牧民兄弟给了我们太多太多。我终生感激，无以回报。生日聚会之后，我捐款三百万元，带领六百名高日罕知青与兵团战友们，给牧民们打了一百三十二眼机井，永久性地解决了当地牧民们的干旱和用水问题，算是我对草原牧民朋友的一点回报。

我的许多大学同学，也被邀请前来。他们是李柏翠、于虹、朱荆林、王志明……在那段充满阳光的日子里，这些和我心心相印的同学，给了我许多的友谊和关爱。和他们在一起，永远在欢声笑语之中。我们有说不完的话，聊不完的故事。共同的价值观和社会感受，把我们的心联结在一起。这批同学之间的友谊，有着特殊的魅力，大约是我一生中最为珍重的友谊之一。

还有我在南京大学读研究生时的同学洪银兴、沈晗耀、连成平。他们见证了我一生中最大的一次命运转折。我终生感激我的母校南京大学。六十岁生日聚会之前，我为南京大学仙林新校区捐赠了五万多平方米的图书馆，算是我给母校一点点的回报。

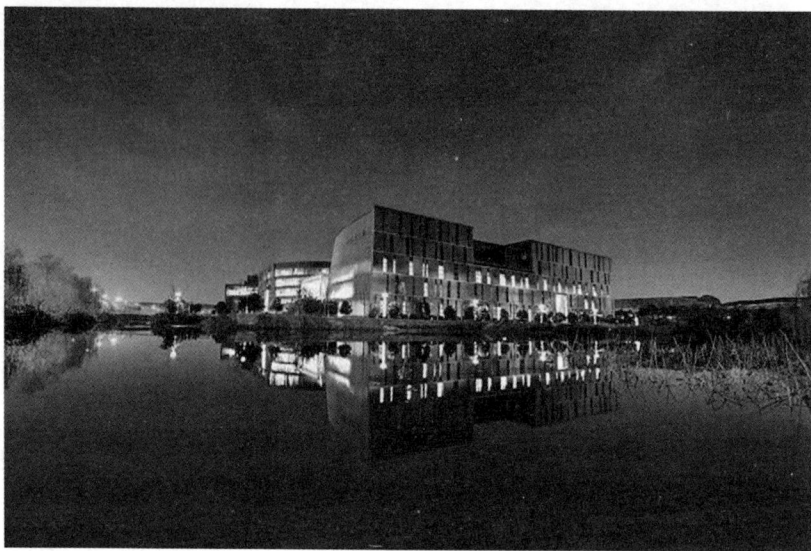

图 18-1　南京大学杜厦图书馆被评为世界上十座最美丽的大学图书馆之一。

以莫干山会议为代表，二十世纪八十年代一起为伟大的改革开放从事研究工作的学术界朋友，也因为我的生日而聚在一起。他们是：李罗力、金岩石、郝一生、常修泽、黄江南、朱嘉明（当时他无法回国，他的夫人柳红代他出席）、李湘鲁、郭凡生、张维迎、周其仁、陈琦伟……我们共同经历了那个让人热血沸腾的灿烂年代，我们之间的友谊刻着最深的时代印记。

到场的还有吉姆·英格利斯夫妇、梅森·劳德鲁夫妇和许许多多曾经给过我帮助的外国朋友。是他们给了我经商和零售业的知识，也是他们给了我勇气。我无以为报。四十几位外国朋友的到来，给了一个中国人，一个中国企业家，对他们的无私帮助当面表达谢意的机会。

天津市的两位原副市长，张昭若和王述祖也都携夫人出席。这两位曾经的政府高级领导，几十年来和我结下了深厚的友谊。每到关键时刻，他们都会伸出援手，给予我以支持、帮助和鼓励。他们都是谦谦君子，两袖清风。从年龄上讲，他们理应算作我的长辈，可我们真的像知己，像朋友，一直相处到今天。

公司里陪我奋战了几十年的老同事们，许多人也到了现场：王月、徐雄飞、张伟明、何秀国、刘皓、张强、倪之泽、李坚、贾辰、王松、赵荣……甚至我的秘书李苓，我的司机邢世华。

我想一位一位地，当面向他们表达我对他们的感激，也感谢他们给予我的信任与支持，一起奋斗了那么长时间，他们给予我的帮助与提携，是我一生最珍贵的财富。

96. 相逢一笑泯恩仇

邀请函发出以后，还有一些令我纠结的名字，在脑中久久不能抹去。这些人中包括了四十七中时的同学：梁新政、王鲁宁、王南昌、陈晓利等。他们都曾是我的好朋友，从1962年开始，我们终日厮守，相互照顾。整整四年，我们吃喝拉撒睡都在一起，有深厚的友谊。

"文化大革命"中，我们之间曾有过激烈的对抗，我们也常有摩擦。在那段时间里，我们相互视作了敌人。

现在，已经是二十一世纪，"文化大革命"已过去了四十多年。斗转星移，地覆天翻，难道还要让"文革"留下的怨恨，在我们心中再继续存在下去吗？

这不禁让我想起纳尔逊·曼德拉。

年轻时的曼德拉，满怀仇恨，不惜牺牲一切乃至生命，也要跟白人种族主义者抗争到底，他一直是个以死相争的斗士。二十七年漫长的牢狱生涯，尽管对他的身体造成严重伤害，却给他的精神世界带来了深刻的改变，他获得了心灵的真正解放。

他立志绝不向过去的仇敌和曾经虐待他的人报复。在曼德拉的政治生涯中，他一次又一次地选择宽恕和仁爱，而拒绝报复与仇恨。

从监狱出来的曼德拉，充满尊严、克制与和解精神。他呼吁黑人克制复仇的欲望，"把长矛扔进大海"。他对曾经的敌人所给予的宽容和恩典，令人景仰。

尽管和曼德拉比起来，我是个小得不能再小的人物，但我不能向曼德拉学习他的精神吗？

我没再犹豫，拿起笔写下了这些请柬：梁新政、王鲁宁、王南昌、曾泽民、杜春吉、陈晓利、孙元峰、李新国……

这些同学曾给予我的友谊，值得我珍藏一辈子，我同样感激他们。我们又成为亲密无间的朋友，经常聚会，而且无拘无束，无话不谈。

是否借这个机会，也把于鹏、古风、王维祥请来参加我的生日聚会呢？这也使我特别纠结。

尽管两年前，因为红筹上市的事，我们之间已经决裂，但家世界从无到有，从小到大的整个过程，每一步都倾注了他们十几年的心血。正是他们忘我、拼搏、合作凝结出的十几年含辛茹苦的努力，才使我们共同创造了家世界的辉煌，难道我不应该感激他们吗？

冷静客观地站在他们的立场上考虑，他们维护自己的利益，自然有他们的道理。当初我拿出一部分股份赠予高管和核心骨干，换得了他们十几年如一日，把公司当成自己的家，在外面的高薪诱惑下，他们仍能一直留在家世界，与我同甘共苦。从这个角度看，这些股份是他们应得的，不算是我的施舍。弄清楚这个道理，我心里就少了许多怨恨和委屈。

另外，对于这场决裂，我也负有不可推卸的责任。

花了两年时间，我才想通这些道理，怨恨就大幅地减少了。对于鹏、古风、王维祥等人的感情，也就重新回到了我的心头。

我写了给于鹏、古风、王维祥的请柬，自己心里也放下了一个大的包袱。

于鹏、王维祥参加了芳菲苑的生日聚会，古风没有出现。我理解他心里的累累伤痕，可能还是需要一些时间平复。

还有一个人该不该请？是否也应该对他道一声谢谢呢？我内心最为挣扎和矛盾。

这个人就是著名作家老鬼。

他就是本书多次提到的马青波。《血色黄昏》出版时，他用了兵团天津知青给他的蔑称"老鬼"，做了自己的笔名，以后，人人都称他老鬼。

1975 年我们先后离开内蒙古兵团。此时，我们在"文革"时期结下的友谊，已经情断义绝。在内蒙古兵团时期，我们受到的迫害和离间，使我们彼此都视对方为出卖自己的告密者。我有一百个理由憎恨他、蔑视他、瞧不起他，他也是。那时，我们已经反目成仇。

1977 年，我们都成为恢复高考后的第一届大学生。1982 年他在北京大学毕业，先是去文化艺术出版社做了编辑，后又调入《法治日报》社当了记者。而我 1982 年从南京大学毕业，去南开大学经济研究所当了一名大学教师。

我们之间的恩怨情仇，在漫长的时间长河里，似乎就像佳木斯春天的冰河，已经被时代和煦的阳光消融得干干净净。我们也许已经忘记，对方曾在自己的青春岁月里，扮演过怎样的角色。

直到 1987 年，老鬼的《血色黄昏》出版并引起轰动，我们两人之间的恩怨再次掀起巨大波澜。

老鬼在《血色黄昏》里塑造了"雷厦"这个人物。每个认识我们的人都看得出来，老鬼笔下的雷厦，是以我为原型塑造出来的。很容易联想，雷厦就是雷同杜厦的意思。

在《血色黄昏》里，老鬼尽管赋予了雷厦坚韧刚毅，聪慧过人，行侠仗义的性格，但更多的是把雷厦描写成在政治压力下，出卖朋友，仰人鼻息，无恶不作的坏蛋。书中的雷厦，借助军人的力量，施狠手，置主人公林胡于死地。雷厦成为万千《血色黄昏》读者唾弃的卑鄙小人和恶贯满盈的大反派。

老鬼想通过这本书泄愤和复仇。他期望通过这本书丑化杜厦的形象，进而彻底毁掉杜厦。

《血色黄昏》引起轰动以后，几乎每一个认识我们俩的四十七中同学，所有不了解实情的兵团战友，都认为老鬼写的全部是事实。几乎每一个人，都认为雷厦就是那个把林胡推下火坑的刽子手。雷厦遭到了上百万读者的憎恨与唾弃，这个名字，已经被《血色黄昏》牢牢地钉在了耻辱柱上。

在这一点上，老鬼显然是成功的。他用这样一种方式，向所有北京知青，尤其是向我，狠狠地报了他心中的那份私仇。

看了这本书以后，我浑身上下被愤怒的烈火点燃。我憎恨老鬼用这样一种卑鄙方式，把书中那个明摆着影射我的雷厦，描写得十恶不赦，肮脏下作。但对于老鬼的凭空捏造和肆意丑化，我没有任何反击的手段，也没有办法向朋友们澄清真相。

我知道《血色黄昏》不过是部小说，是一部文学作品。作者有权虚构书中的任何人物和任何情节。无论作者把他笔下的人物写成什么样，任何人也不能自我对号入座。

不过，如果老鬼没用这个"厦"字，书中的人物就和我没有任何关系。即使书中人物的某些故事，是作者的影射，我也不会往自己身上揽。但他故意用了这个"厦"字，性质就发生了变化。他在《血色黄昏》书中给"雷厦"编造的恶行，事实上诋毁了我的名誉，他完全达到了这样的效果。但我却不能上法院起诉，又不能当面对质说理。诚实地说，这种无奈的状况让我抓狂。

许多知道事实真相的朋友，特别是一起插队的知青们，都小心翼翼地劝慰我，《血色黄昏》不过是部文学作品，不必太介意，但我心里却始终放不下。因为在所有的媒体面前，老鬼都在标榜《血色黄昏》的真实性，甚至许多评论家认为，这本书是老鬼用生命和鲜血写出来的真实历史。

这就使我和老鬼再度结下新的仇恨。我下定决心，不报此仇，绝不罢休。

1990年，老鬼到了美国，在布朗大学做了访问学者。1991年前后，他托卫立秋的姐姐卫凌秋给我转来了一封长信。卫凌秋是亲自跑到天津把这封信交给了我的。

老鬼在这封长信里，对于他在《血色黄昏》里借着塑造雷厦这个人物，把他在兵团七连当反革命时所受到的一切伤害，都嫁祸到雷厦头上，从而引起社会和读者对于雷厦原型的误解，表示了深刻的歉意。他说，这样报复一个曾经的朋友，这样污名化自己曾经尊重的人，真是他一生所做过的最错的事情之一。他表示要在第二版时，把所有嫁祸给雷厦的不实之词，全部还原到历史的真实里去。

总之，他请求我对他的原谅，并希望和我恢复曾经的友谊。

在那之后，又过去了十七年，我们之间仍然没有任何来往。前前后后，我们分开已经将近三十七年。在我即将迈入花甲之年的时候，三十七年前我们在一起的一幕幕，又重新回到我的眼前，居然就像昨天发生的事，清晰无比，历历在目。

有多大的仇恨，要保留三十七年？

我决定了，一定要把老鬼请来。

2008 年 11 月 19 日，四百余位中外宾客，在钓鱼台芳菲苑，共同参与了这个以感恩为主题的生日聚会。老鬼（马青波）的名字，在我宾客名单的显要位置。

据老鬼夫人张丽娜讲，接到我的请柬以后，老鬼激动得难以自持，一连好几天处在兴奋与激动之中。那场著名晚宴的一个极重要的画面，是我把老鬼请上舞台中央，当着四百余位中外朋友和伙伴的面，我们相拥在一起。

这是 1970 年我们成为死敌之后，时隔三十八年的第一次见面。我们终于以这样的方式，实现了那句著名的话：

相逢一笑泯恩仇！

我和老鬼之间所有的恩恩怨怨都过去了，像一缕烟尘，不会在历史上留下任何痕迹。但是我们俩的故事反映了我们这个时代的很多悲喜。

所有现场的朋友们，都起立鼓掌，为我们的拥抱祝贺。

无论如何，邀请这些特别的朋友，是对我自己心灵的一次激荡、洗礼和升华。在六十岁到来的那一天，我终于可以说：我已经荡涤了心里所有的怨恨，只给自己留下了友谊、感恩和爱！

97. 感悟人生六十年

芳菲苑，被誉为钓鱼台的"园中之园"，是国家领导人和外国元首会谈的专用场所，也是著名的朝鲜半岛"六方会谈"的指定会场。

2008年11月19日下午4时，我的六十岁生日聚会，在那里举行。

杜宇村是晚会的主持人，他在对所有来宾表达了谢意之后，作了一个开场演讲。

他叙述了自己从伯克利毕业后，回国加入父亲公司的诸多经历。六年多的时间里，他从商店粮油副食部的经理做起，一直做到公司的CEO。从第一线的采购、经营作业，到八十多亿资产的出售和兼并，他都参与其中。作为一名创业者的第二代，一个二十多岁就初入职场的年轻人，他感激父亲给他的信任和培养，也感激父亲给了他这么好的机会。他亲历了家世界从兴盛到出售的整个过程，这个过程惊心动魄，每一幕，都将是他一生的宝贵财富。

他提出给父亲办一个生日聚会，是想借这样一个机会，表达他发自内心地对父亲的感激和敬重。

演讲结束后，孙女、孙子首先出场，两个孩子抱着一个几乎和他们一样高的寿桃，上台来给我祝寿。我赶紧跑上台接过蛋糕，亲吻着他们，激动得说不出话来。

凤凰卫视主持人周瑛琦，中央电视台主持人李嘉明，联袂主持了这场晚会的文艺演出。文艺演出开始之前，我上台作了自己的生日演讲。

　　我含着泪，哽咽着，感谢了所有到场的四百位朋友。我先请大家和我一起，观看一部专为这场晚会制作的电视纪录片。

　　灯光渐暗下来，屏幕上开始放映这部电视纪录片，片名是《跌宕起伏一甲子，波澜壮阔六十年》，我是这部纪录片的总策划、总导演和撰稿人。

　　这部纪录片忠实地展现了我们这代人所走过的六十年历程，记录了我们的喜怒哀乐、青春岁月和理想抱负。当然，这部纪录片也用很大篇幅，诉说了我们这代人的诸多心酸和无数坎坷。

　　全场鸦雀无声，所有观看这部片子的朋友，几乎都是我的同龄人。他们也和我一样，跟着这部影片的一幕幕，让思绪回到了那既让人激情满怀，又让人唏嘘不已的六十年时光中去。

　　这些回忆，既甜蜜，又苦涩；既有激情，又有愤懑，让我们所有人感慨万千。

　　纪录片放完了，我开始用话语回顾这六十年的跌宕岁月和坎坷经历。

　　我们这代人的一生，有过许多痛苦、挣扎和不幸，也经受了诸多失望、挫折和委屈。但不可否认的是，我们这代人的人生，同样有过无限的激情与难以忘怀的美好时刻。

　　我们所生活的这个时代，也许是人类历史上从未出现过的一段特殊时光。这个时代的思想体系、政治与社会制度、价值观、全新的道德标准、人与人之间的关系等方方面面，也许都是人类历史上从未出现过的。从这个意义上讲，我们这代人既是幸运的，也是不幸的。

　　幸运在于，我们经历了这个特殊时代的全过程，亲身体验了这场人类历史上绝无仅有的实验。这种经历既前无古人，也后无来者。尽管苦涩，但也获益良多。

　　不幸在于，我们所亲身经历的这场实验，带来了许多的苦难。我们每个人都概莫能外。

　　在一生的大多数时间里，我们都不可能按照自己的意愿去生活。六十年中的绝大部分时间里，无论学习、工作、恋爱、生活，我们始终都活在社会给我们强制安排的角色当中，不可能有自己的自主选择。甚至我们的思想、爱好、是非观、价值观和人生意义的自我认知，也都被屏蔽在一个统一的思想体系里，几乎完全丧失了自己的思考。

改革开放以后，我们这代人的人生，和这个国家一样，发生了天翻地覆的突变。毫不夸张地说，我们这代人经历了两次截然不同的人生，而这两次人生在时间上，居然奇妙地各占了一半。

于是，我们这代人的人生就显得格外丰富，也格外复杂。

如果把我们这代人的人生，比作一幅色彩斑斓的油画的话，上面有狂野的黑紫，有炽烈的鲜红，有艳丽的金黄，也有冷酷的铁灰。几十年过去了，画布已经布满各种各样的油彩，画下了纷繁复杂的线条，现在根本无法看清，各层颜色之间，到底是谁覆盖了谁。也无法辨别，各种线条之间，到底是谁扭曲了谁。甚至我们都很难分辨，这幅画到底曾画上过什么颜色，这幅画卷所能表达的人生主题，到底是什么。我们无法给出答案。

之所以如此，不是我们自己的原因。这幅奇特人生画卷的真正作者，是我们经历的那个无法描绘清楚的时代。这是个特殊的时代，我们亲历其中，悲怆、苍凉。但同样也是这个时代，又给过我们激情，留给今天去回味。

六十年过去了，无论满意与否，人生都不可能重新来过。已经被画上去的各种奇怪色彩也不可能再重画一回。不过，既然已经六十岁，就有了用自己的画笔去描绘自己余生的权力。

无论我们的人生画卷以前都画上过什么，只有最后画上去的颜色，才是我们人生的最后色彩。这些色彩将覆盖以前所有的人生痕迹，这将是我们留给世界的最后颜色，也是我们人生最后的旋律。此时，我们人生的这支画笔，不能再交给他人，这幅人生画卷最后几笔，应该由我们自己来完成。

那么，最后想给自己人生画上些什么颜色呢？我选中了三种，那就是：

图 18-2 在钓鱼台举行的六十岁生日聚会上，我对所有给过我友谊和帮助的朋友表示感谢。

友谊、快乐、感恩。

我真诚地希望，忘掉以往的一切，用最后的这支画笔，在自己剩余的人生中，画上友谊、画上快乐、画上感恩。把六十年来我们所经历的所有不幸和痛苦，用这三种色彩全部覆盖，使自己能够安享一个幸福、快乐的最后时光。

这就是我在完成一个甲子轮回时，想和所有朋友们分享的。

图 18-3 在南京大学读研究生时的同学，相隔近 30 年后重新聚齐。

　　用过晚餐之后，大会的文艺节目开始。文艺晚会由中央电视台著名导演陈雨露担任总导演。她替我请来了蒋大为、董文华、殷秀梅、戴玉强等诸多著名歌唱家，他们中的许多人和我们同龄，经历过和我们这代人相似的人生。

　　这场生日聚会，无论是我一生中的亲密朋友，还是在人生的不同阶段和我有过嫌隙，有过误解，甚至有过仇恨的朋友，我们都在"友谊、快乐、感恩"的大会标题下，重新聚在一起，共同体验我们在这个全新时代的全新友谊。这一场面，我将永久铭记。

图 18-4　吉姆·英格利斯夫妇不远万里，专程从佐治亚州来北京参加我的生日聚会。

图 18-5　在这场生日聚会上，时隔三十八年后，我和老鬼（马青波）相逢一笑泯恩仇。

图 18-6　一起去内蒙古草原的八个同学，四十年后在北京钓鱼台我的六十岁生日聚会上重聚。

跋

为了让读者了解本书的创作过程，这里沿用了《一个人和他的时代》书后的《跋》。

写这本书的愿望由来已久。2008 年钓鱼台芳菲苑，六十岁生日的聚会上，我当着四百位朋友的面宣布，接下来日子里最重要的事情，就是要把我这六十年的人生写下来。

但写这样的一本书，实在是件太难的事了。

开始我想写一本自传体小说。耗时两年，写了十万多字才发现，六十年的故事太多，而且个个精彩，哪个也不想丢掉。对一本小说来说，这是个根本不可能容纳的体量。更何况，其中涉及的人物，多达上百个，离开哪个人，故事都无法成立。我根本没办法去控制小说中不断涌现出来的，越来越多的各色人物。我又不是列夫·托尔斯泰，怎么可能在一部小说里，容下这么多的故事和这么多的人物呢？

小说的中途搁笔，对我打击很大。我一度怀疑，我是否有能力完成这项自己给自己下的任务。

2015 年 11 月 18 日晚 11 点，我乘中国国际航空的航班，从洛杉矶飞往北京。那天在太平洋上空，我过了自己的六十七岁生日。

那个生日很奇怪，在洛杉矶登上飞机时，还是 11 月 18 日深夜，到北京将是 11 月 20 日的凌晨。也就是说，在我六十七岁生日那天，"时差"偷走了我这个生日里的十六小时。

这使我很兴奋，猛然间想到，时间对我来说太珍贵了。现在已经六十七岁了，如果再不动笔，到了我七十岁，朋友们再次聚会的时候，六十岁生日曾经承诺过的事情，竟然还没有兑现，那岂不是太过丢人？怎么交代呢？

于是，整个航程我再也没睡，打开电脑，下定决心，写完了本书的开头两章。

一旦开了头，记忆的闸门就瞬间打开，积攒了几十年的故事，就汹涌澎湃地喷涌出来，推动着我不断地写下去。

一年零九个月以后，2017 年 8 月 28 日晚 11 点，在伦敦 Meridien 酒店的 303 号房间，我终于完成了本书的初稿。

之后的两个半月中，遵照出版社的意见，我又对结构、表述、句式、文字做了诸多修改。在六十九岁生日到来之前，我完成了最终稿并交付了出版社。全书付梓时共四十五万字。

交付出版社的那天，距离我七十岁的生日，还有一年零四天。

在我一生中做过的所有事情之中，这本书大概是最重要的一件事情，至少是之一。我为自己能够完成这项历史性的任务，感到特别自豪。

在近两年的写作过程中，大学同学王志明，兵团插队战友段伟钢、张熹冈，给了我最多的帮助。每写完几章，我就会发给他们，征求他们的意见。他们不厌其烦，每次都认真地阅读，提出他们的看法和意见。他们的意见，对于本书意义重大。

朱嘉明、张维平仔仔细细地看过全书，他们甚至逐字逐句地标注他们的修改意见，一个标点符号也不放过，他们对于本书的认真态度，使我感动。

甚至本书应该取什么名字，我的大学同学们都曾经在微信群里，展开过热烈的讨论。在我提供的九个备选书名里，最后少数服从多数，大家集体决定，用《一个人和他的时代》。对于所有这些好同学、好朋友的热情支持和关注，我心怀感激。

作家老鬼是我书中最重要的人物之一。有关他的所有内容，都征求过他的意见。我们之间平等、冷静地讨论所有相关故事，他的坦荡，他的真诚，他的胸怀，让我对他心生敬意。对于全书，他也发表了许多真知灼见。

　　张农生、老鬼、陈刚、刘浩颖、李苓、姐姐杜立、大哥赵克强都为本书提供了诸多的照片，这些历史照片极其珍贵，为本书增色不少。在这里，我也一并致谢。

　　不管有多么难，我还是用右手的食指，一个键一个键地把这本书敲完了（我是"一指禅"，除了汉语拼音，我不会任何输入法），总算在七十岁生日的时候，可以对朋友们有个交代了。

　　本书时间轴长，涉事庞杂，难免错漏，在这里先行致歉。

附录 个人与时代 ①
——评《一个人和他的时代：杜厦自传》

祝晓风

　　究竟是时势造英雄，还是英雄造时势，见仁见智。《一个人和他的时代：杜厦自传》可以给我们提供一个真实、生动而又典型的个案。

　　杜厦是典型的老三届。他 1948 年 11 月生于北京，小学一年级前在天津姥姥家，1962 年至 1968 年在北京四十七中读书，高中没毕业"文革"就开始了，"文革"后才上大学。杜厦高中时随着时代洪流下乡到内蒙古，1977 年全国恢复高考，但因为政审不合格，不被允许报名参加高考。他直接给高层写信申诉，给谁写呢，直接给邓小平写，居然收到了邓小平办公室来信，重新获得了高考资格。1981 年，杜厦以南京大学研究生考试总分第一的成绩，成为恢复高考以后第一批数量经济学研究生。他研究生毕业后来到儿时生长的城市天津，在南开大学教书，很快成为一名引人注目的青年经济学家。如果说此前他的经历中，他们那一代人共同性的内容占了大部分，那么，从 20 世纪 80 年代中期开始，他个人发挥的内容就多了。1984 年杜厦参加"莫干山会议"，是 125 位代表之一。这时的杜厦本有希望成为一位杰出的经济学家，也有潜力在仕途上飞黄腾达，但他最终选择弃学去政，经商办企业。20 世纪 80 年代末，他把苏联大马戏团引进中国，举行全国巡回演出，取得巨大成功，开创了中国民营企业家和国外文艺团体合作的范例。20 世纪 90 年

---

　　①　本文为本书第一版《一个人和他的时代》的书评，发表于《人民政协报》2019-02-25 期 10 版。

代初，他第一个把麦当劳引进中国，90 年代末，他第一个把美国仓储式大型超市引进中国，引领了商业零售业的新潮流……

除去对历史没有感知的人不算，人面对历史大致有两种方式，一种是研究历史，一种是创造历史。文人学者虽然定位是前一种角色，但仍有很多人暗怀后一种抱负。自改革开放以来，各门类、各学科的学者中，有一类学者似乎天然具有创造历史的角色优势，那就是经济学家。杜厦当年和李罗力、朱嘉明、常修泽等人一样，是这个经济学家群体中带有光芒的一员。但他没有止步于此，他要更直接地创造历史。张维迎不久前在《读书》杂志撰文评论此书说，"什么是企业家？依我的理解，企业家就是那种靠自己丰富的想象力和坚定的信念，杰出的组织才能和钢铁般的意志，以及大胆的冒险精神，把假设的事情变成现实的人。对生活中的绝大多数人来说，假设是假设，现实是现实，但对真正的企业家而言，假设就是他们想象的现实，把假设变成现实，就是他们的使命。"

《一个人和他的时代：杜厦自传》是杜厦用 10 年时间酝酿写成的自传，如书名所示，这是他一个人的故事，也是一个时代的故事。杜厦经历了他们那一代人所能经历的最典型、最重要的经历，这中间多少挫折、艰辛、困境！他说，比起他的大多数同龄人来，他的经历"似乎要奇特得多，悲怆得多，激烈得多，也要典型得多"。杜厦希望这本自传要像《红与黑》中的于连那样，写出真实的自己。杜厦的朋友王志明说，其实，于连和杜厦是完全不一样的人，但是确实都是那种在时代的潮流中折射出异样光彩的人。在他的身上，集中了政界、商界、学界几方面的内容，也储存了几十年中，关键时刻的思想界潮流，经济的起伏转折，还有社会的历史巨变。这些集中在一个人身上，真是很不多见的。

写自传是个很微妙的事。首先，要考虑自己的经历值不值得写；其次，哪些事情可写，哪些不可写，哪些愿意写，哪些不愿意写，自然也是有选择的。自传者自己的事功、奖状，自己当然愿意写，但读者未必愿意看；而且，这些英雄事迹由自己来写，难免有自吹之病。第三就是，因为是自己写自己，人都喜欢讲过五关斩六将，不喜欢讲走麦城，所以，到最后读者就会对其真实性产生怀疑———传主的所讲所不讲，喜言不喜言，是人之常情；读者这样揣想，也是人之常情。但杜厦有超常的勇气把他的经历原原本本讲出来，不论是荣耀还是屈辱。当年他对与他相关的一些人的看法，有褒有贬，对他自己的所作所为，有肯定，也有反思和自我批判，他把这些都义无反顾地记录下来。

这本书记录了大量真实、鲜活、生动的几十年的生活变迁，很多处文字都打动人。1991年，杜厦到山西阳高县看望他在部队时的连队指导员陈登云，其时陈任阳高县人民法院民事庭庭长。杜厦这样记述道："手握民事审判大权的陈登云庭长，是我这一辈子见过的最穷的实权派当官人。"穷到什么程度？指导员家里家徒四壁，没有一件像样的家具，甚至挂不起窗帘。"土炕上只有一个枕头，除他之外，全家睡觉都是枕着砖头睡。"杜厦当时已经是大老板了，指导员留杜厦一家三口住下吃饭，他就带着一家三口留下。"我们3个人就盖着一床被过了一夜。那个全家唯一的枕头，黑得发亮，我享受了它，这体现了我是最尊贵的客人。"这些朴素的文字，因为真实，所以震撼人心。

杜厦以他传奇般的经历为40年来的时代变迁做了注脚，同时，他在其中也扮演了一个角色。一个人要想超越自己，前提是要有反思的能力，而反思是以勇敢地正视自己的局限为前提的。杜厦以这本大书向人们证明，他在人生70的关口，再一次超越了旧我。杜厦留给后人的最大财富，也许不是金钱，而是这本书。

（作者系中国社会科学院文学研究所编审，中国文学网总编辑，《读书》杂志原主编）